Zukunftssichere TYPO3-Extensions mit Extbase & Fluid

Zukunftssichere TYPO3-Extensions mit Extbase & Fluid

Jochen Rau &
Sebastian Kurfürst

O'REILLY®
Beijing · Cambridge · Farnham · Köln · Sebastopol · Taipei · Tokyo

Kommentare und Fragen können Sie gerne an uns richten:
O'Reilly Verlag
Balthasarstr. 81
50670 Köln
Tel.: 0221/9731600
Fax: 0221/9731608
E-Mail: kommentar@oreilly.de

1. Auflage 2010

Bibliografische Information Der Deutschen Nationalbibliothek
Die Deutsche Nationalbibliothek verzeichnet diese Publikation in der
Deutschen Nationalbibliografie; detaillierte bibliografische Daten
sind im Internet über *http://d-nb.ddb.de* abrufbar.

Lektorat: Inken Kiupel, Köln
Korrektorat: Friederike Daenecke, Zülpich
Satz: G&U Language & Publishing Services GmbH, Flensburg (*www.GundU.com*)
Umschlaggestaltung: Michael Oreal, Köln
Produktion: Andrea Miß, Köln
Belichtung, Druck und buchbinderische Verarbeitung:
Druckerei Kösel, Krugzell; *www.koeselbuch.de*

ISBN: 978-3-89721-965-6

Dieses Buch ist auf 100% chlorfrei gebleichtem Papier gedruckt.

Inhalt

Einführung

TYPO3 ist ein mächtiges und ausgereiftes Content-Management-System, das sich durch eine Vielzahl an Funktionen und eine hohe Flexibilität auszeichnet. Die Architektur der aktuell verwendeten Version 4 und die ihr zugrunde liegenden Programmiertechniken entsprechen aber in weiten Teilen dem, was um die Jahrtausendwende Stand der Technik war. Im Jahr 2006 fiel deshalb – nach einer gründlichen Analyse des Status quo – die Entscheidung, TYPO3 von Grund auf neu zu schreiben. Eine Aufteilung in einen Framework-Teil und in das eigentliche Content-Management-System TYPO3 schien sinnvoll. Heute steht das Framework FLOW3 in den Startlöchern, und TYPO3 v5 nimmt Gestalt an. In diese Phase der Neuorientierung fiel auch die Geburtsstunde von Extbase und Fluid.

Extbase ist ein PHP-basiertes Framework, das Entwickler darin unterstützt, saubere und gut wartbare TYPO3-Extensions zu schreiben, die darüber hinaus zukunftssicher sind, weil eine Portierung nach TYPO3 v5 erleichtert wird. Die Template-Engine Fluid sorgt dafür, dass die Oberfläche der Extension leicht individuell gestaltet werden kann.

Extbase gibt eine klare Trennung verschiedener Zuständigkeiten vor, die eine einfache Wartung des Codes möglich macht, weil Letzterer in Modulen gekapselt wird. Durch diesen modularen Aufbau sinken die Entwicklungszeit für Erst- und Anpassungsentwicklungen und die damit mittelbar und unmittelbar verbundenen Kosten. Extbase entlastet Entwickler außerdem bei sicherheitskritischen und wiederkehrenden Aufgaben, wie beispielsweise der Validierung von Argumenten, der Persistenz der Daten und dem Auslesen der Einstellungen aus TypoScript und FlexForms. Dadurch können sich Entwickler darauf konzentrieren, die Problemstellung ihrer Auftraggeber zu lösen.

Durch die moderne Extension-Architektur und die Verwendung von aktuellen Software-Entwicklungs-Paradigmen setzt die Nutzung von Extbase allerdings anderes Fachwissen als bisher voraus. Anstatt eine Extension einfach »zusammenzuhacken«, müssen Programmierer nun einige Konzepte wie Domain-Driven Design verstehen und die Extension vor der Umsetzung genauer planen und modellieren. Im Gegenzug wird durch die

Anwendung dieser Konzepte der Quelltext der Extension besser lesbar, flexibler und erweiterbar. Außerdem sind die hier eingesetzten Konzepte auch auf andere Programmiersprachen und Frameworks übertragbar, da die verwendeten Entwicklungsparadigmen wie Domain-Driven Design oder eine Model-View-Controller-Architektur universell einsetzbar sind.

Extensions, die auf Extbase aufbauen, können mit überschaubarem Aufwand zu TYPO3 v5 bzw. FLOW3 portiert werden, da sich die Struktur der Extension, die Namenskonventionen und die verwendeten Schnittstellendefinitionen (APIs) weitgehend gleichen. Somit wird durch Extbase der Übergang hin zu FLOW3 und TYPO3 v5 vereinfacht – wenn Sie Extbase nutzen, werden Sie später leicht auf FLOW3 und TYPO3 v5 wechseln können.

TYPO3 v4 und TYPO3 v5

In der TYPO3-Community werden zurzeit mehrere Produkte parallel entwickelt, die hier kurz vorgestellt werden sollen. TYPO3 v4 ist der seit Jahren bewährte Zweig von TYPO3, mit dem hunderttausende Webseiten weltweit verwaltet werden. Zum Erscheinungszeitpunkt dieses Buches war die Version 4.4 aktuell und Version 4.5 befand sich in der Entwicklung.

Da die internen Strukturen von TYPO3 v4 organisch gewachsen sind und damit recht unübersichtlich sein können, entschloss sich das TYPO3-Team, parallel zur Pflege von TYPO3 v4 einen neuen Entwicklungszweig zu beginnen und TYPO3 v5 von Grund auf zu entwickeln. Dabei wurde besonders auf sauberen Code und eine klare und mächtige Infrastruktur geachtet. Es kristallisierte sich schnell heraus, dass zuerst ein Webanwendungsframework geschrieben werden sollte, bevor das CMS selbst entwickelt wird. Dieses Webanwendungsframework ist FLOW3, und auf dessen Basis wird nun TYPO3 v5 entwickelt.

Wir hoffen, dass Extbase und Fluid für Sie der Einstieg in eine neue Welt des Programmierens sind, sodass Sie sich schon jetzt mit neuen Konzepten von FLOW3 vertraut machen können. Sie werden anfangs viele neue Konzepte lernen, aber mit der Zeit feststellen, dass Sie mit Extbase und Fluid viel produktiver arbeiten können als bisher. Mit etwas Glück geraten Sie vielleicht auch in den »Flow«, den wir beim Entwickeln von und mit Extbase und Fluid gespürt haben.

Nicht nur Sie als Entwickler können von Extbase profitieren: Auch das FLOW3-Entwicklerteam kann mit Extbase viele Konzepte auf ihre Praxistauglichkeit hin überprüfen und gleichzeitig Fehler und Inkonsistenzen beseitigen, die in Extbase und Fluid auftreten.

Eine kurze Geschichte von Extbase und Fluid

Nachdem der Startschuss für die Neuentwicklung von TYPO3 v5 und FLOW3 als dem darunterliegenden Framework gefallen war, verlief die Entwicklung von TYPO3 v4 und TYPO3 v5 zunächst weitgehend unabhängig voneinander. Im Oktober 2008 trafen sich die Kernentwickler der beiden Entwicklungslinien zu den *Transition Days* in Berlin. Dort sollte eine gemeinsame Vision und Strategie für den Übergang von der heutigen TYPO3 Version 4 zur kommenden Version 5 erarbeitet werden. Die Kernpunkte dieser Strategie wurden zu einem Manifest zusammengefasst (siehe den Kasten »The Berlin Manifesto«).

The Berlin Manifesto

We, the participants of the TYPO3 Transition Days 2008 state that ...

- TYPO3 v4 continues to be actively developed
- v4 development will continue after the the release of v5
- Future releases of v4 will see its features converge with those in TYPO3 v5
- TYPO3 v5 will be the successor to TYPO3 v4
- Migration of content from TYPO3 v4 to TYPO3 v5 will be easily possible
- TYPO3 v5 will introduce many new concepts and ideas. Learning never stops and we'll help with adequate resources to ensure a smooth transition.

Signed by:

Patrick Broens, Karsten Dambekalns, Dmitry Dulepov, Andreas Förthner, Oliver Hader, Martin Herr, Christian Jul Jensen, Thorsten Kahler, Steffen Kamper, Christian Kuhn, Sebastian Kurfürst, Martin Kutschker, Robert Lemke, Tobias Liebig, Benjamin Mack, Peter Niederlag, Jochen Rau, Ingo Renner, Ingmar Schlecht, Jeff Segars, Michael Stucki, Bastian Waidelich

Vor dem Hintergrund dieses Manifests fiel die Entscheidung, zwei Teile von TYPO3 v4 neu zu implementieren:

- Einen modernen Nachfolger für die Basisklasse `tslib_piBase`, auf der heute die Mehrzahl der über 3600 Extensions für TYPO3 aufbaut. Daraus ist Extbase entstanden.
- Eine neue Template-Engine zur Ausgabe von Daten, die Flexibilität, Einfachheit und einfache Erweiterbarkeit miteinander vereint: Fluid.

Schon auf den Transition Days hatten Bastian Waidelich und Sebastian Kurfürst diskutiert, wie eine neue Template-Engine aussehen und funktionieren könnte, und kurz darauf haben sie einen Prototyp implementiert. Die Entwicklung von Extbase begann zwei

Monate später im Rahmen eines Treffens einiger Core-Mitglieder in Karlsruhe. Dort einigte man sich auch darauf, sich so nahe wie möglich an den Ideen, der Architektur und den Schnittstellen von FLOW3 zu orientieren.

Darauf folgte eine intensive Entwicklungszeit, in der Jochen Rau den größten Teil von Extbase entwickelt hat, während Sebastian Kurfürst immer wieder Code-Reviews durchgeführt hat. Außerdem hat Fluid in dieser Zeit das Beta-Stadium erreicht.

Die erste öffentliche Präsentation von Extbase fand im März 2009 auf der *T3BOARD09* in Laax (CH) statt. Bei stürmischem Wetter, 2228 m über dem Meeresspiegel, konnten Core-Entwickler und Interessierte den aktuellen Stand von Extbase begutachten. In einer angeregten Diskussion wurden die letzten offenen Punkte, wie Namenskonventionen oder der Name des Frameworks, geklärt. Außerdem fiel auch die Entscheidung, Fluid doch schon in TYPO3 4.3 zu integrieren, anstatt wie vorher geplant erst in Version TYPO3 4.4.

Daraufhin entwickelte das Fluid-Team in wenigen Tagen ein kleines Programm (namens *Backporter*), das den Code von Fluid für FLOW3 in Code für TYPO3 v4 umwandelt. Somit gab es am Ende der T3BOARD09 die erste lauffähige Version von Fluid auf TYPO3 v4, und es war nun recht einfach, Fluid für FLOW3 synchron mit der Version für TYPO3 v4 zu halten.

Das erste Mal präsentiert wurden Extbase und Fluid im April 2009 auf der amerikanischen *TYPO3 Conference* in Dallas, und einen Monat später auf den *TYPO3 Developer Days* in Elmshorn bei Hamburg. Daraufhin gab es viele positive Rückmeldungen und konstruktive Kritik aus der Community.

Während der nächsten Monate floss viel Zeit in Details: Die Syntax von Fluid wurde verbessert, ViewHelper wurden geschrieben, und die Persistenzschicht von Extbase wurde mehrfach verbessert und aufgeräumt. Es wurden Funktionalitäten für die Sicherheit des Frameworks implementiert, das MVC-Framework wurde aufgeräumt, und weitere Funktionen wurden implementiert, die im Praxiseinsatz benötigt wurden.

Zur *T3CON09* im Herbst 2009 konnten Extbase und Fluid in einer Beta-Version präsentiert werden. Danach wurden nur noch Fehler korrigiert, jedoch keine wesentlichen neuen Funktionalitäten implementiert. Mit dem Release von TYPO3 4.3.0 im November 2009 sind Extbase und Fluid schließlich in den TYPO3 Core aufgenommen worden und sind damit auf jeder TYPO3-Installation verfügbar.

Nach einer wohlverdienten Pause des Entwicklerteams nach dem Release begann die Arbeit wieder mit kleineren Bugfixes und einer Roadmap für weitere Funktionalitäten. So wurden viele Details im Framework verbessert, und außerdem wurde die Persistenzschicht erneut verschlankt und aufgeräumt.

An wen sich dieses Buch richtet

Dieses Buch richtet sich an TYPO3-Extension-Entwickler, die Grundkenntnisse in der PHP-Programmierung und im Umgang mit der Administration von TYPO3 mitbringen. Es bietet Ihnen einen kompakten Einstieg in das Framework Extbase und die Template-Engine Fluid. Wir wenden uns speziell an:

- Einsteiger, die von Anfang an Extbase und Fluid als Grundlage für eigene Extensions verwenden möchten
- erfahrene Entwickler, die sich vor einem neuen Projekt in Extbase und Fluid einarbeiten möchten
- Entwickler, die Ihre bestehenden Extensions frühzeitig auf FLOW3 portieren möchten
- Entscheider, die einen technischen Überblick über das neue Framework erhalten möchten

Aufbau dieses Buchs

Das Buch ist in zehn Kapitel und drei Anhänge unterteilt. Die Kapitel behandeln im Einzelnen folgende Themen:

Kapitel 1, *Installation*, führt Sie durch die Installation von Extbase und Fluid. Um die Extension-Entwicklung möglichst effektiv zu gestalten, geben wir hier einige Hinweise zu Entwicklungsumgebungen und Tipps und Tricks zum Debugging.

Kapitel 2, *Grundlagen*, beginnt mit einem Überblick über die Konzepte der objektorientierten Programmierung, da diese für die Arbeit mit Extbase essenziell sind. Danach beschäftigen wir uns mit Domain-Driven Design, einem Programmierparadigma, das durch Extbase optimal unterstützt wird. Im Anschluss daran lernen Sie das Entwurfsmuster Model-View-Controller kennen, das die technische Grundlage einer jeden Extbase-Extension bildet. Abgerundet wird das Kapitel durch eine Einführung ins Test-Driven Development.

Kapitel 3, *Reise durch das Blog-Beispiel*, soll Ihnen ein Gespür dafür geben, wie die in Kapitel 2 dargestellten Konzepte in Extbase umgesetzt wurden. Anhand einer bestehenden Beispiel-Extension erklären wir, wie ein Blog-Beitrag angelegt wird und die verschiedenen Stationen des Systems durchläuft, bis er ausgegeben wird.

In Kapitel 4, *Eine erste Extension anlegen*, stellen wir Ihnen eine minimale Extension vor, mit der Daten, die im TYPO3-Backend verwaltet werden, im Frontend ausgegeben werden.

Kapitel 5, *Die Domäne modellieren*, zeigt anhand eines Praxisbeispiels, wie mit Domain-Driven Design ein Modell geplant und umgesetzt werden kann.

Wenn das Domänenmodell steht, muss die dazu nötige TYPO3-Infrastruktur, also die Datenbanktabellen und Backend-Bearbeitungsformulare, angelegt werden. Alle hierzu nötigen Informationen finden Sie in Kapitel 6, *Die Persistenzschicht einrichten*.

Nachdem Kapitel 5 und 6 die Modell-Schicht näher beschrieben haben, geht es in Kapitel 7, *Den Ablauf mit Controllern steuern*, um die Abläufe innerhalb der Extension. Diese werden in der Controller-Schicht implementiert.

Nun fehlt nur noch die Ausgabe-Schicht der Extension, der sogenannte *View*. In Kapitel 8, *Die Ausgabe mit Fluid gestalten*, wird Ihnen Fluid nähergebracht und werden seine Funktionen anhand verschiedener Beispiele erläutert. Abschließend werden die vorher erklärten Funktionen kombiniert und am Beispielprojekt demonstriert.

Kapitel 9, *Mehrsprachigkeit, Validierung und Sicherheit*, widmet sich fortgeschritteneren Themen und Aufgaben. Dazu zählen die mehrsprachige Umsetzung einer Extension, die Validierung von Daten und die Berücksichtigung von Sicherheitsaspekten.

Kapitel 10, *Ausblick*, greift spannende, noch in der Entwicklung befindliche Funktionalitäten auf. Der Fokus liegt hier insbesondere auf dem neuen Kickstarter und der Verwendung von Extbase im TYPO3-Backend. Außerdem gibt dieses Kapitel einen Ausblick auf FLOW3 und geht auf die Portierung von TYPO3-Extensions in TYPO3 v5 ein.

Extbase nutzt weitestgehend die Konventionen von FLOW3. Diese finden Sie in Anhang A, *Coding Guidelines*, übersichtlich zusammengefasst.

Anhang B, *Referenz für Extbase*, beinhaltet eine Übersicht über wichtige Extbase-Konzepte und eine alphabetische Übersicht der APIs .

In Anhang C, *Referenz für Fluid*, finden Sie eine Referenz aller mit Fluid mitgelieferten ViewHelper und die APIs, die Sie zum Schreiben eigener ViewHelper benötigen.

Code-Beispiele

Auf der Website des Verlags unter *http://examples.oreilly.de/german_examples/typo3extger/* finden Sie den im Buch beschriebenen Code zum Download.

Typografische Konventionen

Dieses Buch verwendet die folgenden typografischen Konventionen:

Kursiv
: Wird für wichtige Begriffe, Programm- und Dateinamen, URLs, Ordner und Verzeichnispfade, Menüs, Optionen und zur Hervorhebung verwendet.

`Nichtproportionalschrift`
: Wird für Befehle, Optionen, Variablen, Attribute, Klassen, Namensräume, Methoden, Module, Eigenschaften, Parameter, Werte, Objekte, Ereignisse, Event-Handler, ViewHelper, XML- und HTML-Elemente und die Ausgabe von Befehlen verwendet.

`Nichtproportionalschrift fett`
: Wird zur Hervorhebung im Code verwendet.

`Nichtproportionalschrift kursiv`
: Wird innerhalb des Codes verwendet, wenn der Benutzer Teile des Codes durch eigene Eingaben oder Werte ersetzen soll.

Dieses Symbol steht für einen Tipp, einen Vorschlag oder einen allgemeinen Hinweis.

Mit diesem Symbol wird auf Besonderheiten hingewiesen, die zu Problemen führen oder ein Risiko darstellen können.

Danksagungen

Allen voran wollen wir unseren Familien und Partnern für das Verständnis und die Unterstützung danken, wenn wir die Nachmittage und Abende anstatt mit ihnen, mit dem Buch verbracht haben. Auch unsere Kunden haben das eine oder andere Mal Geduld aufbringen müssen, als wir Extbase entwickelt oder das Buch geschrieben haben, anstatt das Kundenprojekt weiterzuführen.

TYPO3 würde nicht existieren ohne den Einsatz und die Vision von Kasper Skårhøj und ohne die unermüdliche Arbeit aller Beitragenden und besonders des Core Teams. Hier wollen wir vor allem denjenigen Mitgliedern danken, die für TYPO3 v5 viele zukunftsweisende Konzepte entdeckt und umgesetzt haben. Extbase wäre ohne diese Inspiration und Vorlage nicht möglich gewesen.

Aber auch bei der Arbeit am Buch konnten wir auf tatkräftige Unterstützung bauen: Wir wollen Patrick Lobacher danken. Er hat den Abschnitt über die objektorientierte Programmierung beigesteuert.

Unserer besonderer Dank gilt unseren Lektorinnen, Alexandra Follenius und Inken Kiupel, die uns unermüdlich Feedback und Kommentare zu unseren Texten gegeben haben und so großen Einfluss auf die Entstehung des Buches hatten. Außerdem danken wir den vielen unbekannten Helfern bei O'Reilly, die dieses Buch letztendlich umsetzen.

Nicht zuletzt danken wir Ihnen – dafür, dass Sie Extbase und Fluid verwenden wollen!

KAPITEL 1

Installation

In diesem Kapitel wollen wir Ihnen einige Hilfestellungen zur effizienten Einrichtung Ihrer Arbeitsumgebung geben. Zu Beginn gibt es einige Hinweise zum Einrichten des Entwicklungsservers. Danach wird erklärt, wie Sie die beiden TYPO3-Erweiterungen *extbase* und *fluid* installieren können, um die sich das restliche Buch dreht. Außerdem geben wir Ihnen einige Empfehlungen zum Einrichten einer Entwicklungsumgebung (IDE), so dass Sie Code-Vervollständigung und die in der IDE integrierten Debugger nutzen können. Das Kapitel wird abgerundet durch eine Liste von weiteren hilfreichen TYPO3-Erweiterungen und deren Bezugsquellen.

> Wir gehen davon aus, dass Sie Kenntnisse in der Installation von TYPO3 besitzen, und werden uns daher auf die Installation von Extbase und Fluid sowie auf damit im Zusammenhang stehende Komponenten konzentrieren.

Den Server einrichten

Da TYPO3 in der Skriptsprache PHP geschrieben ist, benötigen Sie zur TYPO3-Entwicklung einen Webserver wie Apache mit PHP-Unterstützung (Version 5.2 oder 5.3). Außerdem benötigt TYPO3 eine MySQL-Datenbank zur Datenspeicherung. Falls Sie noch keinen lokalen Entwicklungsserver haben, können wir Ihnen das XAMPP-Paket (*http://www.apachefriends.org/xampp.html*) empfehlen. Dieses installiert Apache, PHP, MySQL sowie einige weitere hilfreiche Tools auf allen gängigen Plattformen (Linux, Windows, Mac OS X). Nun können Sie TYPO3 auf Ihrem Testsystem installieren.

Für Produktivsysteme ist es empfehlenswert, einen PHP Opcode Cache wie *eAccelerator* (*http://eaccelerator.net*) einzusetzen, da dieser den kompilierten PHP-Code zwischenspeichert, wodurch sich die Ladezeit der Skripte oft mehr als halbiert. Standardmäßig speichert eAccelerator die PHP-Kommentare einer Datei nicht. Da Extbase über diese Kommentare jedoch wichtige Informationen erhält, dürfen sie von eAccelerator nicht entfernt werden. Hierfür müssen Sie eAccelerator mit der option `--with-eaccelerator-doc-comment-inclusion` konfigurieren. Eine vollständige Installation von eAccelerator sieht dann also folgendermaßen aus: Zunächst müssen Sie den Quellcode von eAccelerator herunterladen und auf der Konsole in das Quelltextverzeichnis wechseln. Sie müssen den eAccelerator-Quelltext durch das Kommando `phpize` auf die installierte PHP-Version abstimmen. Dann können Sie die Kompilierung der Quelldateien vorbereiten, indem Sie eAccelerator mit dem Befehl `./configure --with-eaccelerator-doc-comment-inclusion` mitteilen, dass die Quelltextkommentare nicht entfernt werden sollen. Kompilieren Sie jetzt den eAccelerator mithilfe des Befehls `make`. Zu guter Letzt muss eAccelerator nur noch mit `make install` installiert werden. Dieser Schritt muss als Benutzer *root* erfolgen.

Eventuell muss noch die PHP-Konfiguration angepasst werden, so dass eAccelerator geladen wird. Sie können nun in einer TYPO3-Instanz überprüfen, dass die Quelltextkommentare erhalten bleiben. Installieren Sie dazu im TYPO3-Backend die Extension *extbase* über den Extension Manager, und wechseln Sie danach in das *Reports*-Modul. Dort wählen Sie das Untermodul *Status Report* aus. Hier sehen Sie im Abschnitt *extbase*, ob die PHP-Kommentare erhalten bleiben oder nicht (siehe Abbildung 1-1).

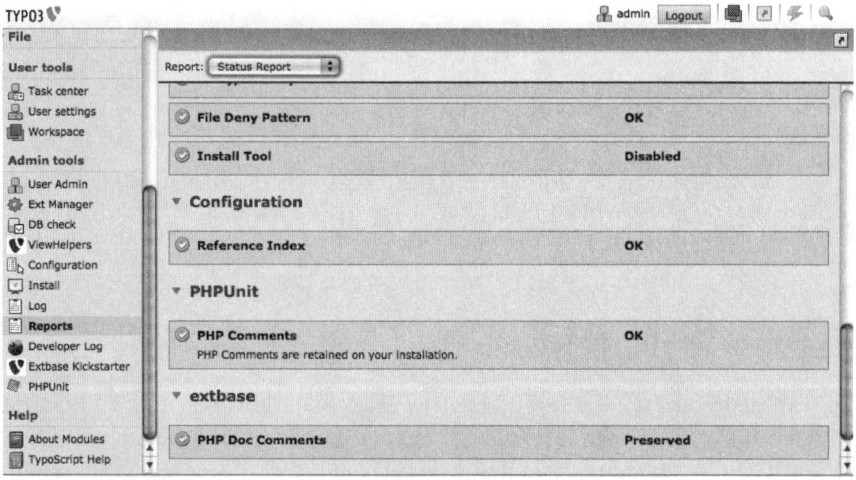

Abbildung 1-1: Im Reports-Modul können Sie überprüfen, dass Extbase Zugriff auf die Quelltextkommentare der PHP-Dateien hat.

Extbase und Fluid installieren

Extbase und Fluid werden seit der TYPO3-Version 4.3 mit dem Kern von TYPO3 als sogenannte *System Extensions* ausgeliefert. Um diese zu installieren, können Sie im Extension Manager das Untermodul *Install Extensions* auswählen und dann auf das kleine Plus-Icon am Anfang der Zeile der Extensions *extbase* und *fluid* klicken. Danach folgt ein Dialog, in dem falls nötig die Datenbank von TYPO3 etwas angepasst wird, da Extbase eine neue Datenbanktabelle für Cache-Informationen benötigt.

Nun haben Sie Extbase und Fluid installiert und können es für die Extension-Entwicklung nutzen. Um zu überprüfen, ob Extbase und Fluid funktionstüchtig sind, werden wir jetzt das Blog-Beispiel, eine Extension, die zum Testen von Extbase und Fluid geschrieben wurde, installieren. Diese Extension stellen wir Ihnen in Kapitel 3 genauer vor.

Gehen Sie dazu wieder in den Extension Manager, diesmal aber in das Untermodul *Import extensions*. Dann sollten Sie auf den Button *Retrieve/Update* klicken, um die aktuelle Liste der Extensions herunterzuladen. Nun können Sie nach der Extension *blog_example* suchen. Durch einen Klick auf den roten Pfeil am linken Rand des Suchergebnisses laden Sie die Extension in Ihre TYPO3-Instanz herunter. Danach können Sie sofort auf *Install extension* klicken, um die Erweiterung zu installieren.

Nachdem Sie dies abgeschlossen haben, finden Sie im *Web*-Modul das Untermodul *Blogs*. Falls es nicht im Menü zu sehen ist, sollten Sie das Backend neu laden. Durch einen Klick auf *Create example data* werden Beispieldatensätze erzeugt. Das Blog-Beispiel ist nun funktionstüchtig, und Sie können weitere Schritte mit Extbase und Fluid machen.

Die Entwicklung von Extbase und Fluid geht recht schnell voran. Wenn Sie Funktionalitäten vermissen bzw. Fehler entdecken, sollten Sie die Entwicklerversion von Extbase und Fluid aus dem Versionskontrollsystem Subversion installieren. Dazu gehen Sie in das Verzeichnis *typo3conf/ext/* Ihrer TYPO3-Instanz und holen mit dem Kommandozeilentool Subversion die Entwicklerversionen (*trunk* genannt) von Extbase und Fluid folgendermaßen in Ihre TYPO3-Instanz:

```
svn checkout https://svn.typo3.org/TYPO3v4/CoreProjects/MVC/extbase/trunk extbase
svn checkout https://svn.typo3.org/TYPO3v4/CoreProjects/MVC/fluid/trunk fluid
```

Fehler melden oder bei der Entwicklung mithelfen

Wenn Sie Fehler in Extbase oder Fluid finden, lohnt sich ein Blick auf die Entwicklungsplattform *forge.typo3.org*. Dort werden diese Projekte gemeinschaftlich entwickelt, und Sie finden unter anderem einen Bugtracker und ein Wiki für die Projekte:

- Entwicklung von Extbase: *http://forge.typo3.org/projects/show/typo3v4-mvc*
- Entwicklung von Fluid: *http://forge.typo3.org/projects/show/package-fluid*

Des Weiteren gibt es eine spezielle Newsgroup und Mailingliste, die Sie für Fragen rund um Extbase bzw. Fluid nutzen können. Die Mailingliste finden Sie unter dem Namen *TYPO3-project-typo3v4mvc* auf *http://lists.typo3.org*. Die dazu passende Newsgroup finden Sie auch unter *lists.typo3.org* unter dem Namen *typo3.projects.typo3v4mvc*. Fragen in der Mailingliste und Newsgroup werden in der Regel von engagierten Community-Mitgliedern beantwortet.

Die Entwicklungsumgebung einrichten

Da eine auf Extbase basierende Extension aus vielen Dateien besteht, ist es hilfreich, eine PHP-Entwicklungsumgebung (IDE) anstatt eines einfachen Editors zu verwenden. Eine IDE bietet Ihnen neben Syntax-Highlighting vor allem Code-Vervollständigung und eine direkte Ansicht der Code-Dokumentation. Außerdem haben manche Entwicklungsumgebungen einen Debugger integriert, der die Fehlersuche erheblich vereinfachen und beschleunigen kann. Wir werden hier exemplarisch zeigen, wie Sie NetBeans und Eclipse zur Extension-Entwicklung einrichten. Beide Entwicklungsumgebungen haben eine vergleichbare Funktionalität, daher hängt die Entscheidung für die eine oder andere IDE sehr von Ihren persönlichen Vorlieben ab.

Bezugsquellen

Die IDE NetBeans steht für Windows, Linux und Mac OS X zur Verfügung. Wir verwenden NetBeans PHP, die Sie unter *http://netbeans.org* herunterladen können.

Auch Eclipse ist für alle wichtigen Betriebssysteme verfügbar. Die PHP-Entwicklungsumgebung heißt *Eclipse PDT*, und Sie können diese auf *http://eclipse.org/pdt* für alle wichtigen Plattformen herunterladen.

Generell ist es hilfreich, für Extbase und Fluid Projekte in NetBeans bzw. Eclipse anzulegen. So können Sie sich den Quelltext von Extbase bzw. Fluid anschauen und die Code-Dokumentation lesen, wenn dies nötig ist.

Für NetBeans öffnen Sie dazu im Menü *File* den Eintrag *New Project* und wählen dort unter der Kategorie *PHP* den Eintrag *PHP Application with Existing Sources*. Auf der nächsten Seite des Wizards können Sie das Extension-Verzeichnis von Fluid bzw. Extbase auswählen. Wenn Sie die Entwicklerversion von Extbase bzw. Fluid verwenden, sollten Sie also das Verzeichnis */pfad-zur-typo3-installation/typo3conf/ext/extbase/* bzw. *.../fluid/* eintragen. Wenn Sie die mit TYPO3 ausgelieferte Version verwenden wollen, finden Sie diese in */pfad-zur-typo3-installation/typo3/sysext/extbase/* bzw. *.../fluid/*.

NetBeans verwendet zur Einrückung in Quelltextdateien standardmäßig Leerzeichen. Da die TYPO3 Coding Guidelines die Verwendung von Tabs definieren, sollten Sie NetBeans dementsprechend umstellen. Öffnen Sie dazu die NetBeans-Einstellungen, und wählen Sie den Unterpunkt *Editor*. Nun sollten Sie unter *Formatting* die Einstellung *Expand Tabs to Spaces* deaktivieren und die Werte für *Number of Spaces per Indent* und *Tab Size* gleich einstellen (beispielsweise auf 4).

In Eclipse können Sie Projekte für Extbase und Fluid folgendermaßen anlegen: Klicken Sie auf *File → New Project*, und wählen Sie *Create project from existing source* aus. Wählen Sie dann den entsprechenden Ordner für Extbase bzw. Fluid aus, und geben Sie dem Projekt einen Namen. Mit dem Klick auf *Finish* wird das Projekt in Eclipse angelegt.

Wenn Sie eine eigene Erweiterung schreiben, sollten Sie auch für diese ein Projekt in Eclipse bzw. NetBeans anlegen.

Autovervollständigung für Extbase und Fluid einrichten

Beim Schreiben von eigenen Extensions werden Sie oft mit den Klassen von Extbase und Fluid arbeiten. Um Tippfehler zu vermeiden, ist daher die Einrichtung der Autovervollständigung hilfreich. Damit werden Ihnen beim Druck der Tastenkombination *Strg + Leerzeichen* Vorschläge für den vollständigen Klassennamen gemacht (siehe Abbildung 1-2). Um diese Funktionalität zu aktivieren, muss angegeben werden, dass das Projekt, das Sie schreiben, von Extbase und Fluid abhängig ist – dann wird die IDE auch Autovervollständigung für Klassen aus Extbase bzw. Fluid ermöglichen.

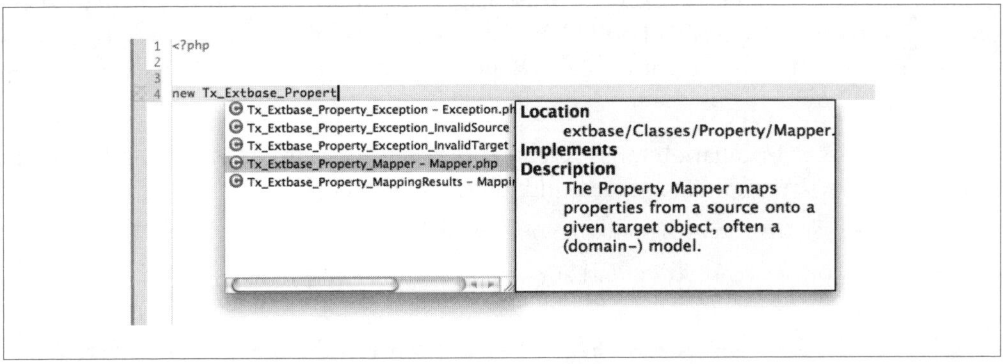

Abbildung 1-2: Die Autovervollständigung zeigt Ihnen mögliche Klassennamen und die Code-Dokumentation derselben.

In NetBeans müssen Sie dazu mit der rechten Maustaste auf das Projekt Ihrer Extension klicken. Im aufklappenden Kontextmenü wählen Sie nun *Properties*, um die Projekteigenschaften zu bearbeiten. Wählen Sie nun die Kategorie *PHP Include Path*, und fügen Sie mittels *Add Folder...* die Verzeichnisse von Extbase bzw. Fluid hinzu.

In Eclipse geht dies fast genauso. Klicken Sie auch hier mit der rechten Maustaste auf das Projekt, zu dem Sie die Autovervollständigung hinzufügen wollen, und wählen Sie *Properties*. Nun wählen Sie die Kategorie *PHP Include Path*. Klicken Sie dann auf *Projects*, da Sie eine Referenz auf ein anderes Eclipse-Projekt hinzufügen wollen. Wählen Sie nach dem Klick auf den Button *Add...* die Projekte von Extbase und Fluid aus, die Sie im vorherigen Abschnitt erzeugt haben.

Debugging mit Xdebug

Während das Verwenden von Debuggern in anderen Programmiersprachen fest zum Arbeitsablauf der Programmierung gehört, ist dies in PHP eher eine Randerscheinung: Die meisten PHP-Entwickler betreiben Fehlersuche, indem sie Ausgaben, z.B. mittels `echo` oder `var_dump`, in den Quelltext einbauen und so den Programmablauf nachvollziehen. Gerade bei komplexen Fehlerbildern kann es jedoch hilfreich sein, mit einem echten Debugger das Problem nachzuvollziehen – hier kann man schrittweise durch den Quelltext gehen und beispielsweise direkt den Inhalt von Variablen sehen.

Um ein Debugging zu ermöglichen, benötigen Sie die PHP-Erweiterung *Xdebug* (*http://xdebug.org*). Sie verändert PHP dahingehend, dass die Ausführung von PHP-Befehlen schrittweise erfolgen kann und die Inhalte von Variablen inspiziert werden können. Die Entwicklungsumgebungen NetBeans und Eclipse verbinden sich mit Xdebug, um eine grafische Darstellung des Debuggings zu ermöglichen.

Doch erst einmal zurück zu Xdebug: Diese PHP-Erweiterung kann auf verschiedene Weisen installiert werden – wir empfehlen entweder die Installation über ein Paketmanagementsystem (wie beispielsweise APT für Debian/Ubuntu oder MacPorts für Mac OS X) oder die Installation aus PECL (PHP Extension Community Library). Letztere kann durch nachfolgenden Konsolenbefehl (als Benutzer *root*) gestartet werden:

```
pecl install xdebug
```

Nach erfolgreicher Installation muss Xdebug noch PHP bekannt gemacht werden. Dazu müssen Sie die Datei *php.ini* anpassen und folgende Zeile ergänzen:

```
zend_extension="/usr/local/php/modules/xdebug.so"
```

Dabei müssen Sie den korrekten Pfad zur Datei *xdebug.so* angeben.

Für Windows können Sie eine fertig kompilierte Xdebug-Version von der *Xdebug*-Website herunterladen.

Nach einem Neustart von Apache sollten Sie nun in der Ausgabe von `phpinfo()` einen Abschnitt *Xdebug* finden. Nun muss XDebug noch konfiguriert werden, so dass es mit Eclipse bzw. NetBeans zusammenarbeitet. Damit sich ein Debugger wie der von NetBeans bzw. Eclipse mit Xdebug verbindet, müssen Sie folgende Einstellungen in der *php.ini*-Konfigurationsdatei setzen:

```
xdebug.remote_enable=on
xdebug.remote_handler=dbgp
xdebug.remote_host=localhost
xdebug.remote_port=9000
```

Nach einem Apache-Neustart sollten Sie die obigen Werte auch in der Ausgabe von `phpinfo()` sehen. Nun müssen Sie die Entwicklungsumgebung noch konfigurieren, damit diese Xdebug korrekt startet. Für NetBeans müssen Sie die Projekteigenschaften öffnen, indem Sie mit der rechten Maustaste auf das zu debuggende Projekt klicken und *Properties* auswählen. Nun müssen Sie die *Run Configuration* ändern: Geben Sie als *Project URL* die Basis-URL an, unter der das TYPO3-Frontend Ihres Testsystems erreichbar ist, also beispielsweise: *http://localhost/typo3v4/*. Klicken Sie dann auf *Advanced...*, und stellen Sie die Einstellung *Debug URL* auf *Ask Every Time*. NetBeans ist jetzt für das Debugging vorbereitet.

Sie können im Quelltext des zu debuggenden Projekts sogenannte *Breakpoints* setzen. An diesen Stellen wird das Programm unterbrochen, und Sie können den Programmzustand ansehen, also beispielsweise den Inhalt von Variablen untersuchen oder das Programm Zeile für Zeile ablaufen lassen. Um einen Breakpoint zu setzen, klicken Sie auf die Zeilennummerierung in der entsprechenden Quelltextdatei. Die Zeile wird dann rot hervorgehoben.

Zum Starten des Debuggings wählen Sie im Menü den Eintrag *Debug → Debug Project*. Es öffnet sich ein Popup-Fenster, in dem Sie die aufzurufende URL eintragen müssen. Empfehlenswert ist, diese direkt aus der Adresszeile Ihres Browsers zu kopieren: Wenn Sie beispielsweise das Blog-Beispiel debuggen wollen, öffnen Sie das Blog-Modul im TYPO3-Backend, klicken mit der rechten Maustaste in den Inhaltsframe und wählen *Aktueller Frame → Frame* in neuem Tab öffnen. Kopieren Sie die URL dieses Frames, und tragen Sie sie bei NetBeans ein. NetBeans öffnet dann den Browser mit der gewünschten URL, und Sie sehen, dass die Seite geladen wird. Wenn Sie zu NetBeans zurückwechseln, sind Sie im Debug-Modus, und NetBeans hat die Ausführung am ersten Breakpoint unterbrochen. Nun können Sie beispielsweise Variableninhalte untersuchen, Schritt für Schritt den Programmablauf verfolgen und dadurch hoffentlich schneller Fehler finden.

> Es ist empfehlenswert, die NetBeans-Einstellung *PHP → Debugging → Stop at First Line* zu deaktivieren, damit nur an den gesetzten Breakpoints gestoppt wird.

Schauen wir uns nun an, wie Sie Eclipse für das Debugging konfigurieren können. Gehen Sie zuerst in die Eclipse-Einstellungen, und stellen Sie sicher, dass in der Sektion *PHP → PHP Servers* ein Eintrag für *http://localhost* vorhanden ist. Unter *PHP → Debug* sollte der *PHP Debugger* auf *XDebug* gestellt sein, und bei *Server* sollte der eben eingerichtete Server für `localhost` angegeben sein. Auch hier empfehlen wir, die Einstellung *Break at First Line* zu deaktivieren, damit Eclipse nur an den gewünschten Breakpoints die Ausführung unterbricht.

Sie können im Quelltext Ihrer Anwendung einige Breakpoints setzen, indem Sie an den gewünschten Code-Abschnitten doppelt in den linken Rand des Editorfensters klicken. Starten Sie den Debugger, indem Sie mit der rechten Maustaste auf die zu debuggende Datei klicken und dort *Debug as → PHP Web Page* auswählen. Im sich öffnenden Dialogfenster geben Sie die aufzurufende URL an, die Sie wie oben beschrieben finden können.

Nun wechselt Eclipse in die PHP-Debug-Ansicht, und Sie können mit dem Debugging Ihrer Anwendung beginnen. Auch hier können Sie den Inhalt von Variablen ansehen bzw. das Programm Zeile für Zeile ausführen. Wenn Sie das Debugging beenden wollen, müssen Sie dies durch Auswählen des Menüpunkts *Run* → *Terminate* machen.

> Sie werden feststellen, dass Sie beim zweiten Starten des Debuggers nicht mehr nach der aufzurufenden URL gefragt werden. Dies liegt daran, dass Eclipse beim ersten Aufruf eine sogenannte *Debug Configuration* erstellt, in der (unter anderem) die aufzurufende URL gespeichert ist. Wenn Sie die aufzurufende URL ändern wollen, können Sie dies im Menü unter *Run* → *Debug Configurations* durchführen.

Debugging mit einer IDE ist eine schnelle und effiziente Möglichkeit, Fehler zu finden. Auch wenn die Debugger für PHP nicht so ausgereift sind wie ihre Pendants in Java, erleichtern sie doch die Fehlersuche erheblich.

Weitere hilfreiche Extensions

Im Folgenden wollen wir Ihnen kurz einige hilfreiche Erweiterungen vorstellen, die zur Entwicklung von Extensions hilfreich sind. Einige dieser Extensions (wie die ersten vier vorgestellten) werden auch vom Team um Extbase gepflegt, wogegen andere durch eigene Teams entwickelt werden.

blog_example

Das Blog-Beispiel wird im Verlauf des Buches ausführlich erklärt. Es ist ein einführendes Beispiel, das viele Facetten und Features von Extbase und Fluid am Beispiel zeigt. Sie finden das Blog-Beispiel unter dem Extension-Key *blog_example* im TER oder auch unter *https://svn.typo3.org/TYPO3v4/CoreProjects/MVC/blog_example/trunk/* in Subversion.

viewhelpertest

Diese Extension demonstriert alle Fluid-ViewHelper und ihre Verwendung. Sie wird daher von den Fluid-Entwicklern zum Testen der Fluid-Distribution genutzt. Darüber hinaus ist sie auch hilfreich, um Praxisbeispiele zur Verwendung von ViewHelpern zu sehen. Sie finden die Extension im Subversion-Repository unter *https://svn.typo3.org/TYPO3v4/CoreProjects/MVC/viewhelpertest/*.

extbase_kickstarter

Der Extbase Kickstarter ermöglicht einen Schnelleinstieg in die Extbase-Extension-Programmierung, indem er viele wiederkehrende Aufgaben automatisiert. Er war zum Zeitpunkt der Drucklegung des Buchs noch recht instabil, die Entwickler arbeiten allerdings an der Verbesserung des Kickstarters. Daher empfehlen wir Ihnen, ihn einmal anzuschauen.

Der Extbase Kickstarter ist in Subversion unter *https://svn.typo3.org/TYPO3v4/Extensions/extbase_kickstarter/trunk/* bzw. als stabile Version auch im TER unter dem Extension Key *extbase_kickstarter* zu finden.

doc_extbase

Die Extension *doc_extbase* enthält die Dokumentation von Extbase. Außerdem enthält sie eine API-Referenz. Auch diese Extension ist im TER bzw. in Subversion unter *https://svn.typo3.org/TYPO3v4/CoreProjects/MVC/doc_extbase/* zu finden.

devlog

Die Extension *devlog* (im TER verfügbar) kann zum Logging des Programmablaufs genutzt werden. Alle Log-Meldungen werden übersichtlich in einem Backend-Modul dargestellt. Die Extension ist besonders hilfreich, wenn in der Frontend-Ausgabe keine Debugmeldungen ausgegeben werden sollen, wie beispielsweise auf Produktivsystemen.

Um Daten zu loggen, können Sie die Methode `t3lib_div::devlog(`*`$message, $extensionKey, $severity, $data`*`)` nutzen. Dabei ist `$message` eine Nachicht, die geloggt werden soll, `$extensionKey` ist der Extension Key der aufrufenden Extension, `$severity` ist eine Zahl von -1 bis 3, die den Schweregrad des Fehlers angibt, und `$data` ist ein optionales Array, das zusätzliche zu loggende Daten enthalten kann.

Weitere Informationen finden Sie in der Online-Dokumentation der Extension *devlog* im TER.

PHPUnit

Diese Erweiterung ermöglicht das Ausführen von automatisierten Unit-Tests im TYPO3-Backend. Sie finden diese Erweiterung im TER unter dem Extension Key *phpunit*. Auf die Verwendung dieser Extension wird noch ausführlich im Abschnitt »Test-Driven Development« in Kapitel 2, *Grundlagen*, eingegangen.

KAPITEL 2

Grundlagen

TYPO3 beeindruckt durch die große Anzahl der zur Verfügung stehenden Extensions. Wie bei Open Source-Projekten üblich, wurden diese Extensions von verschiedenen Programmierern geschrieben. Extensions kommen in den unterschiedlichsten Projekten zum Einsatz: Einige sind für den Privatgebrauch oder kleinere Vereine geschrieben, andere entstehen im Rahmen von Großprojekten von größeren Projektteams. Während ein Neuling, der gerade seine erste Extension schreibt, noch mit den Einstiegshürden von TYPO3 kämpft, werden bei großen Projekten oft hauseigene Frameworks eingesetzt. Dadurch sind der Stil und die Architektur heutiger Extensions sehr heterogen. Durch diese uneinheitliche Codebasis ist es oft sehr schwierig, vorhandene Extensions für eigene Projekte zu erweitern oder zu modifizieren, da man sich erst einmal mit der Denk- und Programmierweise des Autors bzw. des Autorenteams intensiv beschäftigen muss.

Mit Extbase soll unter anderem diese Varianz zwischen den Extensions reduziert werden: Bewährte Programmierparadigmen ermöglichen Einsteigern schnelle Erfolge und bewahren Entwickler davor, sich mit komplizierten Datenbankabfragen oder potenziellen Sicherheitslücken, wie SQL-Injections oder XSS-Attacken, herumschlagen zu müssen. Auf dieser Basis können sowohl kleinere Extensions als auch Großprojekte in einer strukturierten Art und Weise umgesetzt werden.

Extbase setzt auf vier ineinandergreifenden und sich ergänzenden Paradigmen auf, die wir Ihnen in diesem Kapitel vorstellen möchten. Diese begleiten Sie durch den gesamten Projektlebenszyklus, von der Planungsphase bis zur technischen Umsetzung und Pflege Ihrer Extension. Es handelt sich dabei um folgende Paradigmen:

- Objektorientierte Programmierung (OOP): Sie beschreibt, wie zusammengehörende Aspekte der realen Welt in abstrakte Objekte einer Software gekapselt werden können.
- Domain-Driven Design (DDD): Das Ziel dieses Entwicklungsansatzes ist es, die Begriffe, Regeln und Abläufe des zu lösenden Problems adäquat in Software umzusetzen.

- Model-View-Controller (MVC): Dieses Paradigma der Programmierung gibt eine saubere Trennung der Daten, der Ablaufsteuerung und der Ausgabelogik innerhalb einer Software vor.
- Test-Driven Development (TDD): Dieser Ansatz stellt die Basistechnik für stabilen, fehlerresistenten, lesbaren und damit wartbaren Code dar.

Jedes einzelne dieser vier Paradigmen ist in der professionellen Softwareentwicklung allgemein bekannt und mehr oder weniger weit verbreitet. Daraus ergibt sich ein gewichtiger Vorteil für die Anwendung von Extbase. Bisher war ein Experte für die Entwicklung von TYPO3-Extensions vor allem Experte in der Nutzung (und Umgehung) der Programmierschnittstellen (APIs) von TYPO3. Extbase fordert von Ihnen nun zusätzlich Kenntnisse und Fähigkeiten in Bereichen, die weit über die TYPO3-Community hinaus Gültigkeit und Wert besitzen. Damit steht Ihnen eine viel breitere Basis an Erfahrung in Form von Büchern, Foren oder persönlichen Kontakten zur Verfügung – ein nicht zu unterschätzender Aspekt für die Zukunft von TYPO3.

Kenntnisse in objektorientierter Programmierung, Domain-Driven Design und dem MVC-Paradigma sind für die Arbeit mit Extbase absolut notwendig. Kenntnisse in Test-Driven Development sind für das Verstehen oder die Verwendung von Extbase nicht unbedingt notwendig. Wir möchten Ihnen diese Entwicklungstechnik trotzdem wärmstens ans Herz legen.

Objektorientierte Programmierung mit PHP

Die objektorientierte Programmierung ist ein Programmierparadigma, das von Extbase und darauf aufbauenden Extensions vielfältig eingesetzt wird. In diesem Abschnitt geben wir Ihnen einen Überblick über die wichtigsten Konzepte der Objektorientierung.

Programme haben immer einen ganz speziellen Zweck, der – ganz allgemein gesprochen – darin besteht, ein Problem zu lösen. Mit »Problem« ist nicht unbedingt ein Fehler oder ein Defekt gemeint, sondern vielmehr eine reale Aufgabe. Dieses Problem hat meist eine ganz konkrete Entsprechung im richtigen Leben.

Beispielsweise könnte ein Programm sich des Problems annehmen, die Buchung einer Kreuzfahrt im Indischen Ozean auszuführen. Wir haben hier offensichtlich ein Problem (nämlich, dass der buchende Programmierer viel zu viel arbeitet und nun endlich in den Urlaub fahren will) und ein Programm, das Erholung verspricht, indem es eine Kabine auf einem der Luxusliner für ihn und seine Frau reservieren könnte.

Bei der Objektorientierung wird angenommen, dass man konkrete Probleme mit Programmen lösen will, und konkrete Probleme werden prinzipiell von realen Objekten ausgelöst. Daher steht hier das Objekt im Mittelpunkt. Dies kann natürlich auch abstrahiert sein – nicht immer kann man etwas derart Konkretes wie ein Auto oder ein Schiff damit abbilden, sondern muss natürlich auch eine Reservierung, ein Konto oder ein grafisches Symbol darstellen.

Objekte sind »Behälter« für Daten und dazugehörige Funktionalität. Die Daten eines Objekts werden in dessen *Eigenschaften* (*Properties*) gespeichert. Die Funktionalität wird durch *Methoden* bereitgestellt, welche beispielsweise die Eigenschaften des Objekts verändern können. Bezogen auf das Kreuzfahrtschiff lässt sich beispielsweise sagen, dass es eine bestimmte Anzahl an Kabinen, eine Länge und Breite und eine Höchstgeschwindigkeit hat. Dies sind alles Eigenschaften dieses Schiffs. Außerdem hat es Methoden, um den Motor zu starten (und hoffentlich auch wieder stoppen), die Richtung zu ändern sowie um mehr Schub zu geben, damit man sein Urlaubsziel etwas schneller erreicht.

Warum überhaupt Objektorientierung?

Nun wird sich sicher der eine oder andere Leser fragen, warum denn nun überhaupt objektorientiert programmiert werden soll und nicht – wie bisher – etwa prozedural, also schlicht mit einer Aneinanderreihung von Funktionen. Schaut man sich die knapp 4.300 Extensions an, die es für TYPO3 mittlerweile gibt, stellt man fest, dass diese zwar standardmäßig mit einer Klasse ausgestattet wurden – vom Extension-Programmierer aber in vielleicht 95 % aller Fälle prozedural weiterprogrammiert wurden.

Die prozedurale Programmierung hat aber einige schwerwiegende Nachteile:

- Inhaltlich zusammengehörende Eigenschaften und Methoden können nicht zusammengefasst werden. Diese in der Objektorientierung als *Kapselung* bezeichnete Methodik ist aber schon allein für die Übersicht sehr wichtig.
- Einmal geschriebener Code kann relativ schlecht wiederverwendet werden.
- Alle Eigenschaften können an jeder beliebigen Stelle verändert werden. Dadurch entstehen schnell Fehler, die sich nur sehr schwer identifizieren lassen.
- Prozeduraler Code wird sehr schnell unübersichtlich. Dies bezeichnet man als Spaghetti-Code.

Die Objektorientierung ist zudem viel näher dran an der realen Welt, in der es reale Objekte gibt, die allesamt Eigenschaften und (meist) auch Methoden haben. Dieser Umstand wird nun auch in der Programmierung berücksichtigt.

Es soll nun im Folgenden grundsätzlich um das Objekt »Schiff« gehen. Wir wollen dieses Objekt überhaupt erst einmal zum Leben erwecken, es mit Kabinen, einem Motor und weiteren nützlichen Dingen ausstatten. Zudem wird es Funktionen geben, die das Schiff bewegen, also den Motor an- und ausschalten. Später werden wir sogar einen Luxusliner auf Basis des normalen Schiffes kreieren und diesen sogar mit einem Golf-Simulator und Satelliten-TV ausstatten.

Auf den folgenden Seiten wollen wir Ihnen die objektorientierte Programmierung so plastisch wie möglich (aber dennoch immer systematisch korrekt) nahebringen. Und dies hat auch einen ganz speziellen Grund: Je mehr Sie sich mit dem Objekt und dessen Eigenschaften und Methoden identifizieren können, desto offener sind Sie für die hinter OOP stehende Theorie. Beides ist für eine erfolgreiche Programmierung notwendig – wenn auch die Objekte, die Ihnen später begegnen werden, oftmals nicht so deutlich imaginiert werden können.

Klassen und Objekte

Wir gehen jetzt noch einmal einen Schritt zurück und stellen uns vor, dass es eine Art Bauplan für Schiffe im Allgemeinen gibt. Nun interessiert uns erst einmal nicht das konkrete Schiff, sondern die Blaupause dafür. Diese wird als *Klasse* bezeichnet, in diesem Fall ist es die Klasse `Ship`. In PHP wird dies wie folgt notiert:

```
<?php

class Ship {

    ...

}

?>
```

> In diesem Code-Abschnitt haben wir noch ordnungsgemäß die notwendigen PHP-Tags am Anfang und Ende notiert. Diese werden wir bei den folgenden Beispielen weglassen, um die Listings etwas kürzer zu halten.

Mit dem Schlüsselwort `class` wird die Klasse also eingeleitet, und innerhalb der geschweiften Klammern werden Eigenschaften und Methoden notiert. Diese Eigenschaften und Methoden wollen wir nun ergänzen:

```
class Ship {

    public $name;
    public $coaches;
    public $engineStatus;
    public $speed;

    function startEngine() {}
    function stopEngine() {}
    function moveTo($location) {}

}
```

Unser Schiff hat nun einen Namen (`$name`), eine Anzahl an Kabinen (`$coaches`) und eine Geschwindigkeit (`$speed`). Zusätzlich haben wir eine Variable eingebaut, die den Zustand der Motoren beinhaltet (`$engineStatus`). Selbstverständlich besitzt ein Schiff viel mehr Eigenschaften, die auch alle irgendwie wichtig sind – für unsere Abstraktion reicht diese Menge an Eigenschaften zunächst aber aus. Warum vor den Eigenschaften das Schlüsselwort `public` steht, wird uns weiter unten beschäftigen.

> Für die Methoden und Eigenschaften verwenden wir eine Schreibweise, die als *lowerCamelCase* bezeichnet wird. Dabei wird der erste Buchstabe kleingeschrieben, und alle weiteren Sinnbestandteile werden jeweils ohne Leerzeichen oder Unterstrich mit großem Anfangsbuchstaben hintereinander notiert. Dies ist eine Konvention, die bei Extbase (und auch FLOW3) verwendet wird.

Darüber hinaus haben wir auch die Möglichkeit, den Motor des Schiffes anzumachen (`startEngine()`), mit dem Schiff zum gewünschten Ziel zu schippern (`moveTo(`*`$location`*`)`) und dann wieder den Motor auszumachen (`stopEngine()`). Weiterhin ist festzustellen, dass sämtliche Methoden »leer« sind, also keinerlei Inhalt haben. Diesen Umstand werden wir natürlich in den weiteren Beispielen beheben. Die Zeile mit dem Methodennamen und den (unter Umständen vorhandenen) Parametern wird auch als *Methodensignatur* oder *Methodenkopf* bezeichnet. Alles, was die Methode beinhaltet, wird analog *Methodenrumpf* genannt.

Nun wollen wir aber endlich auch ein Objekt von unserer Klasse erzeugen. Dabei ist die Klasse `Ship` der Bauplan, und `$fidelio` ist das konkrete Objekt:

```
$fidelio = new Ship();
// Anzeigen des Objekts
var_dump($fidelio);
```

Das Schlüsselwort `new` dient nun dazu, ein konkretes Objekt aus der Klasse zu erzeugen. Dieses so erzeugte Objekt wird auch als *Instanz* bezeichnet und der Vorgang des Erzeugens folgerichtig als *Instanziieren*. Über den Befehl `var_dump()` können wir uns das Objekt näher ansehen und erhalten dabei folgende Ausgabe:

```
object(Ship)#1 (3) {
  ["name"] => NULL
  ["coaches"] => NULL
  ["engineStatus"] => NULL
  ["speed"] => NULL
}
```

Bei der Ausgabe konnen wir gut erkennen, dass unser Objekt vier Eigenschaften besitzt, die nun einen konkreten Wert haben – momentan mangels Zuweisung noch NULL.

Wir können beliebig viele Objekte aus einer Klasse instanziieren, und jedes unterscheidet sich von dem anderen – selbst wenn alle Eigenschaften denselben Wert haben:

```
$fidelio1 = new Ship();
$fidelio2 = new Ship();

if ($fidelio1 === $fidelio2) {
   echo "Beide Objekte sind identisch!";
} else {
   echo "Beide Objekte sind nicht identisch!";
}
```

In unserem Beispiel lautet die Ausgabe: `Beide Objekte sind nicht identisch!`

Der Pfeiloperator

Nun können wir zwar ein Objekt erstellen, aber dessen Eigenschaften sind natürlich noch leer. Dies wollen wir schleunigst ändern, indem wir den Eigenschaften Werte zuweisen. Für diesen Zugriff wird ein spezieller Operator verwendet, nämlich der sogenannte Pfeil-Operator (->). Damit können Sie auf Eigenschaften eines Objekts zugreifen oder Methoden aufrufen. Im folgenden Beispiel setzen wir den Namen des Schiffs und rufen einige Methoden auf.

```
$schiff = new Ship();
$schiff->name = "FIDELIO";
echo "Das Schiff hat den Namen: " . $schiff->name;
$schiff->startEngine();
$schiff->moveTo('Bahamas');
$schiff->stopEngine();
```

$this

Über den Pfeiloperator können wir nun bequem auf Objekteigenschaften und -methoden zugreifen. Was aber, wenn wir innerhalb einer Methode darauf zugreifen wollen, beispielsweise um in der Methode `startEngine()` die Geschwindigkeit (`$speed`) zu setzen? Wir wissen ja an dieser Stelle nicht, wie ein später einmal instanziiertes Objekt heißen wird. Daher brauchen wir also einen Mechanismus, um dies unabhängig vom Namen erledigen zu können. Dies geschieht mithilfe der speziellen Variablen `$this`.

```
class Ship {
   ...
   public $speed;

   function startEngine() {
      $this->speed = 200;
   }
   ...
}
```

Mit `$this->speed` können Sie nun im aktuellen Objekt auf die Eigenschaft »Geschwindigkeit« zugreifen, unabhängig davon, unter welchem Variablennamen das Objekt verfügbar ist.

Konstruktor

Wenn man ein Objekt instanziiert, kann es nützlich sein, bereits in diesem Stadium das Objekt zu initialisieren. So wird sicherlich beim Erstellen eines neuen Kreuzfahrtschiffes gleich eine gewisse Anzahl an Kabinen eingebaut, damit die späteren Gäste nicht in Matratzenlagern schlafen müssen. Daher können wir die Anzahl der Kabinen direkt beim Instanziieren festlegen. Die Verarbeitung des übergebenen Wertes wiederum findet dann in einer Methode statt, die automatisch beim Erstellen eines Objekts aufgerufen wird, dem sogenannten *Konstruktor*. Diese spezielle Methode hat immer den Namen `__construct()` (die beiden ersten Zeichen sind Unterstriche).

```
class Ship {

   public $name;
   public $coaches;
   public $speed;

   ...

   function __construct($name, $numberOfCoaches) {
      $this->name = $name;
      $this->coaches = $numberOfCoaches;
      echo "Das neue Schiff hat den Namen: ".$this->name;
      echo "<br />und ". $this->coaches . " Kabinen";
   }
}

$fidelio = new Ship('Fidelio', 200);
```

Die beim Instanziieren übergebenen Werte werden nun dem Konstruktor als Argument übergeben und dann der Eigenschaft `$coaches` bzw. `$name` zugewiesen.

Vererbung von Klassen

Mit der von uns geschaffenen Klasse können wir nun schon viel anfangen. Wir können zahlreiche Schiffe erschaffen und diese auf die Weltmeere schicken. Aber natürlich arbeitet die Reederei ständig daran, das Kreuzfahrtschiff-Angebot zu verbessern. So werden immer größere und schönere Schiffe gebaut. Außerdem werden aber auch Angebote an Deck für die Passagiere hinzugefügt. So hat die FIDELIO2 beispielsweise sogar einen kleinen Golfplatz direkt auf dem Schiff.

Wenn man allerdings hinter die Kulissen dieses neuen Luxusliners schaut, stellt man fest, dass die Reederei lediglich ein Schiff vom Typ FIDELIO genommen und etwas umgebaut hat. Die Basis ist also dieselbe. Daher macht es offensichtlich keinen Sinn, das neue Schiff komplett neu zu definieren – wir verwenden die alte Definition und erweitern diese nur um den Golfplatz – genauso wie die Reederei dies gemacht hat. Technisch gesprochen erweitern wir eine »alte« Klassendefinition durch das Schlüsselwort `extends`.

```
class Luxusliner extends Ship {

   public $luxuryCoaches;

   function golfSimulatorStart() {
     echo 'Golfsimulator auf Schiff ' . $this->name . ' gestartet.';
   }
   function golfSimulatorStop() {
     echo 'Golfsimulator auf Schiff ' . $this->name . ' gestoppt.';
   }
}

$luxusschiff = new Luxusliner('FIDELIO2','600');
```

So einfach entsteht nun unser neuer Luxusliner. Wir definieren, dass der Luxusliner schlicht die Definition der Klasse `Ship` erweitert. Die erweiterte Klasse (in unserem Beispiel eben `Ship`) bezeichnet man als *Elternklasse bzw. Superklasse.* Die durch Erweiterung entstandene Klasse bezeichnet man als *Kindklasse bzw. Subklasse* (in unserem Beispiel `Luxusliner`).

Die Klasse `Luxusliner` enthält nun die komplette Ausstattung der Basisklasse `Ship` (inklusive aller Eigenschaften und Methoden) und definiert zusätzliche Eigenschaften (wie die Anzahl der Luxuskabinen `$luxuryCoaches`) und zusätzliche Methoden (wie `golfSimulatorStart()` und `golfSimulatorStop()`). In diesen Methoden können Sie auf die Eigenschaften und Methoden der Elternklasse wieder über `$this` zugreifen.

Eigenschaften und Methoden überschreiben

Sie können in einer vererbten Klasse aber nicht nur auf Eigenschaften und Methoden der Elternklasse zugreifen oder neue Eigenschaften und Methoden definieren. Es ist sogar möglich, die ursprünglichen Eigenschaften und Methoden zu überschreiben. Dies kann sehr sinnvoll sein, wenn eine Methode der Kindklasse beispielsweise neue Funktionalität enthalten soll. Betrachten wir hierzu die Methode `startEngine()`:

```
class Ship {
   ...
   $engineStatus = 'OFF';
   ...
   function startEngine() {
      $this->engineStatus = 'ON';
   }
   ...
}

class Luxusliner extends Ship {
   ...
   $additionalEngineStatus = 'OFF';
   ...
   function startEngine() {
      $this->engineStatus = 'ON';
      $this->additionalEngineStatus = 'ON';
   }
   ...
}
```

Unser Luxusliner hat (natürlich) einen zusätzlichen Motor, und daher muss dieser ebenfalls angeschaltet werden, wenn die Methode `startEngine()` aufgerufen wird. Daher überschreibt die Kindklasse diese Methode der Elternklasse, und somit wird nur noch die Methode `startEngine()` der Kindklasse aufgerufen.

Zugriff auf die Elternklasse mittels parent

Das Überschreiben einer Methode ist zwar ungeheuer praktisch, weist aber einen großen Nachteil auf. Bei einer Änderung der Methode `startEngine()` in der Elternklasse müssten wir die gleichnamige Methode in der Kindklasse ebenfalls ändern. Dies ist nicht nur sehr fehleranfällig, sondern zudem auch nicht besonders praktisch. Schöner wäre es, wenn wir einfach die Methode der Elternklasse aufrufen und dann den zusätzlichen Code davor oder danach notieren könnten.

Und genau dies ist über das Schlüsselwort `parent` möglich. Über `parent::`*`methodenname`*`()` kann bequem auf die Methode der Elternklasse zugegriffen werden – unser vorheriges Beispiel lässt sich daher sinnvoller auch so notieren:

```
class Ship {
   ...
   $engineStatus = 'OFF';
   ...
   function startEngine() {
      $this->engineStatus = 'ON';
   }
   ...
}

class Luxusliner extends Ship {
   ...
   $additionalEngineStatus = 'OFF';
   ...
   function startEngine() {
      parent::startEngine();
      $this->additionalEngineStatus = 'ON';
   }
   ...
}
```

Abstrakte Klassen

Manchmal ist es auch hilfreich, in den Elternklassen »Platzhaltermethoden« anzulegen, die dann in den Kindklassen gefüllt werden. Diese »Platzhalter« heißen *abstrakte Methoden*. Eine Klasse, die abstrakte Methoden enthält, wird als *abstrakte Klasse* bezeichnet.

Bei unserem Schiff könnte es eine Methode `setupCoaches()` geben, die die Kabinen auf dem Schiff einrichtet. Jeder Schiffstyp ist dabei anders zu behandeln, da dort eine unterschiedliche Ausstattung vorherrscht. So muss zwar bei jedem Schiff solch eine Methode existieren, die konkrete Implementierung muss aber in jedem Schiffstyp extra gemacht werden:

```
abstract class Ship {
   ...
   function __construct() {
      $this->setupCoaches();
   }
   abstract function setupCoaches();
   ...
}
```

```
class Luxusliner extends Ship {
   ...
   function setupCoaches() {
      echo 'Kabinen werden eingerichtet';
   }
}

$luxusschiff = new Luxusliner();
```

In der Elternklasse haben wir nur den Methodenrumpf der Methode `setupCoaches()` definiert. Durch das Schlüsselwort `abstract` wird sichergestellt, dass diese Methode in der Kindklasse implementiert werden muss.

Mit abstrakten Klassen und Methoden kann man also festlegen, welche Methoden später vorhanden sein sollen, man muss diese aber noch nicht implementieren.

Interfaces

Interfaces sind ein Spezialfall von abstrakten Klassen, bei denen *alle Methoden* abstrakt sind. Mit ihrer Hilfe lassen sich die Spezifikation und Implementierung von Funktionalität voneinander trennen. Bei unserem Kreuzfahrtbeispiel haben wir einige Schiffe, die Satelliten-Fernsehen unterstützen, und andere, die das nicht tun. Die Schiffe, die Satelliten-Fernsehen unterstützen, haben zwei Methoden `enableTV()` und `disableTV()`. Es ist hilfreich, dafür ein Interface zu definieren:

```
interface SatelliteTV {
   public function enableTV();
   public function disableTV();
}

class Luxusliner extends Ship implements SatelliteTV {

   protected $tvEnabled = FALSE;

   public function enableTV() {
      $this->tvEnabled = TRUE;
   }
   public function disableTV() {
      $this->tvEnabled = FALSE;
   }
}
```

Über das Schlüsselwort `implements` wird angegeben, dass die Klasse das anschließend notierte Interface implementiert. Damit müssen sämtliche Methoden, die sich in der Interface-Definition befinden, auch realisiert werden. Das Objekt `Luxusliner` ist nun vom Typ `Ship`, aber auch vom Typ `SatelliteTV`.

Es ist zudem möglich, nicht nur ein Interface pro Klasse zu implementieren, sondern auch mehrere, die dann mittels Komma voneinander getrennt werden. Selbstverständlich können Interfaces auch von anderen Interfaces vererbt werden.

Sichtbarkeiten: public, private und protected

Der Zugriff auf Eigenschaften und Methoden kann durch unterschiedliche Sichtbarkeiten eingeschränkt werden, um Implementierungsdetails einer Klasse zu verstecken. Somit kann der Sinn einer Klasse besser kommuniziert werden, da Implementierungsdetails in internen Methoden nicht von außen aufrufbar sind. Es gibt die folgenden Sichtbarkeiten:

- *public:* Öffentlich sichtbar. Eigenschaften und Methoden mit dieser Sichtbarkeit können von außerhalb des Objekts aufgerufen werden. Wird keine Sichtbarkeit angegeben, wird automatisch das Verhalten von `public` verwendet.
- *protected:* Geschützt. Eigenschaften und Methoden mit dieser Sichtbarkeit können nur innerhalb der Klasse und in Kindklassen aufgerufen werden.
- *private:* Versteckt. Eigenschaften und Methoden, die `private` sind, können nur innerhalb der Klasse selbst, nicht aber in Kindklassen aufgerufen werden.

Zugriff auf Eigenschaften

Wir zeigen nun an einem kleinen Beispiel, wie Sie mit geschützten Eigenschaften arbeiten können:

```
abstract class Ship {
   protected $coaches;
   ...
   abstract protected function setupCoaches();
}

class Luxusliner extends Ship {
   protected function setupCoaches() {
      $this->coaches = 300;
   }
}

$luxusliner = new Luxusliner('Fidelio', 100);
echo 'Anzahl Kabinen: ' . $luxusliner->coaches; // Funktioniert NICHT!
```

Der `Luxusliner` darf die Eigenschaft coaches verändern, da diese `protected` ist. Wäre sie `private`, so wäre kein Zugriff aus der Kindklasse möglich. Ein Zugriff außerhalb der Vererbungshierarchie wie in der letzten Zeile des Beispiels ist nicht möglich; dazu müsste die Eigenschaft `public` sein.

Wir empfehlen, alle Eigenschaften als `protected` zu deklarieren. Damit können diese nicht mehr von außen verändert werden, und Sie sollten zum Ändern bzw. Auslesen der Eigenschaften spezielle Methoden verwenden (die Getter und Setter genannt werden) verwenden, wie im nächsten Abschnitt erklärt wird.

Zugriff auf Methoden

Alle Methoden, die das Objekt nach außen zur Verfügung stellt, müssen als `public` definiert sein. Alle Methoden, die Implementierungsdetails enthalten, wie z.B. `setupCoaches()` im obigen Beispiel, sollten mit `protected` markiert sein. Die Sichtbarkeit `private` sollte äußerst sparsam eingesetzt werden, da Sie damit diese Methoden nicht überschreiben oder erweitern können.

Oft müssen Sie Eigenschaften eines Objekts von außen setzen oder lesen. Daher benötigen Sie spezielle Methoden, die eine Eigenschaft setzen bzw. auslesen können. Diese Methoden werden *Setter* bzw. *Getter* genannt. Hierzu ein Beispiel:

```
class Ship {

   protected $coaches;
   protected $classification = 'NORMAL';

   public function getCoaches() {
      return $this->coaches;
   }

   public function setCoaches($numberOfCoaches) {
      if ($numberOfCoaches > 500) {
         $this->classification = 'LARGE';
      } else {
         $this->classification = 'NORMAL';
      }
      $this->coaches = $numberOfCoaches;
   }

   public function getClassification() {
      return $this->classification;
   }

   ...
}
```

Wir haben nun eine Methode `setCoaches`, die die Anzahl der Kabinen setzt. Außerdem ändert sie, je nach Anzahl der Kabinen, auch die Kategorie des Schiffes. Hier sehen Sie auch den Vorteil: Bei der Benutzung von Methoden zum Setzen und Lesen der Eigenschaften können Sie komplexere Operationen durchführen, wie beispielsweise das Setzen von abhängigen Eigenschaften. Somit kann die Konsistenz des Objekts gewährleistet werden – wenn Sie im obigen Beispiel `$coaches` und `$classification` auf `public` setzen würden, so könnten wir die Anzahl der Kabinen auf 1.000 stellen und die Schiffsklassifikation auf `NORMAL` belassen, und unser Schiff wäre damit inkonsistent.

> In Extbase werden Ihnen die Getter- und Setter-Methoden überall begegnen. Keine Eigenschaft in Extbase ist `public`.

Statische Methoden und Eigenschaften

Wir haben bislang mit Objekten gearbeitet, die aus Klassen instanziiert wurden. Manchmal macht es aber keinen Sinn, ein komplettes Objekt zu erzeugen, nur weil man eine Funktion einer Klasse anwenden will. Daher erlaubt PHP auch den direkten Zugriff auf Eigenschaften und Methoden. Diese werden dann als *statische Eigenschaften* bzw. *statische Methoden* bezeichnet. Als Faustregel können Sie sich merken, dass statische Eigenschaften immer dann benötigt werden, wenn zwei Instanzen einer Klasse immer eine gemeinsame Eigenschaft haben sollen. Statische Methoden werden oft für Funktionssammlungen benötigt.

Auf unser Beispiel übertragen bedeutet dies, dass alle unsere Schiffe von derselben Werft gebaut werden. Im Falle eines technischen Problems müssen alle Schiffe die aktuelle Notfalltelefonnummer der Werft (engl. *shipyard*) besitzen. Daher speichern wir diese Telefonnummer in einer statischen Eigenschaft `$shipyardSupportTelephoneNumber`:

```
class Luxusliner extends Ship {
   protected static $shipyardSupportTelephoneNumber = '+49 30 123456';

   public function reportTechnicalProblem() {
      echo 'Auf dem Schiff ' . $this->name . ' wurde ein Problem festgestellt.
            Bitte informieren Sie ' . self::$shipyardSupportTelephoneNumber;
   }

   public static function setShipyardSupportTelephoneNumber($newNumber) {
      self::$shipyardSupportTelephoneNumber = $newNumber;
   }
}

$fidelio = new Luxusliner('Fidelio', 100);
$figaro = new Luxusliner('Figaro', 200);

$fidelio->reportTechnicalProblem();
$figaro->reportTechnicalProblem();

Luxusliner::setShipyardSupportTelephoneNumber('+01 1000');

$fidelio->reportTechnicalProblem();
$figaro->reportTechnicalProblem();

// Dabei wird folgender Text ausgegeben:
Auf dem Schiff Fidelio wurde ein Problem festgestellt. Bitte informieren Sie +49 30 123456
Auf dem Schiff Figaro wurde ein Problem festgestellt. Bitte informieren Sie +49 30 123456
Auf dem Schiff Fidelio wurde ein Problem festgestellt. Bitte informieren Sie +01 1000
Auf dem Schiff Figaro wurde ein Problem festgestellt. Bitte informieren Sie +01 1000
```

Was passiert hier nun? Wir legen zwei verschiedene Schiffe an, die beide ein Problem haben und dann die Werft kontaktieren. In der Methode `reportTechnicalProblem()` sehen Sie, dass Sie, wenn Sie statische Eigenschaften verwenden wollen, diese mit dem Schlüsselwort `self::` einleiten müssen. Wenn sich die Telefonnummer für Störungen nun ändert, muss die Werft die neue Telefonnummer allen Schiffen mitteilen. Hierfür verwendet sie die *statische Methode* `setShipyardSupportTelephoneNumber($newNumber)`. Da sie statisch ist, ruft man sie nach dem Schema `Klassenname::`*`methodenname`*`()` auf, in unserem Fall also `Luxusliner::setShipyardSupportTelephoneNumber(...)`. Sie sehen an den letzten beiden Problem-Reports nun, dass in allen Instanzen der Klasse die neue Telefonnummer verwendet wird, also beide Schiffsobjekte Zugriff auf dieselbe statische Variable `$shipyardSupportTelephoneNumber` haben.

Wichtige Entwurfs- und Architekturmuster

In der Softwareentwicklung stößt man früher oder später auf Entwurfsprobleme, die sich ähnlich sind und auch ähnlich gelöst werden. Dafür hat man bestimmte Entwurfsmuster (engl. *design patterns*) ersonnen, die eine allgemeine Lösung für ein Problem darstellen. Jedes Entwurfsmuster fungiert sozusagen als Lösungsschablone für ein spezielles Entwurfsproblem.

Mittlerweile gibt es zahlreiche Entwurfsmuster, die sich in der Praxis bestens bewährt haben und somit auch Einzug in die moderne Programmierung und insbesondere in Extbase gehalten haben. Wir wollen im Folgenden nicht auf die konkrete Implementierung der Entwurfsmuster eingehen, da das Wissen um die Implementierung nicht für die Verwendung von Extbase notwendig ist. Nichtsdestotrotz sind tiefgreifende und ausführliche Kenntnisse in Entwurfsmustern prinzipiell für einen modernen Programmierstil unabdingbar, so dass es sinnvoll für Sie sein kann, diese Kenntnisse zu erwerben.

> Weitere Informationen zu Entwurfsmustern finden Sie beispielsweise unter *http://sourcemaking.com/* oder in dem Buch *PHP Design Patterns* von Stephan Schmidt, das im O'Reilly Verlag erschienen ist.

Von der großen Menge an Entwurfsmustern wollen wir uns zwei Entwurfsmuster anschauen, die bei der Programmierung von Extbase essenziell sind: *Singleton* und *Prototype.*

Singleton

Dieses Entwurfsmuster stellt sicher, dass von einer Klasse *nur eine Instanz* zur selben Zeit existiert. In TYPO3 können Sie eine Klasse als Singleton markieren, indem Sie es das Interface `t3lib_Singleton` implementieren lassen. Ein Beispiel: Unsere Luxusliner werden alle in einer einzigen Werft gebaut. Daher ist es nicht sinnvoll, dass mehr als eine Instanz des Werft-Objekts existiert:

```
class LuxuslinerShipyard implements t3lib_Singleton {
   protected $numberOfShipsBuilt = 0;
```

```
    public function getNumberOfShipsBuilt() {
        return $this->numberOfShipsBuilt;
    }

    public function buildShip() {
        $this->numberOfShipsBuilt++;
        // Schiff bauen und zurückgeben
    }
}

$luxuslinerShipyard = t3lib_div::makeInstance('LuxuslinerShipyard');
$luxuslinerShipyard->buildShip();

$theSameLuxuslinerShipyard = t3lib_div::makeInstance('LuxuslinerShipyard');
$theSameLuxuslinerShipyard->buildShip();

echo $luxuslinerShipyard->getNumberOfShipsBuilt(); // 2
echo $theSameLuxuslinerShipyard->getNumberOfShipsBuilt(); // 2
```

Sie müssen zur Instanziierung einer Klasse die statische TYPO3-Methode `t3lib_div::makeInstance()` verwenden, damit die Singletons korrekt erzeugt werden. Diese Methode gibt Ihnen, wie im obigen Beispiel ersichtlich, immer dasselbe Objekt zurück, wenn Sie ein Singleton anfordern.

Prototype

Prototype ist so etwas wie der Gegenspieler von Singleton. Während beim Singleton für jede Klasse nur ein Objekt instanziiert wird, ist es bei Prototype explizit erlaubt, dass es mehrere Instanzen einer Klasse gibt. Jede Klasse, die nicht das Interface `t3lib_Singleton` implementiert, ist automatisch vom Typ *Prototype*.

> Beim Design Pattern *Prototype* wird eigentlich beschrieben, dass ein neues Objekt durch Klonen eines Objektprototyps entstehen soll. Wir verwenden jedoch Prototype als Gegenstück zu Singleton, ohne eine konkrete Pattern-Implementierung im Hintergrund. Von der beobachteten Funktionalität her ist dies kein Unterschied: Man bekommt immer eine neue Instanz einer Klasse zurück.

Nun, da wir Ihr Wissen über objektorientierte Programmierung etwas aufgefrischt haben, können wir uns die tieferliegenden Konzepte von Extbase anschauen: Domain-Driven Design, Model-View-Controller und Test-Driven Development. Dabei werden Sie an vielen Stellen die eben gelernten Grundlagen wiederentdecken.

Domain-Driven Design

Die Entwicklung von Software ist ein kreativer Prozess. Sie stehen nicht am Fließband, sondern sind immer neuen Herausforderungen ausgesetzt. Jede Software ist anders, und jedes Mal, wenn Sie ein Programm schreiben, beginnen Sie wieder »auf der grünen Wiese«. Sie müssen herausfinden, was der Auftraggeber erreichen möchte, und wollen dies dann umsetzen. Durch diese Kreativität haben Sie viele Freiheiten, aber auch die Menge an Missverständnissen zwischen dem Kunden und Ihnen als Entwickler kann wachsen. Wer hat noch kein Projekt erlebt, bei dem die Anforderungen dokumentiert und Pflichtenhefte geschrieben waren, und trotzdem hat die Software den Auftraggeber am Ende nicht zufriedengestellt bzw. im schlimmsten Fall auch seine Probleme nicht gelöst.

Wenn Sie Software für einen Kunden entwickeln, müssen Sie zunächst seine Probleme verstehen, damit Sie Ihrem Kunden eine passende Lösung anbieten können. Dieses Problemfeld wird im Domain-Driven Design *Anwendungsdomäne* genannt. Indem Sie die Anwendungsdomäne des Kunden kennen und verstehen lernen und sein Problem klar vor Augen haben, werden Sie in die Lage versetzt, diese Domäne adäquat in Software umzusetzen. Extbase unterstützt Sie darin, indem es die dafür benötigte technische Infrastruktur weitgehend zur Verfügung stellt.

Domain-Driven Design ist ein Entwicklungsparadigma, das nicht nur technische Konzepte beinhaltet. Vielmehr wird mit verschiedenen Techniken versucht, die Kreativität bei der Entwicklung von Software in strukturiertere Bahnen zu lenken und sie damit besser zu kanalisieren und effektiver zu machen.

Beim Domain-Driven Design steht das Verständnis der für Sie relevanten Problemstellung und von deren Umfeld im Vordergrund, einer Problemstellung, die der Kunde durch Ihr Programm gelöst haben möchte. In enger Zusammenarbeit mit diesem wird gemeinschaftlich das Problem erkundet. Während dieses Prozesses, der *iterativ* (d.h. schrittweise) abläuft, entwickeln Sie zusammen mit dem Kunden ein Modell, das die Problemstellung adäquat abbildet. Dieses Modell (engl. *model*) wird dann die Basis des zu erstellenden Programms. Durch den Fokus auf das Modell werden Sie beim Prototyping nicht von dem eigentlichen Problem des Kunden abgelenkt – Sie können sich ganz auf die Problemdomäne konzentrieren.

> Die Einbeziehung des Kunden in diese Arbeitsphase ist absolut essenziell, da nur er selbst das Problem genau genug kennt.

Domain-Driven Design ist ein sehr pragmatischer Ansatz. Schon zu Beginn eines Software-Projekts wird versucht, Code zu schreiben und dabei das zu lösende Problem näher kennenzulernen. Oft werden Sie einige Prototypen und Iterationen benötigen, bis Sie beim finalen Modell angekommen sind. Nehmen Sie sich diese Zeit!

> ### Die Geschichte des Domain-Driven Design
>
> Die Ideen, die hinter dem Domain-Driven Design stehen, sind nicht neu: Viele gute Softwareentwickler haben schon vor langer Zeit festgestellt, dass die Problemstellung aus der realen Welt sehr genau in Software nachgebildet werden muss. Oft war dieser Prozess intuitiv geleitet – es fehlte ein konzeptuelles Gerüst, das das Abbilden der Problemstellung in Software vereinfacht hätte.
>
> Eric Evans hat in seinem Buch *Domain-Driven Design – Tackling Complexity in the Heart of Software* (Addison-Wesley) eine Herangehensweise beschrieben, wie man ein sinnvolles Modell der Wirklichkeit in Software erstellt, so dass dies für die Lösung der jeweiligen Problemstellung hilfreich ist. Dafür hat er den Begriff *Domain-Driven Design* geprägt. Dabei hat er das kombinierte Wissen von vielen guten Softwareentwicklern niedergeschrieben, was es nun ermöglicht, die Erstellung von Modellen systematisch anzugehen und erlernbar zu machen.

Extbase bietet Ihnen eine vielfältige Unterstützung des Domain-Driven Design. Sie müssen sich z.B. im Normalfall nicht um die Speicherung der Daten in der Datenbank kümmern. Falls die Domäne komplexe Invarianten enthält (d.h. Regeln, die nie verletzt werden dürfen), so können Sie diese elegant über sogenannte Validatoren implementieren. Außerdem steht Ihnen mit Fluid eine mächtige Templating-Engine zur effizienten Ausgabe von Daten zur Verfügung. So können Sie sich ganz auf die Problemdomäne konzentrieren, anstatt viel Zeit in die Ausgabe der Daten und die Benutzerinteraktion investieren zu müssen.

Wir hoffen nun, Ihr Appetit ist geweckt! Im Folgenden zeigen wir Ihnen einige Kernkonzepte des Domain-Driven Design. Dazu gehören bestimmte Herangehensweisen wie die Herausarbeitung einer von allen genutzten Sprache (der sogenannten *Ubiquitous Language*) oder der Umgang mit Assoziationen. Neben diesen zeigen wir Ihnen auch die technischen Bausteine wie Entities, Value Objects und Repositories.

Eine gemeinsame Sprache entwickeln

In Softwareprojekten haben die beteiligten Personen verschiedene Rollen: Der Kunde ist ein Experte in seinem Geschäftsfeld, und er hat ein Problem, das er durch Software lösen möchte. Da er besonders gut mit der Anwendungsdomäne der Software vertraut ist, bezeichnen wir ihn als *Domänenexperten* (engl. *domain expert*).

Sie sind in der Regel in der Rolle des *Entwicklers:* Sie sind mit vielen technischen Möglichkeiten vertraut, kennen sich meist jedoch nicht in dem Geschäftsfeld des Kunden aus. Daher sind Missverständnisse vorprogrammiert, da der Entwickler eine ganz andere Sprache als der Domänenexperte verwendet.

Im Domain-Driven Design sollen wichtige Kernbegriffe gefunden werden, die bei der Charakterisierung und Lösung des Problems benötigt werden. Diese werden in Form eines *Glossars* zusammengestellt, so dass immer sichergestellt wird, dass der Domänenexperte und der Entwickler sich auch richtig verstehen.

Diese *gemeinsame Sprache* (engl. *ubiquitous language*) kommt nicht nur während der Kommunikation zur Anwendung: Sie sollte auch im Quellcode (z.B. in Klassen- oder Methodennamen) zu finden sein. Dies ermöglicht es, bei Problemen den Domänenexperten zu konsultieren und mit ihm zusammen auf Basis des Quellcodes zu entscheiden, ob die Geschäftslogik korrekt umgesetzt wurde.

Die Domäne modellieren

Sie fangen nun also während der Gespräche mit dem Domänenexperten an, ein Modell zu erstellen und zu verfeinern. In der Regel entsteht während dieser Gespräche ein UML-Diagramm, das die Eigenschaften, Funktionalitäten und Beziehungen der relevanten Bestandteile des Problemfeldes in Objekte verpackt und deren Relationen darstellt. Diese Objekte bezeichnet man wegen der starken Ausrichtung auf die Problemdomäne des Nutzers auch als *Domänenobjekte*.

Domain-Driven Design bietet einige Bausteine, die Ihnen bei der Erstellung eines guten Domänenmodells helfen: *Entities, Value Objects* und *Services*. Widmen wir uns zuerst den ersten beiden Bausteinen: Besitzt das Domänenobjekt eine eigene Identität, die über die Zeit erhalten bleibt, auch wenn das Objekt verschiedene Zustände durchläuft? Dann ist das Objekt eine *Entity*. Oder ist es ein Attribut, das andere Dinge näher beschreibt? Dann ist das Objekt vom Typ *Value Object*. Im Folgenden werden wir noch näher auf die Unterscheidung dieser beiden Typen eingehen.

Außerdem gibt es noch Konzepte, die sich nicht direkt Entities oder Value Objects zuordnen lassen – immer, wenn Sie während der Modellierungsphase von *Aktivitäten* sprechen. Hierfür wird das Konzept von *Services* eingeführt.

Entities

Entities sind Objekte, die eine eindeutige Identität besitzen. Beispielsweise besitzt ein Benutzer als Identität einen Benutzernamen, ein Produkt besitzt eine Produktnummer, und ein Student besitzt eine Matrikelnummer. Daher sind alle genannten Beispiele Entities. Die Identität des Objekts bleibt im Laufe der Zeit gleich, auch wenn sich Eigenschaften des Objekts ändern sollten.

Die Identität eines Objekts wird durch eine unveränderliche Eigenschaft oder eine Kombination aus mehreren unveränderlichen Eigenschaften des Objekts festgelegt. Es muss mindestens eine Eigenschaft identitätsbestimmend sein. Normalerweise kümmert sich Extbase selbstständig darum und weist einer (versteckten) Identitätseigenschaft einen eindeutigen Wert zu. Sie können aber auch selbst eine Auswahl treffen und festlegen, welche Kombination von Eigenschaften identitätsbestimmend sein soll.

Extbase verwendet als automatisch generierte Identitätseigenschaft einen Identifier, der von der zugrunde liegenden Datenbank generiert wird (den sogenannten Unique Identifier, UID). Das Wort *unique*, also »eindeutig«, bedeutet in diesem Zusammenhang eigentlich »eindeutig innerhalb einer Datenbanktabelle«. Dies wird sich jedoch eventuell in einer zukünftigen Version von Extbase ändern, so dass hier eine globale Eindeutigkeit sichergestellt werden kann.

Je nach Anwendungsfall kann es sinnvoll sein, eigene identitätsbestimmende Eigenschaften festzulegen, die *innerhalb Ihrer Domäne* wichtig sind. Wie kann ich einen Menschen eindeutig identifizieren? Die Personalausweisnummer und das Land zusammen genommen sind vielleicht eine solch eindeutige Identifizierung, allerdings oft eine wenig praktikable: Wer möchte schon seine Personalausweisnummer angeben, wenn er sich bei einem Web-Portal anmeldet? Für ein Internetforum bietet es sich beispielsweise an, die Identität durch die E-Mail-Adresse des Forumsmitglieds festzulegen. Falls Sie aber eine E-Government-Anwendung schreiben, käme die Personalausweisnummer hierfür in Betracht.

Wichtig ist, dass die identitätsbestimmenden Eigenschaften eines Objekts *bei seiner Erstellung* festgelegt werden und sich dann *nie* mehr ändern: Wenn Sie diese Eigenschaften veränderbar machen würden, so könnten verschiedene Identitäten ineinander »konvertiert« werden – dies ist aber in den meisten Fällen unerwünscht. Denn Sie müssten diese neue Identität dann allen Objekten bekannt machen, die das Objekt unter der alten Identität kennen. Ansonsten würden Sie alle Verbindungen von anderen Objekten zu diesem Objekt verlieren. In der Regel sollte die Veränderung von identitätsbestimmenden Eigenschaftswerten durch ausschließlichen Lesezugriff auf diese Eigenschaften vermieden werden.

Wenn Sie bisher datenbankbasierte Anwendungen geschrieben haben, haben Sie vielleicht festgestellt, dass Sie oft unterbewusst `Entitys` verwendet haben, indem Sie die Datenbanktabellen mit Indizes und Primary Keys ausgestattet haben (in TYPO3 wird beispielsweise immer die UID als Identifier hinzugefügt). Daher fragen Sie sich vielleicht, wieso wir nun überhaupt noch einen anderen Objekttyp benötigen. Im nächsten Abschnitt klären wir diese Frage.

Value Objects

PHP bietet einige Werttypen, die es von Haus aus unterstützt, wie z.B. Integer, Float oder String. Oft werden Sie allerdings feststellen, dass Sie in Ihrer Domäne spezielle Typen von Werten, wie beispielsweise Farben oder Tags, benötigen. Diese werden durch sogenannte *Value Objects* repräsentiert.

Value Objects sind Objekte, die durch die Werte aller ihrer Eigenschaften bestimmt werden. Nehmen wir ein Malprogramm als Beispiel: Darin muss irgendwo definiert sein, was unter Farben zu verstehen ist. Eine Farbe ist nur durch ihren Wert bestimmt, wie z.B. in der RGB-Darstellung durch drei Farbanteile für Rot, Grün und Blau. Wenn zwei Farbobjekte dieselben RGB-Werte besitzen, so sind sie effektiv gleich und müssen nicht weiter unterschieden werden.

Bei Value Objects sind *alle* Eigenschaften identitätsbestimmend. Wenn alle Eigenschaften von zwei Value Objects den gleichen Wert haben, so sind diese beiden Value Objects identisch. Trotzdem sind Value Objects oft mehr als einfache Datenstrukturen für primitive Datentypen. Sie können potenziell sehr viel komplexe Domänenlogik enthalten. Unser `Farbe`-Objekt könnte z.B. Methoden zur Umrechnung der Farbe in andere Farbräume wie CYMK oder HSV enthalten und dafür Farbprofile verwenden.

Da alle Eigenschaften identitätsbestimmend sind und diese Eigenschaften nach der Erstellung des Objekts nicht mehr verändert werden dürfen, sind Value Objects unveränderlich (engl. *immutable*). Sie werden vollständig initialisiert erzeugt und können danach ihren Wert nicht mehr ändern. Man kann nur ein neues Value Object erzeugen und das alte eliminieren.

Obwohl Sie ein Value Object mit Methoden zum Verändern des internen Zustands ausstatten könnten, darf der interne Zustand niemals geändert werden. Nehmen wir das Beispiel des Farbe-Objekts, das z.B. eine neue Methode `makeBrighter()` enthält. Diese Methode muss, ausgehend von der Farbe des aktuellen Value Objects, die Farbwerte verändern und ein neues Value Object mit den veränderten Werten zurückgeben. Es darf niemals das bestehende Objekt verändern.

Durch diese einfache Semantik können Value Objects ohne Probleme erzeugt, geklont, an andere Computer übertragen oder an andere Objekte übergeben werden. Dadurch ist nicht nur die Implementierung einfacher, sondern es wird außerdem klar kommuniziert, dass es sich bei diesen Objekten um einfache *Werte* handelt.

Entity oder Value Object?

Nicht immer ist auf Anhieb zu erkennen, ob es sich bei einem Objekt um eine Entity oder um ein Value Object handelt. Schauen wir uns dazu ein Beispiel an: In vielen Anwendungen haben Sie mit Adressen zu tun. Nehmen wir einen Online-Shop, in dem der Kunde eine oder mehrere Lieferadressen angeben kann. Hier wäre die Adresse ein typisches Value Object, da es nur als Container für Name, Straße, Stadt und Postleitzahl verwendet wird.

In einer Anwendung, die für die Post die Briefzustellung optimiert, können Adressen darüber hinaus mit anderen Eigenschaften wie dem Namen des Briefträgers verbunden sein, der diese Adresse beliefert. Dieser Name gehört allerdings nicht zur Identität des Objekts und kann sich über die Zeit verändern (z.B. wenn ein Briefträger in Rente geht) – ein deutlicher Hinweis auf die Verwendung einer Entity.

Sie sehen also: Man kann nicht immer eindeutig sagen, ob Objekte Entities oder Value Objects sind – es hängt ganz vom Anwendungsfall und der Anwendungsdomäne ab.

Die Unterscheidung zwischen Entities und Value-Objects wird Ihnen zu Beginn vielleicht schwerfallen und als unnötiger Aufwand erscheinen. Extbase behandelt die beiden Objekt-Typen im Hintergrund jedoch sehr unterschiedlich. Die Verwaltung von Value-Objects ist effizienter als die von Entities. Der zusätzliche Aufwand für die Verwaltung und Überwachung der Eindeutigkeit entfällt hier zum Beispiel völlig.

Assoziationen

Sie sollten während der Modellierung nie die Implementierung aus den Augen lassen. Daher lassen Sie uns noch kurz über ein besonders komplexes Feld der Implementierung sprechen: Assoziationen zwischen Objekten.

Objekte der Domäne stehen miteinander in Beziehung. Solche Beziehungen werden in der Sprache der Domäne z.B. mit folgenden Wendungen bezeichnet: A »besteht aus« B, C »hat« D, E »verarbeitet« F, oder G »gehört zu« I. Diese Beziehungen werden im abstrahierten Domänenmodell als *Assoziationen* bezeichnet.

An einer Universität stehen beispielsweise Professoren und Studenten miteinander in Beziehung: Der Professor hält Vorlesungen, und Studenten sind für Vorlesungen eingeschrieben. Um diese Beziehung in unserem Domänenmodell abzubilden, fügen wir eine Assoziation als Abstraktion der realen Welt ein. Praktisch heißt das, dass ein Professor-Objekt eine Liste von Zeigern auf die Studenten-Objekte enthält, die bei ihm in der Vorlesung sitzen.

Besonders kompliziert zu implementieren sind hier *Many-to-many*-Assoziationen wie im obigen Beispiel (ein Professor unterrichtet viele Studenten, und ein Student wird von verschiedenen Professoren unterrichtet) – noch dazu, wenn diese Assoziationen *beidseitig* (bidirektional) sind. Dies bedeutet, dass sie von einem Professor zu seinen Studenten, aber auch in die andere Richtung gehen können.

Falls Sie also während des Designs *Many-to-many*-Assoziationen verwenden, überlegen Sie einmal, ob diese vereinfacht und umstrukturiert werden können. Es ist natürlich, dass Sie besonders am Anfang der Modellierung sehr viele bidirektionale *Many-to-many*-Assoziationen verwenden. Bei der Verfeinerung der Assoziationen können Ihnen die folgenden Fragestellungen helfen:

1. Ist die *Many-to-many*-Assoziation wichtig in der Anwendungsdomäne?
2. Kann die Assoziation einseitig gemacht werden, da es eine Hauptrichtung gibt, in der die Objekte abgefragt werden?
3. Kann die Assoziation noch näher spezifiziert werden, z.B. indem die einzelnen Elemente noch näher qualifiziert werden?
4. Ist die Assoziation für die Kernfunktionalität überhaupt notwendig?

Denken Sie also daran, möglichst einfache Assoziationen zu verwenden, da diese einfacher zu implementieren und klarer verständlich sind.

Aggregates

Wenn Sie ein komplexes Domänenmodell bauen, haben Sie es mit sehr vielen Klassen zu tun, die auf derselben Hierarchieebene stehen. Oft ist es jedoch so, dass bestimmte Objekte einen Teil eines größeren Objekts ausmachen. Wenn wir eine Anwendung für eine Autowerkstatt modellieren wollen, so müssen wir vielleicht nicht nur das Auto, sondern auch den Motor und die Räder modellieren, da diese für die Autowerkstatt von besonderer Bedeutung sind. Intuitiv betrachten wir die Räder und den Motor eines Autos als Teil des Autos, daher sollte dieses Verständnis auch im Modell zu erkennen sein. Wir nennen solch eine Teil-Ganzes-Beziehung von eng zusammenhängenden Objekten *Aggregate*. Sie sehen dieses Domänenmodell auch in Abbildung 2-1.

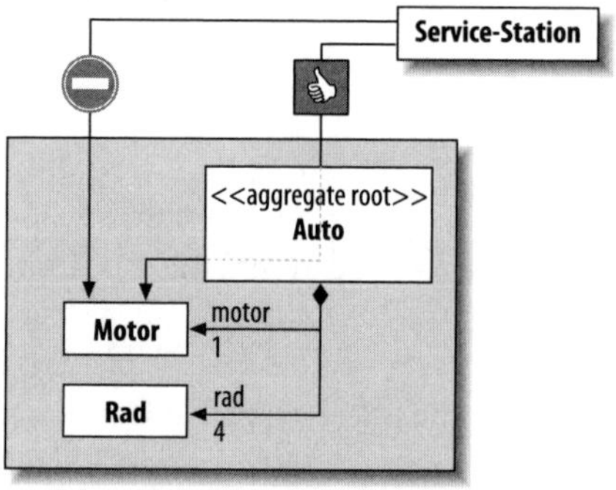

Abbildung 2-1: Das Domänenmodell einer Autowerkstatt. Objekte außerhalb eines Aggregates dürfen immer nur auf die Aggregate Root referenzieren.

Ein Aggregate besitzt eine »Wurzel«, die sogenannte *Aggregate Root*. Diese ist für die Integrität ihrer Unterobjekte verantwortlich. Objekte außerhalb des Aggregates dürfen nur auf die *Aggregate Root*, aber nie auf Teile davon referenzieren, da sonst die Aggregate Root nicht die Integrität der Objekte sicherstellen könnte. Nach außen hin hat das Aggregate nur eine externe Identität: die der Aggregate Root. Da Aggregate Roots also eine Identität benötigen, anhand derer sie referenziert werden können, müssen sie vom Typ *Entity* sein.

Übertragen auf das Autobeispiel hieße das: Die Servicestation darf keine permanente Referenz auf den Motor halten, sondern muss sich eine permanente Referenz auf das Auto merken (z.B. durch die Fahrzeugnummer als externe Identität). Falls sie zum Arbeiten eine Referenz auf den Motor benötigt, so kann sie diesen über das Auto erreichen.

Durch diese Referenzierungsregeln wird effektiv die Domäne weiter strukturiert, was die Komplexität der Anwendung weiter reduziert und beherrschbar macht.

Bisher haben wir gezeigt, wie man mit Entities und Value Objects die Objekte der realen Welt gut in Software abbilden kann. Es gibt jedoch auch Konzepte der Welt, die nicht in dieses Schema passen. Um diese abzubilden, führen wir Services ein.

Services

In der Praxis gibt es beim Modellieren einer Anwendung Aktionen, welche nicht direkt bestimmten Domänenobjekten zugeordnet werden können. In der objektorientierten Programmierung liegt die Versuchung nahe, bestimmten Entities oder Value Objects diese Aktion aufzuzwingen, obwohl sie eigentlich gar nicht dort hinein gehört. Um dieses Problem zu umgehen, gibt es sogenannte *Services*. Dabei handelt es sich um Container für Aktionen, die zwar zur Domäne der Anwendung gehören, die aber keinem bestimmten Objekt zugeordnet werden können.

Ein Service sollte zustandslos (engl. *stateless*) sein, d.h. keinen internen Zustand manipulieren oder verwenden. Ein Service sollte verwendet werden können, ohne dass sein interner Zustand bekannt sein oder berücksichtigt werden muss. Ein Service bekommt oft als Eingabe Entities oder Value Objects und führt auf diesen komplexere Operationen aus.

Lebenszyklus von Objekten

Objekte in der realen Welt haben einen bestimmten Lebenszyklus. Ein Auto wird gebaut, dann verändert es sich während seiner Lebenszeit (der Kilometerstand erhöht sich, Bremsen werden getauscht, Abnutzungserscheinungen, ...), und irgendwann wird das Auto verschrottet.

Da wir beim Domain-Driven Design eine Domäne modellieren, die eine Entsprechung in der realen Welt hat, ist der Lebenszyklus von Objekten in unserem Programm dem der Objekte in der realen Welt sehr ähnlich. Objekte werden zu einem Zeitpunkt erzeugt, dann sind sie aktiv und werden verändert, und irgendwann werden sie wieder gelöscht. Dies ist in Abbildung 2-2 zu sehen.

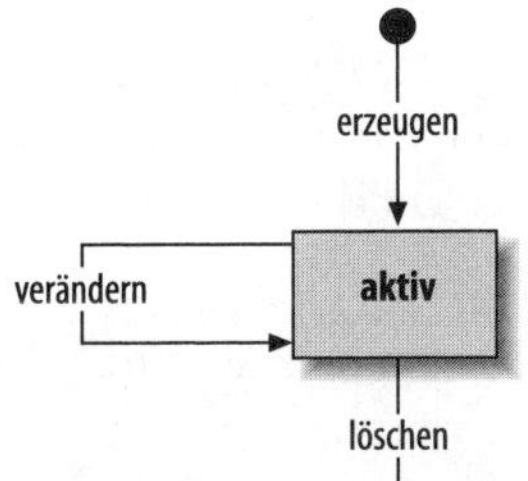

Abbildung 2-2: Der Lebenszyklus eines Objekts in der realen Welt

Nun können wir natürlich nicht immer alle vorhandenen Objekte unseres Programms instanziiert im Speicher halten – unser Programm wäre unbenutzbar langsam und speicherhungrig (nicht zu sprechen von dem Fall, dass der Strom ausfällt und die Objekte dann weg sind). Daher benötigen wir eine Möglichkeit, nur aktuell benötigte Objekte im Speicher zu halten. Der *aktive* Zustand besteht daher eigentlich aus einigen Unterzuständen, die in Abbildung 2-3 gezeigt werden.

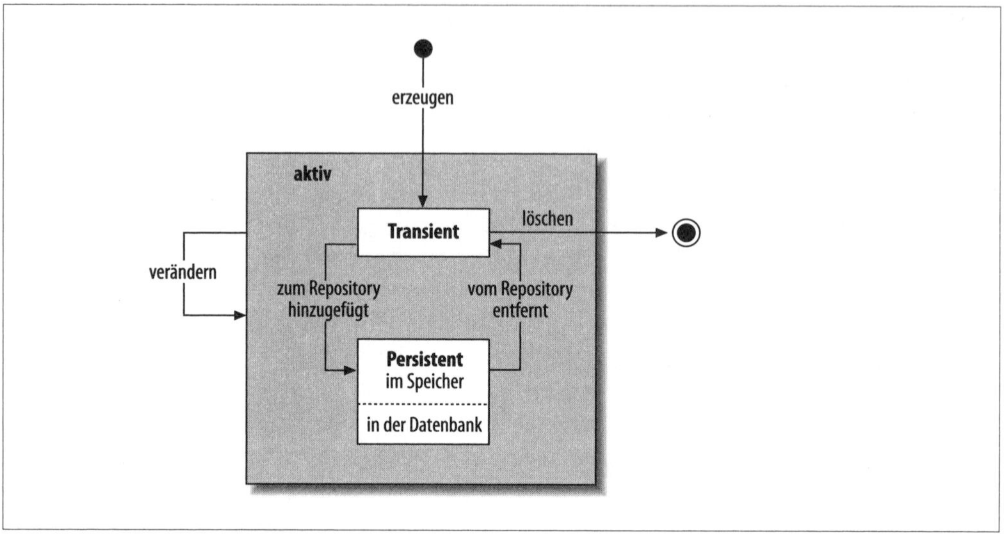

Abbildung 2-3: Der Lebenszyklus eines Objekts in Extbase ist etwas komplexer, da das Objekt auch in der Datenbank gespeichert sein kann.

Wenn ein Objekt neu erzeugt wird, so ist es *transient*, d.h. am Ende des aktuellen Requests entfernt PHP das Objekt aus dem Speicher: Es wird gelöscht. Wenn Sie ein Objekt dauerhaft, d.h. über mehrere Requests hinweg benötigen, so muss aus dem transienten ein *persistentes Objekt* werden. Dafür sind Repositories zuständig. Diese ermöglichen das permanente Speichern und Wiederauffinden von Objekten anhand von bestimmten Kriterien. Wie nutzt man Repositories nun in der Praxis? Indem Sie ein Objekt zu einem Repository hinzufügen, machen Sie es persistent. Nun ist das Repository für das Objekt verantwortlich. Es kümmert sich automatisch um die Speicherung des Objekts in der Datenbank am Ende eines Requests.

Außerdem können Sie vom Repository wieder eine Objektreferenz bekommen, wenn Sie diese benötigen – das Repository rekonstituiert in diesem Fall das Objekt automatisch aus der Datenbank.

Wichtig ist, dass das Objekt logisch weiter existiert, wenn es in der Datenbank gespeichert ist. Es liegt nur aus Performance-Gründen nicht im Hauptspeicher. Es ist sehr wichtig, zwischen dem Erzeugen (engl. *creation*) eines Objekts und der Wiederherstellung des Objekts aus der Datenbank (engl. *reconstitution)* zu unterscheiden. Stellen Sie sich daher vor, dass die Objekte auch in der Datenbank weiterexistieren, nur in einer anderen Repräsentationsform.

> Der Konstruktor eines Objekts wird nur bei der Erzeugung des Objekts aufgerufen. Wenn das Objekt aus der Datenbank rekonstituiert wird, wird der Konstruktor nicht aufgerufen, da das Objekt ja logisch weiterexistiert.

Sie können ein persistentes Objekt auch in ein transientes Objekt zurückverwandeln, indem Sie es explizit aus dem Repository entfernen. Das bedeutet, dass das Repository für dieses Objekt keine Verantwortung mehr hat. Am Ende eines Requests wird das Objekt dann gelöscht.

Extbase nimmt Ihnen bei der Persistierung der Objekte in der Datenbank so viel Arbeit wie möglich ab. Sie kommen nicht mehr mit der Datenbankschicht direkt in Berührung, sondern Extbase kümmert sich um den gesamten Lebenszyklus Ihrer Objekte.

Nun haben Sie den Lebenszyklus von Objekten im Großen und Ganzen kennengelernt, und wir wollen noch einmal auf zwei Teile des Lebenszyklus eingehen: auf das Erzeugen von Objekten und auf das Rekonstituieren von Objekten.

Objekte erzeugen mit Factories

Jetzt, wo Sie den Lebenszyklus der Objekte genauer kennen, wollen wir uns zunächst einmal mit dem Erzeugen von Objekten beschäftigen. Sie dürfen nur in sich konsistente Aggregates erzeugen. Bei dem Autobeispiel von vorhin heißt das, dass bei der Erstellung des Autos auch sofort die Räder und der Motor erzeugt werden müssen, da sonst das Auto-Objekt in einem inkonsistenten Zustand ist.

Bei einfachen Initialisierungen empfiehlt es sich, den Konstruktor der Aggregate Root für diese Zwecke zu verwenden. Falls ein komplexes Objektnetz mit vielen Querverbindungen aufgebaut werden muss, so sollte man diese Funktionalität in eine eigene *Factory* auslagern. Dies ist eine Klasse, die komplexe Objekte zusammenbaut und fertig gebaut zurückgibt.

Im Folgenden sehen Sie exemplarisch die vollständige Initialisierung des Autos im Konstruktor der Aggregate Root:

```
<?php
class Car {
   protected $engine;
   protected $wheels;

   public function __construct()  {
      $this->engine = new Engine();
      $this->wheels[0] = new Wheel();
      $this->wheels[1] = new Wheel();
      $this->wheels[2] = new Wheel();
      $this->wheels[3] = new Wheel();
   }
}
?>
```

Wir haben der Einfachheit halber hier die Basisklassen und die ausführlichen Klassennamen weggelassen, um das Wesentliche zu zeigen: Da beim Erstellen des Objekts der Konstruktor ausgeführt wird, wird *immer* ein konsistentes Objekt gebaut.

> In TYPO3 erzeugen Sie Klassen für gewöhnlich nicht mit `new` wie im oberen Beispiel, sondern mit `t3lib_div::makeInstance(`*`ClassName`*`)`. Im oben stehenden Beispiel wollten wir uns nur auf das Wesentliche konzentrieren, daher haben wir hier `new` verwendet.

Objekte mit Repositories rekonstituieren

Ein Repository können Sie sich wie eine Bücherei vorstellen: Sie gehen zum Ausleihschalter und fragen nach einem bestimmten Buch (anhand bestimmter Kriterien wie dem Titel oder dem Autor). Falls das Buch vorhanden ist, so besorgt der Bibliothekar es für Sie und gibt es Ihnen. Sie müssen nicht wissen, in welchem Regal das Buch steht oder ob es vielleicht sogar aus einer anderen Bücherei für Sie angeliefert wird. Nun können Sie das Buch lesen und finden dabei vielleicht einen Tippfehler und korrigieren ihn mit Bleistift. Nach Ablauf der Ausleihfrist müssen Sie das Buch wieder zurückgeben, und dann kann die nächste Person es ausleihen – natürlich stehen Ihre Korrekturen noch mit im Buch.

Wie kommen nun neue Bücher in die Bibliothek? Sie können beispielsweise Bücher, die Sie gelesen haben, der Bibliothek spenden. Dabei wird ein Bibliothekar den Titel des Buchs, den Autor und einige Schlagwörter in die zentrale Bibliotheksdatenbank schreiben, so dass das Buch von anderen Nutzern gefunden und ausgeliehen werden kann. Umgekehrt wird ein Buch, wenn es alt und kaputt ist, aus dem Bücherbestand aussortiert. Dabei muss natürlich der Eintrag in der Bibliotheksdatenbank gelöscht werden, damit das Buch nicht mehr auffindbar ist.

Mit einem Repository verhält es sich ähnlich wie mit einer Bücherei. Mit einem Repository lassen sich persistente Objekte eines bestimmten Typs auffinden. Wenn Sie beispielsweise an das `BookRepository` die Abfrage `findByTitle('Domain-Driven Design')` senden, so bekommen Sie als Antwort alle Buch-Objekte, die *Domain-Driven Design* als Titel besitzen. Wenn Sie nun ein Buch-Objekt verändern (beispielsweise indem Sie einen Tippfehler im Inhaltsverzeichnis korrigieren), werden diese Änderungen automatisch gespeichert, und beim nächsten Suchvorgang wird das geänderte Buch-Objekt zurückgegeben.

Wie können Sie nun einem Repository ein neues Objekt übergeben, so dass es dafür verantwortlich wird? Dafür besitzt es die Methode `add($object)`. Wenn Sie beispielsweise dem `BookRepository` ein neues Buch-Objekt übergeben wollen, können Sie mittels `$book = new Book('Extbase und Fluid')` ein neues Buch mit dem Titel *Extbase und Fluid* anlegen und dieses dann mittels `add($book)` dem `BookRepository` zur Aufbewahrung übergeben. Analog können Sie ein Objekt aus einem Repository entfernen, indem Sie die `remove($object)`-Methode aufrufen. Nun ist das Objekt über das Repository nicht mehr auffindbar und wird aus der Datenbank gelöscht.

Für jede Aggregate Root in Ihrem Modell muss es genau ein Repository geben, das für diesen Objekttyp und seine Unterobjekte zuständig ist. Mithilfe dieses Repository können Sie dann anhand verschiedener Kriterien das gewünschte Aggregate Root-Objekt auffinden. Umgekehrt heißt dies: In Extbase definieren Sie einen Objekttyp als Aggregate Root, indem Sie ein Repository für diesen Objekttyp anlegen.

Wir haben nun erläutert, wie sich die Domäne der Anwendung effektiv in ein Software-Modell packen lässt. Dafür haben wir als »Werkzeugkasten« die Techniken des Domain-Driven Design erklärt, die von Extbase besonders unterstützt werden. Doch eine entstehende Anwendung besteht nicht nur aus dem Modell: Es ist auch Darstellungslogik notwendig. Mit einer effektiven Trennung von Modell und Darstellungslogik beschäftigt sich der folgende Abschnitt.

Model-View-Controller in Extbase

Die objektorientierte Programmierung und das Domain-Driven Design geben auf verschiedenen Ebenen die Struktur einer Extension vor. Die objektorientierte Programmierung versorgt uns mit den Grundbausteinen der Softwareentwicklung: Objekten als Zusammenschluss von Daten und dazugehörigen Methoden. Das Domain-Driven Design liefert uns Werkzeuge zur Erstellung eines Modells, das die relevanten Regeln der Realität in Software abbildet. Uns fehlt jedoch noch ein Baustein, der beschreibt, wie auf Nutzeranfragen reagiert werden soll, und welche Funktionalitäten die Anwendung letztendlich haben soll. Das Model-View-Controller-Paradigma liefert uns genau dies. Es sorgt für die Trennung des Domänenmodells von dessen Darstellung. Diese saubere Trennung ist die Grundlage für ein reibungsloses Zusammenspiel von Extbase und Fluid.

Das Model-View-Controller-Entwurfsmuster ist die Infrastruktur, mit der wir unsere Anwendung bauen. Es liefert uns gewissermaßen den groben »Fahrplan« und die Trennung der Präsentationslogik von dem Modell.

Das MVC-Pattern unterteilt unsere Anwendung in drei grobe Schichten: In das *Model*, in dem das Domänenmodell inklusive Domänenlogik implementiert ist, in den *Controller*, der den Ablauf der Anwendung steuert, und in den *View*, der Daten für den Nutzer aufbereitet und ausgibt (siehe Abbildung 2-4).

Die unterste Schicht, das *Model*, kapselt die Anwendungslogik und -daten sowie dessen Zugriffs- und Speicherlogik. Diese Schicht wird durch Domain-Driven Design weiter unterteilt und gegliedert. In einer Extbase-Extension sind die Klassen für diese Schicht im Ordner *Classes/Domain/* zu finden.

Der *Controller* stellt nach außen sichtbare, d.h. vom Nutzer direkt aufrufbare Funktionalität zur Verfügung. Er koordiniert das Zusammenspiel von Model und View zur Erfüllung der jeweiligen Aufgabe. Er holt z.B. Daten aus dem Model und übergibt diese dem View zur Darstellung. Wichtig: Der Controller *koordiniert* nur, d.h. die eigentliche Funktionalität ist in der Regel im *Model* implementiert. Da der Controller schwierig zu testen ist, sollten er möglichst schlank bleiben.

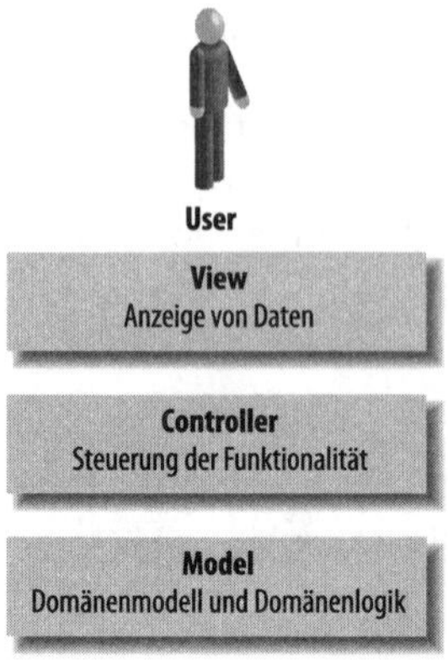

Abbildung 2-4: Das MVC-Pattern unterteilt die Anwendung in drei grobe Schichten.

Die oberste Schicht, der *View*, kapselt die gesamte Ausgabelogik, also alles, was mit der Darstellung von Daten zusammenhängt. Hier kommt bei Extbase in der Regel die Templating-Engine Fluid zum Einsatz.

Erfahrungsbericht

Vor etwa zwei Jahren begann ich, mich intensiv mit dem MVC-Paradigma auseinanderzusetzen. Aus verschiedenen Quellen versuchte ich mir ein Bild davon zu machen, wie ich meine Extensions in eine solche Struktur bringen konnte. Ich scheiterte damals an der Vielzahl der unterschiedlichen Ausprägungen von MVC. Keine Quelle konnte mir konkret erklären, wie ich meinen herkömmlichen, an Plugins orientierten Code strukturieren sollte. Mir war klar, dass Datenbankabfragen zum Modell gehören und dass das Template im View gefüllt wird. Aber wohin mit fachspezifischen Programmteilen? Und wie kann man verhindern, dass in den Objekten des Models wieder SQL-Code, domänenspezifische Teile und Persistenzmethoden gemischt werden? Insgesamt erforderte die Einarbeitung in das MVC-Paradigma eine hohe Frustrationstoleranz. Erst das Domain-Driven Design (DDD) öffnete mir das Tor zum MVC-Paradigma, da das DDD eine klare Trennung der Zuständigkeiten *innerhalb* des Models ermöglicht und damit auch den View und den Controller »entlastet«.

Durch die weitere Strukturierung der Modell-Schicht in das Domänenmodell (das Herz der Anwendung), die Repositories (als Datenbankzugriffsschicht) und Validatoren (die die Invarianten des Models enthalten) ist das MVC-Schema mit deutlich weniger »Freiheitsgeraden« umsetzbar und wird damit einfacher zu verstehen.

– Jochen Rau

Das Zusammenspiel von Model, View und Controller

Bei vielen Anwendungen ist die Funktionalität in Module unterteilbar. Diese lassen sich oft weiter differenzieren. Die Funktionalität eines Blogs lässt sich z.B. folgendermaßen unterteilen:

Funktionalität, die mit Blog-Posts im Allgemeinen zu tun hat:

- Listenansicht aller Blog-Posts
- Erzeugen eines Blog-Posts
- Anzeigen eines Blog-Posts
- Verändern eines Blog-Posts
- Löschen eines Blog-Posts

Funktionalität, die mit Kommentaren zu tun hat:

- Erzeugen von Kommentaren
- Löschen von Kommentaren

Diese Module werden jeweils in einem Controller implementiert. Innerhalb dieses Controllers gibt es für jede einzelne Funktion eine *Action*. Im oben stehenden Beispiel gibt es also einen `PostController`, der die Actions zum Erzeugen, Anzeigen, Verändern und Löschen von Posts besitzt. Außerdem gibt es einen `CommentController`, der die Actions zum Erzeugen und Löschen von Kommentaren besitzt.

Das Anzeigen von Kommentaren ist in diesem Fall nicht als eigene Action implementiert, da die Kommentare in der Regel direkt beim Blog-Post angezeigt werden sollen und es keine Ansicht geben soll, in der nur ein Kommentar dargestellt werden soll.

Beide Beispiele machen deutlich, dass ein Controller ein Container für zusammengehörige Actions ist.

Nun zeigen wir anhand von Beispielen, wie Model, View und Controller zusammenarbeiten. Der erste Request, den wir uns anschauen, soll eine Liste von Blog-Posts darstellen (siehe Abbildung 2-5):

Der Nutzer sendet eine Anfrage (engl. *request*) ❶. Diese enthält Informationen über den Controller und die Action, die aufgerufen werden sollen, und eventuell noch weitere Parameter. In unserem Beispiel ist heißt der Controller `Post` und die Action `list`.

Die Action muss zum Beantworten des Requests bestimmte Daten aus dem Modell abfragen ❷. Als Rückgabewert erhält sie ein oder mehrere Domänenobjekte. In unserem Beispiel fragt die Action nach allen Blog-Posts und erhält ein Array mit allen Blog-Post-Objekten als Antwort ❸.

Danach ruft die Action ihren zugeordneten View auf und übergibt ihm die darzustellenden Daten ❹ – bei uns also das Array mit Blog-Posts.

Der View stellt die Daten dar und gibt das Ergebnis als Antwort (engl. *response*) an den Nutzer zurück ❺.

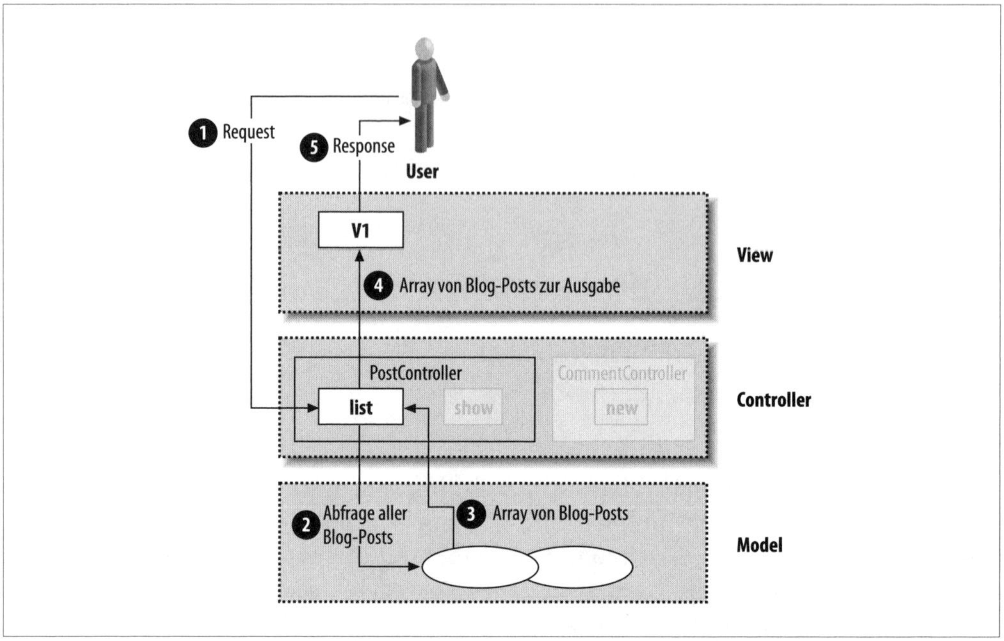

Abbildung 2-5: In diesem Request wird eine Liste von Blog-Posts dargestellt.

Nun ist der erste Request vollständig abgeschlossen, und der Nutzer hat die Liste aller Blog-Posts in seinem Browser angezeigt. Nun klickt er auf einen einzelnen Blog-Post und erhält diesen vollständig angezeigt. Außerdem kann er einen Kommentar zu diesem Post verfassen. Wir wollen nun anhand von Abbildung 2-6 nachvollziehen, wie der Kommentar gespeichert wird.

Durch das Absenden des Kommentar-Formulars startet der Nutzer einen neuen Request ❶, der den entsprechenden Controller und die Action enthält. In unserem Fall heißt der Controller `Comment` und die Action `new`. Außerdem enthält der Request den Kommentartext sowie eine Referenz auf den Blog-Post, zu dem der Kommentar hinzugefügt werden soll.

Die Action, die nun aufgerufen wird, muss das Model verändern und den neuen Kommentar zum entsprechenden Blog-Post hinzufügen ❷.

Danach leitet die Action auf eine andere Action um ❸ (engl. *forward*). In unserem Fall leiten wir zur `show`-Action des `PostController` um, der den Blog-Post und den gerade hinzugefügten Kommentar darstellt.

Nun ruft die show-Action, wie im ersten Beispiel auch, ihren View auf und übergibt ihm den Blog-Post, der dargestellt werden soll ❹.

Der View stellt nun die Daten dar und gibt das Ergebnis wie oben an den Nutzer zurück ❺.

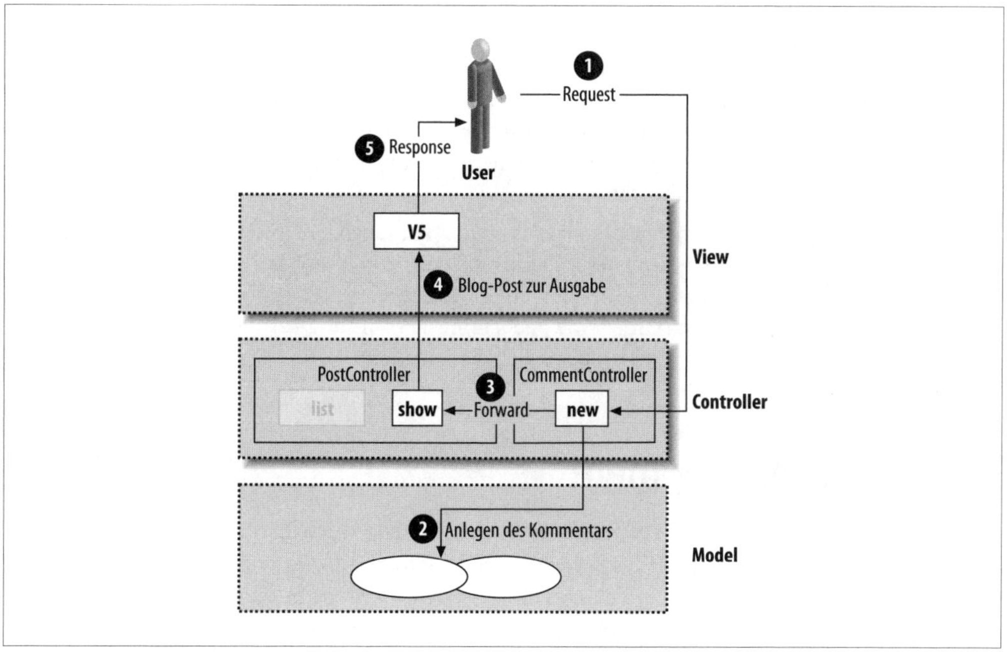

Abbildung 2-6: In diesem Request wird ein Kommentar gespeichert.

Oft werden Sie feststellen, dass Actions in zwei Kategorien einsortiert werden können: Einige Actions steuern die Darstellung des Modells, während andere Actions das Modell verändern und dann in der Regel auf darstellende Actions umleiten. Oben haben Sie exemplarisch zuerst eine darstellende Action gesehen und dann eine verändernde Action.

Nun haben wir eigentlich alle Bausteine, die wir zum Erstellen unserer Anwendung benötigen. Sie haben die objektorientierten Grundlagen kennengelernt, mittels Domain-Driven Design die Anwendungsdomäne der Software modelliert und haben nun mit dem MVC-Pattern die Trennung zwischen Domänenmodell und Präsentationslogik eingeführt.

Wir wollen Ihnen nun noch ein Entwicklungskonzept vorstellen, das die Stabilität der Anwendung und die Qualität des Quellcodes stark erhöhen kann: Test-Driven Development. Diese Herangehensweise kann unabhängig von den zuvor erklärten Konzepten verwendet werden, ist aber ein weiterer hilfreicher Baustein für die Extension-Entwicklung mit Extbase und Fluid.

Unterschiede zum klassischen MVC-Pattern

Falls Sie schon einmal eine Desktop-Anwendung mit dem MVC-Pattern entwickelt haben, werden Sie gewisse Unterschiede zur hier beschriebenen MVC-Variante erkennen:

Streng genommen haben wir vorhin immer nur die serverseitige Komponente des Views beschrieben, es gibt jedoch auch noch eine clientseitige Komponente: Der Webbrowser stellt die Daten unserer Webanwendung ja letztendlich dar, also muss er auch Bestandteil der View-Schicht sein. Außerdem können auf der Clientseite noch weitere Veränderungen am View durch JavaScript vorgenommen werden. Dadurch ist der View noch weiter unterteilt als beim klassischen MVC-Pattern.

Im »Desktop«-MVC-Pattern lauscht der View auf Änderungen im Model (in der Regel durch das *Observer*-Entwurfsmuster). Dadurch kann der View bei Model-Änderungen sofort aktualisiert werden. Da wir hier jedoch nur die Serverseite des Views betrachten und der Server und der Client nicht über eine persistente Verbindung verfügen, können Model-Änderungen nicht sofort im Webbrowser sichtbar werden.

Test-Driven Development

Jeder Entwickler muss seine Software testen – ein für viele Entwickler leidiges, doch unvermeidbares Thema. Wie laufen Tests in der klassischen Softwareentwicklung normalerweise ab? Programmierer gehen meist so vor, dass sie einen Testfall konstruieren, indem sie gewisse Daten in die Datenbank eintragen, kleine Testprogramme schreiben oder die URL-Parameter im Browser manipulieren. Oft werden sogar mehrere kleinere Funktionalitäten »auf einen Rutsch« eingebaut, bevor sie getestet werden (siehe Abbildung 2-7). Danach werden diese Schritte in periodischen Abständen so lange wiederholt, bis die gewünschte Funktion implementiert ist. Anschließend geht es dann weiter mit der nächsten Funktion.

Es gibt bei dieser Vorgehensweise aber ein Problem: Die Tests werden nicht systematisch, sondern punktuell ausgeführt. Dadurch baut man unbewusst Fehler in bestehende Programmteile ein. Außerdem wird bei einem Test nicht nur ein kleines Codestück getestet, sondern oft ein komplexer Programmablauf.

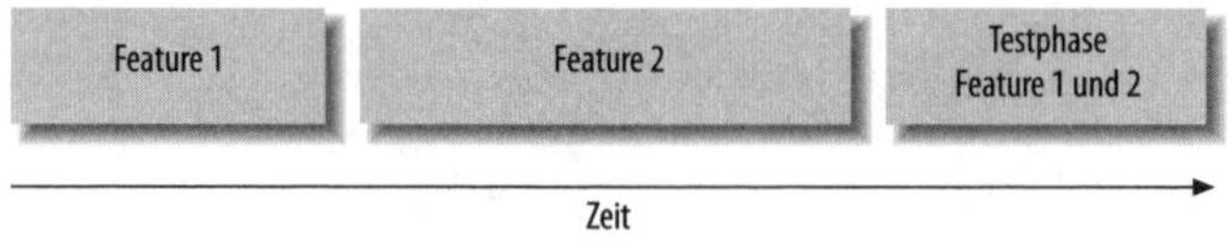

Abbildung 2-7: In der klassischen Softwareentwicklung gibt es keine klare Trennung zwischen Entwicklungs- und Testphase.

Durch Test-Driven Development (TDD) sollen solche Probleme behoben werden. Tests werden schnell ausführbar und reproduzierbar. Dies steigert für den Entwickler die Motivation, die Tests regelmäßig auszuführen und damit auch schneller Rückmeldung zu bekommen, ob aus Versehen Fehler in bestehende Funktionalität eingebaut wurden.

Erfahrungsbericht

Als Robert Lemke und andere Kernentwickler für FLOW3 vorgeschlagen haben, die Entwicklung Test-driven zu machen, war ich etwas skeptisch. Test-Driven Development klang nach einem netten Konzept, jedoch wusste ich nicht, wie man eine Anwendung und ein Framework dieser Größe sinnvoll testen könnte. Auch im Internet waren oft nur sehr einfache, akademische Beispiele zu finden. Bis dahin hatte ich nur einen theoretischen Überblick über TDD.

Selbst habe ich zu testen angefangen, als die Fluid-Entwicklung begann. Die ersten Tests waren keine Unit- sondern Integrationstests, d.h., sie haben Fluid aus Benutzersicht getestet: Es wurden kleine Template-Snippets geparst und mit den Erwartungen verglichen.

Für den ersten Test habe ich einige Zeit gebraucht – es hat sich seltsam angefühlt, Dinge zu testen, die noch nicht geschrieben waren. Nachdem der erste Test jedoch geschrieben war und dieser auch erfolgreich durchgelaufen ist, konnte ich dank der Tests extrem schnelle Entwicklungszyklen durchführen.

Durch testgetriebene Entwicklung konnte ich auf einer Zugfahrt innerhalb von einer Stunde den Kern von Fluid komplett umstrukturieren – dafür hätte ich ohne Tests sicher mehrere Tage gebraucht (bis am Ende wieder alles funktioniert). Besonders das sofortige Feedback habe ich sehr zu schätzen gelernt: Man klickt auf einen Button und bekommt nach wenigen Sekunden ein Feedback.

Seitdem bin ich von TDD »infiziert«, lernte Mock- und Stub-Objekte kennen, und heute will ich es nicht mehr missen. (In diesem Kapitel werden Sie eine Einführung in diese Konzepte erhalten.) Wenn Sie TDD lernen wollen, springen Sie ins kalte Wasser, und versuchen Sie es bei Ihrem nächsten Projekt. Bis der erste Unit-Test fertig ist, dauert es eine Weile, doch danach wird es spürbar schneller gehen.

– Sebastian Kurfürst

Erst testen, dann implementieren

Das Ziel des Test-Driven Development ist es, Tests explizit und automatisch wiederholbar zu machen. Der Arbeitsablauf ist, anders als beim herkömmlichen Programmieren, in sehr kleine Iterationen unterteilt.

Beim Test-Driven Development schreiben Sie die Unit-Tests für Ihre Features, *bevor* Sie die Features selbst schreiben. Unit-Tests sind automatisch wiederholbare Tests von Methoden, Klassen und kleinen Programmeinheiten. Schon während Sie die Tests schreiben, sollten Sie sich ausführlich über die gewünschte Funktionalität Gedanken machen.

Wenn Sie dann Ihre Tests ausführen, schlagen diese natürlich fehl, denn die getestete Funktionalität ist ja noch gar nicht implementiert. Im nächsten Schritt schreiben Sie den minimal notwendigen Code, der notwendig ist, um den Test erfolgreich durchlaufen zu lassen (siehe Abbildung 2-8). Ein erneuter Test läuft nun problemlos durch. Als Nächstes sollten Sie beginnen, darüber nachzudenken, welche Funktionalität noch fehlt, denn Sie haben bisher nur den minimal notwendigen Code geschrieben. Wenn Sie wissen, was Sie nun implementieren möchten, schreiben Sie einen neuen Unit-Test, mit dem Sie diese Funktionalität testen können. Auf diese Weise beginnt der Prozess des Testens und Programmierens immer wieder von Neuem.

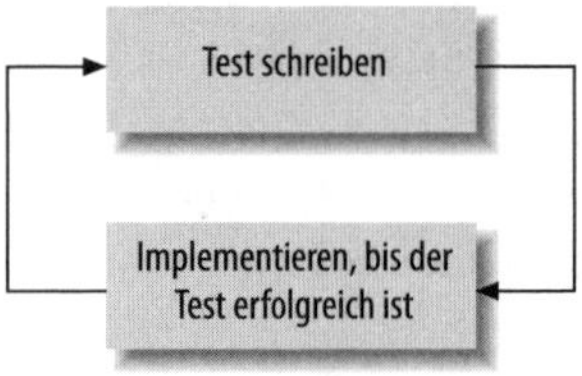

Abbildung 2-8: Beim Test-Driven Development wechseln sich Test und Entwicklung oft ab.

Der Vorteil dieser Methode liegt auf der Hand: Da Sie durch das Schreiben von Unit-Tests gezwungen sind, große Features in kleine Häppchen zu zerlegen, können Sie sich während der Umsetzungsphase voll auf die aktuell zu erstellende Funktionalität konzentrieren. Außerdem sorgt der klare Perspektivenwechsel zwischen Entwickler und Nutzer einer Klasse für besseren Code, der eher den Anforderungen genügt.

TDD ist besonders beim Design von APIs sinnvoll: Durch das Testen nehmen Sie als Programmierer die Perspektive des Nutzers der API ein und können so Unsauberkeiten, Inkonsistenzen oder fehlende Funktionalität viel schneller identifizieren.

Des Weiteren sind die Unit-Tests auch eine Art Sicherheitsnetz gegen unerwünschtes Verhalten. Falls Sie aus Versehen beim Programmieren eine Funktionalität zerstören, bekommen Sie durch die Unit-Tests direktes Feedback und können den Fehler sofort korrigieren. Somit wird auch die Chance von Regressionen (d.h. die Produktion neuer Fehler beim Korrigieren eines bekannten Fehlers) weiter vermindert.

Laut einigen Studien sind Programmierer, die TDD praktizieren, gleich schnell oder sogar schneller als Programmierer, die im konventionellen Stil coden, obwohl Erstere nicht nur die Implementierung, sondern auch die dazugehörigen Tests schreiben müssen. Darüber hinaus ist die Codequalität beim Test-Driven Development deutlich höher als bei konventioneller Programmierung.

Praxisbeispiel

Nehmen wir einmal an, wir wollen für einen Online-Shop einen `Customer` (Kunden) modellieren. Dieser besitzt einen Namen, der im Konstruktor übergeben wird. Durch die Tests wollen wir sicherstellen, dass der Name korrekt im Objekt gespeichert wird.

Als Erstes müssen wir die phpunit-Extension aus dem TYPO3 Extension Repository (TER) installieren, da wir die Tests damit ausführen werden. Dann gehen wir in unsere eigene Extension und erstellen, falls der Ordner noch nicht existiert, im Hauptordner der Extension einen Ordner *Tests/Unit/*. Dieser wird später all unsere Unit-Tests enthalten.

Unser zu erstellendes `Customer`-Objekt wird sich, da es zum Domänenmodell unserer Extension gehört, unter *Classes/Domain/Model/Customer.php* finden. Analog dazu erzeugen wir die Testklasse in der Datei *Tests/Unit/Domain/Model/CustomerTest.php*. Erstellen wir nun einen minimalen Testfall, anhand dessen wir uns mit PHPUnit vertraut machen:

```
<?php
class Tx_Shop_Domain_Model_CustomerTest extends Tx_Extbase_BaseTestCase {
   /**
    * @test
    */
   public function nameCanBeSetInsideTheConstructor() {
     $this->fail('Not yet implemented.');
   }
}
?>
```

Alle unsere Testklassen sind nach demselben Namensschema wie normale Klassen benannt, und sie müssen von `Tx_Extbase_BaseTestCase` erben. Eine Testklasse kann viele Testmethoden enthalten. Diese müssen `public` sein und die Annotation `@test` in ihrem `PHPDOC`-Block enthalten, damit sie ausgeführt werden können. Beachten Sie, dass bereits der Name der Testmethode deutlich machen sollte, welche Erwartungen der Test erfüllen soll. Nun können wir den Test das erste Mal ausführen: Gehen Sie dazu im TYPO3-Backend auf das Modul *PHPUnit* (unterhalb von *Admin Tools*). Dann können Sie Ihre Extension auswahlen und auf *Run all tests* klicken. Sie sollten nun, wie in Abbildung 2-9 gezeigt, einen (gelben) Balken sehen und die Fehlermeldung `Not yet implemented` dazu. Da Sie sehr viel mit der PHPUnit-Umgebung arbeiten werden, sollten Sie sich mit dieser ein wenig vertraut machen – probieren Sie einmal, die Tests für *extbase* oder *fluid* auszuführen, und probieren Sie die verschiedenen Darstellungsmöglichkeiten aus. So können Sie sich z.B. alle Tests oder nur fehlgeschlagene Tests anzeigen lassen.

Nun, da wir gesehen haben, dass unser Testfall ausgeführt wird, können wir unseren ersten sinnvollen Testfall schreiben. Er soll testen, ob ein im Konstruktor angegebener Name auch wieder ausgelesen werden kann:

```
<?php
class Tx_Shop_Domain_Model_CustomerTest extends Tx_Extbase_BaseTestCase {
   /**
    * @test
    */
```

```
    public function nameCanBeSetInsideTheConstructor() {
      $name = 'Sebastian Kurfürst';
      $customer = new Tx_Shop_Domain_Model_Customer($name);
      $this->assertEquals($name, $customer->getName());
    }
}
?>
```

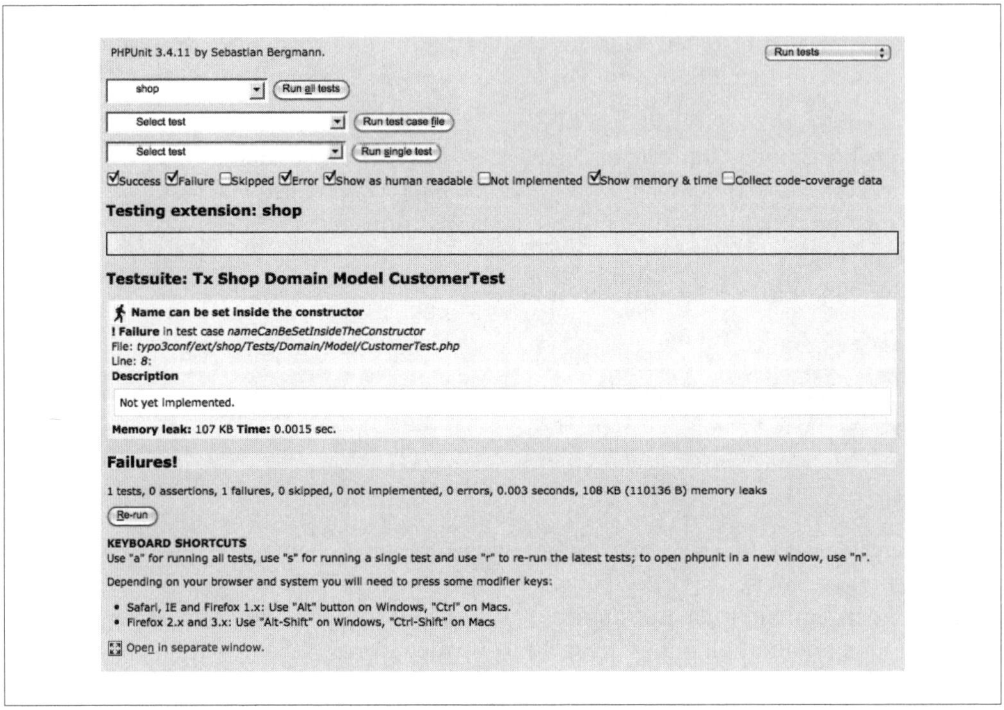

Abbildung 2-9: Mit dem Test Runner können Sie die Unit-Tests einfach im TYPO3-Backend ablaufen lassen.

Wenn wir diesen Testfall nun ausführen, wird uns ein *fatal error* von PHP angezeigt, da die Klasse, die wir testen wollen, noch nicht existiert. Nun wechseln wir unsere Rolle: Wir sind nun nicht mehr der Nutzer der Klasse, sondern wir sind der Entwickler, der die Klasse implementieren soll. Als Erstes erstellen wir in der Datei *Classes/Domain/Model/Customer.php* eine leere Klasse mit den benötigten Methoden, um den *fatal error* loszuwerden:

```
<?php
class Tx_Shop_Domain_Model_Customer extends Tx_Extbase_DomainObject_AbstractEntity {
   public function __construct($name) {
   }

   public function getName() {
   }
}
?>
```

Wenn wir nun die Testsuite erneut ausführen, sollte zwar kein *fatal error* mehr vorliegen, aber stattdessen schlagen unsere Unit-Tests fehl (da `getName()` den falschen Rückgabewert liefert).

Nun können wir uns also, motiviert davon, den roten Balken möglichst schnell grün werden zu lassen, an die Implementierung wagen:

```
<?php
class Tx_Shop_Domain_Model_Customer extends Tx_Extbase_DomainObject_AbstractEntity {
   public function __construct($name) {
   }

   public function getName() {
      return 'Sebastian Kurfürst';
   }
}
?>
```

Nun sollte der Unit-Test problemlos durchlaufen, da der erwartete Wert ausgegeben wird. Wir sind natürlich noch nicht zufrieden – schließlich wird jetzt immer »Sebastian Kurfürst« als Name zurückgegeben. Nun schließt sich eine Refactoring-Phase an: Wir räumen den Code auf und achten allerdings immer darauf, dass die Unit-Tests weiterhin erfolgreich durchlaufen. Nach einigen Iterationen kommen wir bei folgendem Code an:

```
<?php
class Tx_Shop_Domain_Model_Customer extends Tx_Extbase_DomainObject_AbstractEntity {
   /**
    * @var string
    */
   protected $name;

   /**
    * Constructor. Sets the name of the customer.
    *
    * @param string $name Name of the customer
    */
   public function __construct($name) {
      $this->name = $name;
   }
   /**
    * Get the name of the customer
    *
    * @return string name of the customer
    */
   public function getName() {
      return $this->name;
   }
}
?>
```

Die Unit-Tests laufen immer noch durch, und wir haben die gewünschte Funktionalität erreicht. Nun können wir erneut von der Rolle des Entwicklers in die Rolle des Nutzers der Klasse schlüpfen und über weitere Testfälle zusätzliche Funktionalitäten spezifizieren.

Einzelne Objekte testen

Unser erstes Beispiel für Unit-Tests war sehr einfach. In diesem Abschnitt zeigen wir Ihnen, wie Sie Klassen testen können, die von anderen Klassen abhängen. Nehmen wir einmal an, wir haben ein Programm, das Log-Meldungen schreibt, die anschließend per E-Mail versendet werden sollen. Dafür existiert eine Klasse `EmailLogger`, die die Log-Daten per E-Mail versendet. Diese Klasse implementiert das potenziell komplexe Ziel der E-Mail-Versendung nicht selbst, sondern nutzt dafür eine andere Klasse, `EmailService`, die je nach Konfiguration z.B. SMTP-Server oder die `mail()`-Funktion von PHP nutzt. Dies ist im UML-Diagramm in Abbildung 2-10 dargestellt: Die Klasse `EmailLogger` besitzt eine Referenz auf den `EmailService`.

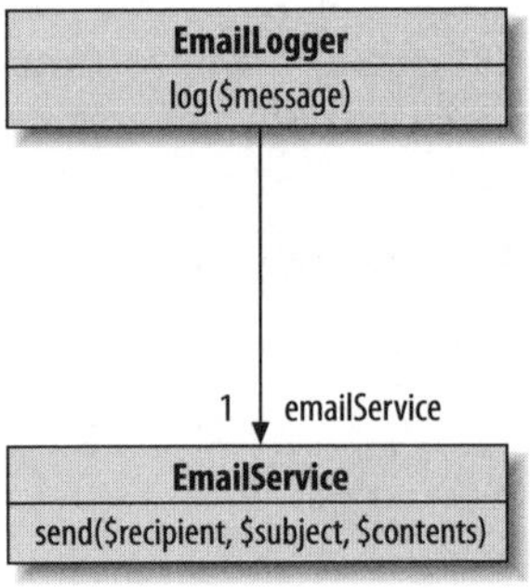

Abbildung 2-10: Der EmailLogger verwendet zum Senden der E-Mails den EmailService.

Wir wollen nun die Klasse `EmailLogger` testen, ohne dafür den `EmailService` zu verwenden – wir wollen ja nicht immer bei jeder Testausführung echte E-Mails schicken. Um dieses Ziel zu erreichen, benötigen wir zwei Teilbausteine: *Dependency Injection* und die Verwendung von *Mock-Objekten*. Beide Konzepte werden wir im Folgenden vorstellen.

Dependency Injection

Oft sieht man Klassen, die nach der folgenden Struktur aufgebaut sind:

```
class EmailLogger {
   protected $emailService;

   public function __construct() {
      $this->emailService = new EmailService();
   }
}
```

Der EmailLogger benötigt den EmailService, um vollständig zu funktionieren, und instanziiert diesen daher im Konstruktor. Dies allerdings koppelt diese beiden Klassen stark aneinander: Wenn Sie zum Testen eine neue Instanz der Klasse EmailLogger erstellen, bekommen Sie automatisch auch eine Instanz des EmailService und würden diesen implizit testen. Außerdem ist es nicht möglich, den EmailService zur Laufzeit auszutauschen, ohne den Quellcode zu verändern.

Eine Lösung aus diesem Dilemma bietet die Verwendung von *Dependency Injection*: Hier instanziiert eine Klasse ihre Abhängigkeiten nicht selbst, sondern bekommt sie von außen übergeben. Der EmailLogger bekommt eine neue Methode injectEmailService, die den EmailService in der Klasse setzt. Dies sieht dann z.B. so aus:

```
class EmailLogger {
   protected $emailService;

   public function injectEmailService(EmailService $emailService) {
      $this->emailService = $emailService;
   }
}
```

Extbase bietet momentan noch keinen Framework-Support für Dependency Injection, daher empfehlen wir, die Instanziierung von Klassen und deren Dependency Injection in entsprechende Factories auszulagern. Eine mögliche Factory sieht dann folgendermaßen aus:

```
class EmailLoggerFactory {
   public static function getEmailLogger() {
      $emailLogger = new EmailLogger();
      $emailService = new EmailService();
      $emailLogger->injectEmailService($emailService);
      return $emailLogger;
   }
}
```

FLOW3 bietet erstklassigen Dependency Injection-Support. Wenn Sie später Ihre Extensions auf FLOW3 migrieren, wird dieser Teil bedeutend einfacher.

Wir können nun in einem Testfall von außen steuern, welchen EmailService der EmailLogger bekommt. Wir könnten beispielsweise einen TestEmailService schreiben, der einfach nichts tut (um einen *fatal error* zu vermeiden), oder wir nutzen die im folgenden Abschnitt gezeigten Mock-Objekte.

Mock-Objekte

Durch die Verwendung von Dependency Injection können wir den EmailLogger ohne seine Abhängigkeiten instanziieren. Da der EmailLogger zum Arbeiten jedoch einen EmailService benötigt, müssen wir diesen in den Tests bereitstellen.

Aber mehr noch: Wir wollen auch sicherstellen, dass der EmailLogger *wirklich* die Methode zum Senden der E-Mail aufruft! Hierfür können wir Mocks verwenden. Mocks sind gewissermaßen »Attrappen« für reale Objekte, die das Verhalten der Objekte emulieren. Sie eignen sich auch dazu, bestimmte Aufrufe oder Parameter sicherzustellen.

Ein Test, der den `EmailLogger` testet, könnte folgendermaßen aussehen:

```
1  class EmailLoggerTest extends Tx_Extbase_BaseTestCase {
2      /**
3       * @test
4       */
5     public function loggerSendsEmail() {
6       $message = 'This is a log message';

7       $emailLogger = new EmailLogger();
8       $emailService = $this->getMock('EmailService');
9       $emailLogger->injectEmailService($emailService);

10      $emailService->expects($this->once())->method('send')->
               with('logging@domain.local', 'Log Message', $message);

11      $emailLogger->log($message);
12     }
13 }
```

Der Ablauf im Detail: In Zeile 6 wird die Variable `$message` mit unserer Dummy-Nachricht gefüllt, die wir loggen wollen. Diese Nachricht benötigen wir noch mehrfach, daher ist es sinnvoll, sie in einer Variable zu speichern.

In den Zeilen 7 bis 9 instanziieren wir den `EmailLogger` und injizieren ihm ein Mock-Objekt des `EmailService`.

In Zeile 10 passiert das eigentlich Spannende: Wir erwarten, dass es im `EmailService` zu einem einmaligen Aufruf der Methode `send` kommt, und zwar mit den Parametern `'logging@domain.local'`, `'Log Message'`, `$message`.

Nachdem wir unsere Erwartungen spezifiziert haben, lassen wir in Zeile 11 die Nachicht vom `EmailLogger` loggen.

Am Ende des Testcases werden automatisch unsere Erwartungen überprüft. Falls nun die Methode send nicht genau einmal oder mit falschen Parameterwerten aufgerufen wurde, wird der Test mit einer detaillierten Meldung fehlschlagen.

Was haben wir nun erreicht? Wir haben den `EmailLogger` ohne die Verwendung des `EmailService` getestet und trotzdem sichergestellt, dass der `EmailService` mit den korrekten Parametern aufgerufen wird. Außerdem mussten wir keine eigene »Platzhalter«-Klasse für den `EmailService` schreiben, da wie die Mock-Funktionalität von PHPUnit verwendet haben.

Man muss sich an die Schreibweise für Mock-Objekte gewöhnen; sie wird Ihnen aber mit der Zeit in Fleisch und Blut übergehen.

Zusammenfassung

In diesem Kapitel haben Sie die wichtigsten Basiskonzepte von Extbase kennengelernt. Zu Beginn wurden Ihre Kenntnisse in objektorientierter Programmierung aufgefrischt, so dass Sie nun eine gute Wissensbasis haben, um den Programmierstil von Extbase zu verstehen.

Dann haben Sie Domain-Driven Design kennengelernt, das die normalerweise eher unsystematisch ablaufende Modellerstellung strukturiert und die für die Domäne wichtigen Konzepte in den Mittelpunkt stellt. Da Sie zusammen mit dem Endkunden über die Domänenlogik diskutieren, werden Missverständnisse zwischen dem Kunden und Ihnen als Entwickler schneller ausgeräumt.

Danach haben wir uns das Model-View-Controller-Entwurfsmuster angeschaut, das Anwendungen in das Datenmodell und die Nutzerinteraktion unterteilt.

Domain-Driven Design und die MVC-Architektur bilden das konzeptuelle Rückgrat von Extbase. Nun haben wir uns dem Test-Driven Development als Entwicklungsparadigma zugewandt, das die Wahrscheinlichkeit von Fehlern in Code dramatisch reduziert und das tägliche Arbeiten des Entwicklers weiter strukturiert.

Mit diesen Grundkonzepten sind Sie für die weiteren Kapitel gut gerüstet. Tauchen Sie mit uns nun in die Tiefen von Extbase ein!

KAPITEL 3

Reise durch das Blog-Beispiel

In diesem Kapitel begleiten wir Sie auf eine Reise durch eine einfache TYPO3-Extension. Während dieser Rundreise erfahren Sie mehr über die Extension-Entwicklung mit Extbase und Fluid und lernen anhand einer Beispiel-Extension die wichtigsten Stationen und Koordinaten der Extension-Entwicklung kennen. Sie machen sich zunächst mit der Geografie und den typischen Eigenheiten einer Extension vertraut und erfahren, welche Prozesse im Hintergrund ablaufen. Dieses Wissen wird Ihnen später bei der Erstellung einer eigenen Extension zugute kommen.

Sollten Sie auf der Suche nach einer konkreten Anleitung zum Erstellen einer Extension sein, bietet Ihnen Kapitel 4 das notwendige Handwerkszeug. Wir empfehlen Ihnen jedoch, in diesem Kapitel das Fundament dafür zu legen. Die Reise, die vor uns liegt, könnte auch den Titel »Europa in fünf Tagen« tragen. Falls Sie schöne Plätze entdecken, sollten Sie später nochmals ohne Reisegruppe dorthin fahren.

Es ist von Vorteil, wenn Sie parallel zum Lesen des Textes auch immer die entsprechenden Stellen im Originalcode aufsuchen. Dadurch wird Ihnen später die Orientierung in Ihrer eigenen Extension viel leichter fallen.

> Falls Sie schon einen Debugger verwenden, kann es auch spannend sein, einen vollständigen Durchlauf im Einzelschrittmodus nachzuvollziehen. Setzen Sie dazu einen Breakpoint in der Datei *Dispatcher.php*. Diese – wie auch alle anderen Klassen von Extbase – finden Sie im Ordner *typo3/sysext/extbase/Classes/*.

Am Ende dieses Kapitels finden Sie eine kurze Gegenüberstellung zwischen dem traditionellen Weg, eine Extension zu programmieren, und einer Vorgehensweise unter Verwendung von Extbase und Fluid.

Erste Orientierung

Das sogenannte *Blog-Beispiel* ist eine Beispiel-Extension, die vor allem dazu dient, die Extension-Entwicklung zu veranschaulichen und die Möglichkeiten einer auf Extbase basierenden Erweiterung aufzuzeigen. Bei dieser Extension handelt es sich um ein gewöhnliches Blog, das sowohl über das TYPO3-Backend als auch über das Frontend verwaltet werden kann. Das Blog-Beispiel bringt die Standard-Funktionalität mit, die Sie von anderen Blogs kennen: Ein Blog enthält mehrere Artikel (Posts), und die Leser eines Blogs können die Posts kommentieren. Der Autor eines Posts kann seinem Artikel ein oder mehrere Schlagwörter (Tags) mitgeben. Abbildung 3-1 zeigt eine Übersicht über die Domäne des Blog-Beispiels und die Beziehungen der Domänenbegriffe untereinander. Das Sternchen (* bzw. 0..*) bedeutet »beliebig viele«, 1 ist zu übersetzen mit »genau ein«. Genau ein Administrator kann also beliebig viele Blogs verwalten. Die Rauten können übersetzt werden mit »haben«, also: »Ein Post hat beliebig viele Comments«.

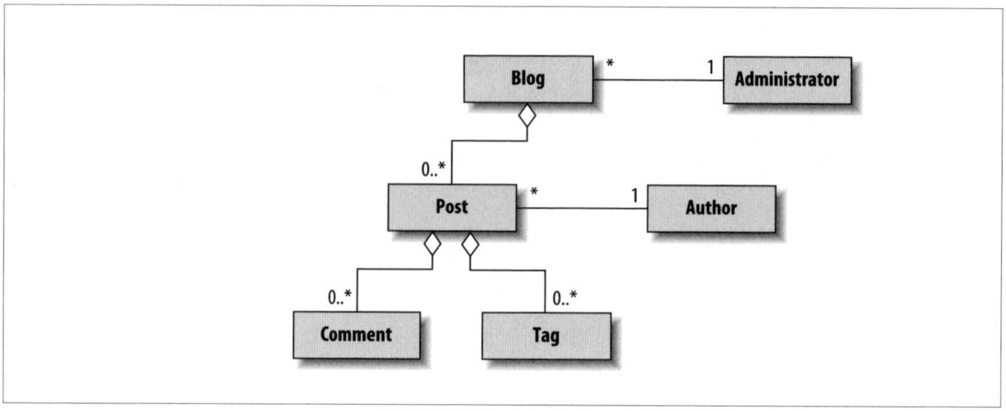

Abbildung 3-1: Domäne des Blog-Beispiels.

Das Blog-Beispiel wurde ursprünglich vom Team um FLOW3 erstellt und in die TYPO3-Version 4.x zurückportiert. Falls Sie sich in Zukunft vermehrt mit FLOW3 und TYPO3 5.x auseinandersetzen, werden Sie dieses Beispiel in fast identischer Form dort wiederfinden. Zum Verhältnis von Extbase und FLOW3 finden Sie im Abschnitt »Migration auf FLOW3 und TYPO3 v5« in Kapitel 10 einige Hinweise.

Der komplette Code der Extension befindet sich in einem Ordner, der den gleichen Namen trägt wie der Extension-Key. In unserem Fall heißt dieser Ordner *blog_example*. Im Regelfall liegt der Ordner in Ihrer TYPO3-Installation unter dem Pfad *typo3conf/ext/*.

Innerhalb des Ordners gibt es auf der obersten Ebene die Ordner *Classes*, *Resources* und *Configuration* (siehe Abbildung 3-2). Außerdem befinden sich dort einige Dateien, die TYPO3 zur Einbindung der Extension benötigt. Diese tragen das Präfix *ext_*. Alle anderen von TYPO3 verwendeten Konfigurationsdateien sind im Ordner *Configuration* oder einem seiner Unterordner abgelegt.

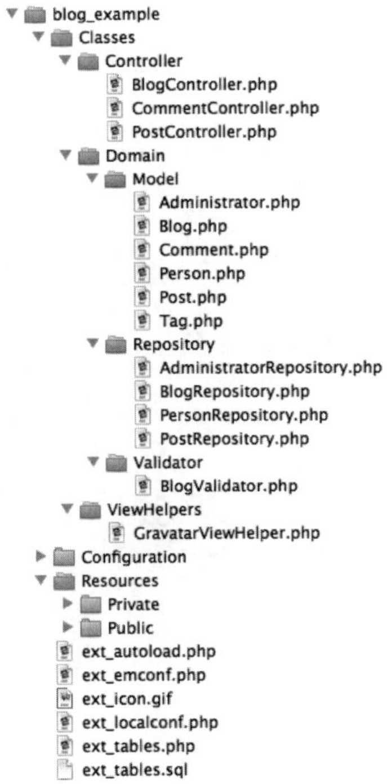

Abbildung 3-2: Ordnerstruktur der Beispiel-Extension

Der Kern der Extension befindet sich im Ordner *Classes*. Dort liegen alle Dateien, in denen Klassen oder Interfaces definiert werden.

> Sollten Sie mit den Begriffen Klassen und Interfaces nicht vertraut sein, werfen Sie zunächst einen Blick auf den Abschnitt »Objektorientierte Programmierung mit PHP« in Kapitel 2, *Grundlagen*.

Im Ordner *Resources* befinden sich alle Dateien, die zur Laufzeit eingebunden werden, aber keine Klassen oder Interfaces sind. Das sind insbesondere Icons, Sprachpakete, HTML-Templates, aber auch externe Bibliotheken oder Skripten. Die Ressourcen sind unterteilt in einen öffentlichen (*Public*) und einen privaten (*Private*) Bereich. Im Ordner *Public* befinden sich nur Dateien, die durch den Client – also im Regelfall den Webbrowser – *direkt* aufgerufen werden dürfen. Dateien, die durch eine PHP-Klasse verarbeitet werden, bevor sie an den Browser ausgeliefert werden, befinden sich im Ordner *Private*.

Die Stationen der Reise

Nachdem Sie nun einen ersten Blick auf Ihr Reiseland geworfen haben und sich hoffentlich nicht orientierungslos vorkommen, wenn wir an den jeweiligen Orten aus unserem Reisebus aussteigen, können Sie starten. Abbildung 3-3 gibt Ihnen einen Überblick über die Stationen der Reise, die Sie in den kommenden Abschnitten ausführlicher kennenlernen werden.

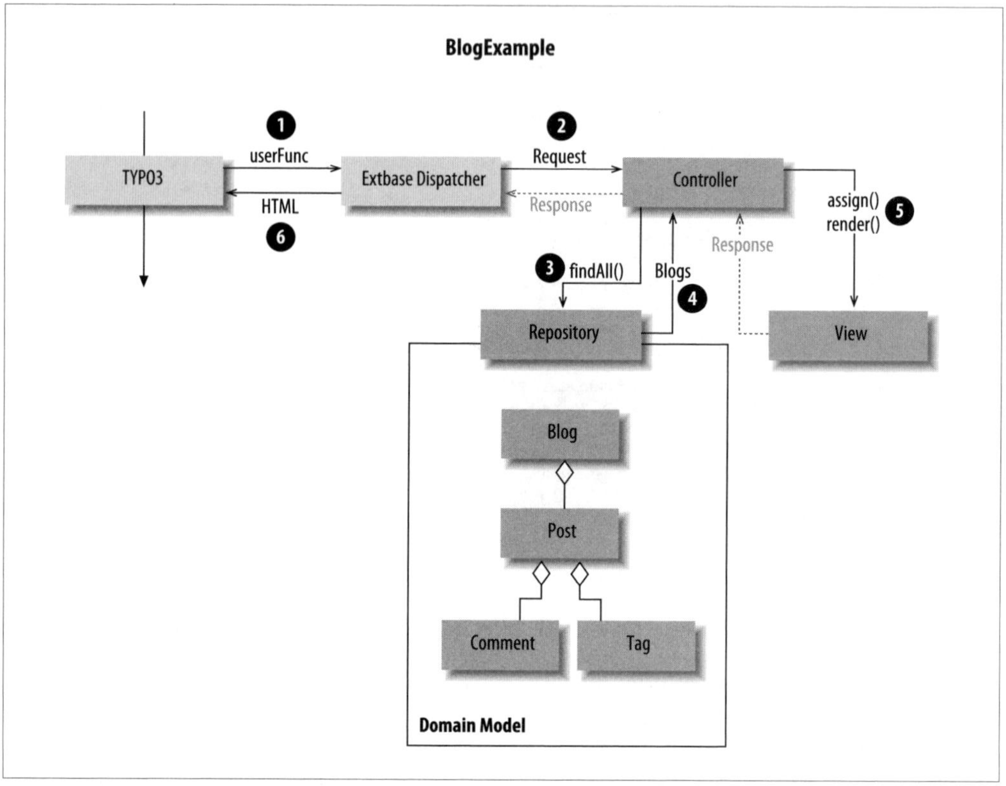

Abbildung 3-3: Die einzelnen Stationen der Reise

Hinter den Kulissen passiert Folgendes, wenn eine Extension wie das Blog-Beispiel aufgerufen wird:

TYPO3 arbeitet den Seiteninhalt ab und entdeckt das Inhaltselement der Extension (Plugin) auf der Seite. Es ruft aber nicht die Extension direkt auf, sondern übergibt die Kontrolle zunachst dem Disponenten (*Dispatcher*) von Extbase ❶.

Der *Dispatcher* bündelt alle Informationen aus der Anfrage in einem *Request* und leitet diesen an den zuständigen Teil der Extension weiter, der die weitere Ablaufsteuerung übernimmt – den sogenannten *Controller* ❷.

Innerhalb des Controllers wird der für Blogs zuständige Lagerort – das *Repository* – über die Methode `findAll()` beauftragt, alle darin enthaltenen Blogs zurückzugeben ❸.

Das *Repository* liefert eine Sammlung der fertig gebauten `Blog`-Objekte mit all ihren Posts, Comments und Tags zurück ❹.

Der *Controller* übergibt diese Blogs dem für die Ausgabe zuständigen Teil der Extension – dem *View* – und fordert diesen auf, den Inhalt im gewünschten Ausgabeformat zu erzeugen ❺.

Der *View* gibt den erzeugten Inhalt in einem *Response* gekapselt zurück an den *Dispatcher*. Dieser reicht den HTML-Code abschließend an den übergeordneten TYPO3-Prozess zurück ❻.

Die Extension aufrufen

Wenn ein Nutzer die Seite mit unserem Blog im Browser aufruft, wird diese Anfrage (Request) an die TYPO3-Installation auf dem entfernten Server gesendet. TYPO3 beginnt daraufhin mit der Abarbeitung der Anfrage.

Der Request enthält in der Regel eine Identifikationsnummer (die sogenannte Page-ID oder *PID*) der Seite, die erzeugt werden soll (z. B. `id=99`). Anhand dieser PID sucht TYPO3 alle Inhaltselemente der Seite zusammen und wandelt diese Schritt für Schritt in HTML-Code um. Im Laufe der Abarbeitung dieses Seitenaufrufs kommt TYPO3 an dem Inhaltselement unserer Beispiel-Extension vorbei, dem sogenannten *Plugin*. Dieses Plugin soll eine Liste aller Blogs mit Titel, einer kurzen Beschreibung und der Anzahl der enthaltenen Posts ausgeben. In Abbildung 3-4 sehen Sie die Ausgabe des Plugins im Frontend. Diese Ausgabe ist in einem größeren Zusammenhang der Seite eingebettet.

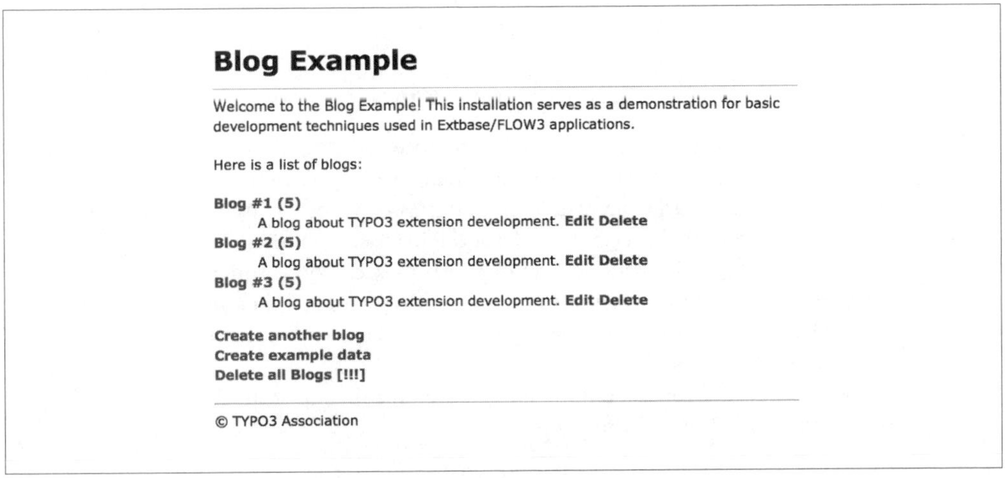

Abbildung 3-4: Ausgabe des Plugins unserer Beispiel-Extension

Der Prozess der Abarbeitung wird von TYPO3 zunächst dem *Dispatcher* von Extbase überantwortet. Der Dispatcher erledigt einige vorbereitende Aufgaben, bevor er die weitere Verarbeitung an die entsprechende Stelle im Code des Blog-Beispiel übergibt:

- Er interpretiert den von außen kommenden Aufruf und bündelt alle relevanten Informationen in einem `Request`-Objekt.
- Er bereitet das `Response`-Objekt als Container für das Ergebnis des Aufrufs vor.
- Er liest die Konfiguration unserer Extension aus den verschiedenen Quellen ein und stellt sie aufbereitet zur Verfügung.
- Er prüft, ob der Aufruf auf unzulässige Weise manipuliert wurde, und weist ihn ggf. ab (beispielsweise bei böswillig hinzugefügten Formularfeldern).
- Er richtet die Persistenzschicht ein, die sich um die »Haltbarmachung« von neuen oder veränderten Objekten kümmert.
- Er bereitet einen Zwischenspeicher (*Cache*) vor, in dem bestimmte Inhalte zur schnellen Wiederverwendung abgelegt werden.
- Er instanziiert und konfiguriert denjenigen Controller unserer Extension, der innerhalb der Extension die weitere Verarbeitung steuern wird.

Nachdem nun diese Vorbereitungen durch den Dispatcher von Extbase getroffen wurden, können wir die erste Station in unserem Reiseland ansteuern: den Controller. In unserem Beispiel wird nun der `BlogController` mit der weiteren Verarbeitung des Anfrage beauftragt. Ihm wird jeweils eine Referenz auf den `Request` und den `Response` übergeben.

Die Klasse `BlogController` befindet sich in der Datei *EXT:blog_example/Classes/Controller/BlogController.php*. Der vollständige Name des Controllers lautet `Tx_BlogExample_Controller_BlogController`. Dies mutet zunächst etwas umständlich an, folgt aber einer strengen Konvention (siehe Kasten »Achtung, Konvention!«).

Achtung, Konvention!

Der Name einer Klasse ist in einzelne Abschnitte unterteilt, die durch einen Unterstrich getrennt sind. Alle Bestandteile eines Klassennamens werden mit Binnengroßbuchstaben geschrieben, wobei der Anfangsbuchstabe immer groß ist. Diese Schreibweise nennt man auch *UpperCamelCase*, da die einzelnen Großbuchstaben innerhalb eines Wortes wie Kamelhöcker herausragen. Der erste Abschnitt ist für Extensions immer `"Tx"`, Der zweite ist der Name der Extension – in unserem Fall also `"BlogExample"`. Der letzte Abschnitt ist der Name des Domänenobjekts. Die Abschnitte dazwischen bilden den Pfad zur Klassendatei unterhalb des Ordners *Classes* ab. In unserem Fall liegt die Datei direkt im Ordner *Controller*. Der Name der Klassendatei wird gebildet aus dem letzten Abschnitt des Klassennamens, versehen mit dem Suffix *.php*.

Und Action!

Unsere Reise durch das Blog-Beispiel ist nicht nur ein Bildungs-, sondern auch ein Aktivurlaub. Wenden wir uns nun den Aktivitäten zu. Wir sind mittlerweile im BlogController angekommen. Die zugehörige Klassendatei finden Sie unter *EXT:blog_example/Classes/BlogController.php*.

Controller gibt es in der Softwareentwicklung in verschiedensten Varianten. Bei Extbase treten Controller hauptsächlich als ActionController auf. Diese Variante ist gekennzeichnet durch kurze Methoden, die für die Steuerung einer einzigen Aktion zuständig sind, die sogenannten *Actions*. Schauen wir uns zunächst in einer gekürzten Fassung des BlogController etwas um:

```
class Tx_BlogExample_Controller_BlogController
      extends Tx_Extbase_MVC_Controller_ActionController {

    public function indexAction() {
        $this->view->assign('blogs', $this->blogRepository->findAll());
    }

    public function newAction(Tx_BlogExample_Domain_Model_Blog $newBlog = NULL) {
        $this->view->assign('newBlog', $newBlog);
        $this->view->assign('administrators', $this->administratorRepository->findAll());
    }

    public function createAction(Tx_BlogExample_Domain_Model_Blog $newBlog) {
        $this->blogRepository->add($newBlog);
        $this->redirect('index');
    }

    public function editAction(Tx_BlogExample_Domain_Model_Blog $blog) {
        $this->view->assign('blog', $blog);
        $this->view->assign('administrators', $this->administratorRepository->findAll());
    }

    public function updateAction(Tx_BlogExample_Domain_Model_Blog $blog) {
        $this->blogRepository->update($blog);
        $this->redirect('index');
    }

    public function deleteAction(Tx_BlogExample_Domain_Model_Blog $blog) {
        $this->blogRepository->remove($blog);
        $this->redirect('index');
    }
}
```

Die Methode indexAction() innerhalb des BlogControllers ist zuständig für die Anzeige einer Liste von Blogs. Wir hätten sie auch showMeTheListAction() nennen können. Wichtig ist nur, dass der Methodenname auf Action endet, damit Extbase diese als Aktion erkennt. newAction() zeigt ein Formular zum Anlegen eines neuen Blogs an. Die createAction()

erzeugt aus den abgesendeten Formulardaten dann den neuen Blog. Das Paar `editAction()` und `updateAction()` haben eine ähnliche Funktion für das Bearbeiten eines bestehenden Blogs. Die Aufgabe der `deleteAction()` erschließt sich aus dem Namen.

> Wer sich schon mit dem Model-View-Controller-Muster auseinandergesetzt hat, dem wird auffallen, dass der Controller insgesamt sehr wenig Code enthält. Extbase (und FLOW3) verfolgt den Ansatz eines schlanken Controllers (*slim controller*). Der Controller ist ausschließlich für die Steuerung des Ablaufs zuständig. Weitere Logik (insbesondere Geschäfts- bzw. Domänenlogik) wird in die Klassen im Unterordner *Domain* ausgelagert.

> Der Name einer Action ist streng genommen nur der Anteil ohne das Suffix `Action`, also z.B. `list`, `show` oder `edit`. Mit dem Suffix `Action` wird der Name der Action-Methode gekennzeichnet. Wir verwenden die Action an sich und deren Methode in diesem Buch jedoch meist synonym.

Welche der Actions aufgerufen wird, kann der Controller dem Request entnehmen. Der Aufruf geschieht, ohne dass wir dafür im BlogController eine weitere Zeile Code schreiben müssen. Dies übernimmt der `Tx_Extbase_MVC_Controller_ActionController`. Von diesem »erbt« unser `BlogController` alle Methoden, indem wir ihn von dieser Extbase-Klasse ableiten:

```
class Tx_BlogExample_Controller_BlogController
      extends Tx_Extbase_MVC_Controller_ActionController { ... }
```

Beim ersten Aufruf des Plugins ohne weitere Informationen wird dem Request eine Standard-Action mitgegeben; in unserem Fall die `indexAction()`. Die `indexAction()` enthält in unserem Beispiel nur eine Zeile (wie oben gezeigt), die etwas ausführlicher geschrieben folgendermaßen aussieht:

```
public function indexAction() {
    $blogRepository = t3lib_div::makeInstance('Tx_BlogExample_Domain_Repository_
          BlogRepository');
    $allAvailableBlogs = $blogRepository->findAll();
    $this->view->assign('blogs', $allAvailableBlogs);
    $content = $this->view->render();
    return $content;
}
```

In der ersten Zeile wird ein Repository instanziiert, das alle Blogs »enthält«. Wie diese dort abgelegt und verwaltet werden, muss Sie zu diesem Zeitpunkt der Reise nicht kümmern. Alle Dateien, die in den Repository-Klassen definiert sind, befinden sich im Ordner *EXT:blog_example/Classes/Domain/Repository/*. Dies kann man auch aus dem Namen `Tx_BlogExample_Domain_Repository_BlogRepository` direkt ableiten. Dieses Namensschema ist übrigens ein großer Vorteil, falls Sie auf der Suche nach einer bestimmten Klassen-Datei sind. Der Name `BlogRepository` ergibt sich aus dem Namen der Klasse, deren

Instanzen durch das Repository verwaltet werden, und zwar durch Anhängen von `Repository`. Ein Repository kann immer nur genau eine Klasse verwalten. Die zweite Zeile ruft durch `findAll()` alle verfügbaren Blogs aus diesem Repository ab.

Blogs aus dem Repository abholen

Werfen wir einen Blick in das `BlogRepository`, und reisen wir in das Innere unserer kleinen Action-Insel:

```
class Tx_BlogExample_Domain_Repository_BlogRepository
      extends Tx_Extbase_Persistence_Repository {
}
```

Der Code ist nicht gekürzt. Das `BlogRepository` enthält schlicht keinen eigenen Code, da alle häufig benötigten Methoden bereits in der Elternklasse `Tx_Extbase_Persistence_Repository` implementiert sind. Diese stehen auch in allen davon abgeleiteten Klassen zur Verfügung. Wir rufen die Methode `findAll()` auf, um alle `Blog`-Objekte zu erhalten.

Exkurs: Das Repository

Die Funktionsweise eines Repository ähnelt der Ausleihe in einer Universitätsbibliothek, die in etwa wie folgt funktioniert:

Sie beauftragen einen Mitarbeiter in der Ausleihe, ein Buch nach bestimmten Kriterien zu finden. Nach wenigen Minuten bis Tagen erhalten Sie dann das entsprechende Buch. Dabei spielt es für Sie keine Rolle, an welchem Ort im Magazin der Bibliothek das Buch steht. Es spielt prinzipiell auch keine Rolle, ob das Buch schon hinter dem Tresen liegt, aus dem Keller geholt werden muss, per Fernleihe von einer anderen Bibliothek angefordert wird oder erst noch gedruckt werden muss (abgesehen natürlich von der Geschwindigkeit – aber Studierende haben ja Zeit). Wichtig ist nur, dass das Buch irgendwann physisch vor Ihnen liegt. Mit Bleistift eingetragene Anmerkungen im Buch werden bei der Rückgabe (hoffentlich ohne Änderungen) einfach übernommen.

Übersetzt heißt dies für ein Repository: Über ein Repository beauftragen Sie eine Methode, ein Objekt nach bestimmten Kriterien zu finden. Nach wenigen Millisekunden bis Sekunden erhalten Sie dann das entsprechende Objekt. Dabei spielt es für Sie keine Rolle, an welchem Ort das Objekt gespeichert ist. Es spielt prinzipiell auch keine Rolle, ob das Objekt schon im Arbeitsspeicher liegt, von der Festplatte geholt werden muss, per Webservice von einem anderen Server angefordert wird oder das erste Mal instanziiert werden muss (abgesehen natürlich von der Geschwindigkeit – aber User haben ja Zeit). Wichtig ist nur, dass das Objekt irgendwann instanziiert vor Ihnen liegt. Geänderte Eigenschaften des Objekts werden beim Verlassen der Extension einfach übernommen.

Auch wenn Sie keine eigene Logik in Ihrem Repository implementieren müssen, setzt Extbase dennoch eine existierende Klasse voraus.

Ein Ausflug zur Datenbank

Bitte bedenken Sie auf unserem Ausflug zur Datenbank, dass wir uns sozusagen im Dickicht des Extbase-Frameworks befinden – in einer Gegend also, die Sie momentan ohne Reiseerfahrung oder Reiseführer nicht betreten würden. Später werden Sie das `Query`-Objekt verwenden, um eigene Anfragen zu formulieren. Falls Sie nicht an den Hintergründen der Speicherung Ihrer Daten interessiert sind, sondern darauf vertrauen, dass dies von Extbase übernommen wird, können Sie diesen Ausflug (sprich: Abschnitt) auslassen oder zu einem späteren Zeitpunkt nachholen. Sie erhalten dann einen Reisegutschein.

Das `BlogRepository` erstellt ein auf `Blog`-Objekte spezialisiertes `Query`-Objekt der Klasse `Tx_Extbase_Persistence_Query` und führt die Abfrage aus (`$query->execute()`). Das `Query`-Objekt ist von der eigentlichen physikalischen Speicherung – im Regelfall in einer relationalen Datenbank – weitgehend abstrahiert. Es enthält keine Informationen darüber *wie*, sondern nur *was* gesucht werden soll. Das `Query`-Objekt lässt noch alle denkbaren Speicherformen zu, wie z.B. einen Web-Service oder die Ablage in einer Text-Datei.

Das `Query`-Objekt wird dem Storage-Backend übergeben. Das Storage-Backend übersetzt die Anfrage in ein Format, das die gewählte Speicherlösung direkt verarbeiten kann. In unserem Fall ist dies ein SQL-Statement. Der Aufruf `$query->execute()` wird schlussendlich in `SELECT * FROM tx_blogexample_domain_model_blog übersetzt`.

Das Storage-Backend gibt die »rohen« Ergebnisse als Sammlung (Array) von Datenbanktupeln zurück. Jedes Datenbanktupel entspricht einer Zeile in einer Datenbanktabelle und ist wiederum ein assoziatives Array mit den Feldnamen als Schlüssel und den Feldinhalten als Werte. Es enthält noch keine Objekte und auch keine Daten aus den zugehörigen Posts, Comments oder Tags. Die Aufgabe, einen kompletten Objektbaum, ausgehend vom `Blog`-Objekt bis hinunter zum letzten Tag eines Posts, aufzubauen, wird einem weiteren Objekt übertragen – dem `DataMapper`.

Gehen wir nun, kurz vor der Rückkehr in die vertraute Umgebung unserer Extension, nochmals in das Dickicht der Persistenzschicht zurück.

Pfade auf der Data-Map

Das `DataMapper`-Objekt hat die Aufgabe, für jedes Tupel eine Instanz der Blog-Klasse (deren Name in `$this->className` hinterlegt ist) zu erstellen und diese frische Instanz mit den Daten aus dem Tupel zu »füllen«. Er wird im `Query`-Objekt durch folgende Zeile aufgerufen:

```
$this->dataMapper->map($this->getType(), $rows)
```

Das DataMapper-Objekt löst auch alle Relationen auf. Das bedeutet, es setzt eine weitere Anfrage nach den Posts ab und baut auch diese Objekte mit allen darin enthaltenen Unterobjekten, bevor sie an die Eigenschaft *posts* des entsprechenden Blog-Objekts gebunden werden.

Bei der Auflösung der Relationen bezieht das DataMapper-Objekt Informationen aus verschiedenen Quellen. Zum einen kennt es die Konfiguration der Datenbanktabellen (hinterlegt im *Table Configuration Array*, kurz: TCA), zum andern »liest« es auch die PHP-Kommentare, die innerhalb der Klassendefinition über den Definitionen der Eigenschaften (oder *Properties)* stehen. Sehen wir uns als Beispiel die Definition der Eigenschaft *posts* in der Blog-Klasse an. Sie finden diese in der Datei *EXT:blog_example/Classes/Domain/Model/Blog.php*.

```
class Tx_BlogExample_Domain_Model_Blog extends Tx_Extbase_DomainObject_AbstractEntity {

    ...

    /**
     * The posts of this blog
     *
     * @var Tx_Extbase_Persistence_ObjectStorage<Tx_BlogExample_Domain_Model_Post>
     */
    protected $posts;

    ...

}
```

Die Eigenschaft $posts enthält im PHP-Kommentar oben einige sogenannte *Annotations*, die jeweils mit einem @-Zeichen beginnen. Die Annotation

```
@var Tx_Extbase_Persistence_ObjectStorage<Tx_BlogExample_Domain_Model_Post>
```

weist den DataMapper an, dort einen ObjectStorage einzurichten und diesen mit den Post-Objekten der Klasse Tx_BlogExample_Domain_Model_Post zu füllen.

> Der Tx_Extbase_Persistence_ObjectStorage ist eine Klasse von Extbase. Diese Klasse nimmt Objekte auf und stellt sicher, dass eine Instanz einmalig innerhalb des ObjectStorages ist. Auf die Objekte im ObjectStorage kann unter anderem über die Methoden attach(), detach() und contains() zugegriffen werden. Außerdem implementiert der ObjectStorage die Interfaces Iterator, Countable, ArrayAccess. Er lässt sich also in foreach-Konstrukten verwenden. Ansonsten verhält sich ein ObjectStorage sehr ähnlich einem Array. Der ObjectStorage von Extbase ist dem nativen SplObjectStorage von PHP nachempfunden, der erst ab der PHP-Version 5.3.1 fehlerfrei ist.

Die Notation ist zunächst ungewohnt. Sie ist an die sogenannten *Generics* der Programmiersprache Java angelehnt. Sie müssen bei der Definition Ihrer Eigenschaften immer den Typ in der Annotation über der Methodendefinition angeben. Bei Eigenschaften mit einem PHP-Typ sieht das dann etwa so aus:

```
/**
 * @var int
 */
protected $amount;
```

Es können aber auch Klassen als Typ angegeben werden:

```
/**
 * @var Tx_BlogExample_Domain_Model_Author
 */
protected $author;
```

Eigenschaften, an die mehrere Kind-Objekte angebunden werden, erfordern die Angabe der Klasse der enthaltenen Elemente in spitzen Klammern:

```
/**
 * @var Tx_Extbase_Persistence_ObjectStorage<Tx_BlogExample_Domain_Model_Tags>
 */
protected $tags;
```

Extbase schließt aus der Konfiguration der Datenbanktabellenspalte auf die Art der Relation. Sehen wir uns dazu die Definition der Spalte *posts* an. Sie finden sie in der Datei *tca.php* unter dem Pfad *Configuration/TCA/*.

```
$TCA['tx_blogexample_domain_model_blog'] = array(
    ...
    'columns' => array(
        ...
        'posts' => array(
            'exclude' => 1,
            'label'   => 'LLL:EXT:blog_example/Resources/Private/Language/
                  locallang_db.xml:tx_blogexample_domain_model_blog.posts',
            'config' => array(
                'type' => 'inline',
                'foreign_table' => 'tx_blogexample_domain_model_post',
                'foreign_field' => 'blog',
                'foreign_sortby' => 'sorting',
                'maxitems'      => 999999,
                'appearance' => array(
                    'newRecordLinkPosition' => 'bottom',
                    'collapseAll' => 1,
                    'expandSingle' => 1,
                ),
            )
        ),
        ...
);
```

Extbase »liest« aus dieser Konfiguration unter anderem die Tabelle der Kind-Objekte (`foreign_table`) und das Schlüsselfeld, in dem der Unique-Identifier (UID) des Eltern-Objekts (`foreign_field`) gespeichert sind. Mithilfe dieser Informationen und der Angaben in der PHP-Dokumentation oberhalb der Eigenschaftsdefinitionen kann Extbase die Datensätze auslesen und auf die Instanzen der Post-Klasse mappen. Dieser Vorgang wird rekursiv über den ganzen Objektgraph – also den Blog mit all seinen »enthaltenen« Posts, Comments, Tags usw. – fortgesetzt, ausgehend vom einem einzelnen Blog als Wurzelobjekt.

Kehren wir nach diesem etwas strapaziösen Ausflug endgültig in die Gefilde unserer Extension zurück. Denken Sie daran, dass Sie im Regelfall diese Pfade nicht mehr betreten müssen – außer Sie finden Gefallen an Individualreisen.

Zurück im Controller

Sie bekommen die fertigen `Blog`-Objekte in einem Array geliefert. »Fertig« bedeutet in diesem Zusammenhang, dass jedes `Blog`-Objekt bereits alle seine `Post`-Objekte und deren `Comment`- und `Tag`-Objekte enthält.

Diese Blogs werden zur weiteren Verarbeitung an das für die Ausgabe zuständige Objekt übergeben: den sogenannten *View*. Falls wir, wie in unserem Beispiel, keine eigene Wahl treffen, steht unter der Klassenvariable `$this->view` automatisch der `TemplateView` von Fluid zur Verfügung.

Über die Methode `assign()` »binden« wir das Array mit unseren Blogs an den Variablennamen `blogs` des `TemplateView`. Es kann unter diesem Namen dann im Template angesprochen werden. Die Methode `render()` des `TemplateView` stößt die Erzeugung des HTML-Codes an.

Bevor wir unsere kleine, beschauliche Action-Insel verlassen und in die Tiefen des Fluid-Templates eintauchen, werfen wir noch einen Blick auf die Abkürzungen und Vereinfachungen, die uns Extbase an dieser Stelle bietet.

Da wir das `BlogRepository` in allen Actions benötigen, verlagern wir den Code zu dessen Initialisierung in die Methode `initializeAction()`. Diese Methode wird vor jedem Aufruf einer Action durch Extbase automatisch aufgerufen. Dort instanziieren wir die notwendigen Repositories:

```
public function initializeAction() {
    $this->blogRepository = t3lib_div::makeInstance('Tx_BlogExample_Domain_Repository_
          BlogRepository');
    $this->administratorRepository = t3lib_div::makeInstance('Tx_BlogExample_Domain_
          Repository_AdministratorRepository');
}
```

Diese Vorgehensweise bietet zwar keinen Geschwindigkeitsvorteil (eher einen zu vernachlässigenden Nachteil), wir vermeiden aber dadurch duplizierten Code. Zusätzlich zur Methode `initializeAction()`, die vor dem Aufruf *jeder* Action abgearbeitet wird, ruft

Extbase – sofern vorhanden – die Methode `initializeIndexAction()` auf. Wobei die Zeichenkette *IndexAction* durch den Namen derjenigen Action ersetzt werden muss, vor der diese Methode aufgerufen werden soll. Kurz: Zu jeder Action kann eine eigene Methode zu deren Initialisierung erstellt werden.

Der zweite Schritt ist die Zusammenfassung der Zeilen zur Abfrage des Repositories und zur Bindung an den Variablennamen zu einer Zeile. Abschließend kann man noch darauf verzichten, die Methode `render()` explizit aufzurufen. Sollte die Action von sich aus durch `return $content` kein Ergebnis zurückliefern (entweder weil der Aufruf fehlt oder NULL zurückliefert), ruft Extbase automatisch die Methode `render()` auf.

> Dieser Automatismus kann verwirrend sein, da man nun umgekehrt explizit `return '';` angeben muss, um den Rendering-Prozess zu unterdrücken. Dies ist manchmal für das Aufspüren von Fehlern hilfreich.

Gehen Sie mit uns auf einen weiteren Ausflug: Tauchen Sie ein in Fluid – die neue Template-Engine von TYPO3 – und lernen Sie die herrliche Unterwasserwelt voller bunter Fluid-Tags und ViewHelper kennen.

Die Ausgabe durch Fluid rendern

Der TemplateView von Fluid versucht zunächst, das zugehörige HTML-Template zu laden. Da wir kein eigenes Template über `this->view->setTemplatePathAndFilename($templatePathAndFilename)` spezifiziert haben, sucht Fluid an einem per Konvention festgelegten Ort.

Alle Templates für das Frontend liegen standardmäßig im Ordner *EXT:blog_example/Resources/Private/Templates*. Dort befinden sich in unserem Beispiel die beiden Unterordner *Blog* und *Post*. Da der Aufruf über die `indexAction()` des `BlogController` erfolgte, sucht Fluid im Ordner *Blog* eine Datei mit dem Namen *index* und – falls nichts anderes angegeben wurde – der Endung *.html*. Jede Action-Methode hat also ihr eigenes Template. Möglich sind auch andere Formate, wie z.B. *.pdf*, *.json* oder *.xml*. In Tabelle 3-1 finden Sie einige Beispiele für diese Konvention.

Tabelle 3-1: Beispiele für die Konvention des Pfads zu den Templates

Controller	Action	Format	Pfad und Dateiname
Blog	index	k.A.	*Resources/Private/Templates/Blog/index.html*
Blog	index	txt	*Resources/Private/Templates/Blog/index.txt*
Blog	new	k.A.	*Resources/Private/Templates/Blog/new.html*
Post	k.A.	k.A.	*Resources/Private/Templates/Post/index.html*

In unserem Fall wird die Datei *index.html* eingelesen. Der Inhalt wird gelesen und Schritt für Schritt abgearbeitet. Hier sehen Sie einen Ausschnitt aus dem Template:

```
<p>Welcome to the Blog Example!</p>
<f:if condition="{blogs}">
    <f:then>
        <p>Here is a list of blogs:</p>
        <dl>
            <f:for each="{blogs}" as="blog">
                <dt>
                    <f:link.action action="index" controller="Post"
                            arguments="{blog : blog}">
                        {blog.title} (<f:count subject="{blog.posts}" />)
                    </f:link.action>
                </dt>
                <dd>
                    <f:format.nl2br>{blog.description}</f:format.nl2br>
                    <f:link.action action="edit"
                            arguments="{blog : blog}">Edit</f:link.action>
                    <f:link.action action="delete"
                            arguments="{blog : blog}">Delete</f:link.action>
                <dd>
            </f:for>
        </dl>
        <p>
            <f:link.action action="new">Create another blog</f:link.action>
            <br /><f:link.action action="populate">Create example data</f:link.action>
            <br /><f:link.action action="deleteAll">Delete all Blogs [!!!]
                    </f:link.action>
        </p>
    </f:then>
    <f:else>
        <p>
            <strong><f:link.action action="new">Create your first blog
                    </f:link.action></strong>
            <br /><f:link.action action="populate">Create example data</f:link.action>
        </p>
    </f:else>
</f:if>
```

Zunächst fallen die vielen unbekannten XML-Tags mit dem Namensraum »f« auf, wie z.B. `<f:if>`, `<f:for>` oder `<f:link.action>`. Diese Tags werden von Fluid bereitgestellt und stellen verschiedene Funktionalitäten zur Verfügung.

- `<f:format.nl2br>[...]</f:format.nl2br>` formt Zeilenumbrüche (*new lines*) in `<br />`-Tags um.
- `<f:link.action action="new">` erzeugt ein Link-Tag, das auf die `newAction()` des aktuellen Controllers verweist.
- `<f:for each="{blogs}" as="blog">[...]</f:for>` iteriert über alle Blog-Objekte in Blogs.

Gehen wir auf das letzte Beispiel genauer ein. In der Variablen {blogs} sind alle Blogs »enthalten«. Die geschweiften Klammern zeigen Fluid, dass es sich hierbei um eine Variable handelt, die zuvor an das Template »gebunden« wurde. In unserem Fall geschah dies innerhalb der indexAction() des BlogController. Über das Attribut each werden dem for-ViewHelper die Blog-Objekte übergeben, über die iteriert werden soll. Das Attribut as erhält den Namen der Variable, unter der das jeweilige Blog-Objekt innerhalb von <f:for> [...]</f:for> zur Verfügung steht. In unserem Fall findet es sich also unter {blog}.

> Um den String "blog" innerhalb des Tags <f:for each="{blogs}" as="blog"> [...]</f:for> steht *keine* geschweifte Klammer, da der String als *Bezeichnung* für die zu verwendende Variable an Fluid übergeben wird und nicht als auszuwertende Variable. Fluid würde ein as="{blog}" so interpretieren, als ob Sie den Namen der Variablen selbst konfigurierbar machen wollten. Faustregel: geschweifte Klammern bei each, keine geschweiften Klammern bei as.

Objekte können durch Fluid nicht direkt ausgegeben werden. Eine Ausnahme sind Objekte, die eine Methode __toString() aufweisen. Wir greifen auf die einzelnen Eigenschaften des Objekts mit einer Punkt-Notation zu. Wenn Fluid auf einen String {blog.title} stößt, versucht es, diesen aufzulösen. Fluid erwartet unter der Variablen blog ein Objekt. In diesem Objekt sucht es nach einer Methode mit dem Methodennamen getTitle(). Den Methodennamen erzeugt Fluid, indem es den Teil nach dem Punkt extrahiert, den ersten Buchstaben großschreibt und ein »get« davor setzt. Damit erfolgt der Aufruf in etwa so: $blog->getTitle(). Der Rückgabewert wird an die Stelle des {blog.title} im Template gesetzt. Analog kommt an die Stelle von {blog.description} die Beschreibung. Die Auflösung des Punktes geschieht rekursiv. Das bedeutet, dass Fluid einen String {blog.administrator.name} verarbeitet, indem es einen Aufruf absetzt, der gleichwertig ist mit $blog->getAdministrator()->getName().

> Der Rückgabewert wird vor der Ausgabe durch den Aufruf von htmlspecialchars() »gereinigt«. Dies bietet einen Grundschutz vor Cross Site Scripting-Angriffen (XSS).

Hat Fluid das Template vollständig abgearbeitet, wird das Ergebnis dem Response-Objekt »angehängt«. Dieses findet im Tx_Extbase_MVC_Controller_ActionController durch den Aufruf $this->response->appendContent($this->view->render()) statt.

Unsere Reise neigt sich langsam dem Ende zu. Die Anfrage (*Request*) wurde durch die entsprechende Action vollständig beantwortet. Das Response-Objekt trägt den fertig gerenderten Inhalt in sich. Treten wir nun schweren Herzens die Rückreise an, und machen wir nochmals im Dispatcher von Extbase Halt.

Das Ergebnis an TYPO3 zurückgeben

Zum Abschluss müssen alle Änderungen an Objekten, die sich bisher nur im Arbeitsspeicher befinden, dauerhaft haltbar gemacht (persistiert) werden. Damit wird der Persistence-Manager nun durch `$persistenceManager->persistAll()` beauftragt. Der Persistence-Manager geht alle verwendeten Repositories durch und sammelt zunächst neue und gelöschte Objekte ein. In unserem Fall fragt der Persistence-Manager das Blog-Repository nach solchen Objekten. Da wir zur Laufzeit weder neu erzeugte Objekte in das Repository gelegt noch bereits enthaltene Objekte von dort wieder entfernt haben, ist der Persistence-Manager dieses Mal untätig geblieben.

Wir sind nun endgültig am Ende unserer Reise angelangt. Der Dispatcher muss nun noch den gerenderten Content an das TYPO3-Framework zurückgeben:

```
return $response->getContent();
```

In diesem Abschnitt haben Sie erfahren, wie durch die Extension eine Liste von Blogs ausgegeben wird. Im Folgenden schlagen wir eine alternative Reiseroute ein, indem wir einen neuen Post anlegen. Sie werden die Verkettung mehrerer Actions zu einem konsistenten Ablauf kennenlernen, die Möglichkeiten der Validierung ausschöpfen und tiefer in Fluid eintauchen.

Alternative Reiseroute: Einen neuen Post anlegen

Nach unserer ersten Reise durch das Blog-Beispiel folgen wir in diesem Abschnitt einer etwas komplexeren Route. Als Beispiel haben wir diesmal das Anlegen eines neuen Posts gewählt. Dem Nutzer soll im Frontend ein Formular angeboten werden, in dem er den Titel und den Inhalt eines neuen Beitrags eingeben sowie einen bereits angelegten Autor diesem Post zuordnen kann. Nach einem Klick auf den *Submit*-Button soll die Liste der letzten Posts des aktuellen Blogs angezeigt werden – jetzt natürlich mit dem gerade eingegebenen Post an erster Stelle. Es sind also mehrere, aufeinander aufbauende Schritte zu implementieren, die sich in den Aktionen `new` und `create` widerspiegeln. Die entsprechende Methode `newAction()` zeigt das Formular an, während die Methode `createAction()` den Post tatsächlich »baut«, ihn in das Repository ablegt und den Prozess an die Methode `indexAction()` weiterleitet.

Der Aufruf der Methode `newAction()` erfolgt in unserem Fall durch einen Link im Frontend, der – etwas entschlackt – wie folgt aussieht:

```
<a href="index.php?id=99&tx_blogexample_pi1[blog]=6&tx_blogexample_pi1[action]=new&tx_
blogexample_pi1[controller]=Post">Create a new Post</a>
```

Dieser wurde durch den folgenden Fluid-Code im Template *EXT:blog_example/Resources/Private/Templates/Post/index.html* erzeugt:

```
<f:link.action action="new" controller="Post" arguments="{blog : blog}">Create
a new Post</f:link.action>
```

Das Tag `<f:link.action>` erzeugt einen Verweis auf eine bestimmte Controller-Action-Kombination: `tx_blogexample_pi1[controller]=Post` und `tx_blogexample_pi1[action]=new`. Es wird außerdem mit `tx_blogexample_pi1[blog]=6` der aktuelle Blog als Argument übergeben. Da der Blog nicht als Objekt übertragen werden kann, muss dieser in einen eindeutigen Bezeichner – die *UID* – übersetzt werden. In unserem Fall ist dies die UID 6. Extbase erzeugt aus diesen drei Informationen den Request und leitet diesen an den zuständigen `PostController` weiter. Die Rückübersetzung der UID in das entsprechende `Blog`-Objekt übernimmt Extbase automatisch.

Werfen wir einen Blick auf die aufzurufende Methode `newAction()`:

```
/**
 * Displays a form for creating a new post
 *
 * @param Tx_BlogExample_Domain_Model_Blog $blog The blog the post belongs to
 * @param Tx_BlogExample_Domain_Model_Post $newPost An invalid new post object passed by
    a rejected createAction()
 * @return string An HTML form for creating a new post
 * @dontvalidate $newPost
 */
public function newAction(Tx_BlogExample_Domain_Model_Blog $blog,
      Tx_BlogExample_Domain_Model_Post $newPost = NULL) {
    $this->view->assign('authors', $this->personRepository->findAll());
    $this->view->assign('blog', $blog);
    $this->view->assign('newPost', $newPost);
}
```

Die Methode `newAction()` erwartet als Argumente ein `Blog`-Objekt und ein optionales `Post`-Objekt. Beides erscheint zunächst merkwürdig, denn wir haben weder ein `Blog`- noch ein `Post`-Objekt, denn das `Post`-Objekt soll ja gerade mit dem anzuzeigenden Formular erstellt werden. Tatsächlich bleibt das Argument `$newPost` beim ersten Aufruf leer (`NULL`).

Unser `PostController`, der vom `ActionController` abgeleitet ist, bereitet vor dem Aufruf einer Action alle Argumente vor. Der Controller delegiert dies an eine Instanz der Klasse `PropertyMapper`, die im Wesentlichen zwei Aufgaben hat: Sie wandelt die Argumente der Anfrage (aus unserem Link kommend) in das Ziel-Objekt um und prüft, ob dieses valide ist. Das Ziel ist für das Argument `$blog` eine Instanz der Klasse `Tx_BlogExample_Domain_Model_Blog`, für das Argument `$newPost` entsprechend eine Instanz der Klasse `Tx_BlogExample_Domain_Model_Post`.

Woher weiß Extbase aber, was das Ziel der Umwandlung ist? Es entnimmt diese Information der Angabe über dem Argument selbst. Falls dort nichts vermerkt ist, entnimmt es den Zieltyp der PHP-Dokumentation über der Methode, also aus der Zeile:

```
* @param Tx_BlogExample_Domain_Model_Blog $blog The blog the post belogs to
```

Die Verknüpfung wird über den Namen des Arguments $blog hergestellt. Auf gleiche Weise wird die Verknüpfung zwischen den Argumenten des Requests und denen der newAction() aufgelöst. Das Argument des Links

```
tx_blogexample_pi1[blog]=6
```

wird dem Argument

```
Tx_BlogExample_Domain_Model_Blog $blog
```

der newAction() über den Namen »blog« zugeordnet. Mithilfe der UID 6 kann das entsprechende Blog-Objekt identifiziert, rekonstituiert und an die newAction() übergeben werden.

In der ersten Zeile der newAction() wird dem View unter dem Variablennamen authors ein Array mit Personen übergeben, die dem PersonRepository mit findAll() entnommen wurden. In der zweiten und dritten Zeile werden dem View die beiden Argumente blog und newPost übergeben. Die folgenden beiden Aktionen werden dann nach Ablauf der newAction() durch den Controller automatisch ausgeführt.

```
$form = $this->view()->render();
return $form;
```

Hier sehen Sie das etwas gekürzte Template *new.html*:

```
<f:form method="post" controller="Post" action="create" name="newPost" object="{newPost}"
arguments="{blog : blog}">
    <label for="author">Author</label><br />
    <f:form.select property="author" options="{authors}" optionLabelField="fullName">
        <select><option>dummy</option></select>
    </f:form.select><br />
    <label for="title">Title</label><br />
    <f:form.textbox property="title" /><br />
    <label for="content">Content</label><br />
    <f:form.textarea property="content" rows="8" cols="46" /><br />
    <f:form.submit class="submit" value="Submit"/>
</f:form>
```

Fluid stellt einige komfortable Tags zum Erzeugen von Formularen bereit, deren Namen alle mit form beginnen. Das gesamte Formular wird in <f:form></f:form> eingeschlossen. Analog zur Erzeugung eines Links wird hier die Controller-Action-Kombination angegeben, die beim Klick auf den *Submit*-Button aufgerufen werden soll.

> Lassen Sie sich nicht durch das Attribut method="post" verwirren. Dies ist die Übertragungsmethode des Formulars und hat nichts mit einem Post aus unserer Domäne zu tun (statt method="post" könnte hier auch method="get" stehen).

Das Formular wird durch `object="{newPost}"` an das Objekt gebunden, das wir im Controller der Variable `newPost` übergeben haben. Die einzelnen Formularfelder besitzen ein Attribut `property="..."`. Damit kann das Formularfeld mit dem Inhalt der Eigenschaften des übergebenen Objekts gefüllt werden. Da hier `{newPost}` leer ist (= `NULL`), bleiben die Formularfelder zunächst ebenfalls leer.

Das `select`-Tag wird durch das Fluid-Tag `<f:form.select> erzeugt`. Dabei ist zu beachten, dass der HTML-Code `<select><option>dummy</option></select>` vollständig durch den von Fluid erzeugten Code ersetzt wird. Dies ermöglicht die Anzeige des Templates mit Blindtext. Die zur Verfügung stehenden Optionen entnimmt Fluid dem im Attribut `options="{authors}"` übergebenen Inhalt. In unserem Fall ist dies ein Array mit allen Personen aus dem `PersonRepository`. Aus dem Attribut `optionLabelField="fullName"` erzeugt Fluid den sichtbaren Text der Optionen. Der erzeugte HTML-Code des Formulars sieht dann wie folgt aus:

```
<form method="post" name="newPost" action="index.php?id=99&tx_blogexample_pi1[blog]=2&tx_
blogexample_pi1[action]=create&tx_blogexample_pi1[controller]=Post">
    <label for="author">Author</label><br />
    <select name="tx_blogexample_pi1[newPost][author]">
        <option value="1">Stephen Smith</option>
        <option value="2">John Doe</option>
    </select><br />
    <label for="title">Title</label><br />
    <input type="text" name="tx_blogexample_pi1[newPost][title]" value="" /><br />
    <label for="content">Content</label><br />
    <textarea rows="8" cols="46" name="tx_blogexample_pi1[newPost][content]"></textarea>
    <br />
    <input class="submit" type="submit" value="Submit" />
</form>
```

TYPO3 übernimmt das gerenderte Formular und baut es an der entsprechenden Stelle der HTML-Seite ein (siehe Abbildung 3-5).

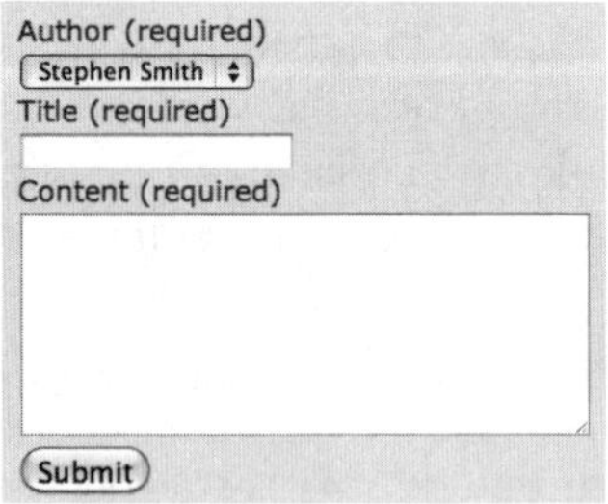

Abbildung 3-5: Das gerenderte Formular

Der Klick auf den *Submit*-Button ruft die Methode `createAction()` des `PostController` auf. Hier sehen Sie die etwas gekürzte Methode:

```
/**
 * Creates a new post
 *
 * @param Tx_BlogExample_Domain_Model_Blog $blog The blog the post belongs to
 * @param Tx_BlogExample_Domain_Model_Post $newBlog A fresh Post object which has
   not yet been persisted
 * @return void
 */
public function createAction(Tx_BlogExample_Domain_Model_Blog $blog,
      Tx_BlogExample_Domain_Model_Post $newPost) {
    $blog->addPost($newPost);
    $this->redirect('index', NULL, NULL, array('blog' => $blog));
}
```

Die Argumente `$blog` und `$post` werden äquivalent zur Methode `newAction()` befüllt und validiert.

> Bei der Umwandlung der Argumente in die Eigenschaftswerte des Ziel-Objekts prüft der oben erwähnte `PropertyMapper`, ob Fehler bei der Validierung aufgetreten sind. Die Validierung erfolgt auf Basis der Definition der Eigenschaften des Ziel-Objekts. Mehr über das Thema Validierung finden Sie im Abschnitt »Domänenobjekte validieren« in Kapitel 9.

Der Post wird dem Blog durch `$blog->addPost($newPost)` hinzugefügt. Anschließend wird die weitere Verarbeitung durch `$this->redirect([...])` an die Methode `indexAction()` weitergeleitet. Dabei wird wiederum der Blog – jetzt aber mit dem neuen Post – als Argument übergeben. Damit der neue Post auch beim Aufruf wieder im Blog zur Verfügung steht, muss er persistiert werden. Dies geschieht automatisch nach dem Durchlauf durch die Extension im Dispatcher von Extbase.

> Neben der Methode `redirect()` kennt Extbase noch die Methode `forward()`. Diese leitet die weitere Verarbeitung ebenfalls weiter. Der Unterschied ist jedoch, dass `redirect()` einen völlig neuen Seitenaufruf startet (neuer Request-Response-Zyklus), während `forward()` innerhalb der Verarbeitung des aktuellen Seitenaufrufs bleibt. Daraus ergibt sich eine wichtige Konsequenz: Bei `redirect()` werden die Änderungen vor dem Aufruf der Ziel-Action persistiert, während dies bei `forward()` ggf. durch den Aufruf `Tx_Extbase_Dispatcher::getPersistenceManager()->persistAll()` von Hand erledigt werden muss.

Automatische Speicherung der Domäne

Bemerkenswert ist an dieser Stelle, dass zu keinem Zeitpunkt eine Methode zum Speichern des Blogs oder des Posts aufgerufen wird. Allein die Tatsache, dass der Post dem Blog hinzugefügt und dieser dadurch verändert wurde, reicht aus, um Extbase zu veranlassen, die Änderungen dauerhaft zu speichern (zu persistieren). Wie auf unserer ersten Reiseroute wird damit der Persistence-Manager durch `$persistenceManager->persistAll()` beauftragt. Dieses Mal sammelt er alle rekonstituierten Objekte (d.h. solche, die aus der Datenbank wiederhergestellt wurden) ein, die durch ein Repository verwaltet werden. Diese »verwalteten« Objekte bilden die Wurzelobjekte (Root) eines Objektgraphen (Aggregate). Es sind die sogenannten *Aggregate-Root*-Objekte.

> Mehr über den Lebenszyklus von Objekten erfahren Sie in »Domain-Driven Design« in Kapitel 2. Hier werden auch die Zustände *transient* und *persistent* ausführlich erläutert. Zum Thema Aggregate-Root finden Sie im Abschnitt »Aggregates« in Kapitel 2 eine ausführliche Einleitung.

Die Sammlung von neuen und gelöschten Objekten sowie die Wurzelobjekte (in unserem Fall die `Blog`-Objekte) übergibt der Persistence-Manager an das Persistence-Backend. Das Backend hat die Aufgabe, den gesamten Vorgang in geordneter Weise zu steuern. Der Ablauf findet in folgender Reihenfolge statt:

1. Alle neu hinzugekommenen Aggregate-Root-Objekte werden eingefügt (zunächst ohne die Kind- und Kindeskind-Objekte anzulegen).
2. Alle Eigenschaften der Aggregate-Root-Objekte werden persistiert.
3. Alle Kind-Objekte werden in entsprechender Weise rekursiv abgearbeitet.
4. Alle entfernten Objekte werden gelöscht.

> Verwechseln Sie das Persistence-Backend nicht mit dem Storage-Backend, das wir in »Ein Ausflug zur Datenbank« weiter oben in diesem Kapitel angesprochen haben. Das Persistence-Backend ist eine Schicht »über« dem Storage-Backend. Es ist für den Ablauf der Persistierung verantwortlich (Was wird in welcher Reihenfolge gespeichert, gelöscht oder geändert?), während das Storage-Backend die Aufgabe hat, die abstrakt gehaltenen Anfragen in die native Sprache der »physikalischen« Speicherlösung (also meist den einen SQL-Dialekt einer Datenbank) zu übersetzen.

In unserem Fall geht das Persistence-Backend (im Folgenden kurz Backend genannt) für jedes `Blog`-Objekt dessen Eigenschaften (`title`, `description`, `posts` usw.) durch und prüft, ob die Eigenschaftswerte gespeichert werden müssen. Dies ist der Fall, wenn das zugehörige Objekt neu ist oder wenn der Eigenschaftswert sich während der Laufzeit geändert hat. Verweist die Eigenschaft wiederum auf Objekte, prüft das Backend im nächsten Schritt auch diese auf Änderungen der Eigenschaftswerte.

Dirty Objects

Woher weiß Extbase, ob sich ein Eigenschaftswert geändert hat? Jedes Objekt der Domäne Ihrer Extension (*Domain Object*) muss eine bestimmte Klasse von Extbase erweitern. Bei der Blog-Klasse ist dies z.B. `Tx_Extbase_DomainObject_AbstractEntity`. Innerhalb dieser Eltern-Klasse wird eine Eigenschaft `$_cleanProperties` definiert. Diese wird direkt, nachdem das Objekt rekonstituiert wurde (aus der Datenbank wiederhergestellt wurde), durch den Aufruf von `_memorizeCleanState()` mit den unveränderten Eigenschaftswerten initialisiert; in unserem Fall also mit dem Titel, der Beschreibung, dem Administrator und allen `Post`-Objekten. Damit kann zu einem späteren Zeitpunkt durch die Abfrage von `_isDirty($propertyName)` jede Eigenschaft auf Veränderung geprüft werden.

Alle Methoden, die mit einem Unterstrich (_) beginnen, sind *interne* Methoden. Diese Methoden sind aus technischer Sicht zwar von »außen« aufrufbar (*public*), sie sollten jedoch nicht innerhalb der Extension aufgerufen werden – auch wenn es noch so reizvoll erscheint. In FLOW3 ist die »Beobachtung« der Objekte auf andere Weise gelöst, und es entfällt die Notwendigkeit, eine Elternklasse des Frameworks zu erweitern. Die Deklaration `extends Tx_Extbase_DomainObject_AbstractEntity` kann bei der Portierung Ihrer Extension in TYPO3 v5 dann einfach gelöscht werden.

In unserem Beispiel findet das Backend beim Durchgang durch die Post-Objekte den neuen Post. Das Storage-Backend wird nun angewiesen, diesen in der Datenbank zu speichern – und mit ihm alle seine Beziehungen (Relationen) zu anderen Objekten. Da der Post eine 1:n-Relation zum Blog hat (ein Blog hat viele Posts, jeder Post gehört aber genau zu einem Blog), wird in der Eigenschaft `blog` des Posts die UID des Blogs abgelegt. Damit verweist der Post auf seinen Blog und kann so beim Aufruf der Methode `indexAction()` wieder zugeordnet werden.

Wir freuen uns, dass Sie uns auch auf dieser zweiten, weitaus beschwerlicheren Route gefolgt sind. Mit dem Reiseland sind Sie nun so weit vertraut, dass Sie sich im Blog-Beispiel in Zukunft auch ohne uns – Ihren Reiseführern – sicher bewegen können. Natürlich gibt es noch viel zu entdecken!

Hinweise für Umsteiger

Dieser Abschnitt richtet sich an Entwickler, die bereits Erfahrung mit der traditionellen Extension-Entwicklung gesammelt haben. Sollte dies für Sie zutreffen, finden Sie hier Hinweise für einen Umstieg. Falls Sie neu in die Programmierung von Extensions einsteigen, können Sie diesen Abschnitt getrost überspringen. Die bisherige Weise, die wir hier »traditionell« nennen, obwohl sie weiterhin gleichberechtigt verwendet werden kann, ist gekennzeichnet durch:

- die auf (Frontend-)Plugins und (Backend-)Module hin orientierte Struktur der Ordner, Dateien und Klassen und damit einhergehend
- die starke Vermischung der Aufgaben innerhalb weniger Klassen (die meist als `pi1`, `pi2` usw. bezeichnet werden),
- die Verwendung der Methoden der Basisklasse `tslib_pibase`, von der die meisten Klassen abgeleitet werden müssen, sowie
- die auf Datenbanktabellen zentrierte Anlage der Extension durch den Kickstarter.

Alle genannten Punkte ändern sich durch Extbase auf mehr oder weniger radikale Weise. Die gesamte Entwicklung einer Extension konzentriert sich auf die Problemdomäne – deren Begriffe, Abläufe, Regeln und Denkmuster. Objekte der realen Welt, wie Kunde, Rechnung, Mitglied, Leihwagen, Nahrungsmittel usw. tauchen als sogenannte Domänenobjekte innerhalb der Extension wieder auf. Im Vergleich dazu spielen Plugins und Module eine untergeordnete – mehr auf die Ein- und Ausgabe bezogene Rolle.

Plugins und Module sind in Extbase keine eigenen Klassen mehr, sondern »virtuelle« Zusammenstellungen von Aktionen, die man auf die Domänenobjekte anwenden kann. Das Anzeigen einer Liste von Posts oder die Änderung des Titels eines Blogs sind Beispiele für derartige Aktionen, die sich als Methoden – auch Actions genannt – in der Extension wiederfinden. Waren Plugins und Module bisher in eigenen Ordnern (*pi1, pi2* und *mod*) als Klassendateien abgelegt, finden Sie diese nun ausschließlich als Konfiguration in den beiden Dateien *ext_localconf.php* und *ext_tables.php*. In *ext_tables.php* wird ein Plugin oder Modul registriert, damit es im Backend ausgewählt werden kann. In *ext_localconf.php* wird konfiguriert, welche Actions ausgeführt werden dürfen. Wie Sie Plugins und Module registrieren und konfigurieren, erläutern wir ausführlich im Abschnitt »Frontend-Plugins konfigurieren und einbinden« in Kapitel 7.

Alle auf ein Domänenobjekt bezogenen Actions werden in einem eigenen Objekt zusammengefasst, dem Controller. Zum Beispiel sind alle Actions, die einen Blog anzeigen, ihn verändern, löschen usw., im `BlogController` zusammengefasst. Eine Action wird als Standard-Action definiert. Diese wird immer dann aufgerufen, falls nichts anderes durch den Besucher der Seite bestimmt wurde. Diese Standard-Action ist das Äquivalent zur Methode `main()` innerhalb einer herkömmlichen Plugin-Klasse. Innerhalb `main()` wird bisher häufig die Auswahl getroffen, welche Aktion (z.B. Listenansicht, Einzelansicht, Archivansicht, Anlegen eines neuen News-Beitrags) aufgerufen werden soll. Extbase verschiebt diese Entscheidung aus Ihrer Extension hinaus in den vorgeschalteten Dispatcher. Dies führt zu einer höheren Flexibilität und Modularität innerhalb Ihrer Extension.

In Tabelle 3-2 finden Sie einen Vergleich der Ordnerstrukturen und Konfigurationsdateien. Links stehen typische Orte der wichtigsten Dateien bei einer herkömmlichen Extension, rechts daneben finden Sie die entsprechenden Orte und Dateien, wie sie in Extbase verwendet werden.

Tabelle 3-2: Vergleich der Ordnerstruktur und Konfigurationsdateien (»EXT:« steht für den Pfad zum Extension-Ordner.)

Was	Bisher	Mit Extbase
Grundlegende Konfigurationsdateien	Dateien *ext_** im Extension-Ordner auf oberster Ebene	Ort wie bisher; Änderungen in den Inhalten (siehe unten)
Konfiguration eines Plug-ins	In *ext_localconf.php*: `t3lib_extMgm::addPItoST43()`	In *ext_localconf.php*: `Tx_Extbase_Utility_Extension::configurePlugin()` (siehe »Frontend-Plugins konfigurieren und einbinden« in Kapitel 7)
	In *ext_tables.php*: `t3lib_extMgm::addPlugin()`	In *ext_tables.php:* `Tx_Extbase_Utility_Extension::registerPlugin()` (siehe »Frontend-Plugins konfigurieren und einbinden« in Kapitel 7)
Konfiguration der Datenbanktabellen	SQL-Definition in *ext_tables.sql*	Wie bisher; Namenskonvention der Tabellen- und Feldnamen beachten (siehe Kapitel 6)
Konfiguration des Backends	Grundlegende Konfiguration in *ext_tables.php*	Wie bisher
	TCA-Standard in *EXT:my_ext/tca.php;* Ort in *ext_tables.php* konfigurierbar	Standard *EXT:my_ext/Configuration/TCA/tca.php*; Ort in *ext_tables.php* konfigurierbar
Benutzerkonfiguration	TypoScript in EXT:*my_ext/static/constants.txt* und EXT:*my_ext/static/setup.txt*; Ort konfigurierbar in *ext_localconf.php*	TypoScript in *EXT:my_ext/Configuration/TypoScript/constants.txt* und *EXT:my_ext/Configuration/TypoScript/setup.txt;* Ort konfigurierbar in *ext_localconf.php*

KAPITEL 4

Eine erste Extension anlegen

In diesem Kapitel lernen Sie die Grundzüge einer auf Extbase und Fluid basierenden Extension kennen. Sie legen eine minimalistische Extension an, die auf die absolut notwendigen Strukturen beschränkt ist. Damit bleibt der Blick für das Ganze frei, ohne sich in den Details zu verlieren. In den folgenden Kapiteln wenden wir uns dann einem komplexeren Beispiel zu, um alle wesentlichen Merkmale von Extbase und Fluid erschöpfend zu behandeln.

Die Beispiel-Extension

Unsere erste Extension soll eine Liste eines Lagerbestands an Produkten ausgeben können, die wir zuvor im List-Modul des Backends angelegt haben. Jedes Produkt ist durch einen Titel, eine kurze Beschreibung sowie die Anzahl der am Lager befindlichen Stücke gekennzeichnet. Folgende Schritte sind für die Umsetzung der Extension notwendig:

1. Ordnerstruktur und die minimal notwendigen Konfigurationsdateien anlegen
2. Problemdomäne in ein abstrahiertes Domänenmodell (*Model*) übersetzen
3. Konfiguration der Persistenzschicht einrichten
    - Definition der Datenbank-Tabellen anlegen
    - Anzeige der Formulare für das Backend konfigurieren
    - Repositories für Produkt-Objekte anlegen
4. Ablauf innerhalb der Extension festlegen (*Controller* und *Action*-Methoden anlegen)
5. Design in HTML-Templates umsetzen
6. Plugin zur Anzeige der Listen konfigurieren
7. Die Extension installieren und testen

Wir haben die Reihenfolge der Schritte innerhalb der Beispiel-Extensions so gewählt, dass die Zusammenhänge sichtbar bleiben und sich ein »natürliches« Wachstum der Extension und Ihres Wissens ergibt. Nachdem Sie die ersten Erfahrungen in der Programmierung mit Extbase gesammelt haben, werden Sie diese Schritte wahrscheinlich in einer etwas anderen Reihenfolge und schneller durchlaufen wollen. Wir weisen an den entsprechenden Stellen darauf hin. Außerdem steht Ihnen in Zukunft mit dem Kickstarter, der in Kapitel 10 umrissen wird, ein komfortables Werkzeug zur Erzeugung der Grundstruktur einer Extension zur Verfügung.

Ordnerstruktur und Konfigurationsdateien anlegen

Bevor wir die erste Zeile Code schreiben, müssen wir die Infrastruktur der Extension einrichten. Dazu zählen neben der Ordnerhierarchie auch die minimal nötigen Konfigurationsdateien. Den eindeutigen Bezeichner unserer Extension (Extension-Key) legen wir auf `inventory`, und damit legen wir zugleich den Namen der Extension auf *Inventory* fest.

Der Name einer Extension wird immer in *UpperCamelCase* (beginnend mit einem Großbuchstaben, dann Groß- und Kleinbuchstaben; kein Unterstrich) geschrieben, während der Extension-Key nur Kleinbuchstaben und Unterstriche enthalten darf (lower_underscore). Eine Übersicht über die Namenskonventionen finden Sie in Anhang A, *Coding Guidelines*.

Extensions können in TYPO3 an verschiedenen Orten abgelegt werden. Lokal installierte Extensions sind der Regelfall. Diese befinden sich im Ordner *typo3conf/ext/*. Global installierte Extensions stehen allen Seiten zur Verfügung, die auf dieselbe Installation zurückgreifen. Sie werden in *typo3/ext/* abgelegt. System-Extensions werden mit der TYPO3-Distribution ausgeliefert und befinden sich im Ordner *typo3/sysext/*. Extbase oder Fluid sind Beispiele für System-Extensions. Alle drei Pfade befinden sich unterhalb des Installationsverzeichnisses von TYPO3, in dem auch die Datei *index.php* liegt.

Wir legen zunächst im Verzeichnis für lokale Extensions *typo3conf/ext/* den Ordner *inventory* an. Der Name dieses Ordners muss gleich dem Extension-Key und damit in Kleinbuchstaben und ggf. mit Unterstrichen geschrieben sein. Auf der obersten Ebene liegen die Ordner *Classes* und *Resources*. Der Ordner *Classes* enthält alle PHP-Klassen, mit Ausnahme von externen Bibliotheken, wie z.B. JavaScript-Bibliotheken. Der Ordner *Resources* enthält alle sonstigen Dateien, die noch von unserer Extension verarbeitet werden müssen (z.B. HTML-Templates) oder direkt an das Frontend ausgeliefert werden (z.B. Icons). Innerhalb des Ordners *Classes* befinden sich die Ordner *Controller* und *Domain*. Der Ordner *Controller* enthält in unserem Beispiel nur eine Klasse, die den gesamten Prozess der

Listenerzeugung später steuern wird. Der Ordner *Domain* enthält wiederum die beiden Ordner *Model* und *Repository*. Daraus ergibt sich nun innerhalb des Extension-Ordners *inventory/* die Ordnerstruktur, die Sie in Abbildung 4-1 sehen.

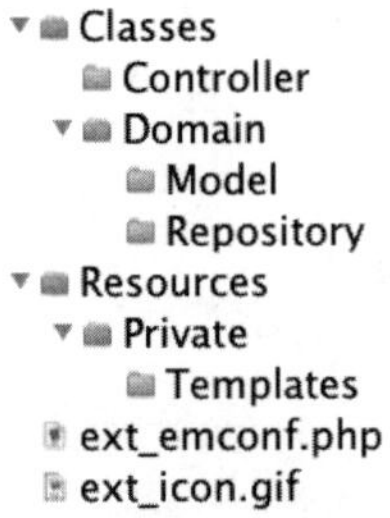

Abbildung 4-1: Die einfachste Ordnerstruktur mit den grundlegenden Dateien

Damit die Extension von TYPO3 geladen werden kann, benötigen wir zwei Konfigurationsdateien. Diese werden in den Extension-Ordner *inventory/* auf der obersten Ebene abgelegt. Sie können diese Dateien von einer existierenden Extension kopieren und anpassen. Später werden Sie diese durch den Kickstarter anlegen lassen.

Die Datei *ext_emconf.php* enthält die Meta-Informationen zur Extension, wie z.B. den Titel, eine Beschreibung, den Status, den Namen des Autors etc. Sie unterscheidet sich nicht von herkömmlichen Extensions. Allerdings empfiehlt es sich, die Abhängigkeit zu Extbase und Fluid (ggf. auch zu einer bestimmten Version) anzugeben.

```
<?php
$EM_CONF[$_EXTKEY] = array(
   'title' => 'Inventory List',
   'description' => 'An extension to manage a stock.',
   'category' => 'plugin',
   'author' => 'Jochen Rau',
   'author_company' => '',
   'author_email' => '',
   'dependencies' => 'extbase,fluid',
   'state' => 'alpha',
   'clearCacheOnLoad' => '1',
   'version' => '0.0.0',
   'constraints' => array(
        'depends' => array(
              'typo3' => '4.3.0-4.3.99',
         'extbase' => '1.0.0-0.0.0',
         'fluid' => '1.0.0-0.0.0',
        )
   )
);
?>
```

Die Datei *ext_icon.gif* enthält das Icon der Extension. Hierfür können Sie jede im GIF-Format gespeicherte Grafik verwenden. Sie sollte eine Breite von 18 Pixel und eine Höhe von 16 Pixel nicht überschreiten. Das Icon erscheint im Extension Manager und im Extension-Repository (TER).

Nachdem die grundlegende Struktur aufgebaut wurde, kann die Extension im Extension-Manager bereits angezeigt und installiert werden. Wir wenden uns aber zunächst unserer Domäne zu.

Das Domänenmodell anlegen

Die Domäne unserer ersten Extension ist sehr schlicht. Der wesentliche Begriff unserer Domäne ist das »Produkt«. Alle für uns wichtigen Eigenschaften eines Produkts und dessen »Verhalten« werden in einer Klasse mit dem Namen `Tx_Inventory_Domain_Model_Product` definiert. Der Code dieser Klasse wird in einer Datei mit dem Namen *Product.php* abgelegt. Der Name der Datei ergibt sich durch Anhängen von *.php* an den letzten, durch Unterstrich abgetrennten Teil des Klassennamens. Diese Klassendatei wird im Ordner *EXT:inventory/Classes/Domain/Model/* abgelegt.

> Die Bezeichnungen der Klassen müssen in jedem Fall die Ordnerstruktur widerspiegeln. Extbase erwartet z.B. die Klasse `Tx_MyExtension_ErsterOrdner_ZweiterOrder_File` im Ordner *my_extension/Classes/ErsterOrdner/ZweiterOrdner/File.php.* Achten Sie auch auf die entsprechende Großschreibung der Ordnernamen.

Werfen wir nun einen Blick in diese Datei. Beachten Sie, dass die Klasse `Tx_Inventory_Domain_Model_Product` von der Extbase-Klasse `Tx_Extbase_DomainObject_AbstractEntity` abgeleitet werden muss.

```
<?php
class Tx_Inventory_Domain_Model_Product extends Tx_Extbase_DomainObject_AbstractEntity {

    /**
     * @var string
     **/
    protected $name = '';

    /**
     * @var string
     **/
    protected $description = '';

    /**
     * @var int
     **/
    protected $quantity = 0;
```

```
    public function __construct($name = '', $description = '', $quantity = 0) {
        $this->setName($name);
        $this->setDescription($description);
        $this->setQuantity($quantity);
    }

    public function setName($name) {
        $this->name = (string)$name;
    }

    public function getName() {
        return $this->name;
    }

    public function setDescription($description) {
        $this->description = (string)$description;
    }

    public function getDescription() {
        return $this->description;
    }

    public function setQuantity($quantity) {
        $this->quantity = (int)$quantity;
    }

    public function getQuantity() {
        return $this->quantity;
    }

}
?>
```

Die Eigenschaften (*Properties*) sind als Klassenvariablen `$name`, `$description` und `$quantity` angelegt und durch das Schlüsselwort `protected` vor direkten Zugriffen von außen geschützt (*gekapselt*). Die Eigenschaftswerte können nur über die als `public` deklarierten Methoden `set`*`Property`*`()` und `get`*`Property`*`()` gesetzt bzw. ausgelesen werden. Methoden in dieser Form werden sehr häufig verwendet und daher kurz *Getter* und *Setter* genannt.

Auf den ersten Blick erscheinen Methoden für den Zugriff auf Klassenvariablen umständlich zu sein. Sie haben aber mehrere Vorteile: Die Interna der Verarbeitung können zu einem späteren Zeitpunkt hinzugefügt oder geändert werden, ohne dass dazu Änderungen am aufrufenden Objekt vorgenommen werden müssten. Es kann auch z.B. das Auslesen erlaubt werden, ohne dass man gleichzeitig schreibenden Zugriff erlaubt. Die etwas lästige Arbeit, diese Methoden zu schreiben, nimmt Ihnen später der Kickstarter ab. Außerdem bieten die meisten Entwicklungsumgebungen Makros oder Snippets für diesen Zweck an. Beachten Sie auch, dass Extbase zu verschiedenen Zeitpunkten intern versucht, eine Eigenschaft `$name` über eine Methode `setName()` zu befüllen.

Die Methode `__construct()` dient dazu, einen wohldefinierten Zustand am Anfang des Lebenszyklus des Objekts sicherzustellen. Hier werden die Eigenschaften des Produkts gesetzt bzw. mit Werten vorbelegt.

> In der Deklaration des Konstruktors wird das Argument `$name` mit einem Standardwert (leerer String) vorbelegt und damit optional. Das ist notwendig, damit Extbase die Klasse »leer« instanziieren kann, ohne einen Namen übergeben zu müssen. Damit verstößt Extbase gegen die reine Lehre, da der Konstruktor eigentlich die Minimalkonfiguration des Objekts *Organisation* sicherstellen soll. Bei Extbase wird dies aber besser über sogenannte Validatoren erledigt (siehe dazu den Abschnitt »Domänenobjekte validieren« in Kapitel 9).

Produkte haltbar machen

Von der Klasse `Tx_Inventory_Domain_Model_Product` können wir jetzt bereits Instanzen – also konkrete Produkte mit individuellen Eigenschaften – zur Laufzeit des Skriptes erstellen. Diese sind aber nur in flüchtiger Form im Arbeitsspeicher vorhanden und werden, nachdem die Seite komplett von TYPO3 erzeugt wurde, von PHP wieder gelöscht. Damit die Produkte über eine längere Zeit zur Verfügung stehen, müssen wir sie »haltbar« machen. Üblicherweise geschieht dies, indem man sie in eine Datenbank ablegt. Daher legen wir zunächst die dafür notwendige Datenbanktabelle an.

> Das Anlegen der Datenbanktabellen können Sie vom Kickstarter übernehmen lassen. In der TYPO3 v5 werden diese Schritte gänzlich entfallen.

TYPO3 erledigt dies für uns, wenn wir den entsprechenden SQL-Aufruf in der Datei *EXT:inventory/ext_tables.sql* eintragen:

```
CREATE TABLE tx_inventory_domain_model_product (
	uid int(11) unsigned DEFAULT '0' NOT NULL auto_increment,
	pid int(11) DEFAULT '0' NOT NULL,

	name varchar(255) DEFAULT '' NOT NULL,
	description text NOT NULL,
	quantity int(11) DEFAULT '0' NOT NULL,

	PRIMARY KEY (uid),
	KEY parent (pid),
);
```

Dieser SQL-Befehl legt eine neue Tabelle mit den entsprechenden Spalten an. Die Spalten `uid` und `pid` dienen zur internen Verwaltung. Unsere Produkteigenschaften tauchen als Spalten `name`, `description` und `quantity` wieder auf.

Auf die Einträge in der Datenbank kann dann über das Backend von TYPO3 zugegriffen werden. Die Formulare des Backends werden anhand einer Konfiguration erzeugt, die in einem PHP-Array abgelegt ist, dem sogenannten *Table-Configuration-Array* (kurz *TCA*).

Innerhalb der Extension wird dann über Repositories transparent auf diese Daten zugegriffen. »Transparent« bedeutet, dass man sich beim Zugriff auf Repositories um die *Art* der Speicherung der Daten keine Gedanken machen muss.

Damit das Backend nun weiß, wie es die Produktdaten in einem Formular anzeigen soll, müssen wir dies für die Tabelle in der Datei *EXT:inventory/ext_tables.php* konfigurieren. Dort wird im Array `$TCA` unter dem Tabellennamen als Schlüssel die Konfiguration abgelegt. Diese umfasst mehrere Sektionen. In der Sektion `ctrl` befinden sich grundlegende Eigenschaften, wie der Tabellenname oder die Angabe, welcher Tabellenspalte das Label für die Einträge entnommen werden soll. In der Sektion `columns` wird für jede Tabellenspalte beschrieben, wie diese im Backend angezeigt werden soll. Die Sektion types definiert, in welcher Reihenfolge die Tabellenspalten angezeigt werden und wie diese ggf. gruppiert werden.

> Die Möglichkeiten, mit dem TCA die Ausgabe im Backend zu beeinflussen, sind immens. Im Rahmen diese Buches können wir diese nur anreißen. Eine vollständige Auflistung aller Optionen finden Sie online unter *http://typo3.org/documentation/document-library/core-documentation/doc_core_api/4.3.0/view/4/1/*. In umfangreicheren Extensions würde man die Sektionen `columns` und `types` aus Performance-Gründen auch in eine eigene Datei *tca.php* auslagern. In unserem Beispiel soll diese Minimalkonfiguration aber genügen.

```
<?php
if (!defined ('TYPO3_MODE')) die ('Access denied.');

$TCA['tx_inventory_domain_model_product'] = array (
    'ctrl' => array (
        'title' => 'Lagerbestände',
        'label' => 'name',
    ),
    'columns' => array(
        'name' => array(
            'label' => 'Produktbezeichnung',
            'config' => array(
                'type' => 'input',
                'size' => '20',
                'eval' => 'trim,required'
            )
        ),
        'description' => array(
            'label' => 'Produktbeschreibung',
            'config' => array(
                'type' => 'text',
                'eval' => 'trim'
            )
        ),
        'quantity' => array(
            'label' => 'Lagerbestand',
            'config' => array(
```

```
                    'type' => 'input',
                    'size' => '4',
                    'eval'=> 'int'
                )
            ),
        ),
        'types' => array(
            '0' => array('showitem' => 'name, description, quantity')
        )
    );
    ?>
```

Nachdem wir die Extension installiert haben, können wir im Backend unsere ersten Produkte anlegen. Wie in Abbildung 4-2 gezeigt, erzeugen wir dazu einen Systemordner, der die Produkte aufnehmen wird ❶. In diesem legen wir einige wenige neue Bestandsdaten an ❷.

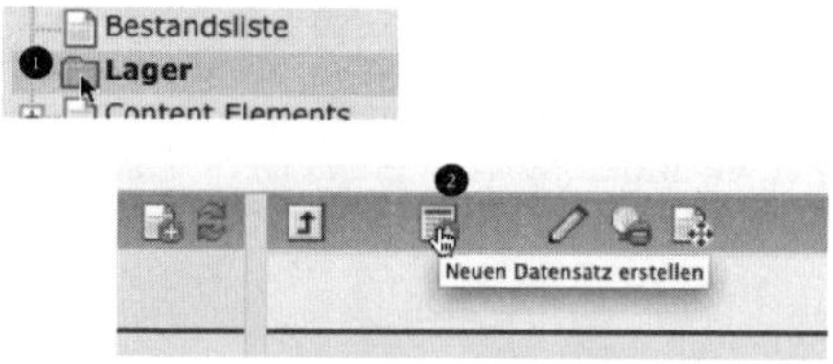

Abbildung 4-2: Anlegen eines neuen Produkts

Wir haben in diesem Abschnitt ein Abbild (oder ein Modell) der Realität geschaffen, indem wir nur einen Ausschnitt an Eigenschaften der realen Produkte in Software übersetzt haben, die in unserer Domäne eine Rolle spielen. Dieses von der realen Welt abstrahierte Modell ist damit vollständig angelegt.

Um auf die im Backend angelegten Objekte zugreifen zu können, legen wir ein Repository für Produkte an. Das `Tx_Inventory_Domain_Repository_ProductRepository` ist ein Objekt, in dem die Produkte »abgelegt« sind. Wir können ein Repository auffordern, alle (oder bestimmte) Produkte zu finden und an uns zu übergeben. Die Repository-Klasse ist in unserem Fall sehr kurz:

```
<?php
class Tx_Inventory_Domain_Repository_ProductRepository
      extends Tx_Extbase_Persistence_Repository {}
?>
```

Unser `ProductRepository` muss von `Tx_Extbase_Persistence_Repository` abgeleitet werden und erbt von diesem alle Methoden. Es kann daher in unserem einfachen Beispiel leer bleiben. Die Klassendatei *ProductRepository.php* legen wir in den Ordner *EXT:inventory/Classes/Domain/Repository/* ab.

Den Ablauf steuern

Der im Backend angelegte Lagerbestand soll nun im Frontend als Liste ausgegeben werden. Die Erzeugung des HTML-Codes aus den anzuzeigenden Produkt-Objekten übernimmt der sogenannte *View*. Extbase verwendet als View standardmäßig die Klasse `Tx_Fluid_View_TemplateView` der Extension Fluid.

Das Bindeglied zwischen dem *Model* und dem *View* ist der *Controller*. Er steuert die Abläufe innerhalb der Extension und ist in unserem Fall zuständig für die `list`-Aktion. Diese umfasst das Auffinden der Produkte, die angezeigt werden sollen, sowie die Weitergabe dieser ausgewählten Produkte an den zuständigen View.

Der Klassenname des Controllers muss auf `Controller` enden. Da unser Controller die Ausgabe des Lagerbestands steuert, nennen wir ihn `Tx_Inventory_Controller_InventoryController`.

> Bei der Namensgebung des Controllers sind Sie im oben beschriebenen Rahmen frei. Wir empfehlen jedoch, einen Controller danach zu benennen, was er »kontrolliert«. Bei größeren Projekten sind dies insbesondere die Aggregate-Root-Objekte (siehe Abschnitt »Aggregates« in Kapitel 2). Wir hätten unseren Controller daher auch `Tx_Inventory_Controller_ProductController` nennen können.

In unserem einfachen Beispiel sieht der Controller wie folgt aus:

```
<?php
class Tx_Inventory_Controller_InventoryController
      extends Tx_Extbase_MVC_Controller_ActionController {

    public function listAction() {
        $productRepository = t3lib_div::makeInstance('Tx_Inventory_Domain_Repository_
            ProductRepository');
        $products = $productRepository->findAll();
        $this->view->assign('products', $products);
    }

}
?>
```

Unser `Tx_Inventory_Controller_InventoryController` muss vom `Tx_Extbase_MVC_Controller_ ActionController` abgeleitet werden. Er enthält als einzige Methode die `listAction()`. Extbase erkennt alle Methoden, deren Name auf `Action` endet, als Aktionen – also als kleine Ablaufpläne.

In der ersten Zeile der `listAction()` wird das `ProductRepository` instanziiert. Die anzuzeigenden Produkte erhalten wir durch `findAll()` des Repositories. Diese Methode ist in der Klasse `Tx_Extbase_Persistence_Repository` implementiert. Welche Methoden Ihnen noch zur Verfügung stehen, können Sie in Kapitel 6 nachschlagen.

> Achten Sie darauf, dass Sie zum Erzeugen einer neuen Instanz des Repositories die Framework-Methode `t3lib_div::makeInstance()` von TYPO3 aufrufen und nicht das Schlüsselwort `new` verwenden. Hintergrund für Ortskundige: Das Repository ist ein sogenanntes *Singleton* und ist als solches entsprechend gekennzeichnet. Die Methode `makeInstance()` erkennt das Singleton anhand dieser Kennzeichnung und liefert – nach der erstmaligen Erstellung – immer dasselbe Objekt zurück, unabhängig davon, an welcher Stelle in Ihrem Code Sie es anfordern. Die Erzeugung mit »new« liefert dagegen immer ein neues und damit leeres Repository-Objekt.

Als Ergebnis erhalten wir ein PHP-Array mit den Produkt-Objekten. Diese geben wir abschließend durch `$this->view->assign(...)` an den View weiter. Ohne unser weiteres Zutun wird am Ende der Aktion der View aufgefordert, den an ihn übergebenen Inhalt auf Basis eines HTML-Templates zu rendern und an TYPO3 zurückzugeben.

```
return $this->view->render();
```

Diese Zeile nimmt uns aber Extbase ab, falls wir nicht zuvor selbst den Rendering-Prozess anstoßen. Sie kann in unserem Fall also weggelassen werden.

Das Template anlegen

In Extbase werden Templates für das Frontend – falls es nicht anders konfiguriert wird – in einem Unterordner des Ordners *EXT:inventory/Resources/Private/Templates/* angelegt. Der Name des Unterordners ergibt sich aus dem letzten Abschnitt des Klassennamens des Controllers, indem das Suffix `Controller` weggelassen wird. Aus dem Klassennamen `Tx_Inventory_Controller_InventoryController` wird also der Ordnername *Inventory*.

Innerhalb des Ordners *Inventory* legen wir die Datei mit dem HTML-Template an. Der Name der Datei ergibt sich aus dem Namen der aufrufenden Action, ergänzt um das Suffix *.html*. In unserem Fall lautet der Dateiname also *list.html*.

> Beachten Sie, dass die Datei *list.html* und nicht *listAction.html* heißt. *list* ist der Name der Action. `listAction()` ist der Name der zugehörigen Methode im Controller. Ohne weitere Angabe erwartet Extbase die Endung *.html*. Es können jedoch auch Templates für andere Formate, wie z.B. JSON oder XML, hinterlegt werden. Wie Sie diese ansprechen, können Sie in Kapitel 8, Abschnitt »Verschiedene Ausgabeformate verwenden« nachschlagen.

Das HTML-Template in der Datei *EXT:inventory/Resources/Private/Templates/Inventory/list.html* sieht wie folgt aus:

```
<table border="1" cellspacing="1" cellpadding="5">
    <tr>
        <th>Produktbezeichnung</th>
```

```
        <th>Produktbeschreibung</th>
        <th>Anzahl</th>
    </tr>
    <f:for each="{products}" as="product">
    <tr>
        <td valign="top">{product.name}</td>
        <td valign="top"><f:format.crop maxCharacters="100">{product.description}
            </f:format.crop>
        </td>
        <td valign="top">{product.quantity}</td>
    </tr>
    </f:for>
</table>
```

Wir geben den Lagerbestand als Tabelle aus. Auf das Array mit den Produkt-Objekten, die wir im Controller durch `$this->view->assign('products', $products)` dem View übergeben haben, können wir nun durch `{products}` zugreifen. Die mit `<f:` beginnenden Tags sind Fluid-Tags. Der Code innerhalb des `for`-Tags wird für jedes Produkt-Objekt in `products` wiederholt. Das `crop`-Tag kürzt den enthaltenen Text auf die angegebene Länge. Eine ausführliche Einführung in die Verwendung von Fluid-Tags finden Sie in Kapitel 8, *Die Ausgabe mit Fluid gestalten*, und in der Referenz in Anhang C.

Noch können wir das Ergebnis nicht im Frontend aufrufen. Dazu müssen wir zuerst ein Plugin definieren.

Das Plugin konfigurieren

Eine Extension stellt für die Ausgabe ihrer Daten üblicherweise ein sogenanntes *Plugin* zur Verfügung. Ein Plugin ist ein Inhaltselement, das wie ein Textelement oder ein Bild auf einer Seite platziert werden kann. Es ist eine »virtuelle« Zusammenstellung von einer oder mehreren Actions. Diese Actions können durchaus in verschiedenen Controllern liegen. In unserem Beispiel gibt es nur eine Controller-Action-Kombination, nämlich `Inventory->list`. Diese Kombination wird in der Datei *ext_localconf.php* eingetragen, die wir auf der obersten Ebene des Extension-Ordners anlegen.

```
<?php
if (!defined ('TYPO3_MODE')) die ('Access denied.');

Tx_Extbase_Utility_Extension::configurePlugin(
    $_EXTKEY,
    'List',
    array('Inventory' => 'list')
);
?>
```

Mit der ersten Zeile wird – wie auch in der Datei *ext_tables.php* – aus Sicherheitsgründen verhindert, dass der PHP-Code außerhalb von TYPO3 direkt ausgeführt werden kann. Die statische Methode `configurePlugin()` der Klasse besitzt mehrere Argumente. Mit dem ersten übergeben wir den Extension-Key, der in der globalen Variablen `$_EXTKEY` bereits zur Verfügung steht (ergibt sich aus dem Namen des Extension-Ordners). Mit dem zweiten Argument geben wir dem Plugin einen eindeutigen Namen (in UpperCamelCase-Schreibweise). Dieser dient später dazu, das Plugin unter mehreren Plugins auf der Seite eindeutig zu identifizieren. Das dritte Argument ist ein Array mit allen Controller-Action-Kombinationen, die das Plugin ausführen darf. Der Array-Key ist dabei der Name des Controllers (ohne das Suffix `Controller`), und das Array-Value ist eine kommaseparierte Liste aller durch das Plugin ausführbaren Actions des Controllers. In unserem Fall ist dies die `list`-Action (wiederum ohne das Suffix `Action`). Das Array `array('Inventory' -> 'list')` erlaubt also, über das Plugin die Methode `listAction()` im `Tx_Inventory_Controller_InventoryController` auszuführen.

Standardmäßig wird das Ergebnis aller Actions im Cache abgelegt. Falls dies für einzelne Actions nicht erwünscht ist, kann man dies mit einem vierten, optionalen Argument angeben. Es ist ein Array, das gleich aufgebaut ist wie das vorherige. Nur werden jetzt alle Actions aufgelistet, deren Ergebnis *nicht* im Cache abgelegt werden soll.

> Technisch wird dies dadurch gelöst, dass im automatisch generierten TypoScript-Code eine Abfrage (*Condition*) hinzugefügt wird, die je nach Bedarf Extbase entweder als Content-Objekt vom Typ USER (gecacht) oder vom Typ USER_INT (ungecacht) aufruft. Falls Sie also auf der Suche nach Problemen mit dem Caching sein sollten, lohnt ein Blick in dieses generierte TypoScript.

Nun folgt die Registrierung des Plugins, so dass es in der Auswahlbox des Content-Elements *Plugin* auftaucht. Dazu fügen wir die folgende Zeile in die bereits bestehende Datei *ext_tables.php* ein:

```
Tx_Extbase_Utility_Extension::registerPlugin(
    $_EXTKEY,
    'List',
    'The Inventory List'
    );
```

Der erste Parameter ist wie bei der Methode `configurePlugin()` wieder der Extension-Key und der zweite der Name des Plugins. Das dritte Argument ist ein beliebiger, nicht zu langer Titel des Plugins für die Auswahlbox des Content-Elements. Nach der Installation der Extension können wir das Plugin auf einer Seite einfügen. Vergessen Sie nicht, den Systemordner, der die Produkte enthält, als Ausgangspunkt (in unserem Beispiel »Lager«) im Plugin einzutragen. Ihre Produkte werden ansonsten nicht gefunden (siehe Abbildung 4-3).

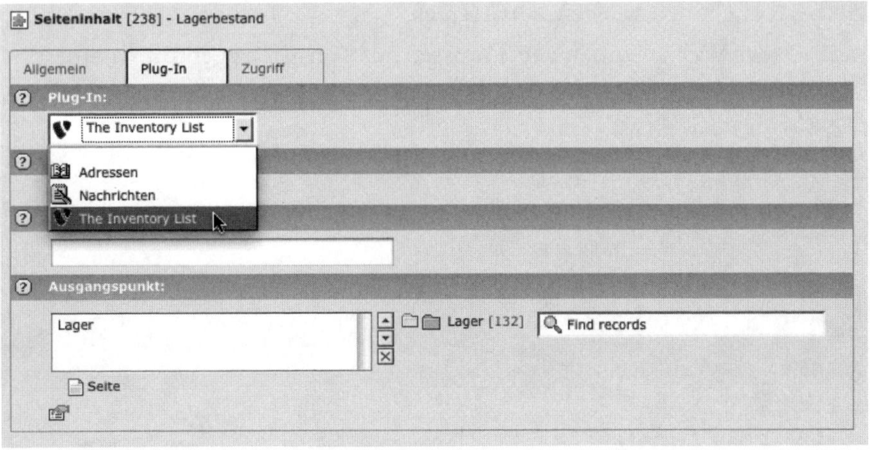

Abbildung 4-3: Unser Plugin erscheint in der Auswahlbox des Content-Elements.

Der nächste Aufruf der Seite, auf der das Plugin liegt, zeigt den Lagerbestand als Tabelle (Abbildung 4-4).

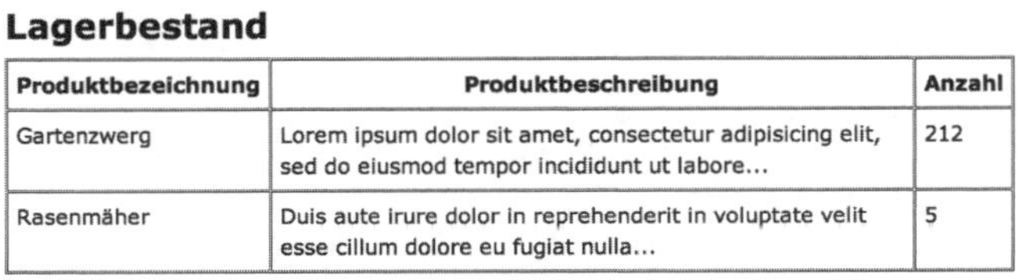

Lagerbestand

Produktbezeichnung	Produktbeschreibung	Anzahl
Gartenzwerg	Lorem ipsum dolor sit amet, consectetur adipisicing elit, sed do eiusmod tempor incididunt ut labore...	212
Rasenmäher	Duis aute irure dolor in reprehenderit in voluptate velit esse cillum dolore eu fugiat nulla...	5

Abbildung 4-4: Die Ausgabe des Lagerbestands im Frontend

Damit ist die erste kleine Extbase-Extension fertiggestellt. Das Beispiel war bewusst einfach gehalten. Es verdeutlicht damit die wichtigsten Arbeitsschritte und einzuhaltenden Konventionen. Zu einer ausgewachsenen Extension fehlen uns aber noch einige Zutaten:

- Reale Domänenmodelle weisen eine hohe Komplexität auf. (Produkte haben z.B. verschiedene Preise und sind Produktkategorien zugeordnet.)
- Mehrere unterschiedliche Ansichten müssen generiert werden (Einzelansicht, Listenansicht mit Suche etc.).

- Der Webseitenbenutzer soll auf verschiedene Arten mit den Daten interagieren können (bearbeiten, neu anlegen, sortieren etc.).
- Eingaben des Webseitenbenutzers müssen auf Konsistenz geprüft (validiert) werden.

Die Beispiel-Extension, die wir Ihnen ab Kapitel 5 vorstellen, ist daher wesentlich facettenreicher.

KAPITEL 5

Die Domäne modellieren

In diesem Kapitel lernen Sie, wie Sie einen Bereich der realen Welt – die sogenannte *Domäne* – einem Abstraktionsprozess unterziehen, so dass er innerhalb einer Extension – im sogenannten Domänenmodell – darstellbar ist. Dieser erste Schritt der Extension-Entwicklung ist zugleich der wichtigste. Er bildet das Fundament für alle folgenden Entwicklungschritte. Doch keine Sorge: Für die Modellierung einer Domäne benötigen Sie vor allem gesunden Menschenverstand und etwas Handwerkszeug. Letzteres stellen wir Ihnen in diesem Kapitel vor.

Den roten Faden liefert ein komplexes Beispiel, das alle wesentlichen Merkmale von Extbase und Fluid erschöpfend behandelt. Wir werden diesen Faden auch in den folgenden Kapiteln immer wieder aufgreifen. Das Beispiel basiert auf einem realen Projekt, das parallel zum Verfassen dieses Textes im Auftrag des *Stadtjugendring Stuttgart e.V.* (SJR) bearbeitet wurde. Der SJR ist eine Dachorganisation der rund 400 Jugendorganisationen in Stuttgart, wie z.B. Sportvereine, Kulturvereine und Religionsgemeinschaften. Der SJR unterstützt diese Vereine unter anderem dabei, ihre Angebote im Großraum Stuttgart bekannt zu machen. Zurzeit ist dies mit einem großen Aufwand an Recherche und mit hohen Druckkosten für die Flyer verbunden. In Zukunft sollen diese Angebote von den Jugendorganisationen über das Internet gepflegt werden können. Gleichzeitig sollen Eltern, Kinder und Jugendliche die für sie in Frage kommenden Angebote finden und komfortabel ausgeben können. Die während des Projekts entstandene Extension können Sie sich unter dem Extension-Key *sjr_offers* aus dem Extension-Repository (TER) herunterladen (*http://typo3.org/extensions/repository/view/sjr_offers/current/*).

Das Beispiel dient auch dazu, Ihnen die Vorgehensweise des Test-Driven Development realitätsnah zu demonstrieren. Für die Verwaltung der Unit-Tests verwenden wir die Extension *phpunit*, die ebenfalls im TER zum Herunterladen bereitsteht.

Bitte bedenken Sie, dass auch wir, die Autoren, uns selbst in einem fortschreitenden Lernprozess befinden. Der hier abgedruckte Code kann nach unserer heutigen Kenntnis als »gut« im Sinne einer richtigen Verwendung von Extbase und Fluid bezeichnet werden. Gute Software entsteht aber nicht als einmaliges Produkt einer noch so sorgfältigen Vorgehensweise, sondern als etwas, das stetig optimiert und angepasst werden muss. Wir sind daher Verfechter einer *agilen* Vorgehensweise und eines kontinuierlichen *Refactorings* der Softwarearchitektur und des Codes.

Die Extension *SjrOffers* wird stetig weiterentwickelt. Die Code-Beispiele in diesem Kapitel beziehen sich auf die Version 1.0.0.

Am Anfang der Entwicklung mit Extbase steht, wie schon gesagt, die Beschreibung der Domäne und deren Umsetzung in ein Modell. Falls Sie mit den Begriffen des Domain-Driven Design nicht vertraut sind, empfehlen wir Ihnen einen kurzen Abstecher in Kapitel 2.

Die Anwendungsdomäne

Der wesentliche Unterschied zur herkömmlichen Vorgehensweise, eine Extension zu entwickeln, ist die Konzentration auf die Domäne des Kunden – in unserem Fall auf die Domäne der Angebotsverwaltung innerhalb des Stadtjugendrings Stuttgart. Es sind zunächst die wesentlichen Kernbegriffe weiter herauszuarbeiten, mit denen die Mitarbeiterinnen und Mitarbeiter des Stadtjugendrings dabei täglich umgehen. Begriffe aus der Domäne des Content-Managements (z.B. »Listenansicht« oder »Suche«) spielen dabei keine Rolle. Nach einem ersten Projektgespräch mit dem Ansprechpartner im SJR wurden folgende Merkmale festgelegt:

- Jede Mitgliedsorganisation kann über das Frontend ihre Kontaktdaten pflegen.
- Jede Mitgliedsorganisation kann ihre Angebote eingeben, pflegen und auch wieder löschen.
- Die Angebote können von den Nutzern durchsucht und nach bestimmten Kriterien gefiltert werden. Zu den Filterkriterien zählen insbesondere:

  der Gültigkeitszeitraum des Angebots,

  die Zielgruppe, auf die das Angebot ausgerichtet ist (meist die Altersspanne, aber auch körperlich Behinderte, Schwimmer etc.),

  die Zielregion, für die das Angebot interessant sein könnte (ein oder mehrere Stadtbezirke, überregional), sowie

  eine frei wählbare Kategorie, zu der das Angebot gerechnet wird (z. B. »Sportangebot« oder »Freizeit«).
- Die Angebote werden in Listenform und in einer Einzelansicht im Frontend ausgegeben.

- Eine einzelne Organisation kann zusammen mit ihren Angeboten in einer Ansicht dargestellt werden.
- Die Angebote können zu einem Flyer zusammengefasst werden, der alle Informationen zu den Angeboten enthält.

In Gesprächen mit den Mitarbeitern des Stadtjugendrings haben sich bestimmte Begriffe herauskristallisiert (siehe Abbildung 5-1). Außerdem wurden Vorgehensweisen und Regeln deutlich, die die Struktur der Domäne und die Arbeitsabläufe bestimmen.

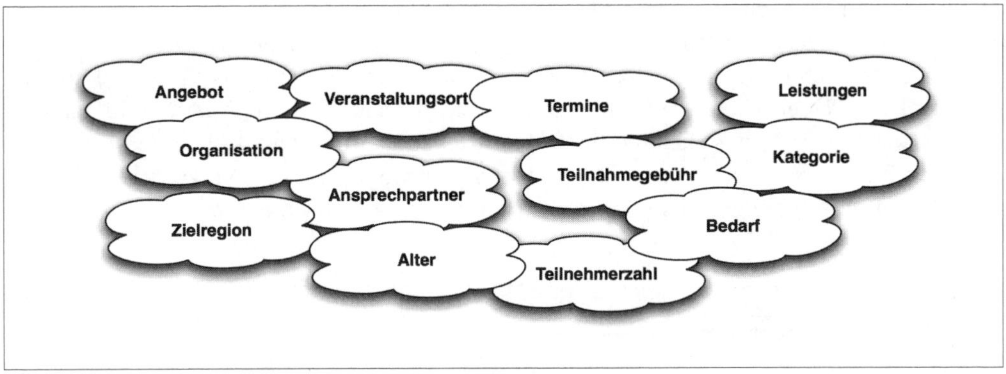

Abbildung 5-1: Die noch zusammenhangslosen Begriffe der Domäne

Diese Begriffe sind das Ergebnis eines Prozesses. Einige wurden im Laufe der Gespräche immer wieder modifiziert. So entwickelte sich beispielsweise der zunächst gewählte Begriff des *Anbieters* hin zum Begriff der *Organisation*. Dabei spielte eine Rolle, dass die Domäne der Angebotsverwaltung nicht isoliert innerhalb des SJR besteht. Sie ist vielmehr in den gesamten Betrieb eingebettet. Und dort macht der Begriff der Mitgliedsorganisation (oder kurz: *Organisation*) mehr Sinn.

Diese Herausbildung einer gemeinsamen Sprache von Entwicklern (also uns) und Domänenexperten (also den Mitarbeiterinnen und Mitarbeitern des SJR) ist vielleicht der wichtigste Bestandteil des Domain-Driven Design. In der englischsprachigen Literatur findet man dazu den etwas sperrigen Begriff der *Ubiquitous Language*. Voraussetzung für diesen Prozess ist, dass die Entwickler intensiven Kontakt mit den Domänenexperten pflegen. Dies ist insbesondere in größeren Projekten häufig nicht der Fall. Mehr über die Entwicklung einer Ubiquitous Language können Sie im Kapitel 2 in Abschnitt »Eine gemeinsame Sprache entwickeln« nachlesen.

Die gefundenen Regeln und Abläufe wurden zunächst schriftlich fixiert. Hier ein Ausschnitt aus der Liste:

- »Einem Angebot können mehrere Stadteile oder -bezirke zugeordnet werden, die in dessen Einzugsgebiet liegen.«

- »Einer Organisation können mehrere Ansprechpartner zugeordnet werden.«
- »Einem Angebot kann ein Ansprechpartner zugeordnet werden. Die bestehenden Ansprechpartner der Organisation werden als Auswahl angezeigt.«
- »Hat ein Angebot keinen Ansprechpartner, wird der Kontakt der Organisation angeführt.«
- »Ein Angebot kann unterschiedliche Teilnahmegebühren ausweisen (z.B. für Mitglieder und Nichtmitglieder).«

Die Begriffe und Regeln werden nun in einen Zusammenhang gebracht. Aus den bisherigen Überlegungen ergibt sich eine erste Skizze der Domäne, die Sie in Abbildung 5-2 sehen. Jedes Rechteck symbolisiert dabei ein Objekt der Domäne. Die untere Hälfte des Kastens zeigt einen Ausschnitt aus dessen Eigenschaften. Eigenschaften in *kursiver* Schrift eines Eltern-Objekts halten die Referenzen zu Kind-Objekten. Die Verbindungslinien mit Pfeil verweisen auf eine solche Eltern-Kind-Beziehung. Eine zusätzliche Raute symbolisiert ein *Aggregate*, also eine Ansammlung von Kind-Objekten.

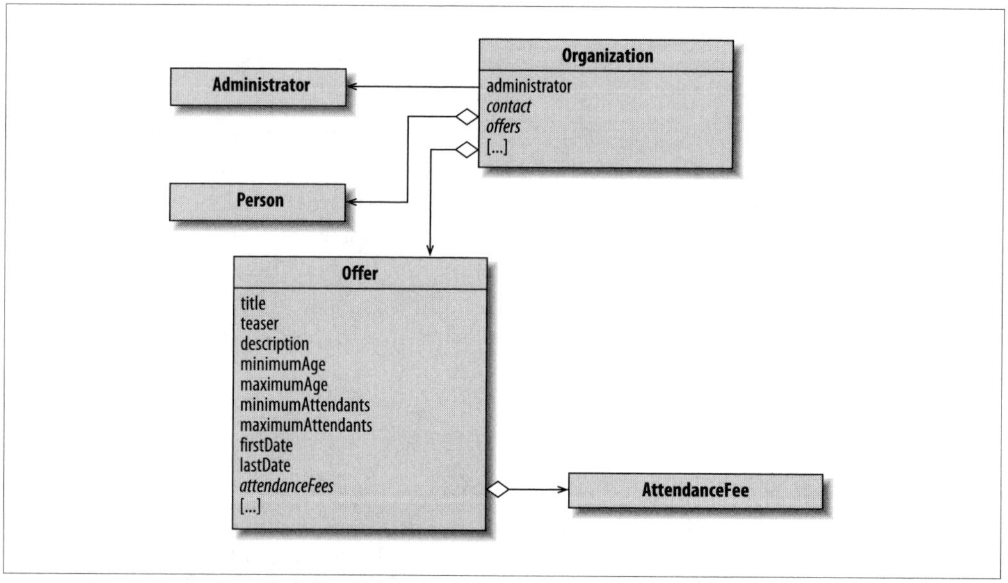

Abbildung 5-2: Erster Entwurf der Domäne

Die Abbildung wurde in einem Zeichenprogramm erstellt. In der Kommunikation mit dem Kunden setzen wir aber bewusst keine Zeichenprogramme oder UML-Tools ein, die in dieser Phase den Arbeitsfluss nur behindern würden. Einfache Handskizzen reichen aus und sind dem Auftraggeber zugänglicher als detaillierte technische Diagramme.

Ihnen wird vielleicht aufgefallen sein, dass wir zu Beginn des Abschnitts viel Wert auf eine gemeinsame Sprache von Entwicklern und Domänenexperten gelegt haben, aber nun durchgehend englische Bezeichnungen für die Klassen, Methoden und Eigenschaften verwenden. Unserer Erfahrung nach kommen im Verlaufe der Lebenszeit einer Extension auch Entwickler mit dem Quelltext in Berührung, die der deutschen Sprache nicht mächtig sind. Um diese nicht auszuschließen ohne Änderungsaufwand in Kauf zu nehmen, wählen wir Englisch als Verkehrssprache des Quelltextes. Dies gilt insbesondere für Extensions, die – wie in unserem Fall – im Extension Repository veröffentlicht werden sollen.

Verfeinern wir nun den ersten Entwurf des Domänenmodells. Das Angebot *(Offer)* hat mehrere Eigenschaftspaare, die zusammengehören:

- `minimumAge` und `maximumAge` (Mindest- und Höchstalter)
- `minimumAttendants` und `maximumAttendants` (Mindest- und Höchteilnehmerzahl)
- `firstDate` und `lastDate` (Anfangs- und Enddatum)

Diese Eigenschaftspaare unterliegen eigenen Regeln, die nicht in einer einzelnen Eigenschaft liegen. Die untere Altersgrenze (`minimumAge`) darf zum Beispiel die obere (`maximumAge`) nicht überschreiten. Die Einhaltung dieser Regel kann nun vom Angebot selbst durch eine entsprechende Validierung sichergestellt werden. Sie gehört aber eigentlich zu diesem Eigenschaftspaar. Wir lagern daher die Eigenschaftspaare jeweils in ein eigenes Domänenobjekt aus: `AgeRange`, `AttendanceRange` und `DateRange`. Damit ergibt sich nun der optimierte zweite Entwurf (siehe Abbildung 5-3).

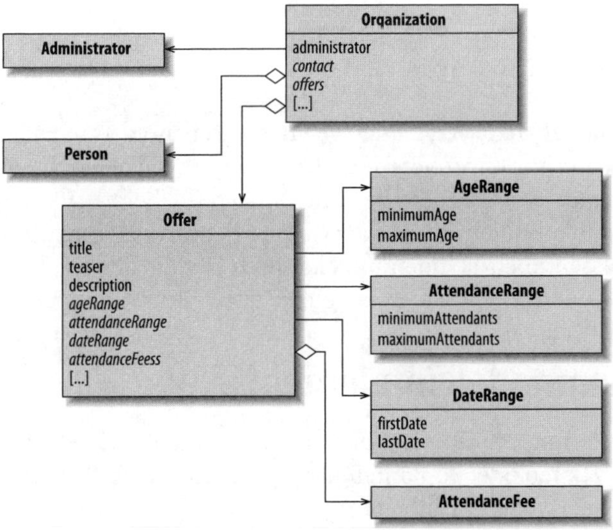

Abbildung 5-3: Zweiter Entwurf der Domäne

Die einzelnen Domänenobjekte haben als gemeinsame Eigenschaft, dass sie einen unteren und oberen Wert haben. Daher können wir eine Klassenhierarchie einführen, in der die drei Domänenobjekte diese gemeinsame Eigenschaft von einem Domänenobjekt `RangeConstraint` erben. Dieses hat zwei generisch gehaltene Eigenschaften: `minimumValue` und `maximumValue` (siehe Abbildung 5-4).

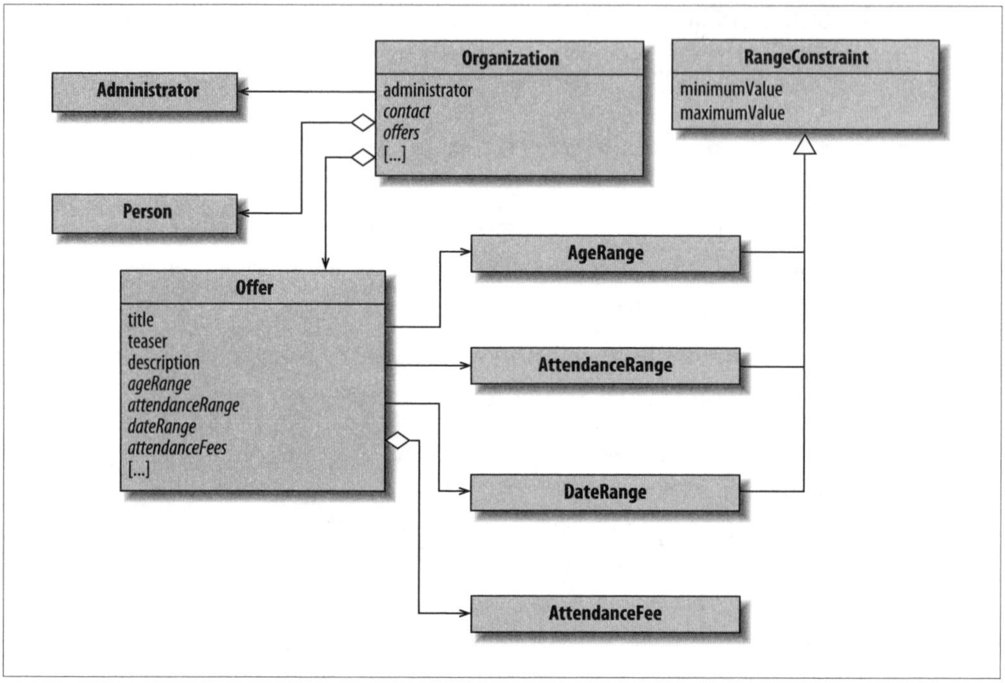

Abbildung 5-4: Dritter Entwurf der Domäne

Unser Domänenmodell hat jetzt einen gewissen Reifegrad erreicht. Natürlich gibt es bestimmt noch Raum für eine weitere Optimierung. Die Gefahr bestünde jedoch, dass wir uns in den Details verlieren, die bei einer späteren Überarbeitung sowieso irrelevant werden. Wir empfehlen Ihnen, ein einfaches Modell zunächst umzusetzen und es dann – mit mehr Kenntnissen über die noch unbekannten Details des Modells – schrittweise zu verfeinern. Starten wir also mit unseren ersten Zeilen Code.

Das Domänenmodell implementieren

Bei der Implementierung der Domäne bieten sich zwei unterschiedliche Vorgehensweisen an: Von oben nach unten oder von unten nach oben. Im ersten Fall geht man von denjenigen Begriffen aus, die andere beinhalten oder diese im weitesten Sinne kontrollieren. In unserem Beispiel kommt hierfür die Organisation in Betracht, die Ansprechpartner, Adresse, Angebote usw. »enthält«. Im zweiten Fall beginnt man bei den elementaren

Begriffen, wie z.B. der Altersspanne, der Adresse oder der Region. Die Entscheidung für eine der beiden Varianten wirkt sich auf die Art und Weise aus, wie Tests für die einzelnen Code-Abschnitte geschrieben werden. Letztendlich ist dies aber eine Geschmackssache. Wir haben uns für die Vorgehensweise von oben nach unten entschieden.

Wir beginnen also mit dem Begriff der *Organisation*. Die Datei mit der Klassendefinition legen wir im Ordner *EXT:sjr_offers/Classes/Domain/Model/* an und benennen diese nach dem letzten Teil des Klassennamens: *Organization.php*.

> Mit der Abkürzung *EXT:* kürzen wir den Teil des Pfades ab, der zum Ordner der Extension führt. Weitere Informationen zu möglichen Speicherorten des Extension-Ordners finden Sie in Kapitel 4.

> An dieser Stelle des Entwicklungsprozesses befinden wir uns vor einer grundsätzlichen Entscheidung: Entwickeln wir unseren Code abgesichert durch Tests (also nach der Methode des Test-Driven Development), oder testen wir erst das Endergebnis? Wir wissen, dass der Einstieg in die Methode der testgetriebenen Entwicklung eine Hürde darstellt. Es lohnt sich jedoch, den Schritt zu wagen, denn Sie werden merken, dass Sie mit TDD Ihre Effizienz steigern können und sich jede Menge frustrierende Erlebnisse (z.B. bei der mühevollen Suche nach einem Fehler) ersparen. Mehr Informationen zum Test-Driven Development finden Sie in Kapitel Kapitel 2 im Abschnitt »Test-Driven Development«. Sollten Sie sich dennoch dafür entscheiden, erst am Ende zu testen, können Sie die Zyklen der Testentwicklung überspringen und die Klasse in einem Zug anlegen. Wir haben Sie jedoch hiermit gewarnt.

Zunächst legen wir die dazugehörige Test-Klasse `Tx_SjrOffers_Domain_Model_OrganizationTest` im entsprechenden Ordner *EXT:sjr_offers/Tests/Domain/Model/* an. Danach schreiben wir unseren ersten Test:

```
class OrganizationTest extends Tx_Extbase_BaseTestCase {

    /**
     * @test
     */
    public function anInstanceOfTheOrganizationCanBeConstructed() {
        $organization = new Tx_SjrOffers_Domain_Model_Organization('Name');
        $this->assertEquals('Name', $organization->getName());
    }

}
```

> Im Ordner *Tests* können Sie die Ordnerstruktur frei wählen. Wir empfehlen wir Ihnen jedoch, die gleiche Struktur wie unter *Classes* aufzubauen. Bei steigender Anzahl an Unit-Tests behalten Sie so besser den Überblick.

Beachten Sie, dass unsere Test-Klasse `Tx_SjrOffers_Domain_Model_OrganizationTest` die Klasse `Tx_Extbase_BaseTestCase` von Extbase erweitert. Diese Klasse initialisiert unter Anderem den Autoloader, der das Einbinden der Klassen-Dateien durch `require_once()` obsolet macht.

Auffallend ist der merkwürdig lange Methodenname. Derartige Methodenamen sind typisch für Unit-Tests, da diese Namen automatisch in lesbare Sätze umgewandelt werden können. Formulieren Sie also den Methodennamen so, dass er beschreibt, welches Ergebnis ein erfolgreicher Test nachweist. Sie erhalten damit eine (immer aktuelle) Dokumentation der Funktionalitäten Ihrer Extension.

Der Test ist noch nicht lauffähig, da die entsprechende Klasse und deren Methode `getName()` noch nicht existieren. Wir legen also zunächst einen minimalen Klassen- und den Methodenrumpf an.

```
class Tx_SjrOffers_Domain_Model_Organization {
    public function getName() {
    }
}
```

Der Test ist nun lauffähig, schlägt aber erwartungsgemäß fehl (siehe Abbildung 5-5).

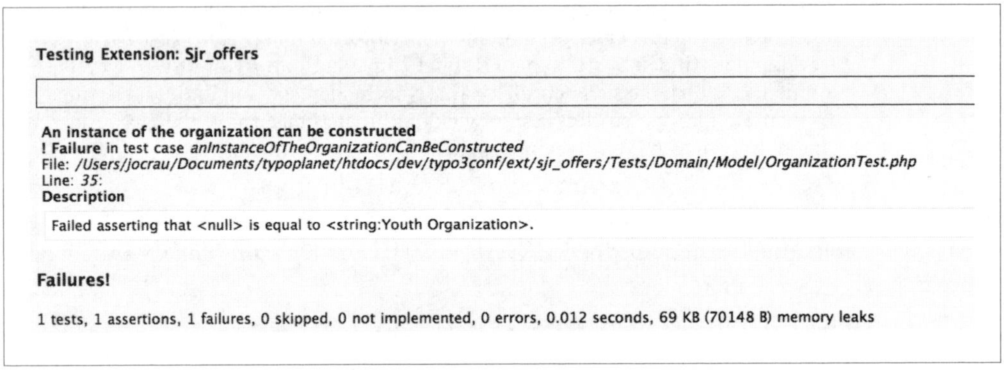

Abbildung 5-5: Meldung des fehlgeschlagenen ersten Testlaufs

Erst jetzt ergänzen wir gerade so viel Code, dass der Test erfolgreich verläuft:

```
class Tx_SjrOffers_Domain_Model_Organization
   extends Tx_Extbase_DomainObject_AbstractEntity{

    /**
     * @var string The name of the organization
     **/
    protected $name;

    public function __construct($name) {
        $this->name = $name;
    }
```

```
    public function getName() {
        return $this->name;
    }
}
```

Test-Driven Development im Überblick

Diese Vorgehensweise ist exemplarisch für das *Test-Driven Development* (siehe Kapitel 2, Abschnitt »Test-Driven Development«). Daher nochmals zusammengefasst die wesentlichen Schritte:

1. Legen Sie einen Unit-Test und ggf. eine Test-Klasse an.
2. Implementieren Sie Klassen und Methoden gerade so weit, dass das Skript ohne Syntax- oder Laufzeitfehler (»Fatal Error«) durchläuft.
3. Lassen Sie den Unit-Test fehlschlagen (noch haben wir keinen Code zur Lösung des Schrittes implementiert).
4. Implementieren Sie eine minimale Lösung.
5. Führen Sie den Unit-Test erneut durch, und bessern Sie ggf. die Implementierung nach.
6. Bei erfolgreichem Test-Durchlauf gehen Sie zum nächsten zu implementierenden Code.

Momentan kann der Name nur während der Instanziierung der Klasse gesetzt werden, denn nur zu diesem Zeitpunkt wird der Konstruktor `__construct()` aufgerufen. Da es auch zu einem späteren Zeitpunkt möglich sein muss, den Namen zu ändern, führen wir noch eine öffentliche Methode `setName($name)` samt dem dazugehörigen Test ein. Beachten Sie auch, dass wir den Code im Konstruktor leicht modifiziert haben. Wir verwenden nun statt des direkten `$this->name = $name;` den entsprechenden Setter. Im Kommentar über der Definition der Eigenschaft `$name` wird der Typ der Eigenschaft angegeben. In unserem Fall ist der Name eine Zeichenkette (`string`). Damit sieht unsere Klasse wie folgt aus:

```
class Tx_SjrOffers_Domain_Model_Organization {

    /**
     * @var string The name of the organization
     **/
    protected $name;

    public function __construct($name) {
        $this->setName($name);
    }

    public function setName($name) {
        $this->name = $name;
    }
```

```
    public function getName() {
        return $this->name;
    }
}
```

So implementieren wir nun Schritt für Schritt die Klasse Tx_SjrOffers_Domain_Model_Organization – immer abgesichert durch unsere Tests. Dabei stoßen wir auf die Anforderung, dass es mehrere Kontaktpersonen geben kann. Diese wollen wir in der Eigenschaft contacts bereithalten. Wir richten also dort einen Tx_Extbase_Persistence_ObjectStorage ein, der später die Instanzen der Klasse Tx_SjrOffers_Domain_Model_Person aufnimmt (oder genauer: Referenzen zu den Instanzen).

Doch zuerst der Test:

```
/**
 * @test
 */
public function theContactsAreInitializedAsEmptyObjectStorage() {
    $organization = new Tx_SjrOffers_Domain_Model_Organization('Youth Organization');
    $this->assertEquals('Tx_Extbase_Persistence_ObjectStorage',
        get_class($organization->getContacts()));
    $this->assertEquals(0, count($organization->getContacts()));
}
```

Die Kontaktperson soll eine Instanz der Klasse Tx_SjrOffers_Domain_Model_Person sein. Da diese Klasse noch nicht existiert, könnte man sich als Nächstes daran machen, diese zu implementieren. Dadurch würden wir uns vermutlich verzetteln und von einer Klasse zur anderen springen. Beim Schreiben von Unit-Tests greift man daher auf sogenannte *Mocks* zurück. Ein *Mock* ist ein Objekt, das sich so verhalten kann, als ob es ein anderes wäre. Ein Objekt zu »mocken«, bedeutet also, ein Ersatzobjekt zu erzeugen, das sich in eng umgrenzten Bereichen so verhält wie das Zielobjekt. Sehen wir uns den Test als Beispiel an:

```
/**
 * @test
 */
public function aContactCanBeAdded() {
   $organization = new Tx_SjrOffers_Domain_Model_Organization('Youth Organization');
   $mockContact = $this->getMock('Tx_SjrOffers_Domain_Model_Person');
   $organization->addContact($mockContact);
   $this->assertTrue($organization->getContacts()->contains($mockContact));
}
```

Die Variable $mockContact enthält ein Objekt, das sich wie eine Instanz der Klasse Tx_SjrOffers_Domain_Model_Person verhält. Damit können wir nun die beiden Methoden addContact() und getContacts() implementieren:

```
/**
 * @var Tx_Extbase_Persistence_ObjectStorage<Tx_SjrOffers_Domain_Model_Person>
       The contacts of the organization
 **/
```

```
protected $contacts;

...

/**
 * Adds a contact to the organization
 *
 * @param Tx_SjrOffers_Domain_Model_Person The contact to be added
 * @return void
 */
public function addContact(Tx_SjrOffers_Domain_Model_Person $contact) {
  $this->contacts->attach($contact);
}

/**
 * Returns the contacts of the organization
 *
 * @return Tx_Extbase_Persistence_ObjectStorage<Tx_SjrOffers_Domain_Model_Person>
     The contacts of the organization
 */
  public function getContacts() {
    return clone $this->contacts;
}
```

Der Kommentar über der Definition der Eigenschaft `$contacts` ist hier von entscheidender Bedeutung. Extbase »liest« den Kommentar und entnimmt daraus, dass hier ein `ObjectStorage` eingerichtet werden soll und von welcher Klasse die darin enthalten Objekte sein sollen (siehe auch Kapitel 3). Das Weglassen dieser Information würde zu einer PHP-Exception führen: »Could not determine the type of the contained objects«.

Eine weitere Besonderheit ist das Schlüsselwort `clone`, mit dem in der Methode `getContacts()` der `ObjectStorage` vor dem Zurückgeben an das Aufrufende geklont wird. Das Klonen bewirkt, dass die Objekte innerhalb des `ObjectStorage` kopiert werden und die Referenz zu den ursprünglichen Kontakten gelöscht wird. Das ist notwendig, da der Aufrufende nicht weiß, dass er ein `ObjectStorage` anstelle eines PHP-Arrays geliefert bekommt. Ein PHP-Array wird jedoch immer kopiert. Manipuliert der Aufrufende nun die enthaltenen Objekte, würde er ohne das Schlüsselwort `clone` unbeabsichtigt die Originaldaten verändern.

In diesem Abschnitt konnten Sie die Vorgehensweise beim Test-Driven Development kennenlernen. Falls Sie in Ihrer Entwicklungspraxis diese Vorgehensweise einsetzen, werden Sie mit einem guten Gefühl belohnt, jederzeit funktionsfähigen – oder zumindest erwartungskonformen – Code zu schreiben. Im Englischen gibt es dafür den Ausdruck »green bar feeling« (siehe Abbildung 5-6). Im weiteren Verlauf werden wir nicht mehr explizit auf das Testen eingehen. Wir wenden es jedoch im Hintergrund immer an.

Abbildung 5-6: Durch das Test-Driven Development stellt sich ein »Green-Bar-Feeling« ein.

Beziehungen zwischen Domänenobjekten implementieren

Extbase unterstützt drei verschiedene Arten einer hierarchischen Beziehung zwischen Domänenobjekten.

1:1-Beziehung
: Ein Angebot hat in unserem Fall genau einen Zeitraum, in dem es gültig ist. Das Objekt `Offer` bekommt daher eine Eigenschaft `timePeriod`, die nur auf genau ein Objekt `TimePeriod` referenziert.

1:n-Beziehung
: Eine Organisation kann mehrere Ansprechpartner haben. Das Objekt `Organization` bekommt daher die Eigenschaft `contacts`, die auf beliebig viele `Contact`-Objekte referenziert.

m:n-Beziehung

Ein Angebot kann einerseits unterschiedlichen Kategorien zugeordnet werden. Andererseits können einer Kategorie auch unterschiedliche Angebote zugeordnet werden. Daher bekommt das Offer-Objekt die Eigenschaft `categories`.

> Neben diesen Beziehungen ist noch eine n:1-Beziehung gebräuchlich: Ein Unternehmen hat einen Vertreter, ein Vertreter kann aber für mehrere Unternehmen arbeiten. In Extbase wird so eine Beziehung immer durch eine m:n-Beziehung abgebildet, bei der die Anzahl der Kind-Objekte (Vertreter) aus Sicht eines Eltern-Objekts (Unternehmen) auf genau 1 eingeschränkt wird.

Bei 1:1-Beziehungen werden `set`- und `get`-Methoden implementiert. Bei den mehrwertigen 1:n- und m:n-Beziehungen kommen noch `add`- und `remove`-Methoden hinzu.

```
setContacts(Tx_Extbase_Persistence_ObjectStorage $contacts)
getContacts()
addContact(Tx_SjrOffers_Domain_Model_Contact $contact)
removeContact(Tx_SjrOffers_Domain_Model_Contact $contact)
```

Achten Sie hier auf die feinen Unterschiede. Die Methoden `setContacts` und `getContacts` beziehen sich auf alle Kontakte gleichzeitig. Sie erwarten bzw. liefern daher ein `ObjectStorage`. Die Methoden `addContact` und `removeContact` beziehen sich auf ein einzelnes `Contact`-Objekt, das der Liste hinzugefügt oder entfernt wird. Um einen einzelnen Kontakt aus der Liste herauszulösen, holen wir zunächst alle Kontakte mit `getContacts()` und greifen dann über die Methoden des `ObjectStorage` auf einzelne Kontakte zu.

Mit der Eigenschaft `offers` verfahren wir äquivalent zur Eigenschaft `contacts`. Die Definition der Eigenschaft `offers` enthält jedoch im Kommentar zwei besondere Annotations: `@lazy` und `@cascade remove`.

```
/**
 * @var Tx_Extbase_Persistence_ObjectStorage<Tx_SjrOffers_Domain_Model_Offer>
     The offers the organization has to offer
 * @lazy
 * @cascade remove
 **/
protected $offers;
```

Standardmäßig lädt Extbase alle Kind-Objekte mit dem Eltern-Objekt mit (also z.B. alle Angebote einer Organisation). Dies Verhalten nennt man *Eager-Loading*. Die Annotation `@lazy` veranlasst Extbase, die Objekte erst dann zu laden und zu bauen, wenn sie tatsächlich benötigt werden (*Lazy-Loading*). Dies kann bei einer entsprechenden Datenstruktur, z.B. vielen Organisationen mit jeweils sehr vielen Angeboten, zu einer erheblichen Geschwindigkeitssteigerung führen.

> Hüten Sie sich jedoch davor, alle Eigenschaften mit Kind-Objekten mit `@lazy` zu versehen, da dies zu einem häufigen Nachladen von Kind-Objekten führen kann. Die dadurch bedingten, kleinteiligen Datenbankzugriffe vermindern die Performance und bewirken dann genau das Gegenteil dessen, was Sie mit dem Lazy-Loading erreichen wollten.

Die Annotation `@cascade remove` bewirkt, dass, falls die Organisation gelöscht wird, auch gleich die Angebote mit gelöscht werden. Extbase lässt normalerweise alle Kind-Objekte unverändert fortbestehen.

> In FLOW3 ist dieses Verhalten etwas anders. Hier werden Kind-Objekte, auf die nicht mehr über ein Repository zugegriffen werden kann, automatisch gelöscht. In TYPO3 4.x kann man über das Backend durchaus noch auf diese verwaisten Kind-Objekte zugreifen.

Neben diesen beiden Annotations stehen Ihnen noch einige weitere zur Verfügung, die jedoch in anderem Kontext (z.B. im Controller) verwendet werden. Die vollständige Liste aller von Extbase unterstützten Annotations finden Sie im Index.

Bisher kann der Eindruck entstehen, dass die Domänenmodelle nur aus Settern und Gettern bestehen. Die Domänenobjekte enthalten jedoch den Hauptteil der Geschäftslogik. Im folgenden Abschnitt fügen wir zu unser Klasse `Tx_SjrOffers_Domain_Model_Organization` einen kleinen Teil dieser Geschäftslogik hinzu.

Geschäftslogik zu den Domänenobjekten hinzufügen

Bei der Entscheidung, welcher Teil der Geschäftslogik in ein bestimmtes Domänenmodell gehört, kann man sich daran orientieren, welche Fragen man dem Domänenobjekt in der »realen« Welt stellen kann. Man kann die Organisation zum Beispiel um die Liste aller Ansprechpartner bitten. Wir implementieren also eine Methode `getAllContacts()`. Im Gegensatz zur bereits implementierten Methode `getContacts()` soll diese neben den direkten Ansprechpartnern der Organisation auch die Ansprechpartner aller Angebote liefern. Dazu muss nun die Organisation durch alle ihre Angebote hindurchgehen und ggf. einen dort vorhandenen Ansprechpartner dem Ergebnis hinzufügen. Dies ist vor allem für den Administrator einer Organisation nützlich. Die Implementierung sieht wie folgt aus:

```
public function getAllContacts() {
    $contacts = $this->getContacts();
    foreach ($this->getOffers() as $offer) {
        $contact = $offer->getContact();
        if (is_object($contact)) {
            $contacts->attach($contact);
        }
    }
    return $contacts;
}
```

Die Organisation holt sich zunächst über `getContacts()` ihre direkten Ansprechpartner. Dazu wird über alle Angebote mit `foreach` iteriert. Die Abfrage `is_object()` ist notwendig, da das Angebot bei einem fehlenden Ansprechpartner `NULL` zurückgibt. Der Ansprechpartner des Angebots wird dem `ObjectStorage` der Variablen `$contacts` hinzugefügt. An dieser Stelle wird deutlich, wie wichtig das Schlüsselwort `clone` der Methode `getContacts()` ist. Wäre der `ObjectStorage` nicht geklont worden, würden wir alle Ansprechpartner der Angebote der Organisation als Hauptansprechpartner hinzufügen. Außerdem kommt uns hier eine besondere Eigenschaft des `ObjectStorage` zugute: Er nimmt ein und dasselbe Objekt nur einmal auf. Hätte er nicht diese Eigenschaft, würde eine Person, die mehreren Angeboten zugeordnet ist, auch mehrfach in der Liste auftauchen.

> Alternativ zu der Methode `getAllOffers()` im Domänenobjekt `Organization` hätte man auch in einem `OfferRepository` eine Methode `findAllContacts($organization)` implementieren können. Dort hätte man dann die Angebote durch eine etwas komplexere Anfrage direkt aus der Datenbank beziehen können. Wir folgen aber an dieser Stelle der wichtigen Grundregel des Domain-Driven Design, dass auf die Elemente eines Aggregates (die Gesamtheit aller in der Organisation enthaltenen Begriffe) über das Wurzel-Objekt *(Aggregate-Root)* zugegriffen werden soll. Die Alternative würden wir nur dann wählen, falls das Iterieren durch alle Angebote *tatsächlich* ein Performance-Problem verursachen sollte.

Wir schließen damit die Implementierung der Klasse `Tx_SjrOffers_Domain_Model_Organization` ab und wenden uns der Klasse `Tx_SjrOffers_Domain_Model_Offer` zu. Die prinzipielle Vorgehensweise unterscheidet sich hier nicht grundlegend von der bisherigen. Werfen wir einen Blick auf die (gekürzte) Klasse, um einige Besonderheiten herauszuheben.

```
class Tx_SjrOffers_Domain_Model_Offer
    extends Tx_Extbase_DomainObject_AbstractEntity {

    /**
     * @var Tx_SjrOffers_Domain_Model_Organization The organization of the offer
     **/
    protected $organization;

    protected $title;
    protected $image;
    protected $teaser;
    protected $description;
    protected $services;
    protected $dates;
    protected $venue;

    /**
     * @var Tx_SjrOffers_Domain_Model_AgeRange The age range of the offer.
     **/
```

```
    protected $ageRange;

    /**
     * @var Tx_SjrOffers_Domain_Model_DateRange The date range of the offer.
     **/
    protected $dateRange;

    /**
     * @var Tx_SjrOffers_Domain_Model_AttendanceRange The attendance range.
     **/
    protected $attendanceRange;

    /**
     * @var Tx_Extbase_Persistence_ObjectStorage<Tx_SjrOffers_Domain_Model_
            AttendanceFee>
     **/
    protected $attendanceFees;

    /**
     * @var Tx_SjrOffers_Domain_Model_Person The contact of the offer
     **/
    protected $contact;

    /**
     * @var Tx_Extbase_Persistence_ObjectStorage<Tx_SjrOffers_Domain_Model_Category>
            The categories the offer is assigned to
     **/
    protected $categories;

    /**
     * @var Tx_Extbase_Persistence_ObjectStorage<Tx_SjrOffers_Domain_Model_Region>
            The regions the offer is available
     **/
    protected $regions;

    /**
     * @param string $title The title of the offer
     */
    public function __construct($title) {
        $this->setTitle($title);
        $this->setAttendanceFees(new Tx_Extbase_Persistence_ObjectStorage);
        $this->setCategories(new Tx_Extbase_Persistence_ObjectStorage);
        $this->setRegions(new Tx_Extbase_Persistence_ObjectStorage);

    }

    // Getter and Setter
}
```

Die Eigenschaft `organization` des Objekts `Offer` enthält eine Rückreferenz zu der anbietenden Organisation. Wir haben sie eingeführt, um später bei der Auflistung aller Angebote schnell auf die Organisation zugreifen zu können. Damit weichen wir etwas von der »reinen Lehre« des Domain-Driven Design ab. Diese besagt unter anderem, dass man auf das Kind-Objekt `Offer` nur über das Wurzelobjekt `Organization` (*Aggregate Root*) zugreifen sollte.

> Die Rückreferenz in Form der Eigenschaft `organisation` ähnelt in gewisser Hinsicht dem Fremdschlüssel `organisation` in der Datenbanktabelle `tx_sjroffers_domain_model_offer`. Dieser Fremdschlüssel enthält die `uid` und verknüpft das Angebot-Tupel mit dem zugehörigen Tupel aus der Tabelle `tx_sjroffers_domain_model_organization`. Wir nutzen hier geschickt die Tatsache aus, dass der Integer-Wert der `uid` durch Extbase aufgrund der Annotation `@var Tx_SjrOffers_Domain_Model_Organization` in das zugehörige `Organization`-Objekt umgewandelt wird.

Die Eigenschaften `ageRange`, `dateRange` und `attendanceRange` enthalten die Objekte vom Typ `RangeConstraint`. Diese Klassen müssen wir noch anlegen und haben für diese in unseren Tests zunächst *Mocks* erzeugt.

Anschließend fügen wir der Klasse die notwendigen Getter und Setter hinzu. Auch klassenintern empfiehlt sich ein Zugriff über Setter und Getter. Damit wird dort (vielleicht später) vorhandener Code vor dem Setzen des Eigenschaftswertes angewendet. Der dem Konstruktor übergebene Titel wird daher nicht durch `$this->title = $title`, sondern über `$this->setTitle($title)` gesetzt.

Die Objekte, die an den Eigenschaften `attendanceFees`, `categories` und `regions` vorgehalten werden, legen wir in einem `ObjectStorage` ab. An den drei Eigenschaften initialisieren wir daher im Konstruktor jeweils einen leeren `ObjectStorage`.

Vererbung in Klassenhierarchien nutzen

Die Domäne mit ihren Objekten und Beziehungen kann in der Regel gut in einer Baumhierarchie abgebildet werden. Eine solche Hierarchie finden Sie zum Beispiel in Abbildung 5-2 dargestellt. Organisationen »enthalten« Angebote. Angebote wiederum »enthalten« Unkostenbeiträge usw. In unserem Domänenmodell befindet sich jedoch noch eine zweite Art Hierarchie: die Klassenhierarchie. In dieser haben wird festgelegt, dass die Objekte `ageRange`, `dateRange` und `attendanceRange` eine Konkretisierung der allgemeinen Klasse `RangeConstraint` sind. Sie erben deren Eigenschaften und Methoden. Bei der Modellierung geht man gedanklich den umgekehrten Weg: Man sucht Eigenschaften, die Objekten gemeinsam sind. Diese abstrahiert man ggf. und lagert sie dann in eine neue, übergeordnete Klasse aus. In Abbildung 5-7 und Abbildung 5-8 haben wir die Vorgehensweise noch einmal gesondert dargestellt.

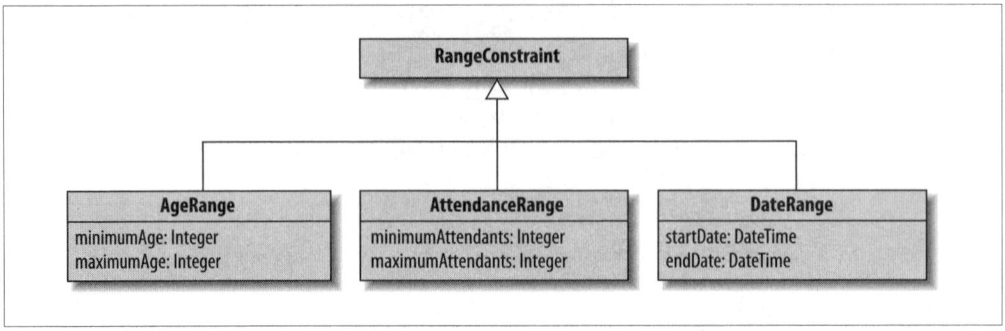

Abbildung 5-7: Schritt 1: Anlegen des RangeConstraints

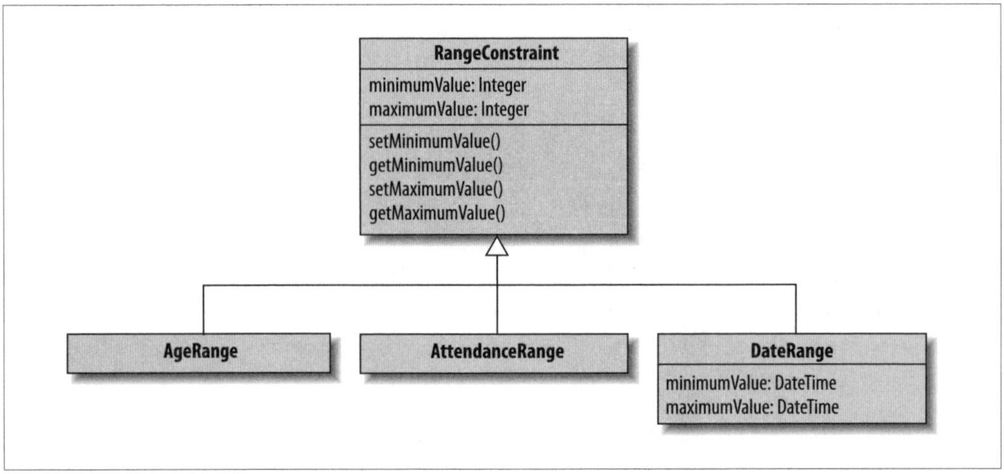

Abbildung 5-8: Schritt 2: Abstrahierung der Eigenschaften und Verlagerung in den RangeConstraint

In der Klasse `RangeConstraint` sind nun alle gemeinsamen Eigenschaften und Methoden versammelt. Die Eigenschaften `minimumValue` und `maximumValue` sind standardmäßig vom Typ *Integer*. Die abgeleitete Klasse `DateRange` erwartet aber als Eigenschaftswerte nicht Zahlen, sondern Objekte vom Typ `DateTime`. Wir »überschreiben« daher in der Klasse `DateRange` die Typdefinitionen und setzen den Typ aus `DateTime`. Die Klasse `RangeConstraint` sieht nun wie folgt aus (Kommentare wurden teilweise entfernt):

```
abstract class Tx_SjrOffers_Domain_Model_RangeConstraint
    extends Tx_Extbase_DomainObject_AbstractValueObject {

    /**
     * @var int The minimum value
     **/
    protected $minimumValue;

    /**
     * @var int The maximum value
     **/
```

```
    protected $maximumValue;

    /**
     * @param int $minimumValue
     * @param int $maximumValue
     */
    public function __construct($minimumValue = NULL, $maximumValue = NULL) {
        $this->setMinimumValue($minimumValue);
        $this->setMaximumValue($maximumValue);
    }

    /**
     * @param mixed The minimum value
     * @return void
     */
    public function setMinimumValue($minimumValue = NULL) {
        $this->minimumValue = $this->normalizeValue($minimumValue);
    }

    public function getMinimumValue() {
        return $this->minimumValue;
    }

    /**
     * @param mixed The maximum value
     * @return void
     */
    public function setMaximumValue($maximumValue = NULL) {
        $this->maximumValue = $this->normalizeValue($maximumValue);
    }

    public function getMaximumValue() {
        return $this->maximumValue;
    }

    public function normalizeValue($value = NULL) {
        if ($value !== NULL && $value !== '') {
            $value = abs(intval($value));
        } else {
            $value = NULL;
        }
        return $value;
    }

}
```

Alle Range-Objekten haben – neben ihren Eigenschaften und Methoden – noch eine weitere Gemeinsamkeit: Sie besitzen keine eigene Identität außer der *Gesamtheit ihrer Eigenschaftswerte*. Es ist für das Angebot unerheblich, *welche* Altersspanne »von 12 bis 15 Jahre« ein Range-Objekt zugeordnet bekommt. Entscheidend sind nur die beiden Werte 12 und 15. Sind zwei Angebote für dieselbe Altersspanne ausgelegt, muss Extbase also nicht darauf achten, dass es eine *bestimmte* Altersspanne mit den Werten 12 und 15 dem Angebot zuordnet. Value-Objects können z.B. mehrfach im Speicher vorkommen und daher beliebig kopiert werden, während dies bei Entities zum erheblichen Problem der Mehrdeutigkeit führen würde. Damit vereinfacht sich die interne Handhabung erheblich. Wir weisen also Extbase an, das Objekt `RangeConstraint` als `ValueObject` zu behandeln, indem wir von der entsprechenden Extbase-Klasse erben: `extends Tx_Extbase_DomainObject_AbstractValueObject`.

Die Klasse `RangeConstraint` wurde durch das Schlüsselwort `abstract` als abstrakt gekennzeichnet. Damit verhindern wir, dass das `RangeObjekt` selbst instanziiert wird.

Wir haben außerdem noch eine Methode `normalizeValue()` implementiert. Diese »bereinigt« die von außen kommenden Werte, bevor sie einer Eigenschaft zugeordnet werden. Diese wird in der Klasse `DateRange` zusammen mit der oben erwähnten Typdefinition überschrieben:

```
class Tx_SjrOffers_Domain_Model_DateRange
    extends Tx_SjrOffers_Domain_Model_RangeConstraint
    implements Tx_SjrOffers_Domain_Model_DateRangeInterface {

    /**
     * @var Tx_SjrOffers_Domain_Model_DateTime The minimum value
     **/
    protected $minimumValue;

    /**
     * @var Tx_SjrOffers_Domain_Model_DateTime The maximum value
     **/
    protected $maximumValue;

    public function normalizeValue($value = NULL) {
        if (!($value instanceof DateTime)) {
            $value = NULL;
        }
        return $value;
    }
```

Die Klasse `DateRange` implementiert außerdem das Interface `DateRangeInterface`. Das Interface selbst ist leer und dient nur zur Kennzeichnung. Das macht vor allem bei den anderen beiden Range-Objekten Sinn. Diese implementieren beide das `NumericRangeInterface`. Die Klassen `AgeRange` und `AttendanceRange` sind ansonsten leere Klassen-Rümpfe, da sie alle Eigenschaften und Methoden vom Objekt `RangeConstraint` erben.

```
class Tx_SjrOffers_Domain_Model_AgeRange
    extends Tx_SjrOffers_Domain_Model_RangeConstraint
    implements Tx_SjrOffers_Domain_Model_NumericRangeInterface {
}

class Tx_SjrOffers_Domain_Model_AttendanceRange
    extends Tx_SjrOffers_Domain_Model_RangeConstraint
    implements Tx_SjrOffers_Domain_Model_NumericRangeInterface {
}
```

```
interface Tx_SjrOffers_Domain_Model_NumericRangeInterface {}

interface Tx_SjrOffers_Domain_Model_DateRangeInterface {}
```

Damit haben wir die Begriffe Altersspanne, Teilnehmerzahl und Angebotszeitraum adäquat in Domänenmodelle umgesetzt. Wenden wir uns nun dem Objekt `Administrator` zu. Auch hier nutzen wir eine weitere, nicht so offensichtliche Klassenhierarchie. Extbase stellt zwei Domänenmodelle zur Verfügung: `FrontendUser` und `FrontendUserGroup`. Sie sind die Entsprechungen des Website-Benutzers bzw. der Website-Benutzergruppe, die im Backend von TYPO3 angelegt, zugewiesen und verwaltet werden können. Die beiden Extbase-Klassen werden mit diesen Daten »gefüllt«, die in den beiden Datenbanktabellen `fe_users` bzw. `fe_groups` abgelegt sind. Die Datenbankfelder dieser Tabellen besitzen jeweils eine entsprechende Eigenschaft im Domänenmodell. Die Namen der Eigenschaften wurden zwar der Konvention unterworfen, dass Feldnamen der Schreibweise `lower_underscore` in Eigenschaftsnamen der Schreibweise `lowerCamelCase` umgewandelt werden. Sie sind aber ansonsten 1:1 übernommen und daher – im Gegensatz zu unserer bisherigen Praxis – nicht so aussagekräftig. Hinter der Eigenschaft `isOnline` würden wir zum Beispiel einen Boolean-Wert vermuten. Sie enthält aber den Zeitpunkt, an dem der Website-Benutzer den letzten Seitenabruf gestartet hat. Die Klassenhierarchie ist in Abbildung 5-9 dargestellt.

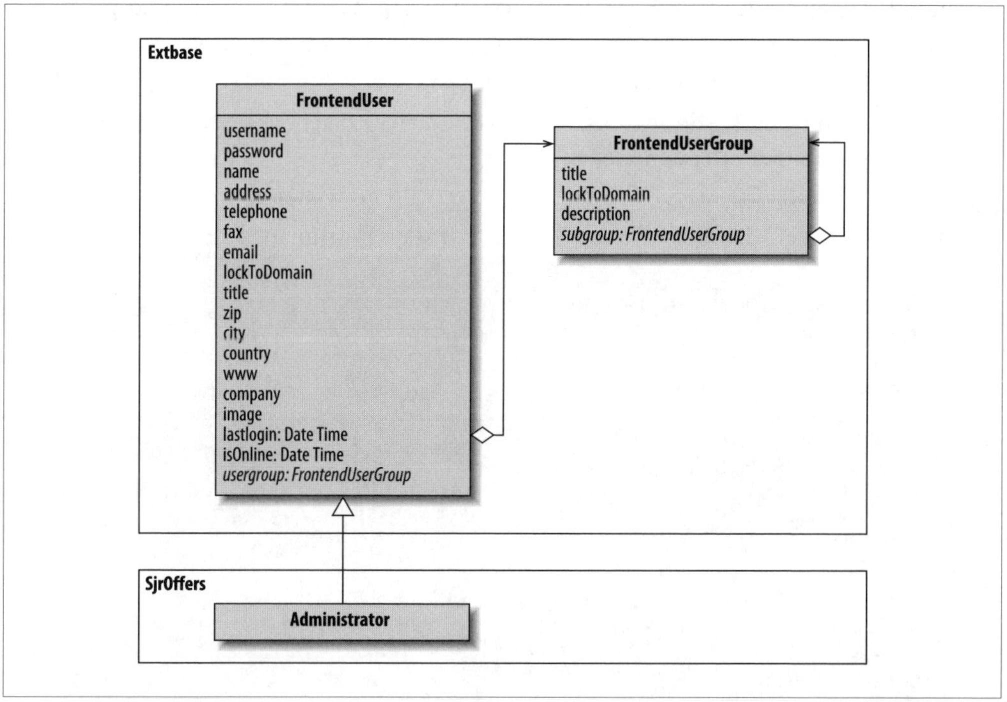

Abbildung 5-9: Die Klasse Administrator erbt alle Eigenschaften und Methoden von der Extbase-Klasse FrontendUser.

Domänenobjekte validieren

Die Geschäftslogik sieht oftmals Regeln vor, wie die Daten der Domänenobjekte beschaffen sein müssen. Hier sind einige Beispiele für solche sogenannten *Invarianten* in unserer Extension:

- Die Länge des Titels eines Angebots darf 3 Zeichen nicht unter- und 50 Zeichen nicht überschreiten.
- Das Anfangsdatum eines Angebots darf nicht nach dem Enddatum liegen.
- Falls ein Ansprechpartner eine E-Mail-Adresse ausweist, muss diese gültig sein.

Man kann die Überprüfung dieser Invarianten direkt im Domänenmodell implementieren. Im Setter des Titels eines Angebots würde dann etwa folgender Code stehen:

```
public function setTitle($title) {
    if (strlen($title) > 3 && strlen($title) < 50) {
        $this->title = $title;
    }
}
```

Das hat jedoch mehrere Nachteile:

- Diese Prüfung müsste an jeder Stelle erfolgen, die den Titel manipuliert (Gefahr der unterlassenen Prüfung und Gefahr von dupliziertem Code durch Cut-and-paste).
- Die Definition der Regel ist mehr oder weniger weit entfernt von der Definition der Eigenschaft (schlechte Lesbarkeit des Codes).
- Die Änderung einer Option einer Regel (»80 statt 50 Zeichen«) erfordert Eingriffe an ggf. schwer aufzufindenden Stellen.

Daher bietet Extbase eine Alternative über Annotations an. Sehen wir uns dazu die Eigenschaftsdefinition der Klasse `Offer` an – diesmal mit allen Kommentaren:

```
/**
 * @var string The title of the offer
 * @validate StringLength(minimum = 3, maximum = 50)
 **/
protected $title;

/**
 * @var string A single image of the offer
 **/
protected $image;

/**
 * @var string The teaser of the offer. A line of text.
 * @validate StringLength(maximum = 150)
 **/
protected $teaser;
```

```
/**
 * @var string The description of the offer. A longer text.
 * @validate StringLength(maximum = 2000)
 **/
protected $description;

/**
 * @var string The services of the offer.
 * @validate StringLength(maximum = 1000)
 **/
protected $services;

/**
 * @var string The textual description of the dates. E.g. "Monday to Friday, 8-12"
 * @validate StringLength(maximum = 1000)
 **/
protected $dates;

/**
 * @var string The venue of the offer.
 * @validate StringLength(maximum = 1000)
 **/
protected $venue;

/**
 * @var Tx_SjrOffers_Domain_Model_AgeRange The age range of the offer.
 * @validate Tx_SjrOffers_Domain_Validator_RangeConstraintValidator
 **/
protected $ageRange;

/**
 * @var Tx_SjrOffers_Domain_Model_DateRange The date range of the offer is valid.
 * @validate Tx_SjrOffers_Domain_Validator_RangeConstraintValidator
 **/
protected $dateRange;

/**
 * @var Tx_SjrOffers_Domain_Model_AttendanceRange The attendance range of the offer.
 * @validate Tx_SjrOffers_Domain_Validator_RangeConstraintValidator
 **/
protected $attendanceRange;

/**
 * @var Tx_Extbase_Persistence_ObjectStorage<Tx_SjrOffers_Domain_Model_AttendanceFee>
       The attendance fees of the offer.
 **/
protected $attendanceFees;

/**
 * @var Tx_SjrOffers_Domain_Model_Person The contact of the offer
 **/
```

```
    protected $contact;

    /**
     * @var Tx_Extbase_Persistence_ObjectStorage<Tx_SjrOffers_Domain_Model_Category>
            The categories the offer is assigned to
     **/
    protected $categories;

    /**
     * @var Tx_Extbase_Persistence_ObjectStorage<Tx_SjrOffers_Domain_Model_Region>
            The regions the offer is available
     **/
    protected $regions;
```

Die Werte einiger Eigenschaften müssen überprüft werden, damit das Angebot als valide eingestuft wird. Welche Regel greift, wird über die Annotation `@validate [...]` festgelegt. Die Annotation `@validate StringLength(minimum = 3, maximum = 50)` an der Eigenschaft `title` bewirkt zum Beispiel, dass die Länge des Titels 3 Zeichen nicht unter- und 50 Zeichen nicht überschreiten darf. Der Validator `StringLength` wird von Extbase zur Verfügung gestellt. Der Name der zugehörigen Klasse lautet `Tx_Extbase_Validation_Validator_StringLengthValidator`. Die Optionen `minimum` und `maximum` werden dem Validator übergeben und dort ausgewertet.

Mit der Validierung schließen wir die Modellierung und Implementierung der Domäne zunächst ab. Mit dem bisher Erreichten können bereits Domänenobjekte während eines Seitenaufrufs erzeugt und im Speicher gehalten werden. Alle Daten gehen aber am Ende des Seitenaufrufs wieder verloren. Damit die Domänenobjekte dauerhaft zur Verfügung stehen, muss die Persistenzschicht entsprechend eingerichtet werden.

KAPITEL 6

Die Persistenzschicht einrichten

In den vorangegangenen Kapiteln wurde bereits in verschiedenen Zusammenhängen erwähnt, dass die Persistenzschicht dafür zuständig ist, ein Domänenobjekt dauerhaft haltbar zu machen. Welche vorbereitenden Schritte dafür notwendig sind, werden wir in diesem Kapitel beleuchten.

Für das Verständnis der Persistenzschicht ist es wichtig, sich den Lebenszyklus eines Domänenobjekts zu vergegenwärtigen. Wenn wir eine Instanz eines Domänenobjekts erzeugen, legen wir dessen Daten in einem bestimmten Bereich des Arbeitsspeichers ab. Das Objekt ist zu diesem Zeitpunkt in einem transienten, d.h. flüchtigen Zustand. Nachdem TYPO3 die fertige Website ausgeliefert hat, wird dieser Bereich von PHP wieder freigegeben und kann von anderen Daten überschrieben werden. Die dort vorhandenen Daten werden gelöscht – und damit ist auch das Domänenobjekt verloren.

Mehr Informationen zum Lebenszyklus von Objekten erhalten Sie im Abschnitt »Lebenszyklus von Objekten« in Kapitel 2.

Wenn Domänenobjekte über die Grenze eines Seitenaufrufs hinweg zur Verfügung stehen sollen, müssen sie in einen *persistenten* Zustand versetzt werden. In Extbase wird dies erreicht, indem die Domänenobjekte in ein Repository abgelegt werden. Das Repository sorgt am Ende des Skriptablaufs dafür, dass die Daten aus dem »flüchtigen« Bereich des Arbeitsspeichers in eine dauerhaftere Speicherform überführt werden. Diese dauerhaftere Speicherform ist in der Regel die von TYPO3 verwendete Datenbank, kann aber z.B. auch eine Textdatei sein.

In diesem Kapitel beschäftigen wir uns mit den Schritten, die nötig sind, um die Daten eines Domänenobjekts persistent zu machen. Damit die Datenbank die Domänenobjekte aufnehmen kann, muss sie zunächst entsprechend vorbereitet werden. In den meisten

Extensions werden die Daten der Domänenobjekte im Backend eingegeben. Die Formulare, über die die Eingabe der Daten im Backend erfolgt, müssen daher entsprechend konfiguriert werden. Im Anschluss daran werden die Repositories angelegt, über die der Zugriff auf die Domänenobjekte erfolgt. Mit diesen Schritten sind die Anforderungen einfacher Extensions an die Persistenz schon abgedeckt.

Bei größeren Projekten jedoch – und das werden Sie im Folgenden anhand der Beispiel-Extension *SjrOffers* sehen – werden häufig komplexere Abfragen an die Persistenzschicht erforderlich. Die Beispiel-Extension dient unter anderem dazu, dass Eltern oder Jugendliche Angebote auffinden können, die ihrem Bedarf entsprechen. Ein solcher Bedarf wird gegenüber einem Menschen in etwa so formuliert: »Bitte zeigen Sie mir alle Angebote für mein 5-jähriges Kind im Bereich der Stadtmitte.« Eine solche Anfrage soll nun auch über die Website formuliert werden können. Dazu steht ein Formular zur Verfügung, dessen Inhalt dann als Bedarf an die Extension gesendet wird. Dort kümmert sich dann das entsprechende Repository darum, die zum Bedarf passenden Angebote zusammenzustellen. Wir implementieren daher in einem abschließenden Schritt eine Methode `findDemanded($demand)` zum Auffinden solcher Angebote. Beginnen wir mit der Datenbank.

Die Datenbank vorbereiten

Die Vorbereitung der Datenbank umfasst im Wesentlichen das Anlegen der Datenbanktabellen. Die Befehle zum Anlegen der Tabellen sind in SQL verfasst. Der Code wird in die Datei *ext_tables.sql* eingetragen, die auf der obersten Ebene des Extension-Ordners abgelegt wird.

> Ein wesentliches Ziel von Extbase und FLOW3 ist es, den Zugriff auf die Daten von einer konkreten Speicherlösung zu abstrahieren. Mit nativen SQL-Statements kommen Sie in der täglichen Entwicklung daher später kaum in Berührung. Dies gilt insbesondere dann, wenn Sie die Datenbanktabellen in Zukunft automatisch durch den Kickstarter (siehe Kapitel 10) anlegen lassen. Sie sollten sich jedoch intensiv mit den Möglichkeiten und Grenzen Ihrer Datenbanken auseinandersetzen.

Tabellen der Domänenobjekte einrichten

Werfen wir einen Blick auf die Definition der Datenbanktabelle, die Objekte der Klasse `Tx_SjrOffers_Domain_Model_Organization` aufnehmen wird:

```
CREATE TABLE tx_sjroffers_domain_model_organization (
    uid int(11) unsigned DEFAULT '0' NOT NULL auto_increment,
    pid int(11) DEFAULT '0' NOT NULL,

    name varchar(255) NOT NULL,
    address text NOT NULL,
    telephone_number varchar(80) NOT NULL,
```

```
        telefax_number varchar(80) NOT NULL,
        url varchar(80) NOT NULL,
        email_address varchar(80) NOT NULL,
        description text NOT NULL,
        image varchar(255) NOT NULL,
        contacts int(11) NOT NULL,
        offers int(11) NOT NULL,
        administrator int(11) NOT NULL,

        tstamp int(11) unsigned DEFAULT '0' NOT NULL,
        crdate int(11) unsigned DEFAULT '0' NOT NULL,
        deleted tinyint(4) unsigned DEFAULT '0' NOT NULL,
        hidden tinyint(4) unsigned DEFAULT '0' NOT NULL,
        sys_language_uid int(11) DEFAULT '0' NOT NULL,
        l18n_parent int(11) DEFAULT '0' NOT NULL,
        l18n_diffsource mediumblob NOT NULL,
        access_group int(11) DEFAULT '0' NOT NULL,

        PRIMARY KEY (uid),
        KEY parent (pid),
    );
```

Mit `CREATE TABLE` weisen wir die Datenbank an, eine neue Tabelle mit dem Namen `tx_sjroffers_domain_model_organization` anzulegen. Der Name der Datenbanktabelle ergibt sich aus der Extbase-Konvention, nach der Klassennamen in Kleinbuchstaben geschrieben werden. Die Unterstriche werden dabei beibehalten.

> Die Datei *ext_tables.sql* wird bei jeder Installation der Extension abgearbeitet. TYPO3 ist jedoch so »intelligent«, eine vorhandene Datenbanktabelle nicht neu anzulegen. Vielmehr ermittelt TYPO3 die Unterschiede zwischen einer existierenden und der neu anzulegenden Variante und fügt nur diese Unterschiede hinzu.

In runden Klammern folgen die Definitionen der einzelnen Datenbankfelder wie `name`, `address` usw. Einige Feldnamen kommen Ihnen sicherlich bekannt vor. Sie entsprechen den Namen der Eigenschaften der Klasse `Organization`. Auch hier gilt eine Konvention in Extbase: Feldnamen werden in der Schreibweise `lowercase_underscore` geschrieben. Sie ergeben sich aus dem Namen der Eigenschaft, indem vor jeden Großbuchstaben ein Unterstrich gesetzt und das Ergebnis in Kleinbuchstaben umgewandelt wird. Der Wert der Eigenschaft `address` wird im Feld `address` gespeichert. Aus dem Eigenschaftsnamen `telephoneNumber` wird der Feldname `telephone_number` usw.

In der Tabellendefinition gibt es jedoch weitere Felder, die nicht einer Eigenschaft der Klasse `Organisation` zugeordnet sind. Diese werden von TYPO3 benötigt, um Funktionalitäten, wie Lokalisierung, Workspaces oder Versionierung zur Verfügung stellen zu können. Die TYPO3-spezifischen Felder sind:

`uid`
: Eine innerhalb der Datenbanktabelle für jeden Datensatz eindeutige Integer-Zahl (*unique record identifyer*)

`pid`
: Jeder Seite ist eine innerhalb der TYPO3-Installation eindeutige Identifikationsnummer (Page ID oder PID) zugeordnet. Die Seite kann auch ein Systemordner (*SysFolder*) sein. Bei Inhalts-Elementen ist dies auch (meist) die Frontend-Seite, auf der das Element sichtbar wird.

`crdate`
: Das Datum (als UNIX-Timestamp), an dem der *Datensatz* erzeugt wurde (*creation date*). Dieses kann sich vom Zeitpunkt der Erzeugung des Domänenobjekts unterscheiden.

`tstamp`
: Der Zeitpunkt (als UNIX-Timestamp), an dem der Datensatz zum letzten Mal geändert wurde. Dieser entspricht in der Regel dem Zeitpunkt der letzten Änderung am Domänenmodell.

`deleted`
: Falls der Wert dieses Felds von 0 abweicht, behandelt TYPO3 den Datensatz, als ob er physisch gelöscht wurde. Er wird daher weder im Backend noch im Frontend angezeigt. Er kann jedoch durch Setzen des Werts auf 0 oder – deutlich komfortabler – durch die System-Extension *Recycler* wieder sichtbar gemacht werden.

  Extbase setzt dieses Feld beim Löschen eines Datensatzes, falls es vorhanden ist. Es behält auch sämtliche Referenzen zu anderen Datensätzen bei, so dass ganze *Aggregates* wiederhergestellt werden können.

`hidden`
: Falls der Wert dieses Feldes von 0 abweicht, wird der Datensatz im Frontend nicht angezeigt.

`starttime`
: Zeitpunkt (als UNIX-Timestamp), ab dem der Datensatz im Frontend »sichtbar« wird. Extbase berücksichtigt dies schon beim Auslesen aus der Datenbank. Das bedeutet, dass das zugehörige Domänenobjekt vor diesem Zeitpunkt gar nicht erst gebaut wird.

`endtime`
: Zeitpunkt (als UNIX-Timestamp), ab dem der Datensatz im Frontend »unsichtbar« wird. Auch dieses Feld berücksichtigt Extbase schon beim Auslesen aus der Datenbank.

`cruser_id`
: Die UID des Backend-Benutzers, der diesen Datensatz erzeugt hat. Dieses Feld wird von Extbase momentan weder gesetzt noch ausgewertet. Falls ein Domänenobjekt im Frontend angelegt wurde, ist dieses Feld auf 0 gesetzt.

`fe_group`
: Eine Liste von Frontend-Benutzergruppen (UID), die Zugriff auf den Datensatz erhalten. Der angemeldete Frontend-Benutzer muss mindestens einer dieser Gruppen angehören.

`sys_language_uid`
: Die UID der Sprache, zu der der Datensatz zugeordnet ist. Die Sprachen werden unter der Weltkugel (Wurzel des Seitenbaums) angelegt.

`l18n_parent`
: Die UID der Übersetzungsquelle, also des Datensatzes in der Ausgangssprache (Sprache: *default*).

`l18n_diffsource`
: Eine serialisierte Form der Übersetzungsquelle. Diese wird verwendet, um die Differenzen zwischen dem Original und der Übersetzung im Backend anzuzeigen.

`t3ver_oid, t3ver_id, t3ver_wsid, t3ver_label, t3ver_state, t3ver_stage, t3ver_count, t3ver_tstamp, t3ver_move_id, t3ver_origuid`
: Diese Felder werden von TYPO3 zur Verwaltung der Versionierung und der Workspaces verwendet. Falls Sie diese Merkmale von TYPO3 in Ihrer Extension nicht verwenden wollen, können Sie auf das Anlegen dieser Felder verzichten.

Bis auf die Felder *uid* und *pid* sind alle Felder optional. Wir empfehlen Ihnen jedoch, zusätzlich die Felder *deleted*, *hidden*, *fe_group*, *starttime*, *endtime* anzulegen, um die Zugriffskontrolle zu gewährleisten, und – falls Ihre Domänenmodelle mehrsprachig sind – auch *sys_language_uid*, *l18n_parent* und *l18n_diffsource*.

> Weitere Informationen zur Lokalisierung und Mehrsprachigkeit finden Sie in Kapitel 9.

> Die Reihenfolge der Felddefinitionen ist beliebig. Ordnen Sie jedoch diejenigen Felder, die Sie häufig in einem SQL-Hilfsprogramm anschauen möchten (z.B. mit phpMyAdmin), vorne an, sie werden dann in einer Tabellendarstellung weiter links angezeigt. Sie sparen sich damit unnötiges Scrollen.

Jede Zeile der Tabellendefinition enthält verschiedene Angaben. Nach dem Feldnamen wird zunächst der *Feldtyp* angegeben. Im unten stehenden Fall des Felds `tstamp` nimmt das Feld eine Integer-Zahl auf, die kein Vorzeichen aufweist (`unsigned`). Der Standardwert, der eingesetzt wird, falls beim Anlegen des Datensatzes nichts anderes bestimmt wird, ist die Zahl 0 (`DEFAULT 0`). Der Feldinhalt darf nicht `NULL` sein (`NOT NULL`). Die einzelnen Felddefinitionen werden durch ein Komma getrennt.

```
tstamp int(11) unsigned DEFAULT '0' NOT NULL,
```

Im Fall des Feldes `tstamp` ist die (durch TYPO3 vorgegebene) Felddefinition unglücklich gewählt. Der Wert 0 als UNIX-Timestamp entspricht nämlich dem Datum 1.1.1970 00:00 Uhr. Besser wäre es, `NULL` als Wert zuzulassen (siehe auch den Kasten »NULL oder NOT NULL« weiter unten in diesem Kapitel). Die Behandlung des Wertes 0 als »nicht gesetzt« durchzieht aber mittlerweile stark den Core von TYPO3, so dass es schwierig ist, diese Schwäche zu beheben.

SQL-Datenbanken stellen Ihnen verschiedene Feldtypen zur Verfügung. Welcher Feldtyp für die Speicherung einer Domänen-Eigenschaft auszuwählen ist, hängt von der Art und von der Länge des zu speichernden Eigenschaftswerts ab: Sollen Zeichenketten gespeichert werden, kommen `char`, `varchar` oder `text` in Betracht. Bei `char` und `varchar` kann die Länge der zu speichernden Zeichenkette in Klammern dahinter angegeben werden. Während Felder des Typs `char` maximal 255 Zeichen aufnehmen können und die Länge fest ist, können Felder des Typs `varchar` Zeichenketten bis zu einer Länge von 65.535 Bytes aufnehmen. Felder des Typs `text` können ebenfalls maximal 65.535 Bytes aufnehmen. Datensätze können anhand von `text`-Feldern nicht gruppiert oder sortiert werden. Auch ein Standardwert (`DEFAULT`) lässt sich nicht angeben. Trotzdem bietet sich der Feldtyp `text` an, falls Sie auf diese Eigenschaften verzichten können. Für TYPO3 wird in der Regel ein Datenbankmanagementsystem des Herstellers MySQL eingesetzt. In MySQL-Datenbanken stehen Ihnen für größere Textmengen zuätzlich `mediumtext` und `longtext` zur Verfügung.

Gehen Sie sparsam mit dem Speicherplatz um. Seien Sie aber auch nicht zu knauserig, denn Zeichenketten, die den Bereich überschreiten, werden einfach abgeschnitten. Schlecht zu lokalisierende Fehler und aufwendige Nacharbeiten sind hiermit vorprogrammiert (im besten Sinne des Wortes).

Für die Speicherung von Ganzzahlen bieten sich die Feldtypen `smallint`, `int` und `bigint` an. Falls Sie eine MySQL-Datenbank verwenden, stehen Ihnen zusätzlich `tinyint` und `mediumint` zur Verfügung. Die einzelnen Ganzzahltypen unterscheiden sich nur in der Größe des Zahlenraums, den die Felder aufnehmen können (siehe Tabelle 6-1).

Kommazahlen können Sie in Feldern der Typen `decimal` oder `float` speichern. Felder des Typs `decimal` speichern Zahlen mit vorgegebener Genauigkeit. Ein Feld `decimal(6,2)` nimmt zum Beispiel Zahlen mit 6 Stellen vor und 2 Stellen nach dem Komma auf, wobei `(10,0)` der Standardwert ist. Statt des Schlüsselworts `decimal` können Sie auch das Synonym `numeric` verwenden. Der Typ `float` ermöglicht die Aufnahme von Fließkommazahlen -1.79E+308 bis 1.79E+308. Die Genauigkeit können Sie durch eine Zahl (von 1 bis 53) in Klammern einschränken.

Neben den bereits vorgestellten Typen gibt es noch einige weitere, von denen im TYPO3-Umfeld aber (bisher) kaum Gebrauch gemacht wird. Beispiele hierfür sind `date` und `datetime` für Datumsangaben im Format *YYYY-MM-DD* bzw. *YYYY-MM-DD HH:MM:SS* oder `boolean` für die Wahrheitswerte `true` bzw. `false`.

> Hinter den Feldytypen für Integer-Zahlen können, ähnlich wie bei `char` und `varchar`, Zahlenwerte in Klammern stehen, wie z.B. bei `int(11)`. Diese geben aber im Gegensatz dazu *nicht* die Anzahl der Ziffern oder die Anzahl der Bytes an, die in dem Feld gespeichert werden kann. Die Information dient lediglich dazu, bei der Darstellung der Tabelleninhalte in einem SQL-Verwaltungsprogramm die Spalte links mit Leerzeichen oder Nullen zu füllen, damit die Zahlen sauber in einer Spalte ausgerichtet sind. In einem Feld des Typs `int(11)` können also, genau wie in einem des Typs `int(3)`, Zahlen im Bereich von -21.474.838.648 bis +21.474.838.647 gespeichert werden.
>
> Es ist jedoch sinnvoll, die maximale Anzahl der Stellen in Klammern anzugeben, da dies der Datenbank bei der Anlage von temporären Tabellen bei komplexen Joins die Arbeit erleichtert. Als Faustregel gilt daher: Schreiben Sie bei Ganzzahlen immer die maximale Anzahl der Stellen in Klammern dahinter (siehe Tabelle 6-1) plus eine zusätzliche Stelle für das Vorzeichen bei vorzeichenbehafteten Zahlen (*signed*).

In Tabelle 6-1 sehen Sie nochmals alle Anwendungsfälle mit den entsprechenden (empfohlenen) Datentypen im Überblick.

Tabelle 6-1: Vergleich der verschiedenen Feldtypen

Was soll gespeichert werden?	Feldtyp	Wertebereich
Zeichenketten, Texte	`char(n)`	max. 255 Bytes **
(Name, Adresse, Produktbeschreibung etc.; auch Bilder, die von TYPO3 verwaltet werden)	`varchar(n)`	max. n Bytes (bis max. n = 65.553)
	`text`	max. 65.553 Bytes
	`mediumtext`*	max. 16.777.215 Bytes
	`longtext`*	max. 4.294.967.295 Bytes
Ganzzahlen (Stückzahlen, Altersangaben etc.; in TYPO3 auch Datumsangaben und Wahrheitswerte)	`tinyint[(n)]`*	8 Bit -128 bis +128 (signed; n=4) 0 bis 255 (unsigned; n=3)
	`smallint[(n)]`	16 Bit -32.768 bis +32.767 (signed; n=6) 0 bis 65535 (unsigned; n=5)
	`mediumint[(n)]`*	24 Bit -8.388.608 bis +8.388.607 (signed; n=9) 0 bis 16.777.215 (unsigned; n=8)

Tabelle 6-1: Vergleich der verschiedenen Feldtypen (Fortsetzung)

Was soll gespeichert werden?	Feldtyp	Wertebereich
	`int[(n)]`	32 Bit
		-2.147.483.648 bis +2.147.483.647 (signed; n=11)
		0 bis 4.294.967.295 (unsigned; n=10)
	`bigint[(n)]`	64 Bit
		-9.223.372.036.854.775.808 bis +9.223.372.036.854.775.807 (signed; n=20)
		0 bis 18.446.744.073.709.551.615 (unsigned; n=19)
Kommazahlen	`decimal(p[,s])`	(wird als Zeichenkette gespeichert)
(Geldbeträge, Maßangaben etc.)	`float(p[,s])`	-1.79E+308 bis +1.79E+308 (ggf. eingeschränkt durch die angegebene Genauigkeit)

p = Genauigkeit (*precision*)

s = Nachkommastellen (*scale*)

n = Anzahl Bytes bzw. Stellenzahl in einer Spalte (`int`)

* nur MySQL-Datenbanken

** Die Anzahl der Zeichen hängt von der gewählten Kodierung ab und kann von der Anzahl der Bytes abweichen. Ein in einem ISO-8859-1-kodierten String entspricht 1 Zeichen einem Byte. In einem UTF-8-kodierten String gilt jedoch 1 Zeichen = 3 Byte (Multibyte-Zeichensatz).

Beziehungen zwischen Objekten einrichten

Zwischen den Objekten unserer Domäne bestehen vielfältige Beziehungen. Diese müssen in der Datenbank gespeichert werden, um sie zu einem späteren Zeitpunkt wieder auflösen zu können. Wie diese gespeichert werden können, hängt von der Art der Beziehung ab. Extbase unterscheidet dabei verschiedene Arten, die im Abschnitt »Beziehungen zwischen Domänenobjekten implementieren« in Kapitel 5 schon vorgestellt wurden. Hier nochmals in Kurzform:

1:1-Beziehung
: Ein Angebot hat genau einen Zeitraum, in dem es gültig ist.

1:n-Beziehung
: Eine Organisation kann mehrere Ansprechpartner haben. Jeder Ansprechpartner ist aber nur für eine Organisation zuständig.

n:1-Beziehung
: Eine Organisation hat genau einen Administrator. Der Administrator kann aber für mehrere Organisationen zuständig sein.

m:n-Beziehung
: Ein Angebot kann einerseits unterschiedlichen Kategorien zugeordnet werden. Andererseits können einer Kategorie auch unterschiedliche Angebote zugeordnet werden.

NULL oder NOT NULL?

Alle geläufigen relationalen Datenbanken erlauben `NULL` als besonderen Wert eines Feldes. Dieser hat meist die Bedeutung von »der Wert ist unbestimmt«. Beachten Sie bitte den semantischen Unterschied zwischen `NULL`, 0 und »« (also dem `NULL`-Wert, der Ziffer »Null« und einem leeren String). Am deutlichsten wird dieser Unterschied an den Teilnahmegebühren unseres Beispiels *SjrOffers*. Steht im entsprechenden Datenbankfeld `attendance_fee` als Wert `NULL`, so bedeutet dies, dass die Teilnahmegebühr nicht festgelegt ist und *nicht*, dass die Teilnahmegebühr 0 Euro beträgt. Im konkreten Fall unserer Domäne kann dies auf das gleiche Ergebnis im Frontend hinauslaufen (Anzeige »kostenlos«). Sie müssen dies jedoch für Ihre Domäne von Fall zu Fall entscheiden.

Sie können `NULL`-Werte explizit von den gültigen Werten eines Felds ausschließen, indem Sie in der Felddefinition `NOT NULL` angeben. Für die Entscheidung, ob Sie `NULL`-Werte zulassen oder nicht, sollten Sie folgende Punkte bedenken:

- `Mit NULL`-Werten können keine Berechnungen durchführt werden. Bei `AVG`, `SUM` etc. wird `NULL` ignoriert.
- `NULL`-Werte können nicht zu Vergleichsoperationen herangezogen werden. So führt zum Beispiel der Vergleich `NULL=NULL` aufgrund der Unbestimmtheit von `NULL` immer zum Ergebnis `false`. Es macht also keinen Sinn, `uid=NULL` zu schreiben. Für derartige Abfragen gibt es daher den Ausdruck `uid IS NULL`. Extbase nimmt Ihnen aber diese Arbeit ab, indem es automatisch die richtige Form wählt.
- `NULL`-Werte bei Abfragen mit `DISTINCT`, `ORDER BY` oder `GROUP BY` werden als gleichwertig betrachtet und somit z.B. in einer Gruppe zusammengefasst.
- Felder, die NULL-Werte erlauben, benötigen etwas mehr Speicherplatz. Die Abfragen auf derartige Felder sind durch die Datenbank-Engine schwerer zu optimieren.

Als Faustregel gilt: Schließen Sie NULL-Werte immer aus, soweit die Semantik Ihrer Domäne dies erlaubt.

Für die Speicherung der Beziehungen stehen in einer relationalen Datenbank verschiedene technische Lösungen zur Verfügung:

Kommaseparierte Liste (Comma Separated Values, CSV)
: In einem Feld der Tabelle des Elternobjekts werden die UIDs der Kindobjekte durch Kommas getrennt gespeichert.

Fremdschlüssel (Foreign Key)
: Die UID des Elternobjekts wird in einem Feld der Tabelle des Kindobjekts gespeichert bzw. umgekehrt.

Zwischentabelle (Intermediate Table)

Zur Speicherung aller Informationen, die die Beziehung zwischen zwei Klassen betreffen, wird eine eigene Tabelle angelegt – die Zwischentabelle. Die UID des Elternobjekts und die UID des Kindobjekts werden in einem Datensatz der Zwischentabelle gespeichert. Außerdem können Informationen zur Sortierung, der Sichtbarkeit oder der Zugriffssteuerung gespeichert werden. Diese betreffen nur die Beziehung und nicht die miteinander verknüpften Objekte.

> Speichern Sie keine Daten in einer Zwischentabelle, die die Domäne betreffen. Dies wird zwar von TYPO3 v4 (insbesondere in Kombination mit *Inline Relational Record Editing*, IRRE) unterstützt. Es ist jedoch immer ein Zeichen für eine verbesserungswürdige Modellierung Ihrer Domäne. Zwischentabellen sollen lediglich technische Hilfsmittel zur Speicherung von Beziehungsinformationen sein.
>
> Angenommen, Sie möchten eine CD mit den darauf enthaltenen Musikstücken verknüpfen: CD-m:n (Zwischentabelle)-Musikstück. Die Track-Nummer könnten Sie nun in einem Feld der Zwischentabelle speichern. Stattdessen sollten Sie den Track als eigenständiges Domänenobjekt anlegen und die Verknüpfung wie folgt realisieren: CD-1:n-Track-n:1-Musikstück.

Nicht alle Kombinationen von Beziehungsart und technischer Speicherung sind möglich oder sinnvoll. In Tabelle 6-2 finden Sie alle Kombinationen aufgelistet. Dabei bedeutet • »technisch möglich und sinnvoll«, (•) »technisch möglich, aber nicht empfohlen«, ○ »entweder technisch nicht möglich oder nicht unterstützt«.

Tabelle 6-2: Kombination von Referenzart und technischer Speicherung

	1:1	1:n	n:1	m:n
Kommaseparierte Liste	(•)	(•)	○	(•)
Fremdschlüssel	•	•	•	○
Zwischentabelle	○	○	•	•

Jede Beziehungsart hat damit mögliche und empfohlene technische Speicherformen, die wir nun im Einzelnen erläutern. Im Falle einer 1:1-Beziehung wird die UID des Kindobjekts in einem Feld (Fremdschlüssel) des Elternobjekts gespeichert:

```
CREATE TABLE tx_sjroffers_domain_model_offer (
    ...
    contact int(11) NOT NULL,
    ...
);
```

Wir erlauben hier bewusst NULL-Werte. NULL steht in diesem Fall für: »Ein Ansprechpartner wurde noch nicht zugeordnet.« Extbase löst die UID später wieder in das Contact-Objekt auf.

Bei einer 1:n-Beziehung gibt es zwei Möglichkeiten. Entweder Sie speichern alle uid-Werte als kommaseparierte Liste in einem Feld des Elternobjekts, oder Sie speichern die UID des Elternobjekts in einem Feld (Fremdschlüssel) des Kindobjekts. Die erste Möglichkeit wird häufig vom TYPO3-Core verwendet. Wir empfehlen sie dennoch nicht, da sie mehrere entscheidende Nachteile hat: Kommaseparierte Listen erschweren z.B. die Suche und verhindern eine Indexierung innerhalb der Datenbank. Außerdem ist das Einfügen und Entfernen von Kindobjekten ein komplexer, zeitaufwendiger Vorgang. Verwenden Sie also derartige Listen am besten nur im Zusammenhang mit Datenbanktabellen, deren Gestaltung Sie nicht beeinflussen können (z.B. von externen Quellen oder dem TYPO3-Core). Wir raten zur zweiten Methode, bei der Sie einen Fremdschlüssel in der Tabelle des Kindobjekts einrichten. Aufseiten des Elternobjekts dient innerhalb von TYPO3 ein weiteres Feld als Zähler für die Anzahl der Kindobjekte. Im Folgenden sehen Sie die Definition der Beziehung zwischen der Organisation und ihren Angeboten. In der Tabelle tx_sjroffers_domain_model_organization wird das Feld offers als Zähler definiert. Dieses Feld hat seine Entsprechung in der Eigenschaft offers der Klasse Tx_Sjr_Offers_Domain_Model_Organization. Diese wird später mit den Instanzen der Klasse Tx_Sjr_Offers_Domain_Model_Offer »gefüllt«.

```
CREATE TABLE tx_sjroffers_domain_model_organization (
    ...
    offers int(11) NOT NULL,
    ...
);
```

Die Definition der Tabelle tx_sjroffers_domain_model_offer enthält das Feld organization als Fremdschlüssel.

```
CREATE TABLE tx_sjroffers_domain_model_offer (
    ...
    organization int(11) NOT NULL,
    ...
);
```

> Den Umstand, dass Extbase aus Sicht des Angebots den Fremdschlüssel organization als 1:1-Beziehung zur Organisation betrachtet, können Sie ausnutzen, indem Sie in der Klasse Tx_Sjr_Offers_Domain_Model_Offer eine Eigenschaft organization definieren. Diese wird dann mit der zugehörigen Instanz der Klasse Tx_Sjr_Offers_Domain_Model_Organization »befüllt«. Damit erreichen Sie eine Rückreferenz vom Angebot zur anbietenden Organisation.

Die n:1-Beziehung ist der 1:n-Beziehung sehr ähnlich. Lediglich die Blickrichtung ist umgekehrt. Bei der technischen Speicherung stehen Ihnen zwei Möglichkeiten offen. Sie können die Beziehung als Fremdschlüssel im Elternobjekt speichern, oder Sie verwenden eine Zwischentabelle, deren Anlage im Folgenden beschrieben wird. Wir bevorzugen den Fremdschlüssel, da dieser einfacher zu verwalten ist.

Die vierte Art der Beziehung, die Extbase kennt, ist die m:n-Beziehung. Für diese müssen Sie eine Zwischentabelle anlegen. In dieser werden die `uid` des Elternobjekts und die `uid` des Kindobjekts gespeichert. Die Tabellendefinitionen für die Beziehung zwischen einem Angebot und einer Kategorie sehen wie folgt aus:

```
CREATE TABLE tx_sjroffers_domain_model_offer (
    ...
    categories int(11) NOT NULL,
    ...
);

CREATE TABLE tx_sjroffers_offer_category_mm (
    uid int(10) unsigned DEFAULT '0' NOT NULL auto_increment,
    pid int(11) DEFAULT '0' NOT NULL,

    uid_local int(10) unsigned NOT NULL,
    uid_foreign int(10) unsigned NOT NULL,
    sorting int(10) unsigned NOT NULL,
    sorting_foreign int(10) unsigned NOT NULL,

    tstamp int(10) unsigned NOT NULL,
    crdate int(10) unsigned NOT NULL,
    hidden tinyint(3) unsigned DEFAULT '0' NOT NULL,

    PRIMARY KEY (uid),
    KEY parent (pid)
);
```

Die Tabelle `tx_sjroffers_domain_model_offer` enthält auch ein Feld `categories` als Zähler (und Pendant zur Eigenschaft `categories`). Die Zwischentabelle enthält das Feld `uid_local`, das die `uid` des Angebots aufnimmt und ein Feld `uid_foreign` für die `uid` der Kategorie. Anhand der Werte in den beiden Feldern `sorting` und `sorting_foreign` bestimmt Extbase die Reihenfolge der Objekte im `ObjectStorage`. Während `sorting` aus Sicht des Angebots die Reihenfolge der Kategorien bestimmt, legt `sorting_foreign` die Reihenfolge der Angebote aus Sicht einer Kategorie fest.

> Der Name der Zwischentabelle ist frei wählbar. Wir empfehlen folgendes Schema: `tx_myext_linkesobjekt_rechtesobjekt_mm`.

Für alle Domänenobjekte und deren Beziehungen zu anderen Domänenobjekten haben wir nun die entsprechenden SQL-Definitionen der Tabellen angelegt. Im nächsten Schritt müssen wir die Darstellung der Tabelleninhalte und die Interaktion mit dem Backend konfigurieren.

Eingabemasken des Backends konfigurieren

In unserem Beispielprojekt sollen die Daten unserer Extension von Redakteuren des Stadtjugendrings im Backend und – mit Einschränkungen – durch die anbietenden Organisationen auch im Frontend eingegeben, bearbeitet und gelöscht werden. In diesem Abschnitt konfigurieren wir zunächst das Backend, um über geeignete Formulare bequem auf die Daten in der Datenbank zugreifen zu können. Die Formulare für die Verwaltung unserer Datensätze werden in einem bestimmten PHP-Array abgelegt, dem *Table Configuration Array* (kurz: *TCA*). Das Array ist bei einer größeren Extension – wie in unserem Beispiel – in der Regel auf zwei Dateien aufgeteilt. Die Datei *EXT:sjr_offers/ext_tables.php* enthält die grundlegende Konfiguration für die Tabelle und den Verweis auf die zweite Datei. Diese ist in unserem Fall *EXT:sjr_offers/Configuration/TCA/tca.php* und enthält (als Kopie) die grundlegenden Einstellungen der ersten Datei und zusätzlich die Konfiguration der Darstellung der einzelnen Tabellenfelder. Während die erste Datei bei jedem Seitenaufruf geladen wird, wird die zweite Datei zwischengespeichert und nur bei Bedarf geladen. Das verbessert die Performance.

> Die Konfigurationsoptionen, die Ihnen im TCA zur Verfügung stehen, sind sehr umfangreich. Eine vollständige Beschreibung würde den Rahmen des Buches sprengen. Sämtliche Optionen sind jedoch in Kapitel 4 der Online-Dokumentation zur TYPO3-Core-API enthalten, die Sie unter *http://typo3.org/documentation/document-library/core-documentation/doc_core_api/current/* finden.

Werfen wir zunächst einen Blick auf die oberste Hierarchie-Ebene des TCAs. In der Datei *EXT:sjr_offers/ext_tables.php* befinden sich die Einträge

```
$TCA['tx_sjroffers_domain_model_organization'] = array(
    ...
);

$TCA['tx_sjroffers_domain_model_offer'] = array(
    ...
);

$TCA['tx_sjroffers_domain_model_person'] = array(
    ...
);

...
```

Das assoziative Array enthält die Konfiguration für alle Tabellen in der TYPO3-Instanz. Als Schlüssel geben wir daher als Namen der Tabelle `tx_sjroffers_domain_model_organization` an und als Wert ein weiteres Array mit der Konfiguration für diese Tabelle. Dieses Array ist wiederum in verschiedene Abschnitte unterteilt, deren Name der Schlüssel im Array ist.

```
$TCA['tx_sjroffers_domain_model_organization'] = array(
    'ctrl' => array(
        ...
    ),
    'interface' => array(
        ...
    ),
    'types' => array(
        ...
    ),
    'palettes' => array(
        ...
    ),
    'columns' => array(
        'erster_feldname' => array(
            ...
        ),
        'zweiter_feldname' => array(
            ...
        ),
    ),
);
```

Im Folgenden finden Sie die Namen der Abschnitte sowie deren Bedeutung.

`ctrl`
: In diesem Bereich werden diejenigen Einstellungen vorgenommen, die tabellenweit gültig sind. Hierzu zählt, unter welcher Bezeichnung die Tabelle im Backend geführt wird, in welchen Feldern der Tabelle die Metadaten gespeichert werden sollen sowie das Verhalten der Tabelle beim Anlegen und Verschieben von Datensätzen. Metadaten sind Angaben zur Sichtbarkeit und Zugriffssteuerung (z.B. `disabled`, `hidden`, `starttime`, `endtime`, `fe_group`), zum Verlauf von Änderungen (z.B. `versioningWS`, `crdate`, `tstamp`) sowie zur Lokalisierung von Datensätzen (z.B. `languageField`).

`interface`
: Dieser Abschnitt enthält Angaben darüber, wie die Tabelle im Listen-Modul des Backends dargestellt werden soll. Unter dem Schlüssel `showRecordFieldList` wird eine kommaseparierte Liste von Feldnamen erwartet, deren Werte im Info-Dialog der Tabelle angezeigt werden sollen. Sie erreichen diesen Dialog z.B. durch Rechtsklick auf das Icon des Datensatzes unter *Info*. Durch die Optionen `maxDBListItems` können Sie festlegen, wie viele Datensätze im Listen-Modul angezeigt werden, ohne in die Einzelansicht der Tabelle umschalten zu müssen. Für die Einzelansicht gibt `maxSingleDBListItems` die Anzahl der Datensätze an, die ohne zu blättern angezeigt werden sollen. Falls Sie `always_description` auf `true` setzen, werden Hilfetexte immer angezeigt.

types

Der Abschnitt definiert das Aussehen des Formulars für das Anlegen bzw. Bearbeiten eines Datensatzes. Sie können mehrere Layout-Varianten (Typen) festlegen, indem Sie im Array *types* mehrere Elemente auflisten. Der Schlüssel dieser Elemente ist der Typ (in der Regel eine Zahl), der Wert ein weiteres Array. Dieses Array wiederum enthält in den meisten Fällen nur ein Element mit `showitem` als Schlüssel und eine kommaseparierte Liste von Feldnamen, die im Formular angezeigt werden sollen. Ein Beispiel aus der Tabelle `tx_sjroffers_domain_model_organization` ist:

```
'types' => array(
    '1' => array('showitem' => 'hidden,status,name,address;;1;;,description,
    contacts,offers,administrator')
),
```

Obwohl das Verhalten und Aussehen der Felder der Tabelle im Abschnitt `columns` definiert wird, müssen sie hier nochmals explizit aufgeführt werden, um im Formular zu erscheinen. Das erspart Ihnen das Auskommentieren und Verschieben von Code, falls Sie ein bereits konfiguriertes Feld ausblenden bzw. dessen Position im Formular verändern möchten.

Das Verhalten und Aussehen eines Feldes kann durch weitere Parameter – wie beim Feld `address` geschehen – beeinflusst werden. Die Schreibweise dieser zusätzlichen Parameter ist zunächst etwas ungewohnt. Sie werden durch ein Semikolon getrennt hinter den Feldnamen geschrieben. An erster Stelle steht der Feldname; es folgt an zweiter Stelle ein alternativer Feldbezeichner; an dritter Stelle dann die Nummer der Palette (siehe nächster Abschnitt); an vierter Stelle weitere Optionen (durch einen Doppelpunkt getrennt); an letzter Stelle schließlich das Aussehen (Farbe und Gliederung). Die an vierter Stelle einzutragenden weiteren Optionen ermöglichen z.B. den Einsatz des Rich-Text-Editors. Eine vollständige Auflistung aller Möglichkeiten finden Sie in der bereits erwähnten Online-Dokumentation zur TYPO3-Core-API.

palettes

Paletten dienen dazu, selten benötigte Felder zusammenzufassen und diese nur bei Bedarf anzuzeigen. Der Backend-Benutzer muss dazu die *Erweiterte Ansicht* im Listen-Modul wählen. Paletten sind einem dauerhaft sichtbaren Feld zugeordnet. Ein Beispiel aus der Tabelle `tx_sjroffers_domain_model_organization` ist:

```
'palettes' => array(
    '1' => array('showitem' => 'telephone_number,telefax_number,url,email_address')
),
```

Der Aufbau ist der gleiche wie im Abschnitt `types`. Dort wird durch `address;;1;;` auf die Palette mit der Nummer 1 verwiesen.

`columns`

In diesem Array wird das Verhalten und Aussehen innerhalb des Formulars für jedes Feld festgelegt. Der Feldname ist der Schlüssel. Der Wert ist ein weiteres Array mit der Konfiguration für dieses Feld. Die Feldkonfiguration für die Eingabe des Namens einer Organisation sieht wie folgt aus:

```
'name' => array(
    'exclude' => 0,
    'label'   => 'LLL:EXT:sjr_offers/Resources/Private/Language/
                 locallang_db.xml:tx_sjroffers_domain_model_organization.name',
    'config'  => array(
        'type' => 'input',
        'size' => 20,
        'eval' => 'trim,required',
        'max'  => 256
    )
),
```

Der Feldname ist hier `name`. Zunächst folgen einige Optionen, die vom Feldtyp unabhängig sind. Dazu zählen insbesondere die Feldbezeichnung (`label`), die Bedingungen für die Sichtbarkeit des Feldes (`exclude`, `displayCond`) sowie die Angaben zur Lokalisierung (`l10n_mode`, `l10n_cat`). Die Feldbezeichnung ist in unserem Fall lokalisiert und wird einer Sprachdatei entnommen (mehr dazu finden Sie in Kapitel 9).

Das Array unter `config` enthält den Feldtyp und die von ihm abhängige Konfiguration. TYPO3 stellt bereits eine große Anzahl von Feldtypen, wie z.B. einfache Textfelder, Datumsfelder oder Auswahlfelder, zur Verfügung. Jeder Typ hat wiederum eine Vielzahl von Darstellungs- und Verarbeitungsoptionen. Im Folgenden finden Sie alle Feldtypen mit ihren typischen Konfigurationen.

Feldtyp »input«

Der Feldtyp *input* nimmt einzeilige Zeichenketten, wie z.B. Namen und Telefonnummern auf. Die Konfiguration für ein Namensfeld (siehe Abbildung 6-1) sieht etwa wie folgt aus:

```
'name' => array(
    'label'   => 'Name der Organisation',
    'config'  => array(
        'type' => 'input',
        'size' => 20,
        'eval' => 'trim,required',
        'max'  => 256
    )
),
```

Die eingegebene Zeichenkette wird auf 256 Zeichen begrenzt (`'max'=> 256`), überstehende Leerzeichen werden entfernt (`trim`), und das Speichern eines leeren Felds wird verhindert (`required`).

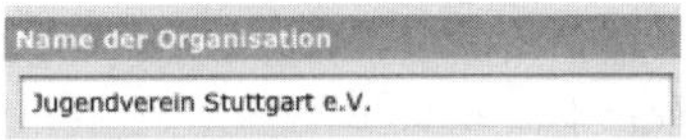

Abbildung 6-1: Beispiel für den Feldtyp »input« als Namensfeld

Der Typ *input* kann auch zur Eingabe von Datums- und Zeitangaben verwendet werden:

```
'minimum_value' => array(
    'label'   => 'gültig vom',
    'config'  => array(
        'type'     => 'input',
        'size' => 8,
        'checkbox' => '',
        'eval' => 'date'
    )
),
```

Der gültige Wert wird dann durch `'eval' => 'date'` auf Datumsformate eingeschränkt. Gleichzeitig führt dies zur Anzeige eines aufklappbaren Kalenderblatts (Icon rechts neben dem Feld), das Sie in Abbildung 6-2 sehen.

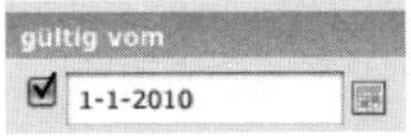

Abbildung 6-2: Beispiel für den Feldtyp »input« als Datumsfeld

Feldtyp »text«

Im Feldtyp *text* können mehrzeilige formatierte oder unformatierte Texte eingegeben werden. Beispiele hierfür sind Produktbeschreibungen, Adressen oder Newsbeiträge. Die Angabe der Zeilen (`rows`) und Spalten (`cols`) bestimmt die Größe des Textfeldes.

```
'address' => array(
    'label' => 'Adresse:',
    'config' => array(
        'type' => 'text',
        'cols' => 20,
        'rows' => 3
    )
),
```

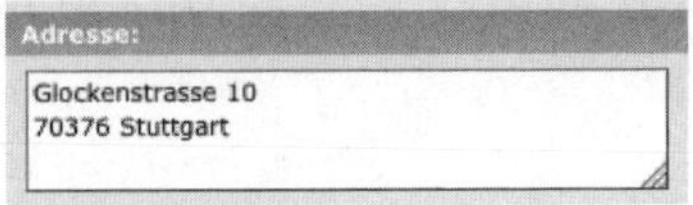

Abbildung 6-3: Beispiel für den Feldtyp »text«

Feldtyp »check«

Der Feldyp *check* ermöglicht das Festlegen einer einzelnen Option (Abbildung 6-4), zum Beispiel legen Sie hier fest, ob ein Datensatz verborgen sein soll oder nicht.

```
'hidden' => array(
    'label'   => 'Verbergen:',
    'config'  => array(
        'type' => 'check'
    )
),
```

Abbildung 6-4: Beispiel für den Feldtyp »check« für eine einzelne Option

Mehrere zusammengehörige Optionen, von denen jede für sich anwählbar ist, können auch zu einem Feld gruppiert werden (siehe Abbildung 6-5). Dies ist zum Beispiel für die Auswahl gültiger Wochentage oder die empfohlenen Leistungsstufen einer Trainingsübung sinnvoll.

```
'level' => array(
    'exclude' => 1,
    'label' => 'Ausprägung für',
    'config' => array(
        'type' => 'check',
        'eval' => 'required,unique',
        'cols' => 5,
        'default' => 31,
        'items' => array(
            array('Stufe 1',''),
            array('Stufe 2',''),
            array('Stufe 3',''),
            array('Stufe 4',''),
            array('Stufe 5',''),
        )
    )
),
```

Der Wert, der in das Datenbankfeld geschrieben wird, ist eine Integerzahl. Diese wird aus den Zuständen (1 oder 0) der einzelnen Checkboxen bitweise errechnet. Das erste Element (Stufe 1) ist das niedrigstwerte Bit (= $2^0 = 1$). Das zweite Element ist das nächsthöhere Bit (= $2^1 = 2$). Das dritte Element entspricht dann (= $2^2 = 4$) usw. Die Auswahl im Bild links würde zum folgenden Bit-Muster (= Dualzahl) führen: `00101`. Dieser Dualzahl entspricht die Integerzahl 5.

Abbildung 6-5: Beispiel für den Feldtyp »check« mit mehreren gruppierten Optionen

Feldtyp »radio«

Der Feldtyp *radio* ist geeignet, um aus mehreren Optionen eine eindeutige Auswahl zu treffen (siehe Abbildung 6-6), wie z.B. die Auswahl des Geschlechts einer Person oder einer Produktfarbe.

```
'gender' => array(
    'label'  => 'Geschlecht',
    'config' => array(
        'type'    => 'radio',
        'default' => 'm',
        'items'   => array(
          array('männlich', 'm'),
          array('weiblich', 'f')
        )
    )
),
```

Die Optionen (`items`) werden hier direkt in einem Array angegeben. Eine einzelne Option ist wiederum ein Array mit dem Label als Schlüssel und dem Wert, der in das Datenbankfeld geschrieben wird.

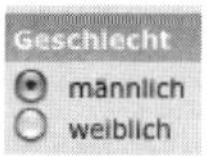

Abbildung 6-6: Beispiel für den Feldtyp »radio«

Feldtyp »select«

Der Feldtyp *select* ermöglicht eine eine platzsparende Auswahl aus mehreren Optionen (siehe Abbildung 6-7), wie z.B. eines Mitgliederstatus, einer Produktfarbe oder einer Region.

```
'status' => array(
    'exclude' => 0,
    'label'   => 'Status',
    'config'  => array(
        'type' => 'select',
        'foreign_table' => 'tx_sjroffers_domain_model_status',
        'maxitems' => 1
),
```

Die einzelnen Optionen werden hier aus einer anderen Tabelle entnommen (`foreign_table`). Durch Setzen von `maxitems` auf 1 (Standard) wird die Auswahl auf ein Element eingeschränkt.

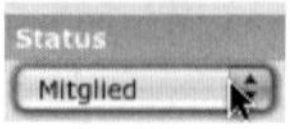

Abbildung 6-7: Beispiel für den Feldtyp »select« mit einer Aufklappliste

Der Typ *select* kann aber auch dazu verwendet werden, aus einer Vielzahl von Optionen eine Untermenge davon auszuwählen. Dies wird z.B. bei Kategorien (siehe Abbildung 6-8), Tags oder Ansprechpartnern verwendet.

```
'categories' => array(
    'exclude' => 1,
    'label'   => 'Kategorien',
    'config' => array(
        'type' => 'select',
        'size' => 10,
        'minitems' => 0,
        'maxitems' => 9999,
        'autoSizeMax' => 5,
        'multiple' => 0,
        'foreign_table' => 'tx_sjroffers_domain_model_category',
        'MM' => 'tx_sjroffers_offer_category_mm'
    )
),
```

Auch hier werden die Optionen aus einer anderen Tabelle entnommen. Die Referenzen werden jedoch in einer Zwischentabelle `tx_sjroffers_offer_category_mm` verwaltet.

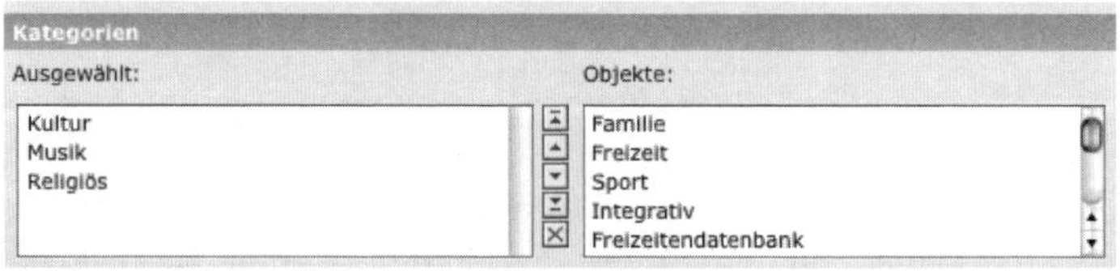

Abbildung 6-8: Beispiel für den Feldtyp »select«

Feldtyp »group«

Der Feldtyp *group* ist recht flexibel einsetzbar. Über ihn lassen sich Verknüpfungen mit Ressourcen aus dem Dateisystem oder anderen Datensätzen aus der Datenbank verwalten (siehe Abbildung 6-9).

```
'images' => array(
    'label' => 'Bilder',
    'config' => array(
        'type' => 'group',
        'internal_type' => 'file',
        'allowed' => 'gif,jpg,
        'max_size' => 1000,
        'uploadfolder' => 'uploads/pics/',
        'show_thumbs' => 1,
        'size' => 3,
        'minitems' => 0,
        'maxitems' => 200,
        'autoSizeMax' => 10,
    )
),
```

Die Kombination aus type und `internal_type` legt hier den Feldtyp fest. Neben `file` stehen noch `file_reference`, `folder` und `db` zur Auswahl. Während bei `file` die Datei kopiert und dann referenziert wird, wird die Originaldatei bei `file_reference` ausschließlich referenziert. Bei `db` wird auf einen Datensatz aus einer beliebigen Tabelle referenziert.

> Die Relation zu anderen Datensätzen wird von Extbase in der aktuellen Version nicht aufgelöst. Im Datenbankfeld werden Relationen als kommaseparierte Liste gespeichert (`bild1.jpg,bild2.jpg,bild3.jpg`). Diese kann jedoch über einen ViewHelper in Fluid bei der Ausgabe aufgelöst werden (siehe hierzu den Eintrag *f:image* in Anhang C).

Abbildung 6-9: Beispiel für den Feldtyp »group«

Feldytp »none«

In Feldern des Typs *none* werden die »rohen« Feldinhalte angezeigt. Diese können nicht bearbeitet werden (siehe Abbildung Abbildung 6-10).

```
'date' => array(
    'label'   => 'Datum (Timestamp)',
    'config'  => array(
        'type'    => 'none'
    )
),
```

Im Gegensatz zur Datumsanzeige mithilfe des Typs `input` greift hier keine Evaluierung durch `'eval' => 'date'`. Der in der Datenbank gespeicherte Zeitstempel wird direkt angezeigt.

Abbildung 6-10: Beispiel für den Feldtyp »none« für ein Datumsfeld

Feldtyp »passthrough«

Der Feldtyp *passthrough* ist für intern verarbeitete Daten gedacht, die zwar gespeichert, aber im Formular weder bearbeitet noch angezeigt werden sollen. Ein Beispiel hierfür sind Informationen zu Verknüpfungen (Fremdschlüssel).

```
'organization' => array(
    'config'  => array(
        'type'    => 'passthrough'
    )
),
```

Diese Feldkonfiguration innerhalb der Tabelle `tx_sjroffers_domain_model_offer` bewirkt z.B., dass die Eigenschaft `organization` des `Offer`-Objekts mit dem entsprechenden Objekt besetzt wird.

Feldtyp »user«

Unter dem Feldtyp *user* können Sie frei definierbare Formularfelder definieren, die von Ihrer eigenen PHP-Funktion gerendert werden. Weitere Informationen und Beispielcode finden Sie in der Online-Dokumentation zur TYPO3-Core-API.

Feldtyp »flex«

Mit dem Feldtyp *flex* werden komplexe Inline-Formulare (*FlexForms*) verwaltet. Die Formulardaten werden als XML-Datenstruktur im Datenbankfeld gespeichert. FlexForms werden in Extbase nur zur Konfiguration eines Plugins, nicht aber zur Speicherung von Domänendaten verwendet. Wir raten bei hoher Komplexität der Daten zu einem eigenen Backend-Modul (siehe Kapitel 10).

Feldtyp »inline«

Der Feldtyp *inline* bietet sich für die Bearbeitung komplexer Aggregate der Domäne an (siehe Abbildung 6-11). Das diesem Feldtyp zugrunde liegende Inline Relational Record Editing (IRRE) ist eine Technik, mit der Domänenobjekte eines Aggregats (oder eines Zweigs davon) in einem einzigen Formular angelegt, bearbeitet und wieder gelöscht werden. Ohne IRRE müssen einzelne Domänenobjekte getrennt bearbeitet und miteinander verknüpft werden. Dazu ist jedes Mal ein Zwischenspeichern notwendig. Für Redakteure stellt diese Technik daher ein komfortables Werkzeug dar, um komplexe Aggregate zu verwalten. Die Möglichkeiten, die Ihnen IRRE zur Verfügung stellt, sind in der Online-Dokumentation zur TYPO3-Core-API aufgelistet (siehe *http://typo3.org/documentation/document-library/core-documentation/doc_core_api/4.3.0/view/4/2/*).

```
'offers' => array(
    'label'    => 'Angebote',
    'config' => array(
        'type' => 'inline',
        'foreign_table' => 'tx_sjroffers_domain_model_offer',
        'foreign_field' => 'organization',
        'maxitems'       => 9999
    )
),
```

Die Konfiguration ist weitgehend identisch zum Feldtyp `select`. Es stehen jedoch noch einige weitere Konfigurationsmöglichkeiten für die Darstellung und Verwaltung der verknüpften Objekte zur Verfügung.

Abbildung 6-11: Beispiel für den Feldtyp »irre«

Extbase unterstützt die wesentlichen Merkmale von IRRE. Allerdings gibt es hier eine wichtige Ausnahme: IRRE erlaubt es, die Zwischentabelle einer m:n-Beziehung um zusätzliche Felder zu erweitern, die dann Daten aus der Domäne aufnehmen können. Ein Beispiel: Sie möchten einen Tonträger (CD) mit den darauf befindlichen Musikstücken (Title) in Verbindung setzen. Auf einer CD gibt es mehrere Musikstücke, und ein Musikstück kann auf mehreren CDs vertreten sein. Daraus ergibt sich folgende Struktur mit einer Zwischentabelle:

```
CD --1:n--  Zwischentabelle --n:1-- Title
```

Die dazugehörige Konfiguration für IRRE sieht dann wie folgt aus:

```
'titles' => array(
    'label' => 'Musiktitel',
    'config' => array(
        'type' => 'inline',
        'foreign_table' => 'tx_myext_cd_title_mm',
        'foreign_field' => 'uid_local',
        'foreign_selector' => 'uid_foreign'
    )
),
```

Diese Konfiguration wird im Tutorial zu IRRE (Extension irre_tutorial) als die maßgebliche für m:n-Beziehungen beschrieben. Die Option foreign_selector bewirkt, dass ein Auswahlfeld für die Musiktitel angezeigt wird. Diese Option wird von IRRE momentan nur für m:n-Beziehungen unterstützt.

Jedes Musikstück auf der CD ist durch eine Track-Nummer gekennzeichnet. Die Track-Nummer gehört aber semantisch weder zur CD noch zum Musikstück; sie ist eine Eigenschaft der Beziehung zwischen diesen beiden. Daher bietet IRRE die Möglichkeit, diese mit in der Zwischentabelle zu speichern. Dies lässt sich immer durch ein optimiertes Domänenmodell abbilden. Wir werten die Zwischentabelle aus und führen den Track als Domänenobjekt ein. Damit ergibt sich folgende Struktur:

```
CD --1:n-- Track --n:1-- Title
```

Wir ändern die Konfiguration zu einer normalen 1:n-Relation mit dem Fremdschlüssel cd in der Tabelle tx_myext_domain_model_track:

```
'tracks' => array(
    'label' => 'Track',
    'config' => array(
        'type' => 'inline',
        'foreign_table' => 'tx_myext_domain_model_track',
        'foreign_field' => 'cd'
    )
),
```

Da der Wunsch, Daten in der Zwischentabelle zu speichern, auf einem »fehlenden« Domänenobjekt beruht (in unserem Fall dem Objekt Track), unterstützt Extbase die Speicherung zusätzlicher Domänendaten in Zwischentabellen nicht. Erst in der Online-Dokumentation zur TYPO3-Core-API wird dann die zweite, korrekte Möglichkeit beschrieben, wie man m:n-Beziehungen in IRRE konfiguriert. Sie beruht auf einer »reinen« Zwischentabelle und dient in der folgenden Konfiguration zur Verknüpfung von Produkten mit Kategorien:

```
'categories' => array(
    'label' => 'Kategorien',
    'config' => array(
        'type' => 'inline',
        'foreign_table' => 'tx_myext_domain_model_category',
        'MM' => 'tx_myext_product_category_mm'
    )
),
```

Diese zweite Möglichkeit hat einen weiteren Vorteil: Sie müssen für die Zwischentabelle tx_myext_product_category_mm keine TCA-Konfiguration vornehmen, da Sie ja keine Felder der Tabelle direkt im Backend bearbeiten oder anzeigen müssen. Es reicht die SQL-Definition.

Damit sind die Konfigurationsmöglichkeiten innerhalb des TCAs grob umrissen. Einerseits stellt die Fülle an Möglichkeiten eine erhebliche Hürde für Einsteiger dar, andererseits werden Sie in Zukunft das TCA automatisch durch einen Kickstarter generieren lassen können (siehe Kapitel 10).

Wie bereits erwähnt, wird das TCA aus Performance-Gründen in der Regel auf zwei Dateien aufgeteilt: in einen Teil mit den grundlegenden Eistellungen für die Tabelle, der bei jedem Seitenaufruf geladen wird, und in einen Teil mit den Einstellungen für die Spalten, die nur bei Bedarf geladen werden. In unserer Beispiel-Extension sieht erste Teil, der in der Datei *ext_tables.php* abgelegt wird, wie folgt aus:

```
$TCA['tx_sjroffers_domain_model_organization'] = array(
    'ctrl' => array(
        'title'        => 'LLL:EXT:sjr_offers/Resources/Private/Language/
                          locallang_db.xml:tx_sjroffers_domain_model_organization',
        'label'        => 'name',
        'tstamp'       => 'tstamp',
        'crdate'       => 'crdate',
        'languageField'              => 'sys_language_uid',
        'transOrigPointerField'      => 'l18n_parent',
        'transOrigDiffSourceField'   => 'l18n_diffsource',
        'prependAtCopy'    => 'LLL:EXT:lang/locallang_general.xml:LGL.prependAtCopy',
        'copyAfterDuplFields'        => 'sys_language_uid',
        'useColumnsForDefaultValues' => 'sys_language_uid',
        'delete'           => 'deleted',
        'enablecolumns'    => array(
            'disabled'      => 'hidden'
        ),
        'dynamicConfigFile' => t3lib_extMgm::extPath($_EXTKEY) .
                               'Configuration/TCA/tca.php',
        'iconfile'          => t3lib_extMgm::extRelPath($_EXTKEY) .
            'Resources/Public/Icons/icon_tx_sjroffers_domain_model_organization.gif'
    )
);
```

In dieser Datei wird lediglich der essenzielle Abschnitt `ctrl` definiert. Unter dem Schlüssel `dynamicConfigFile` wird darin auf die Datei verwiesen, die den zweiten Teil enthält. Der Pfad zur Datei **tca.php**, die diesen Teil enthält, sowie deren Name sind frei wählbar. Sie sollte diese jedoch im Ordner *Configuration* (oder einem Unterordner) ablegen. Der entsprechende Ausschnitt aus der Datei **tca.php** sieht wie folgt aus:

```
$TCA['tx_sjroffers_domain_model_organization'] = array(
    'ctrl' => $TCA['tx_sjroffers_domain_model_organization']['ctrl'],
    'interface' => array(
        'showRecordFieldList' => 'status,name,address,telephone_number,telefax_number,
            url,email_address,description,contacts,offers,administrator'
    ),
    'types' => array(
        '1' => array('showitem' => 'hidden,status,name,address;;1;;,description,
            contacts,offers,administrator')
    ),
    'palettes' => array(
        '1' => array('showitem' => 'telephone_number,telefax_number,url,email_address')
    ),
```

```
    'columns' => array(
        'sys_language_uid' => array(...),
        'l18n_parent' => array(...),
        'l18n_diffsource' => array(...),
        'hidden' => array(...),
        'status' => array(...),
        'name' => array(...),
        'address' => array(...),
        'telephone_number' => array(...),
        'telefax_number' => array(...),
        'url' => array(...),
        'email_address' => array(...),
        'description' => array(...),
        'contacts' => array(...),
        'offers' => array(...),
        'administrator' => array(...),
    )
);
```

Ganz oben finden Sie die Rückreferenz auf den bereits definierten Abschnitt `ctrl`. Danach folgen die restlichen Abschnitte. Auf diese Weise konfigurieren wir nun für alle Domänenobjekte eine Tabelle.

Nun können wir im Backend einen Ordner (*SysOrdner*) anlegen, der unsere Datensätze aufnehmen wird. Dort legen wir dann unsere erste Organisation an (siehe Abbildung 6-12).

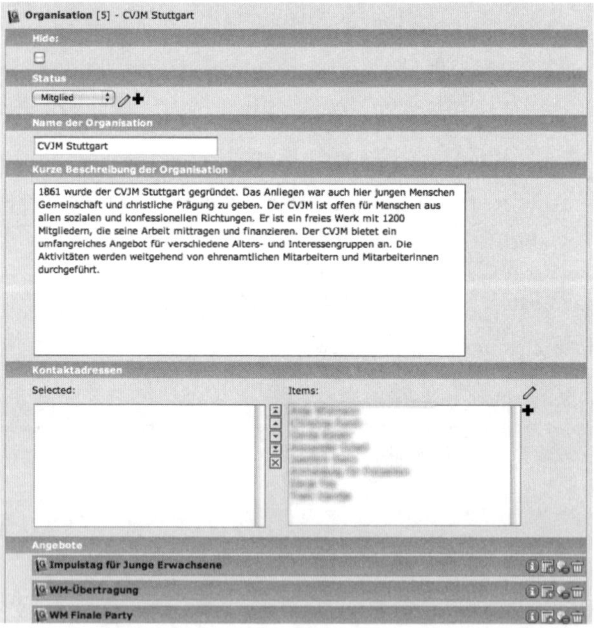

Abbildung 6-12: Das Formular für die Eingabe einer Organisation samt ihren Angeboten

Sie können nun bereits die komplette Datenstruktur eingeben. In unserem konkreten Projekt ermöglichte dies dem Auftraggeber, Beispieldaten anzulegen, mit denen wir dann zu einem frühen Zeitpunkt Integrationstests vornehmen konnten.

Noch können wir allerdings nicht auf die eingegebenen Daten zugreifen. Dieser Zugriff erfolgt in Extbase über sogenannte *Repositories*, die wir im folgenden Abschnitt anlegen.

Die Repositories anlegen

In Kapitel 3 haben Sie Repositories bereits kennengelernt. Sie dienen dazu, Objekte darin abzulegen und später wieder daraus zu entnehmen. Für jedes Aggregate-Root-Objekt legen wir ein solches Repository-Objekt an. Über die Aggregate-Root-Objekte wiederum greifen wir dann auf alle Objekte zu, die im zugehörigen Aggregate vorhanden sind. In unserem Beispiel ist `Tx_SjrOffers_Domain_Model_Organization` ein solches Aggregate-Root-Objekt. Der Klassenname eines Repository ergibt sich dadurch, dass an den Klassennamen des Aggregate-Root-Objekts das Suffix `Repository` angefügt wird. Das Repository muss die Klasse `Tx_Extbase_Persistence_Repository` erweitern. Die Klassendatei `Tx_SjrOffers_Domain_Repository_OrganizationRepository` legen wir im Ordner *EXT:sjr_offers/Classes/Domain/Repository/* ab. Der Ordner *Repository* befindet sich also auf der gleichen Ebene wie der Ordner *Model*. Der Klassenrumpf bleibt in unserem Falle leer, da sämtliche Methoden, die wir zum Ablegen und Auffinden von Objekten benötigen, bereits in generischer Form in der Klasse `Tx_Extbase_Persistence_Repository` implementiert sind.

```
class Tx_SjrOffers_Domain_Repository_OrganizationRepository
    extends Tx_Extbase_Persistence_Repository {}
```

Auf die gleiche Weise richten wir ein `Tx_SjrOffers_Domain_Repository_OfferRepository` ein. Später werden wir in diesem eigene Methoden zum Auffinden von Angeboten implementieren. Da wir für Auswahlfelder im Frontend häufig auf alle vorhandenen Kategorien und Regionen zugreifen müssen und häufig Kontaktdaten von bestimmten Personen unabhängig vom zugehörigen Angebot bzw. der zugehörigen Organisation aktualisieren, legen wir für diese Klassen ebenfalls Repositories an.

> Widerstehen Sie dem Drang, für alle Klassen auch Repositories anzulegen. Beschränken Sie die Repositories auf die unbedingt notwendige Anzahl. Nutzen Sie stattdessen den Zugriff über die Aggregate-Root-Objekte. Implementieren Sie dort die notwendigen `find`-Methoden, die sich ähnlich verhalten wie die in Abschnitt »Individuelle Abfragen implementieren«.

Das `Tx_Extbase_Persistence_Repository` stellt folgende Methoden zur Verfügung. Diese stehen Ihnen dann ebenfalls in Ihren (davon abgeleiteten) Repository-Klassen zur Verfügung und können dort gegebenenfalls überschrieben werden.

`add($object)`
: Fügt ein Objekt zum Repository hinzu. Es ist damit im Sinne des Domain-Driven-Design persistent, wird aber erst nach dem Durchgang durch die Extension durch den Aufruf von `persistAll()` des `PersistenceManager` in die Datenbank geschrieben (und mit einer `uid` versehen).

`remove($object) und removeAll()`
: Das Gegenstück zu `add()`. Ein Objekt wird aus dem Repository entfernt und nach dem Durchgang durch die Extension aus der Datenbank gelöscht. `removeAll()` leert das Repository vollständig.

`replace($existingObject, $newObject)`
: Ersetzt ein Objekt des Repositories durch ein anderes. Im Gegensatz zur Kombination aus `add()` und `remove()` wird das bestehende Objekt jedoch nicht aus der Datenbank gelöscht, sondern durch das neue ersetzt.

`update($modifiedObject)`
: Ein bestehendes Objekt des Repositories wird mit den Eigenschaften des übergebenen Objekts aktualisiert. Extbase erkennt an der `uid` des modifizierten Objekts, welches Objekt des Repository aktualisiert werden muss. Falls das Objekt sich nicht bereits im Repository befindet, löst Extbase einen Laufzeitfehler aus.

`findAll()` und `countAll()`
: Gibt alle Objekte zurück, die sich im Repository befinden, allerdings nur solche, die bereits mit `persistAll()` in die Datenbank geschrieben wurden. Dieses etwas verwirrende Verhalten ist beabsichtigt.

Während `findAll()` ein Array von Objekten zurückgibt, zählt `countAll()` lediglich die vorhandenen Objekte. Wird eine SQL-Datenbank als Backend verwendet, wird dabei lediglich ein `SELECT COUNT` ausgeführt. Der Rückgabewert ist eine Integer-Zahl.

`findBy`*`Property`*`($value)`, `findOneBy`*`Property`*`($value)` und `countBy`*`Property`*`($value)`
: Diese drei Methoden dienen dazu, Objekte aufzufinden bzw. zu zählen, die einem bestimmten Kriterium entsprechen. Hierbei muss `Property` durch den großgeschriebenen Namen einer Eigenschaft derjenigen Klasse ersetzt werden, die das Repository verwaltet. Es werden dann nur diejenigen Objekte zurückgegeben bzw. gezählt, deren Eigenschaftswert gleich dem übergebenen Wert ist. Während die Methode `findBy`*`Property`*`()` ein Array aus Objekten zurückgibt, liefert die Methode `findOneBy`*`Property`*`()` das erste gefundene Objekt. Welches als Erstes gefunden wird, hängt – falls keine Sortierung angegeben wurde – von der Reihenfolge ab, in der die Daten im Backend abgelegt wurden. Die `countBy`*`Property`*`()` zählt lediglich, wie viele Objekte sich in der Ergebnismenge befinden würden. Der Rückgabewert ist hier eine Integer-Zahl.

`createQuery()`
: Diese Methode dient im Gegensatz zu den vorhergehenden nicht zur Verwaltung und Manipulation der Objekte des Repositories. Sie liefert ein `Query`-Objekt zurück, mit dem individuelle Abfragen gebaut werden können. Diese Abfrage kann dann gegen das Storage-Backend ausgeführt werden. Wir gehen im folgenden Abschnitt auf diese Methode und das Bauen individueller Queries näher ein.

Bevor Sie nun über diese Methoden auf die Domänenobjekte eines Repository zugreifen, sollten Sie Extbase mitteilen, auf welchen Seiten innerhalb des Seitenbaums von TYPO3 die Objekte gesucht bzw. abgelegt werden sollen. Ohne weitere Angaben wählt Extbase die Wurzelseite (die sogenannte *Weltkugel*). Falls Sie mit dem Konzept des Seitenbaums von TYPO3 v4 noch nicht vertraut sind, können Sie sich im Kasten »Der Seitenbaum in TYPO3 v4« weiter unten in diesem Kapitel informieren.

Grundsätzlich müssen drei Fälle unterschieden werden: Speichern eines neu angelegten Objekts, Rekonstituieren eines bestehenden Objekts sowie Speichern der Änderungen an einem bestehenden Objekt. Beim Speichern eines neuen Objekts ermittelt Extbase die Seiten in der folgenden Reihenfolge. Sobald eine der Bedingungen zutrifft, werden die folgenden ignoriert.

1. Falls – wie in Kapitel 4 beschrieben – die Option *Ausgangspunkt* im Formular des Plugins gesetzt ist, werden Objekte auf allen dort gesetzten Seiten gesucht.
2. Falls im TypoScript-Setup der Seite, auf der das Plugin liegt, unter der Option `plugin.tx_`*`extensionname`*`.persistence.storagePid` eine kommaseparierte Liste von PIDs angegeben ist, wird auf den zugehörigen Seiten gesucht.
3. Falls im TypoScript-Setup der Seite, auf der das Plugin liegt, unter der Option `config.tx_extbase.persistence.storagePid` eine kommaseparierte Liste von PIDs angegeben ist, wird auf den zugehörigen Seiten gesucht.
4. Falls keiner der oben stehenden Fälle zutrifft, werden Objekte auf der Wurzelseite (»Weltkugel«) des Seitenbaums gesucht.

Beim Einfügen von neuen Domänenobjekten lautet die Reihenfolge:

1. Falls im TypoScript-Setup der Seite, auf der das Plugin liegt, unter der Option `plugin.`*`tx_extensionname`*`.persistence.classes.`*`VollerKlassenName`*`.newRecordStoragePid` eine (einzelne) Seiten-ID gesetzt ist, wird das neue Objekt unter dieser gespeichert.
2. Falls im TypoScript-Setup der Seite, auf der das Plugin liegt, unter der Option `config.tx_extbase.persistence.classes.`*`VollerKlassenName`*`.newRecordStoragePid` eine (einzelne) Seiten-ID gesetzt ist, wird das neue Objekt unter dieser gespeichert.
3. Falls keiner der oben stehenden Fälle bisher zutrifft, wird das neue Objekt auf der ersten Seite aus der Liste der zu durchsuchenden Seiten (siehe oben) gespeichert; letztendlich also auf der Wurzelseite (»Weltkugel«) des Seitenbaums.

Beim Aktualisieren von Domänenobjekten wird die PID nicht verändert. Sie können jedoch die Eigenschaft `pid` in Ihrem Domänenobjekt mit den zugehörigen `set`- und `get`-Methoden implementieren. Damit kann ein Domänenobjekt durch Neusetzen der PID von einer Seite zu einer anderen Seite verschoben werden.

> Die häufigste Ursache für vermeintlich »leere« Repositiories ist eine fehlende oder falsch konfigurierte Storage-PID. Prüfen Sie in diesem Fall daher zunächst im Template-Modul des Backends, ob diese richtig gesetzt ist.

Neben den Optionen zur Einstellung der Seiten-IDs gibt es noch zwei weitere, mit denen Sie das Verhalten der Persistenzschicht beeinflussen können: `enableAutomaticCacheClearing` und `updateReferenceIndex`. Die Einstellung `config.tx_extbase.persistence.enableAutomaticCacheClearing = 1` innerhalb des TypoScript-Setups bewirkt, dass nach jedem schreibenden Vorgang der Cache der aktuellen Seite gelöscht wird. Standardmäßig ist diese Option aktiviert.

Der Seitenbaum in TYPO3 v4

In TYPO3 v4 werden Inhaltselemente und Datensätze, die im Backend dargestellt werden sollen, immer einer bestimmten Seite (*Page*) zugeordnet. Eine Seite ist zunächst nichts anderes als ein Knotenelement oder Blatt in einem virtuellen Seitenbaum (*Page tree*). Jeder Seite ist eine eindeutige Page ID bzw. PID zugeordnet. Manche Seiten sind über eine URL ansprechbar und werden auf Anforderung durch TYPO3 in das gewünschte Format (meist HTML, da die Daten für Browser bestimmt sind) transformiert und ausgeliefert. Die URL *http://www.example.com/index.php?id=123* fordert z.B. die Seite mit der Page-ID 123 an. Hier hat also die Seite die konkrete Bedeutung im Sinne von »Webseite«. Andere »Seiten« dienen der übersichtlicheren Verwaltung, wie zum Beispiel ein Ordner (*SysFolder*), der Datensätze aufnimmt, oder ein Trennzeichen zur optischen Gliederung.

Eine besondere und daher reservierte Seite ist die sogenannte *Weltkugel*. Sie ist die Wurzel des Seitenbaums. Ihr ist die Zahl 0 als Page-ID zugeordnet.

In TYPO3 v5 wird es die Strukturierung von Daten über einen Seitenbaum ebenfalls geben. Die Struktur der Daten ist dann jedoch wesentlich sauberer von den Inhalten getrennt. Während in TYPO3 v4 der Seitenbaum als Struktur in alle Bereiche der Datenverwaltung »hineingewoben« ist, können in TYPO3 v5 andere Formen der Strukturierung, wie z.B. ein Kategorienbaum oder ein Zeitstrahl, gleichwertig daneben treten.

Häufig werden Datensätze in einem Ordner des Seitenbaums abgelegt. Die Seiten, auf denen die Daten des zugehörigen Objekts angezeigt werden, sind jedoch ganz andere. Soll deren Cache ebenfalls gelöscht werden, so erreichen Sie dies, indem Sie die PIDs dieser Seiten im Feld *TSConfig* der Seiteneigenschaften des Ordners eintragen. Angenommen, unsere Angebote werden auf den Seiten mit den PIDs 23 und 26 dargestellt (z.B. Einzel- und Listenansicht). Wir tragen dann in das Feld *TSConfig* des Ordners die Zeile `TCEMAIN.clearCacheCmd = 23,26` ein. Damit wird der Cache dieser Seiten ebenfalls gelöscht, und die Änderungen an einem bearbeiteten Angebot werden sofort angezeigt.

Alternativ können Sie die Extension *nc_beclearcachehelper* zum einfachen Verwalten der Cache-Einstellungen nutzen.

TYPO3 verwaltet intern einen Index aller Beziehungen zwischen zwei Datensätzen, den sogenannten *RefIndex*. Durch diesen Index ist es z.B. möglich, im Listen-Modul in der Spalte *[Ref.]* die Anzahl der verknüpften Datensätze anzuzeigen. Durch Klick auf die Zahl in dieser Spalte erhalten Sie weitere Infomationen über die eingehenden und ausgehenden Verknüpfungen des Datensatzes. Bei der Bearbeitung von Datensätzen im Backend wird dieser Index automatisch aktualisiert. Die Einstellung `config.tx_extbase.persistence.updateReferenceIndex = 1` bewirkt nun, dass dieser Index auch bei einem Bearbeitungsvorgang im Frontend aktualisiert wird. Da diese Aktualisierung sehr aufwendig und daher Performance-relevant ist, ist diese Option standardmäßig deaktiviert.

Bevor Sie die Methoden eines Repositories aufrufen, müssen Sie es zunächst instanziieren. Verwenden Sie dazu die folgende TYPO3-API-Methode `makeInstance()`:

```
$offerRepository = t3lib_div::makeInstance('Tx_SjrOffers_Domain_Repository_
OfferRepository');
```

Repositories sind sogenannte *Singletons*. Es darf daher nur eine Instanz pro Klasse innerhalb eines Skriptablaufs vorhanden sein. Falls eine neue Instanz angefordert wird, muss zuerst geprüft werden, ob bereits eine Instanz existiert. Das wird durch die Methode `makeInstance()` gewährleistet. Verwenden Sie daher auf keinen Fall das Schlüsselwort `new` zur Instanziierung eines Repositories. Dort abgelegte Objekte werden nicht persistiert.

Nun haben Sie alle grundlegenden Werkzeuge kennengelernt, mit denen Sie Objekte dauerhaft speichern und wieder auffinden können. Extbase stellt Ihnen darüber hinaus eine Vielzahl von weiteren Tools zur Verfügung, mit denen Sie auch speziellere Anforderungen abdecken können: Häufig reichen die bereits implementierten Methoden zum Auffinden von Objekten in einem Repository nicht aus. Sie können mit Extbase daher individuelle Abfragen formulieren, ohne die Abstraktion von einer konkreten Speicherlösung zu verlieren. Außerdem bietet Extbase die Möglichkeit, »fremde« Datenquellen zu nutzen. In der Regel werden dies bestehende Tabellen aus derselben Datenbank sein. Seit

Extbase 1.2 können Sie auch ganze Klassenhierarchien in einer einzigen Datenbanktabelle speichern. Sie müssen also nicht für jedes Domänenobjekt eine eigene Tabelle anlegen. Auf diese weiterführenden Themen der Persistenz werden wir in den kommenden Abschnitten eingehen.

Individuelle Abfragen implementieren

Die oben beschriebenen generischen Methoden sind für einfache Anwendungsfälle ausreichend. Bei komplexeren Anfragen stoßen diese jedoch an ihre Grenzen. Eine Anforderung an unsere Beispiel-Extension ist, eine Liste aller Angebote ausgeben zu können. In natürlicher Sprache formuliert, lauten die Anfragen so:

- »Finde Angebote, die in einer bestimmten Region angeboten werden.«
- »Finde Angebote, die einer bestimmten Kategorie zugeordnet sind.«
- »Finde Angebote, deren Beschreibungen ein bestimmtes Wort enthalten.«
- »Finde Angebote, die von einer Auswahl an Organisationen angeboten werden.«

Es gibt zwei prinzipiell unterschiedliche Vorgehensweisen, die entsprechenden Methoden zu implementieren. Zum einen können Sie aus dem Backend alle vorhandenen Objekte anfordern und diese anschließend filtern. Zum andern können Sie auch eine auf das Kriterium zugeschnittene Anfrage erstellen und ausführen. Im Gegensatz zur ersten Vorgehensweise werden dabei nur die wirklich benötigten Objekte gebaut. Dies wirkt sich positiv auf die Performance aus. Dafür ist die erste Vorgehensweise einfacher und etwas flexibler in der Umsetzung.

> Sie können zuerst die erste Vorgehensweise wählen und beim Auftreten von Performance-Problemen auf die zweite umschwenken. Dabei ist von Vorteil, dass diese Änderungen im Repository gekapselt sind und kein Code außerhalb des Repository geändert werden muss.

Für eigene Anfragen können Sie das `Query`-Objekt von Extbase verwenden. Diesem Objekt übergibt man alle Informationen, die für eine qualifizierte Anfrage an das Backend notwendig sind. Dazu gehören:

- die Klasse (*Type*), auf die sich die Anfrage bezieht
- eine (optionale) Bedingung (*Constraint*), anhand derer die Ergebnismenge eingeschränkt werden soll
- (optionale) Angaben dazu, welcher Ausschnitt (*Limit*, *Offset*) aus der Ergebnismenge angefordert wird
- (optionale) Kriterien für Sortierung der Elemente der Ergebnismenge (*Orderings*)

Innerhalb eines Repository erzeugen Sie mit `$this->createQuery()` zuerst ein `Query`-Objekt. Es ist bereits auf die Klasse zugeschnitten, die durch das Repository verwaltet wird. Das heißt, die Ergebnismenge besteht nur aus Objekten der verwalteten Klasse, also z.B. innerhalb des `OfferRepository` aus `Offer`-Objekten. Nachdem Sie dem Query-Objekt alle notwendigen Informationen übergeben haben – dazu gleich mehr –, führen Sie die Anfrage mit `execute()` aus. Die Methode `execute()` gibt ein sortiertes Array mit den fertig gebauten Objekten (oder einen durch Limit und Offset definierten Ausschnitt davon) zurück. Die generische Methode `findAll()` sieht zum Beispiel wie folgt aus:

```
public function findAll() {
    return $this->createQuery()->execute();
}
```

In diesem ersten, einfachen Fall übergeben wir dem `Query`-Objekt keine weitere Bedingung (*Constraint*), um die Ergebnismenge weiter einzuschränken. Eine solche Bedingung müssen wir formulieren, um die erste Anfrage absetzen zu können: »Finde Angebote, die in einer bestimmten Region angeboten werden.« Die entsprechende Methode sieht wie folgt aus:

```
public function findInRegion(Tx_SjrOffers_Domain_Model_Region $region) {
    $query = $this->createQuery();
    $query->matching($query->contains('regions', $region));
    return $query->execute();
}
```

Mit der Methode `matching()` übergeben wir dem `Query` nun eine Bedingung: Die Eigenschaft `regions` des Objects `Offer` – für dieses ist das Repository zuständig – soll die in der Variablen `$region` referenzierte Region enthalten. Die Methode `contains()` gibt ein `Constraint`-Objekt zurück. Das `Query`-Objekt stellt neben der Methode `contains()` noch einige weitere Methoden zur Verfügung, die jeweils ein `Constraint`-Objekt zurückgeben. Diese Methoden lassen sich grob in zwei Gruppen unterteilen: Vergleichsoperationen und boolesche Operationen. Die Vergleichsoperationen führen einen Vergleich zwischen dem Wert der übergebenen Eigenschaft und einem Operanden durch. Boolesche Operationen hingegen verknüpfen zwei Bedingungen nach den Regeln der booleschen Algebra zu einer neuen Bedingung bzw. negieren das Ergebnis der Bedingung. Folgende Vergleichsoperationen sind zugelassen:

```
equals($propertyName, $operand, $caseSensitive=TRUE)
in($propertyName, $operand)
contains($propertyName, $operand)
like($propertyName, $operand)
lessThan($propertyName, $operand)
lessThanOrEqual($propertyName, $operand)
greaterThan($propertyName, $operand)
greaterThanOrEqual($propertyName, $operand)
```

Die Methode equals() führt einen einfachen Vergleich zwischen Eigenschaftswert und Operand durch. Als Operand erwartet die Methode einen einfachen PHP-Datentyp oder ein Domänenobjekt.

Das Methodenpaar in() und contains() akzeptiert auch mehrwertige Datentypen (z.B. array, ObjectStorage). Während die Methode in() prüft, ob ein einwertiger Eigenschaftswert in einem mehrwertigen Operanden vorkommt, prüft contains(), ob in einem mehrwertigen Eigenschaftswert ein einwertiger Operand enthalten ist. Das Gegenstück zur oben vorgestellten Methode findInRegion() ist die Methode findOfferedBy(), die einen mehrwertigen Operanden ($organizations) erwartet.

```
public function findOfferedBy(array $organizations) {
    $query = $this->createQuery();
    $query->matching($query->in('organization', $organizations));
    return $query->execute();
}
```

Die Methoden in() und contains() stehen erst seit Extbase 1.1 zur Verfügung. Falls Sie einen leeren mehrwertigen Eigenschaftswert bzw. einen leeren mehrwertigen Operanden (z.B. ein leeres Array) übergeben, führt dies dazu, dass das Ergebnis des Test für diese Bedingung das Ergebnis false erzeugt. Sie müssen also – abhängig von Ihrer Domänenlogik – prüfen, ob der Operand $organizations im Methodenaufruf $query->in('organization', $organizations) überhaupt Werte enthält oder ein leeres Array ist. Im letzteren Falle würde die oben stehende Methode findOfferedBy() eine leere Ergebnismenge zurückgeben.

Es sind auch Vergleichsoperationen möglich, die in die Tiefe des Objektbaums reichen. Angenommen, Sie möchten sich nur Organisationen anzeigen lassen, die Angebote für Jugendliche ab 16 Jahren im Angebot haben. Im OrganizationRepository können Sie die entsprechende Bedingung wie folgt formulieren:

```
$query->lessThanOrEqual('offers.ageRange.minimumValue', 16)
```

Extbase löst den Eigenschaftspfad offers.ageRange.minimumValue auf, indem es für jede Organisation alle Angebote heraussucht, deren Altersspanne ein Minimum aufweist, das kleiner oder gleich 16 ist. Technisch wird dies im Falle einer relationalen Datenbank durch die Verknüpfung der beteiligten Datenbanktabellen durch einen sogenannten *INNER JOIN* erreicht. Dabei werden sowohl alle Relationstypen (1:1, 1:n und m:n) als auch alle Vergleichsoperationen berücksichtigt.

Die Pfadschreibweise innerhalb eines Vergleichs steht Ihnen erst seit Extbase 1.1 zur Verfügung. Die Angabe eines Pfades mithilfe der Punktschreibweise ist an die *Object-Accessor*-Schreibweise von Fluid angelehnt (siehe Kapitel 8). In Fluid können Sie auf die Werte einer tieferliegenden Eigenschaft z.B. durch {organization.administrator.name} zugreifen. Im Gegensatz zu der hier beschriebenen Schreibweise gelingt dies jedoch nicht über mehrwertige Eigenschaften hinweg. Während $query->equals('offers.categories.title', 'foo') möglich ist, führt {organization.offers.categories.title} in Fluid zu einem Fehler.

Neben den Vergleichsoperationen stellt das Query-Objekt folgende booleschen Operationen zur Verfügung:

```
logicalAnd($constraint1, $constraint2)
logicalOr($constraint1, $constraint2)
logicalNot($constraint)
```

Die drei Methoden geben jeweils ein Constraint-Objekt zurück. Die aus der Methode logicalAnd() resultierende Bedingung ist nur dann erfüllt, wenn die übergebenen Bedingungen erfüllt sind. Bei der Methode logicalOr() reicht es aus, dass mindestens eine der übergebenen Bedingungen erfüllt ist. Beide Methoden akzeptieren seit Extbase 1.1 auch ein Array mit beliebing vielen Constraints als Argument. Die Methode logicalNot() kehrt die Anforderung der übergebenen Bedingung um. Mithilfe dieser Methoden können Sie nun komplexe Abfragen erstellen.

```
public function findMatchingOrganizationAndRegion(Tx_SjrOffers_Domain_Model_Organization
$organization, Tx_SjrOffers_Domain_Model_Region $region) {
    $query = $this->createQuery();
    $query->matching(
        $query->logicalAnd(
            $query->equals('organization', $organization),
            $query->contains('regions', $region)
            )
        );
    return $query->execute();
}
```

Die Methode findMatchingOrganizationAndRegion() gibt als Ergebnismenge diejenigen Angebote zurück, die sowohl zur gegebenen Organisation gehören als auch in der gegebenen Region angeboten werden.

In der Beispiel-Extension sehen wir uns der komplexen Anforderung gegenüber, alle Angebote zu finden, die dem Bedarf des Webseiten-Benutzers entsprechen. Der Bedarf wird über die Angabe des Alters, der Organisation, des Stadtteils, der Kategorie sowie eines frei definierbaren Suchbegriffs im Frontend festgelegt. Diesen Bedarf kapseln wir in einem eigenen Demand-Objekt, das im Wesentlichen nur aus den Eigenschaften age, organization, region, category und searchWord sowie deren Getter und Setter besteht. Zu der Einschränkung durch den Bedarf des Nutzers kommt noch die Anforderung, dass aktuelle Angebote angezeigt werden sollen. Das bedeutet, dass deren Enddatum höchstens eine Woche in der Vergangenheit liegen darf. In der Methode findDemanded() des Offer-Repository wurde diese Anfrage implementiert:

```
public function findDemanded(Tx_SjrOffers_Domain_Model_Demand $demand) {
    $query = $this->createQuery();
    $constraints = array();
    if ($demand->getRegion() !== NULL) {
        $constraints[] = $query->contains('regions', $demand->getRegion());
    }
    if ($demand->getCategory() !== NULL) {
```

```
            $constraints[] = $query->contains('categories', $demand->getCategory());
        }
        if ($demand->getOrganization() !== NULL) {
            $constraints[] = $query->equals('organization', $demand->getOrganization());
        }
        if (is_string($demand->getSearchWord()) && strlen($demand->getSearchWord()) > 0) {
            $constraints[] = $query->like($propertyName, '%' . $demand->getSearchWord()
            . '%');
        }
        if ($demand->getAge() !== NULL) {
            $constraints[] = $query->logicalAnd(
                $query->logicalOr(
                    $query->equals('ageRange.minimumValue', NULL),
                    $query->lessThanOrEqual('ageRange.minimumValue', $demand->getAge())
                    ),
                $query->logicalOr(
                    $query->equals('ageRange.maximumValue', NULL),
                    $query->greaterThanOrEqual('ageRange.maximumValue', $demand->getAge())
                    )
                );
        }
        $constraints[] = $query->logicalOr(
            $query->equals('dateRange.minimumValue', NULL),
            $query->equals('dateRange.minimumValue', 0),
            $query->greaterThan('dateRange.maximumValue', (time() - 60*60*24*7))
            );
        $query->matching($query->logicalAnd($constraints));
        return $query->execute();
    }
```

Das Demand-Objekt wird als Argument übergeben. In der ersten Zeile wird das Query-Objekt erstellt. Alle einzelnen, einschränkenden Bedingungen werden im Array $constraints gesammelt und zum Schluss durch $query->logicalAnd($constraints) mit dem booleschen Operator AND zu einer Bedingung zusammengeführt. Diese wird dann dem Query-Objekt durch matching() übergeben. Mit return $query->execute(); werden die gefundenen Offer-Objekte an den Anfragenden zurückgegeben. Interessant ist hier die Umsetzung der Bedingung, dass das mit dem Bedarf spezifizierte Alter innerhalb der Altersspanne des Angebots liegen muss. Es müssen nämlich auch solche Angebote angezeigt werden, deren Mindestalter und/oder Höchstalter nicht spezifiziert wurden.

```
$query->logicalAnd(
    $query->logicalOr(
        $query->equals('ageRange.minimumValue', NULL),
        $query->lessThanOrEqual('ageRange.minimumValue', $demand->getAge())
        ),
    $query->logicalOr(
        $query->equals('ageRange.maximumValue', NULL),
        $query->greaterThanOrEqual('ageRange.maximumValue', $demand->getAge())
        )
    );
```

Diese Anforderung erfüllen wir, indem wir auch ein nicht gesetztes Alter (`NULL`) zulassen und diese Bedingung durch `logicalOr()` mit der Bedingung `lessThanOrEqual()` bzw. `greaterThanOrEqual()` verknüpfen.

Sie können das Ergebnis einer Abfrage sortieren lassen, indem Sie dem `Query`-Objekt durch `$query->setOrderings($orderings);` ein oder mehrere Regeln zur Sortierung übergeben. Diese Regeln sind in einem assoziativen Array zusammengefasst. Der Name der Property, nach der sortiert werden soll, ist dabei der Schlüssel, und die Sortierreihenfolge ist der Wert des Array-Elements. Als Sortierreihenfolge stehen Ihnen zwei Konstanten zur Verfügung: `Tx_Extbase_Persistence_QueryInterface::ORDER_ASCENDING` für eine aufsteigende und `Tx_Extbase_Persistence_QueryInterface::ORDER_DESCENDING` für eine absteigende Reihenfolge. Ein vollständiges Beispiel für die Spezifizierung einer Sortierreihenfolge sieht dann wie folgt aus:

```
$query->setOrderings(
    array(
        'organization.name' => Tx_Extbase_Persistence_QueryInterface::ORDER_ASCENDING,
        'title' => Tx_Extbase_Persistence_QueryInterface::ORDER_ASCENDING
        )
    );
```

Mehrere Sortierungen werden in der angegebenen Reihenfolge abgearbeitet. Im unserem Beispiel werden die Angebote also zuerst nach dem Namen der Organisation und innerhalb einer Organisation nach dem Titel des Angebots in aufsteigender Reihenfolge sortiert (also von A nach Z). Bei der Angabe der Eigenschaft, nach der sortiert werden soll, können Sie seit Extbase 1.1 auch die praktische Punkt-Notation einsetzen.

Falls Sie nur einen Ausschnitt aus der Ergebnismenge benötigen, können Sie diese durch die zwei Parameter `Limit` und `Offset` einschränken. Angenommen, Sie möchten das 10. bis 30. Angebot aus der Gesamtmenge der Angebote in einem Repository geliefert bekommen, so können Sie dies durch folgende Zeilen erreichen:

```
$query->setOffset(10);
$query->setLimit(20);
```

Beide Methoden erwarten eine Integer-Zahl. Mit der Methode `setOffset()` setzen Sie den Zeiger auf dasjenige Objekt, ab dem die Zählung beginnen soll. Mit der Methode `setLimit()` geben Sie die Anzahl an Objekten an, die Sie (maximal) erhalten möchten.

Die Verwendung eines `Query`-Objekts mit `Constraint`-Objekten anstelle eines direkt in SQL formulierten Statements erscheint zunächst sehr unpraktisch. Es ermöglicht jedoch eine vollständige Abstraktion von der im Hintergrund verwendeten Speicherlösung. FLOW3 verwendet ebenfalls ein `Query`-Objekt mit identischer API. Damit ist der Code zur Abfrage später leicht nach FLOW3 portierbar.

Das `Query`-Objekt ist an den *Java Specification Request* (JSR) 283 angelehnt. Der JSR 283 beschreibt und standardisiert ein Content Repository für Java, das in FLOW3 auch verwendet wird und vom FLOW3-Team nach PHP portiert wurde. Weitere Informationen hierzu finden Sie unter *http://jcp.org/en/jsr/detail?id=283*.

Mit der Methode `statement()` des `Query`-Objekts können Sie ein natives SQL-Statement an die Datenbank schicken.

```
$result = $query->statement('SELECT * FROM tx_sjroffers_domain_model_offer WHERE title
LIKE ?', array('%Klettern%'))->execute();
```

Das Ergebnis ist wieder ein Array mit den passenden Angeboten. Die Methode `statement()` ist gewissermaßen das Äquivalent zur Methode `matching()`. Sie erwartet als erstes Argument das eigentliche Statement im passenden SQL-Dialekt der Datenbank. Sie können als zweites Argument zusätzlich ein Array an Parametern übergeben. Die Elemente des Arrays ersetzen dann gegebenenfalls die durch Fragezeichen markierten Stellen im Statement. Dies funktioniert auch mit mehrwertigen Parametern. Der Aufruf

```
$query->statement('SELECT * FROM tx_sjroffers_domain_model_offer WHERE title LIKE ? AND
organization IN ?', array('%Klettern%', array(33,47)));
```

wird von Extbase in die folgende Abfrage aufgelöst:

```
SELECT * FROM tx_sjroffers_domain_model_offer WHERE title LIKE '%Klettern%' AND
organization IN ('33','47')
```

Sie sollten unter allen Umständen vermeiden, Anfragen an die Persistenz-Schicht aus dem Domänenmodell heraus auszuführen. Kapseln Sie diese immer in einem Repository.

Innerhalb des Repositories können Sie auch über die API von TYPO3 4.x die Datenbank abfragen (also z.B. mit `$GLOBALS['TYPO3_DB']->exec_SELECTgetRows([...])`). Sie müssen sich dann aber selbst um die Erzeugung und Verwaltung der Objekte kümmern.

Die Methode `statement()` ist nicht Teil der API von FLOW3. Sollten Sie später Ihre Extension zu FLOW3 portieren wollen, müssen Sie diese Aufrufe manuell anpassen. Das Gleiche gilt natürlich für die Verwendung der API von TYPO3 4.x.

Die Methode `execute()` gibt standardmäßig ein fertig gebautes Objekt und die damit in Beziehung stehenden Objekte zurück – also das komplette *Aggregate*. In manchen Fällen ist es jedoch zweckmäßig, die »Rohdaten« der Objekte zu erhalten, z.B. falls Sie diese manipulieren wollen, bevor Sie daraus Objekte bauen (lassen). Dazu müssen Sie die Einstellungen für das `Query`-Objekt verändern.

```
$query->getQuerySettings()->setReturnRawQueryResult(TRUE);
```

Die Methode execute() gibt dann – seit Extbase 1.2 – ein multidimensionales Array mit den Objektdaten zurück. Man unterscheidet dabei innerhalb eines Objekts einwertige Eigenschaften, mehrwertige Eigenschaften und NULL-Werte. Sehen wir uns zunächst ein Objekt mit einer einwertigen Eigenschaft an.

```
array(
    'identifier' => '<identifier>',
    'classname' => '<classname>',
    'properties' => array(
        '<name>' => array(
            'type' => '<type>',
            'multivalue' => FALSE,
            'value' => <value>
        ), ...
    )
)
```

Der Wert für <identifier> ist in Extbase immer die UID des Datensatzes. Zusammen mit dem Klassennamen <classname> ergibt sich erst eine Eindeutigkeit innerhalb der Datenbank. Die Eigenschaften (properties) werden in einem eigenen assoziativen Array abgelegt. Der Eigenschaftsname (<name>) ist dabei der Schlüsselwert, und die zugehörigen Informationen über die Eigenschaft sind der Wert. Die Eigenschaft ist durch den Eigenschaftstyp <type> gekennzeichnet (z.B. string, integer, DateTime oder auch ein Klassenname wie Tx_SjrOffers_Domain_Model_Organization) und den Eigenschaftswert <value> an sich. Die Eigenschaft ist per Definition als einwertig gekennzeichnet ('multivalue' => FALSE).

Das Array eines Objekts mit einer mehrwertigen Eigenschaft ist grundsätzlich ähnlich aufgebaut. Der eigentliche Wert der Eigenschaft ist nun aber kein einfacher Datentyp (z.B. eine Zeichenkette oder ein einzelnes Objekt), sondern ein Array von Datentypen. Dieses Array kann auch leer sein, und anstelle des Arrays kann auch der NULL-Wert stehen. Der Eigenschaftstyp ist für mehrwertige Eigenschaften immer Tx_Extbase_Persistence_ObjectStorage. In Zukunft werden aber auch andere Container, wie array oder SplObjectStorage, unterstützt. Die Eigenschaft ist per Definition als mehrwertig gekennzeichnet ('multivalue' => TRUE).

```
array(
    'identifier' => '<identifier>',
    'classname' => '<classname>',
    'properties' => array(
        '<name>' => array(
            'type' => '<type>', // immer 'Tx_Extbase_Persistence_ObjectStorage'
            'multivalue' => TRUE,
            'value' => array(
                array(
                    'type' => '<type>',
                    'index' => <index>,
                    'value' => <value>
                ), ...
            )
```

```
            )
        )
    )
```

Hat eine Eigenschaft einen NULL-Wert, so wird dies wie folgt im Objekt-Array abgelegt:

```
array(
    'identifier' => '<identifier>',
    'classname' => '<classname>',
    'properties' => array(
        '<name>' => array(
            'type' => '<type>',
            'multivalue' => <boolean>,
            'value' => NULL
        ), ...
    )
)
```

Eine Debug-Ausgabe des Rückgabewerts sieht dann etwa so wie in Abbildung 6-13 aus.

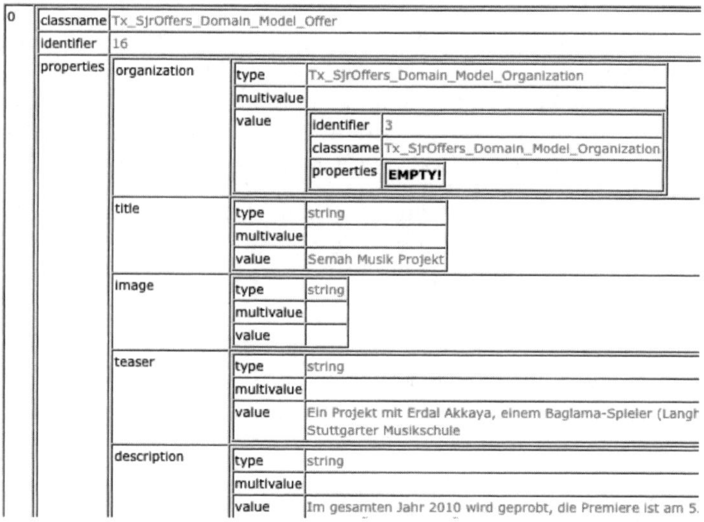

Abbildung 6-13: Debug-Ausgabe der »rohen« Objektdaten

Vielleicht ist Ihnen in Abbildung 6-13 das leere Array (`EMPTY!`) bei den Eigenschaften (`properties`) der Organisation ganz oben aufgefallen. Im Domänenmodell ist die Eigenschaft `organization` des Angebots mit `@lazy` annotiert. Diese Annotation weist Extbase an, die Eigenschaften des Objekts erst dann nachzuladen, falls diese wirklich benötigt werden (sogenanntes *Lazy Loading*).

Neben setReturnRawQueryResult() gibt es noch drei weitere Einstellungen für die Ausführung einer Anfrage. Alle Einstellungen sind bereits mit Standardwerten vorbelegt, die gesetzt wurden, als das Query-Objekt durch $this->createQuery() erzeugt wurde. Die Einstellungen sind in einem eigenen QuerySettings-Objekt gekapselt, das Sie vom Query-Objekt durch getQuerySettings() erhalten können. In Tabelle 6-3 finden Sie alle Einstellungen im Überblick.

Tabelle 6-3: Einstellungen für die Ausführung einer Anfrage (QuerySetting)

Einstellung	Falls dieses Merkmal gesetzt (=true) ist, ...	Standard
setReturnRawQueryResult()	... werden statt des fertig gebauten Objektgraphen die Datenbanktupel als Array zurückgegeben.	false
setRespectStoragePage()	... wird die Ergebnismenge auf diejenigen Tupel/Objekte eingeschränkt, die einer bestimmten Seite bzw. einem bestimmten Ordner im Backend zugeordnet sind (z.B. pid IN (42,99)).	true
setRespectSysLanguage()	... wird bei lokalisierten Daten die Ergebnismenge auf diejenigen Tupel/Objekte eingeschränkt, die entweder in der Default-Sprache sind oder für alle Sprachen gültig sind (z.B. sys_language_uid IN (-1,0)). Diese Einstellung wird vorwiegend für interne Zwecke verwendet.	true
setRespectEnableFields()	... wird die Ergebnismenge auf diejenigen Tupel/Objekte eingeschränkt, die zum momentanen Zeitpunkt durch den momentanen Benutzer angezeigt werden dürfen (z.B. deleted=0 AND hidden=0).	true

Während die Einstellung setReturnRawQueryResult() bei matching() und statement() wirksam ist, wirken sich die restlichen drei nur bei matching() aus.

> Das QuerySettings-Objekt kapselt spezifische Einstellungen des 4er-Zweigs von TYPO3. In FLOW3 bzw. TYPO3 5.x sind die Konzepte der Lokalisierung, der Zugriffskontrolle und der Seitenbaumstruktur vollkommen andere. Zum Zeitpunkt der Veröffentlichung von Extbase 1.1, auf das sich dieses Buch bezieht, standen diese Konzepte noch nicht endgültig fest. Die vorgenommenen Einstellungen sind damit nicht kompatibel mit denen von TYPO3 5.x.

Neben der Methode execute() stellt das Query-Objekt auch die Methode count() zur Verfügung. Sie liefert nur die Anzahl der Elemente der Ergebnismenge als Integer-Zahl zurück und kann nur zusammen mit der Methode matching() verwendet werden. Im Falle einer SQL-Datenbank wird statt des Statements der Form SELECT * FROM ... ein SELECT COUNT(*) FROM ... abgesetzt, was wesentlich performanter ist. Der Aufruf

```
$offersInRegion = $query->matching($query->contains('regions', $region))->count();
```

gibt also die Anzahl der Angebote in einer bestimmten Region zurück.

Fremde Datenquellen nutzen

In realen Projekten müssen häufig Daten aus verschiedensten Quellen bezogen werden. Ein Ziel von Extbase ist es, den Zugriff auf diese Datenquellen zu vereinheitlichen und von der konkreten technischen Lösung zu abstrahieren. Diese »fremden« Datenquellen können Tabellen aus der gleichen TYPO3-Datenbank oder auch ein Webservice sein.

Extbase setzt stark auf die Regel »Convention over Configuration« (siehe dazu auch Anhang A). Fremde Datenbanktabellen entsprechen aber in den seltensten Fällen den Konventionen von Extbase. Daher muss die Zuordnung der Klasse zu einer bestimmten Tabelle sowie die Zuordnung der Feldnamen zu den Eigenschaftsnamen der Klassen per TypoScript konfiguriert werden. Diese Zuordnung wird auch *Mapping* genannt. Die folgende Konfiguration ermöglicht die Speicherung der Daten eines Objekts der Klasse `Tx_MyExtension_Domain_Model_Person` in der Tabelle `tt_address`, die in den meisten TYPO3-Installationen bereits vorhanden ist.

```
plugin.tx_myextension {
    persistence {
        classes {
            Tx_MyExtension_Domain_Model_Person {
                mapping {
                    tableName = tt_address
                    recordType = Tx_MyExtension_Domain_Model_Person
                    columns {
                        birthday.mapOnProperty = dateOfBirth
                        street.mapOnProperty = thoroughfare
                    }
                }
            }
        }
    }
}
```

Die Optionen zur Persistenz können Sie unter dem TypoScript-Pfad `plugin.tx_`*`myextension`*`.persistence` für die Extension oder unter `config.tx_extbase.persistence` global für alle Extensions festlegen. Innerhalb von `classes` wird dann für jede Klasse das Mapping definiert. Unter `tableName` wird der Name der Tabelle angegeben, in der die Objekt-Daten gespeichert werden sollen. Die Option `recordType` dient dazu, in einer Tabelle, die zur Speicherung verschiedenster Klassen verwendet wird, den Datensatz »seiner« Klasse zuzuordnen. Unter `columns` folgen dann die einzelnen Zuordnungen der Feldnamen (links) zu den entsprechenden Eigenschaften (rechts).

> Achten Sie jeweils darauf, dass der Feldtyp zum Datentyp Ihrer Eigenschaft passt. Weitere Informationen dazu finden Sie in »Tabellen der Domänenobjekte einrichten« weiter oben in diesem Kapitel.

Diese Konfiguration veranlasst Extbase beim Rekonstituieren und Persistieren von Objekten der Klasse `Tx_MyExtension_Domain_Model_Person` auf die Tabelle `tt_address` zurückzugreifen. Dabei werden Werte aus den Eigenschaften `dateOfBirth` und `thoroughfare` in den Feldern `birthday` bzw. `street` gespeichert. Ist die Konfigurationsoption `tableName` nicht gesetzt, so sucht Extbase in einer Tabelle, die dem kleingeschriebenen Klassennamen entspricht, in unserem Fall also: `tx_myextension_domain_model_person`. Sollte für eine Eigenschaft keine Regel für das Mapping vorliegen, so wird der Eigenschaftsname, in Kleinbuchstaben mit Unterstrichen übersetzt, als Feldname erwartet. Der Eigenschaftsname `dateOfBirth` würde daher in einem Feldnamen `date_of_birth` resultieren.

Klassenhierarchien abbilden

Wir haben in »Vererbung in Klassenhierarchien nutzen« in Kapitel 5 schon Gebrauch von Klassenhierarchien gemacht. Eine relationale Datenbank kennt einige Konzepte der objektorientierten Programmierung nicht – auch nicht das der Klassenhierarchien. Dadurch entsteht eine Diskrepanz zwischen dem objektorientierten Domänenmodell und dem relationalen Modell der Datenbank (*object-relational impedance mismatch*). Um dennoch die Klassenhierarchie abbilden zu können, gibt es verschiedene technische Möglichkeiten. Sehen wir uns diese an einer vereinfachten, von unserer Beispiel-Extension losgelösten Klassenhierarchie an (siehe Abbildung 6-14).

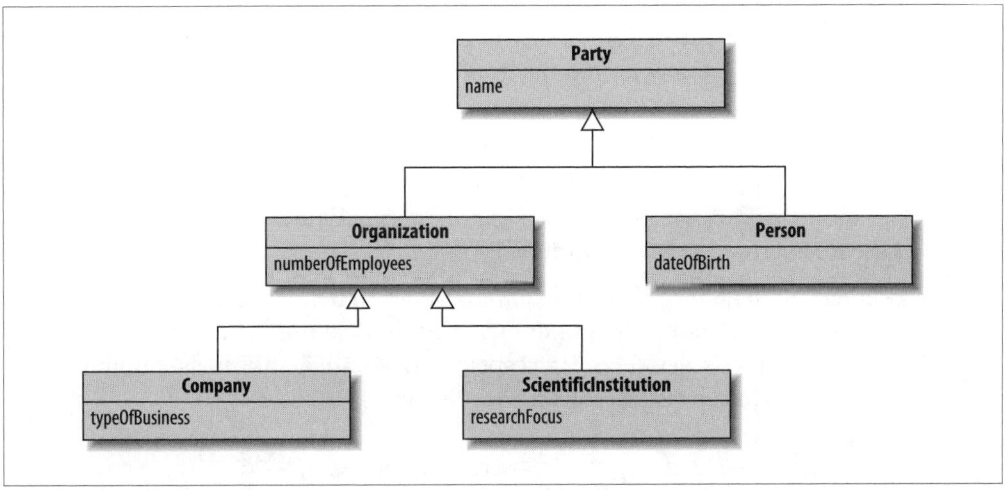

Abbildung 6-14: Eine einfache Klassenhierarchie

Die Klassen `Organization` und `Person` sind Spezialisierungen der Klasse `Party` (keiner Festivität, sondern einer Partei im nicht-politischen Sinne). Die Klasse `Organization` ist wiederum eine Generalisierung der Subklassen `Company` und `ScientificInstitution`. Nehmen wir nun an, dass in unserer Extension Daten aus Instanzen der Klassen `Organization`, `Company`, `ScientificInstitution` und `Person` gespeichert werden müssen (den sogenannten *konkreten Klassen*). Die Klasse Party dient zunächst nur als Container für Eigenschaften und Verhalten, die in den konkreten Klassen zur Verfügung stehen sollen, ohne sie dort ebenfalls aufführen zu müssen (das Vermeiden von Redundanzen ist der Sinn und Zweck einer Klassenhierarchie). Zur Speicherung der Daten stehen nun mehrere Möglichkeiten zur Verfügung:

- Für jede konkrete Klasse wird eine eigene Datenbanktabelle angelegt (*Concrete Table Inheritance*).

  Die Tabelle enthält Felder für alle eigenen und geerbten Eigenschaften. Für die Klasse Company wird in diesem Fall eine Tabelle company angelegt, die die Felder name, number_of_employees und type_of_business enthält. Die Tabelle person enthält dagegen nur die Felder name und date_of_birth.
- Für alle Klassen der Klassenhierarchie wird nur eine einzige Tabelle angelegt (*Single Table Inheritance*).

  Diese Tabelle ist der Klasse zugeordnet, die alle darin zu speichernden Klassen als Subklassen enthält. In unserem Fall wäre dies die Tabelle party mit Feldern für die Eigenschaften aller Subklassen: name, number_of_employees, type_of_business, research_focus und date_of_birth.
- Für jede Klasse der Klassenhierarchie wird eine eigene Tabelle angelegt, in der jedoch nur die Eigenschaft gespeichert wird, die in dieser Klasse definiert ist (*Class Table Inheritance*).

  Die Tabelle party entält in diesem Fall das Feld name, die Tabelle organization nur das Feld number_of_employees und die Tabelle company entsprechend das Feld type_of_business.

Extbase und das Backend von TYPO3 unterstützen derzeit die ersten beiden Möglichkeiten. Für den ersten Fall der *Concrete Table Inheritance* müssen Sie lediglich die Tabellen anlegen und diese im TCA wie beschrieben konfigurieren. Eine zusätzliche Konfiguration für die Klassenhierarchie ist nicht erforderlich.

Für den zweiten Fall der *Single Table Inheritance* ist neben dem Anlegen der Tabelle noch ein zusätzlicher Aufwand an Konfiguration nötig. Außerdem muss die Tabelle ein zusätzliches Feld aufweisen, das den Typ des gespeicherten Datenbanktupels aufnimmt. Die Tabellendefinition sieht schematisch etwa wie folgt aus:

```
CREATE TABLE tx_myextension_domain_model_party (
    uid int(11) unsigned DEFAULT '0' NOT NULL auto_increment,
    pid int(11) DEFAULT '0' NOT NULL,
    record_type varchar(255) DEFAULT '' NOT NULL,

    name varchar(255) DEFAULT '' NOT NULL,
    number_of_employees int(11) unsigned DEFAULT '0' NOT NULL,
    date_of_birth int(11) unsigned DEFAULT '0' NOT NULL,
    type_of_business varchar(255) DEFAULT '' NOT NULL,
    research_focus varchar(255) DEFAULT '' NOT NULL,
```

```
    PRIMARY KEY (uid),
    KEY parent (pid),
);
```

Den Namen des Felds, das den Typ aufnimmt, können Sie frei wählen. In unserem Fall ist dies das Feld `record_type`. Der Feldname muss im TCA im Abschnitt `ctrl` unter `type` angegeben werden:

```
$TCA['tx_myextension_domain_model_party'] = array (
    'ctrl' => array (
            'title' => 'Party',
            'label' => 'name',
            'type' => 'record_type',
            ...
            )
);
```

In Ihrem TypoScript-Template müssen Sie nun Extbase für jede konkrete Klasse mitteilen, in welche Tabelle die Daten der Instanzen gespeichert und unter welchem Typ diese abgelegt werden sollen.

```
config.tx_extbase.persistence.classes {
    Tx_MyExtension_Domain_Model_Organization {
        mapping {
            tableName = tx_myextension_domain_model_party
            recordType = Tx_MyExtension_Domain_Model_Organization
        }
        subclasses {
            Tx_MyExtension_Domain_Model_Company = Tx_MyExtension_Domain_Model_Company
            Tx_MyExtension_Domain_Model_ScientificInstitution =
                 Tx_MyExtension_Domain_Model_ScientificInstitution
        }
    }
    Tx_MyExtension_Domain_Model_Person {
        mapping {
            tableName = tx_myextension_domain_model_party
            recordType = Tx_MyExtension_Domain_Model_Person
        }
    }
    Tx_MyExtension_Domain_Model_Company {
        mapping {
            tableName = tx_myextension_domain_model_party
            recordType = Tx_MyExtension_Domain_Model_Company
        }
    }
    Tx_MyExtension_Domain_Model_ScientificInstitution {
        mapping {
            tableName = party
            recordType = Tx_MyExtension_Domain_Model_ScientificInstitution
        }
    }
}
```

Jede Klasse wird durch `tableName = tx_myextension_domain_model_party` dieser Tabelle zugeordnet. Unter `recordType` wird ein innerhalb der Tabelle eindeutiger Bezeichner (eben der *Record Type*) erwartet. Es empfiehlt sich, hier den Klassennamen zu verwenden. Für jede Superklasse müssen zusätzlich unter `subclasses` alle Subklassen angegeben werden. In unserem Beispiel sind `Party` und `Organization` Superklassen, aber nur die Klasse `Organization` soll instanziiert werden können. Daher ist es ausreichend, diese Klasse zu konfigurieren. Die beiden Subklassen `Company` und `ScientificInstitution` werden aufgeführt. Es mag zunächst merkwürdig erscheinen, dass auf beiden Seiten des Gleichheitszeichens der gleiche Klassenname steht. Rechts müssen Sie tatsächlich den Namen der Subklasse aufführen. Links hingegen wird nur ein innerhalb der TYPO3-Instanz eindeutiger Bezeichner erwartet, damit diese Konfiguration gegebenenfalls von anderen Extensions gefahrlos erweitert werden kann. Wieder empfiehlt es sich, den Klassennamen zu verwenden.

Sie können nun wie gewohnt im Frontend neue Objekte der Klassen `Person`, `Organization`, `Company` oder `ScientificInstitution` anlegen. Extbase wird diese in der Tabelle `party` speichern und in das Typ-Feld den Klassennamen eintragen. Während der Rekonstitution, also der Überführung eines Objekts aus der Datenbank in den Arbeitsspeicher, ermittelt Extbase anhand des Typ-Felds die Klasse und instanziiert ein entsprechendes Objekt.

In der Regel sollen Objekte auch im Backend angelegt und bearbeitet werden können. Das Backend kennt jedoch das Konzept von Klassen nicht. Daher müssen Sie ein Auswahlfeld im Formular vorsehen, über den der Backend-Benutzer die Klasse in Form des *Record Types* auswählen kann. Dies erreichen Sie, indem Sie folgende Konfiguration in Ihr TCA aufnehmen:

```
$TCA['tx_myextension_domain_model_party'] = array(
    'ctrl' => $TCA['tx_myextension_domain_model_party']['ctrl'],
    'types' => array(
        '0' => array('showitem' => 'record_type, name'),
        'Tx_MyExtension_Domain_Model_Organization' => array('showitem' => 'record_type,
            name, numberOfEmployees'),
        'Tx_MyExtension_Domain_Model_Person' => array('showitem' => 'record_type, name,
            dateOfBirth'),
        'Tx_MyExtension_Domain_Model_Company' => array('showitem' => 'record_type, name,
            numberOfEmployees, typeOfBusiness'),
        'Tx_MyExtension_Domain_Model_ScientificInstitution' => array('showitem' =>
            'record_type, name, numberOfEmployees, researchFocus')
    ),
    'columns' => array(
        ...
        'record_type' => array(
            'label'   => 'Domain Object',
            'config' => array(
                'type' => 'select',
```

```
                'items' => array(
                    array('undefined', '0'),
                    array('Organization', 'Tx_MyExtension_Domain_Model_Organization'),
                    array('Person', 'Tx_MyExtension_Domain_Model_Person'),
                    array('Company', 'Tx_MyExtension_Domain_Model_Company'),
                    array('ScientificInstitution',
                          'Tx_MyExtension_Domain_Model_ScientificInstitution')
                ),
                'default' => 'Tx_MyExtension_Domain_Model_Person'
            )
        ),
        ...
    ),
);
```

Im Abschnitt `ctrl` wird das Typ-Feld record_type als Auswahlliste konfiguriert. Mit diesem lässt sich das gewünschte Domänenobjekt bzw. dessen Klassenname auswählen. Dies beeinflusst wiederum die Anzeige der Formularfelder. Im Abschnitt `types` wurden für jeden *Record Type* (in unserem Fall der Klassenname) die anzuzeigenden Formularfelder festgelegt; wechselt der *Record Type*, wird nach einer Sicherheitsabfrage durch TYPO3 das entsprechende Set an Formularfeldern angezeigt.

Sie können wie gewohnt über Repositories auf die Objekte zugreifen. In Ihrem Controller könnten die entsprechenden Zeilen etwa wie folgt aussehen:

```
$companyRepository = t3lib_div::makeInstance('Tx_MyExtension_Domain_Repository_
     CompanyRepositoy');
$companies = $companyRepository->findAll();
```

Sie können aber auch auf unkomplizierte Weise alle konkreten Klassen einer Superklasse finden:

```
$organizationRepository = t3lib_div::makeInstance('Tx_MyExtension_Domain_Repository_
     OrganizationRepositoy');
$organizations = $organizationRepository->findAll();
```

In der Ergebnismenge `$organizationRepository` sind dann Domänenobjekte der Klasse `Tx_MyExtension_Domain_Model_Organization` und aller konfigurierten Subklassen `Tx_MyExtension_Domain_Model_Company` und `Tx_MyExtension_Domain_Model_ScientificInstitution` enthalten. Diese Abfrage einer Superklasse wird derzeit nur mit *Single Table Inheritance* unterstützt. In Zukunft wird dies aber auch für *Concrete Table Inheritance* möglich sein.

> Ein prominentes Beispiel für die *Single Table Inheritance* ist die Tabelle `tt_content`, in der alle Typen von Inhaltselementen abgelegt werden. Jede Extension kann diese Tabelle um eigene Felder erweitern. Entsprechend groß ist die Anzahl der Spalten dieser Tabelle. Der Typ des Inhaltselements wird im Feld `CType` gespeichert.

Mit diesem Kapitel schließen wir die Arbeit am Domänenmodell und dessen Speicherung zunächst ab. Im Verlauf realer Entwicklungsprojekte ist dieser Prozess natürlich nicht linear. Immer wieder kommen wir zum Domänenmodell zurück, um etwas zu ergänzen oder zu optimieren. Im folgenden Kapitel widmen wir uns dem »Fluss« durch die Extension. In sogenannten *Controllern* legen wir die Abläufe innerhalb der Extension fest.

KAPITEL 7

Den Ablauf mit Controllern steuern

In den vorangehenden Kapiteln haben wir bereits die Domäne unserer Beispiel-Extension *SjrOffers* in ein softwarebasiertes Domänenmodell übertragen. Das Ergebnis sind mehrere Dateien mit Klassendefinitionen, die im Unterordner *EXT:sjr_offers/Classes/Domain/Model/* abgelegt sind. Außerdem haben wir die Persistenzschicht eingerichtet. Damit können wir bereits die Daten unserer Domäne in Form von Domänenobjekten ablegen und wieder auffinden.

In diesem Kapitel erfahren Sie, wie Sie den Ablauf innerhalb Ihrer Extension steuern können. Generell geht es darum, Anfragen durch den Webseiten-Benutzer zu interpretieren, damit die passende Aktion ausgelöst wird. Bezogen auf unsere Beispiel-Extension *SjrOffers* ist es z.B. sinnvoll, eine Liste aller Angebote anzeigen oder alle relevanten Informationen zu einem Angebot ausgeben zu lassen. Weitere Beispiele für solche Aktionen sind:

- Löschen eines bestimmten Angebots
- Löschen aller Angebote einer Organisation
- Anzeigen eines Formulars zum Ändern der Angebotsdaten
- Aktualisieren eines Angebots
- Anzeigen der neuesten Angebote

Der Code, der Anfragen entgegennimmt und die passende Aktion ausführt, ist in Controllern zusammengefasst. Ein Controller ist eine Komponente der Model-View-Controller-Architektur, deren Grundlagen in Kapitel 2, Abschnitt »Model-View-Controller in Extbase« beschrieben werden. Die Wirkungsweise eines Controllers im Verbund mit den anderen Komponenten haben wir in Kapitel 3 dargestellt.

Ein Controller ist ein Objekt der Extension, das innerhalb von Extbase vom `Dispatcher`-Objekt instanziiert und aufgerufen wird. Der Controller steuert den gesamten Ablauf *innerhalb* der Extension. Er ist das Bindeglied zwischen der Anforderung in Form eines

Request, dem Domänenmodell und der Antwort in Form des Response. In einem *Controller* werden die für den Ablauf notwendigen Daten aus den jeweiligen Repositories abgeholt (*Model*), entsprechend der von außen kommenden Anforderung vorbereitet und an den für die Ausgabe zuständigen Code (*View*) übergeben. Neben dieser Kernaufgabe ist ein Controller dafür zuständig,

- das `Request`- und `Response`-Objekt entgegenzunehmen bzw. die Objekte abzulehnen, falls die Anfrage nicht bearbeitet werden kann.
- eine Prüfung der Daten zu veranlassen, die aus der URL (insbesondere aus Verweisen) oder Formularen des Frontends eingehen. Diese Daten sind auf ihren Typ und auf Validität zu prüfen.
- festzustellen, welche Methode (*Action*) des Controllers für die weitere Verarbeitung aufgerufen wird.
- die eingehenden Daten aufzubereiten, damit sie als Argumente an die zuständige Methode übergeben werden können (*Argument-Mapping*).
- das für die Ausgabe zuständige Objekt auszuwählen und aufzubereiten (*View*).
- den Rendering-Prozess anzustoßen.
- das Ergebnis dieses Rendering-Prozesses an das `Response`-Objekt zu übergeben.

Im folgenden Abschnitt legen wir die notwendigen Controller-Klassen unserer Extension an und implementieren dort die entsprechenden *Action*-Methoden. Dabei müssen wir zunächst entscheiden, welche Aktionen in Form von Actions implementiert werden müssen. Da in einer Extension im Regelfall eine größere Anzahl unterschiedlicher Actions implementiert werden müssen, gruppieren wir diese in verschiedenen Controller-Klassen. Eine sehr »natürliche« Art der Gruppierung ist, dass jede Aggregate-Root-Klasse, auf deren Objekte eine Aktion angewendet werden soll, durch einen eigenen Controller verwaltet wird. In unserem Fall bieten sich die beiden Klassen `Organization` und `Offer` an. Starten wir nun mit unserem ersten Controller.

Controller und Actions anlegen

Die einzelnen Controller-Klassen werden im Ordner *EXT:sjr_offers/Classes/Controller/* abgelegt. Der Name des Controllers ergibt sich aus dem Namen des Domänenmodells durch Anhängen des Suffixes *`Controller`*. Dem Aggregate-Root-Objekt `Tx_SjrOffers_Domain_Model_Offer` wird daher der Controller `Tx_SjrOffers_Controller_OfferController` zugeordnet. Der Name der Klassendatei lautet damit *OfferController.php*.

Die Controller-Klasse muss die Klasse `Tx_Extbase_MVC_Controller_ActionController` von Extbase erweitern. Die einzelnen Aktionen werden in separaten Methoden zusammengefasst. Die Methodennamen müssen auf `Action` enden. Der Rumpf des `OfferController` sieht damit wie folgt aus:

```
class Tx_SjrOffers_Controller_OfferController
      extends Tx_Extbase_MVC_Controller_ActionController {

      // Hier folgen die Action-Methoden
}
```

Bei der Umsetzung der Aktionen in *Action*-Methoden werden Sie häufig auf sehr ähnliche Abläufe bzw. Muster stoßen. Jede Aktion wird dann eine einzelne *Action* bzw. eine Kette von *Actions* verarbeitet:

1. Eine Liste von Domänenobjekten soll ausgegeben werden.
2. Ein einzelnes Domänenobjekt soll angezeigt werden.
3. Ein neues Domänenobjekt soll angelegt werden.
4. Ein bestehendes Domänenobjekt soll bearbeitet werden.
5. Ein Domänenobjekt soll gelöscht werden.

Diese wiederkehrenden Muster werden wir in den kommenden Abschnitten genauer beleuchten. Im Zusammenhang mit den Ablaufmustern erhalten Sie dann das notwendige Hintergrundwissen, um Ihre eigenen Abläufe zu gestalten.

> Beachten Sie, dass Sie in der Wahl der Methodennamen für Ihre *Actions* frei sind. Wir empfehlen Ihnen jedoch, bei den vorgestellten Namen zu bleiben, um anderen Entwicklern die Orientierung in Ihrem Code zu erleichtern.

Ablaufmuster »Eine Liste von Domänenobjekten anzeigen«

Das erste Muster entspricht in unserem Beispiel der Aktion *»Zeige eine Liste aller Angebote«*. Für die Implementierung reicht bei diesem Muster in der Regel eine Action-Methode aus. Wir wählen `indexAction` als Namen der Methode und legen sie wie folgt an:

```
public function indexAction() {
   $offerRepository = t3lib_div::makeInstance('Tx_SjrOffers_Domain_Repository_
      OfferRepository');
   $offers = $offerRepository->findAll();
   $this->view->assign('offers', $offers);
   return $this->view->render();
}
```

Dieser Ablauf lässt sich weiter vereinfachen. Wie wir in Kapitel 4 im Abschnitt »Den Ablauf steuern« bereits beschrieben haben, kann auf die explizite Rückgabe des gerenderten Inhalts verzichtet werden. Außerdem sparen wir die Initialisierung der Variablen `$offers` ein, die kein zweites Mal verwendet wird. Damit erhalten wir:

```
public function indexAction() {
   $offerRepository = t3lib_div::makeInstance('Tx_SjrOffers_Domain_Repository_
      OfferRepository');
   $this->view->assign('offers', $offerRepository->findAll());
}
```

Dieser Ablauf ist prototypisch für eine Aktion, die lediglich Daten ausgeben soll. Es werden Domänenobjekte aus einem zuvor instanziierten Repository abgerufen und dem View zur weiteren Verarbeitung übergeben. Innerhalb unseres OfferContoller müssen wir in den verschiedenen Actions immer wieder auf das OfferRepository zurückgreifen. Wir müssten uns also in jeder Action eine Instanz dieses Repository besorgen. Für solche Aufgaben, die mehrere Actions betreffen, stellt der ActionController von Extbase die Methode initializeAction() zur Verfügung. Diese wird vor der Ausführung einer Action immer aufgerufen. In der Klasse ActionController ist der Rumpf dieser Methode leer. Sie können diese aber in Ihrem eigenen Controller überschreiben. In unserem Fall weisen wir der Klassenvariablen $offerRepository die Instanz unseres Repository zu. Unser Controller sieht damit wie folgt aus:

```
protected $offerRepository;

public function initializeAction() {
   $this->offerRepository = t3lib_div::makeInstance('Tx_SjrOffers_Domain_Repository_
      OfferRepository');
}

public function indexAction() {
   $this->view->assign('offers', $this->offerRepository->findAll());
}
```

Neben der Methode initializeAction(), die vor allen Actions des Controllers aufgerufen wird, ruft ActionController auch eine Methode der Form initialize*Foo*Action() auf, die nur vor der Methode *foo*Action() ausgeführt wird. Die Methode zur Initialisierung von Actions bietet sich natürlich nicht nur dazu an, Repositories bereitzustellen. Sie können dort auch JavaScript-Bibliotheken einbinden oder prüfen, ob ein bestimmter Frontend-User eingeloggt ist.

Den »Trick«, einen leeren Methodenrumpf in der Superklasse zu implementieren, der dann in der Subklasse »gefüllt« wird, nennt man *Template Pattern*.

Ablaufmuster »Ein einzelnes Domänenobjekt anzeigen«

Für das zweite Muster bietet sich ebenfalls eine einzelne Methode an. Wir nennen sie showAction(). Dieser Methode muss aber im Gegensatz zur Methode indexAction() von außen mitgeteilt werden, welches Domänenobjekt angezeigt werden soll. In unserem Fall wird das anzuzeigende Angebot der Methode als Argument übergeben:

```
/**
 * @param Tx_SjrOffers_Domain_Model_Offer $offer The offer to be shown
 * @return string The rendered HTML string
 */
```

```
public function showAction(Tx_SjrOffers_Domain_Model_Offer $offer) {
    $this->view->assign('offer', $offer);
}
```

In der Regel wird die Einzelansicht durch einen Link im Frontend aufgerufen. Dieser verbindet in unserer Beispiel-Extension die Listenansicht in etwa durch folgende URL:

```
http://localhost/index.php?id=123&tx_sjroffers_pi1[offer]=3&tx_sjroffers_
pi1[action]=show&tx_sjroffers_pi1[controller]=Offer
```

Durch die beiden Argumente `tx_sjroffers_pi1[controller]=Offer` und `tx_sjroffers_pi1[action]=show` leitet der Dispatcher von Extbase die Anfrage (Request) an den `OfferController` weiter. Im Request ist vermerkt, dass die Aktion *show* aufgerufen werden soll. Bevor nun der Controller die weitere Verarbeitung der Methode `showAction()` überträgt, versucht er, die über die URL übergebenen Argumente auf die Argumente der Methode abzubilden. Extbase ordnet die Argumente einander aufgrund ihres Namens zu. In unserem Beispiel erkennt Extbase, dass das GET-Argument `tx_sjroffers_pi1[offer]=3` dem Methoden-Argument `$offer` entspricht: `showAction(Tx_SjrOffers_Domain_Model_Offer $offer)`. Den Typ des Methoden-Arguments entnimmt Extbase der Angabe in der Methodensignatur: `showAction(Tx_SjrOffers_Domain_Model_Offer $offer)`. Falls dieser sogenannte *Type Hint* nicht vorhanden oder z.B. im Falle der Typen *string* oder *int* in PHP nicht möglich ist, entnimmt Extbase den Typ dem Kommentar über der Methode: `@param Tx_SjrOffers_Domain_Model_Offer $offer`.

Nach erfolgreicher Zuordnung muss der Wert des eingehenden Arguments in den Zieltyp übersetzt und gleichzeitig auf Validität überprüft werden (mehr zum Thema Validierung finden Sie in Kapitel 9 im Abschnitt »Domänenobjekte validieren«). In unserem Fall ist der eingehende Wert die Zeichenkette »3«. Unser Zieltyp ist die Klasse `Tx_SjrOffers_Domain_Model_Offer`. Daher sieht Extbase den eingehenden Wert als UID des zu erstellenden Objekts an und startet eine Anfrage an das *Storage Backend*, um ein Objekt mit dieser UID zu finden. Konnte das Objekt in einem validen Zustand rekonstituiert werden, wird es der Methode als Argument übergeben. Innerhalb der Methode `showAction()` wird nun das eben erzeugte `Offer`-Objekt dem View übergeben, der in gewohnter Weise die Erzeugung der HTML-Ausgabe übernimmt.

> Sie können im Template auf alle Eigenschaften des Domänenobjekts zurückgreifen – einschließlich aller dort vorhandenen Kindobjekte. Das Ablaufmuster bezieht sich daher nicht nur auf ein einzelnes Domänenobjekt, sondern unter Umständen auf ein komplexes Aggregat.

Falls eines der Argumente als nicht valide erkannt wurde, wird statt der Methode `showAction()` die bereits implementierte Methode `errorAction()` des `ActionController` aufgerufen. Die Methode erzeugt nun eine Mitteilung an der Frontend-Benutzer und leitet die

Verarbeitung an die vorhergehende Aktion weiter, falls diese angegeben wurde. Letzteres ist in Verbindung mit nicht validen Formulareingaben sinnvoll, wie Sie im Folgenden sehen werden.

Ablaufmuster »Ein neues Domänenobjekt anlegen«

Das dritte Muster, bei dem ein neues Domänenobjekt angelegt wird, erfordert zwei Schritte: zum einen muss ein Formular zur Eingabe der Domänendaten im Frontend angezeigt werden, zum anderen muss aus den eingehenden Formulardaten ein neues Domänenobjekt erzeugt und im entsprechenden Repository abgelegt werden. Diese beiden Schritte implementieren wir in den beiden Methoden `newAction()` und `createAction()`.

> Die Abfolge dieser Schritte haben wir bereits in Kapitel 3 im Abschnitt »Alternative Reiseroute: Einen neuen Post anlegen« ausführlich beschrieben. Wir stellen diesen Ablauf hier nochmals kurz anhand unserer Beispiel-Extension vor und gehen auf vertiefende Aspekte ein.

Als Erstes wird die Methode `newAction()` über das Frontend durch einen Link mit der folgenden URL aufgerufen:

```
http://localhost/index.php?id=123&tx_sjroffers_pi1[organization]=5&tx_sjroffers_
pi1[action]=new&tx_sjroffers_pi1[controller]=Offer
```

Extbase instanziiert das `Organization`-Objekt, das an das Argument `$organization` gebunden wird, auf gleiche Weise wie das `Offer`-Objekt bei der Methode `showAction()`. In der URL liegen jedoch (noch) keine Informationen vor, welchen Wert das Argument `$newOffer` annehmen soll. Daher wird der in der Methodensignatur angegebene Default-Wert (= `NULL`) genommen. Mit diesen Argumenten übergibt der Controller die weitere Verarbeitung nun der Methode `newAction()`.

```
/**
 * @param Tx_SjrOffers_Domain_Model_Organization $organization The organization
 * @param Tx_SjrOffers_Domain_Model_Offer $newOffer The new offer object
 * @return string An HTML form for creating a new offer
 * @dontvalidate $newOffer
 */
public function newAction(Tx_SjrOffers_Domain_Model_Organization $organization,
      Tx_SjrOffers_Domain_Model_Offer $newOffer = NULL) {
   $this->view->assign('organization', $organization);
   $this->view->assign('newOffer', $newOffer);
   $this->view->assign('regions', $this->regionRepository->findAll());
}
```

Diese übergibt dem View unter `organization` das `Organization`-Objekt, unter `newOffer` zunächst `NULL` und unter `regions` alle im `RegionRepository` vorhandenen `Region`-Objekte. Der View erzeugt mithilfe eines Templates, das wir in Kapitel 8 im Abschnitt »Template-Erstellung am Beispiel« vorstellen, die Ausgabe des Formulars im Frontend. Nachdem der Benutzer die Daten des Angebots eingegeben und das Formular abgesendet hat, wird die Methode createAction() aufgerufen. Diese erwartet als Argumente ein Organization-Objekt und ein Objekt der Klasse Tx_SjrOffers_Domain_Model_Offer. Extbase instanziiert dazu das Objekt und »füllt« dessen Eigenschaften mit den entsprechenden Formulardaten. Sind alle Argumente valide, wird die Methode createAction() aufgerufen.

```
/**
 * @param Tx_SjrOffers_Domain_Model_Organization $organization The organization the offer
        belongs to
 * @param Tx_SjrOffers_Domain_Model_Offer $newOffer A fresh Offer object which has not
        yet been added to the repository
 * @return void
 */
public function createAction(Tx_SjrOffers_Domain_Model_Organization $organization,
        Tx_SjrOffers_Domain_Model_Offer $newOffer) {
   $organization->addOffer($newOffer);
   $newOffer->setOrganization($organization);
   $this->redirect('show', 'Organization', NULL, array('organization' => $organization));
}
```

Das neue Angebot wird der Organisation zugeordnet, und umgekehrt wird die Organisation dem neuen Angebot zugeordnet. Durch diese Zuordnung wird Extbase vor der Rückkehr zu TYPO3 im Dispatcher die Persistierung des neuen Angebots veranlassen.

Nachdem das neue Angebot angelegt wurde, soll die betroffene Organisation mit allen ihren Angeboten angezeigt werden. Wir starten daher eine neue Anfrage (*Request-Response-Zyklus*), indem wir durch die Methode redirect() auf die showAction() des OrganizationController umleiten. Dabei übergeben wir die aktuelle Organisation als Argument. Im ActionController stehen Ihnen folgende Methoden für die Umleitung auf eine andere Action zur Verfügung:

```
redirect($actionName, $controllerName = NULL, $extensionName = NULL,
   array $arguments = NULL, $pageUid = NULL, $delay = 0, $statusCode = 303)
redirectToURI($uri, $delay = 0, $statusCode = 303)
forward($actionName, $controllerName = NULL, $extensionName = NULL,
   array $arguments = NULL)
```

Mit der redirect()-Methode können Sie sofort einen neuen Request-Response-Zyklus starten, ähnlich wie bei einem Klick auf einen Link. Es wird dann die unter $actionName angegebene Action im entsprechenden Controller ($controllerName) der angegebenen Extension ($extensionName) aufgerufen. Falls Sie keinen Controller oder keine Extension angegeben haben, wird angenommen, dass Sie im selben Kontext bleiben. Im vierten Parameter $arguments können Sie ein Array von Argumenten übergeben. In unserem Beispiel würde dann array('*organization*' => $organization) in der URL so aussehen: tx_sjroffers_pi1[*organization*]=5. Der Array-Key wird in den Parameternamen übersetzt, während das Organizations-Objekt in $organization in die Zahl 5, also dessen UID, umgewandelt wird. Sollten Sie auf eine andere Seite innerhalb der TYPO3-Installation verweisen wollen, können Sie deren UID im 5. Parameter ($pageUid) übergeben. Eine Verzögerung vor der Umleitung erreichen Sie durch Angabe einer Zeitspanne in Sekunden als 6. Parameter ($delay). Standardmäßig wird als Grund für die Umleitung der

HTTP-Status-Code 303 (entspricht *See Other*) gesetzt. Sie können aber mit dem 7. Parameter ($statusCode) auch einen anderen Status setzen (z.B. 301, was *Moved Permanently* entspricht).

In unserem Beispiel wird an den Browser folgender HTML-Code gesendet, der das sofortige Neuladen der Seite mit der angegebenen URL veranlasst:

```
<html><head><meta http-equiv="refresh" content="0;url=http://localhost/
index.php?id=123&amp;tx_sjroffers_pi1[organization]=5&amp;tx_sjroffers_
pi1[action]=show&amp;tx_sjroffers_pi1[controller]=Organization"/></head></html>
```

Die redirectToURI()-Methode entspricht der Methode redirect(), nur können Sie hier direkt eine URL bzw. URI als Zeichenkette angeben, z.B. <html><head><meta http-equiv="refresh" content="0;url=*http://example.com/foo/bar.html*"/></head></html>. Damit stehen Ihnen alle Freiheiten offen.

Die forward()-Methode schließlich bewirkt, wie die beiden redirect-Methoden, ebenfalls eine sofortige Weiterleitung der Anfrage an eine andere Action. Im Gegensatz dazu wird allerdings kein Request-Response-Zyklus gestartet. Es wird lediglich das Request-Objekt mit den Angaben von Action, Controller und Extension aktualisiert und dem Dispatcher wieder zur Verarbeitung zurückgereicht. Dieser gibt dann die aktuellen Request- und Response-Objekte an den entsprechenden Controller weiter. Auch hier gilt: Ist kein Controller oder keine Extension gesetzt, wird der aktuelle Kontext beibehalten.

Dieser Vorgang kann innerhalb eines Seitenaufrufs mehrfach hintereinander ausgeführt werden. Es besteht dabei allerdings die Gefahr, dass der Prozess in eine unendliche Schleife gerät (A verweist auf B und B, verweist wieder auf A). Extbase bricht in diesem Falle die Verarbeitung nach einer gewissen Anzahl von Schritten ab.

Es gibt noch einen weiteren wichtigen Unterschied zu den redirect-Methoden. Bei einer Weiterleitung mit der Methode forward() werden neue Objekte (noch) nicht in der Datenbank persistiert. Dies erfolgt erst am Ende eines Request-Response-Zyklus. Damit hat ein neues Objekt noch keine UID zugewiesen bekommen, und die Umwandlung in einen URL-Parameter schlägt fehl. Sie können jedoch vor der Umleitung den Vorgang der Persistierung durch Tx_Extbase_Dispatcher::getPersistenceManager()->persistAll() von Hand anstoßen.

Wir haben beim Aufruf der Methode createAction() bereits den Fall beschrieben, dass alle Argumente valide sind. Was geschieht aber, falls der Frontend-Benutzer unvalide Daten eingibt oder das Formular sogar auf manipuliert, um bewusst die Webseite anzugreifen?

> Ausführliche Informationen zum Thema Validierung und Sicherheit finden Sie in Kapitel 9.

Fluid fügt dem über die Methode `newAction()` erzeugten Formular mehrere versteckte Felder hinzu. Diese enthalten zum einen Angaben zur Herkunft des Formulars (`__referrer`) und, in verschlüsselter Form (`__hmac`), die Struktur des Formulars (hier gekürzt).

```
<input type="hidden" name="tx_sjroffers_list[__referrer][extensionName]"
      value="SjrOffers" />
<input type="hidden" name="tx_sjroffers_list[__referrer][controllerName]" value="Offer" />
<input type="hidden" name="tx_sjroffers_list[__referrer][actionName]" value="edit" />
<input type="hidden" name="tx_sjroffers_list[__hmac]"
      value="a:4:{s:5:&quot;offer&quot;;a:12:
...
      s:10:&quot;__identity&quot;;i:1;}s:12:&quot;organization&quot;;i:1;
      s:6:&quot;action&quot;;i:1;s:10:&quot;controller&quot;;
      i:1;}8888b05fbf35fc96d0e3aadd370a8856a9edad20" />
```

Tritt nun beim Aufruf der Methode `createAction()` ein Validierungsfehler auf, wird eine Fehlermeldung gespeichert und die Verarbeitung samt den bisher eingegebenen Formulardaten an die vorhergehende Action zurückverwiesen. Die notwendigen Informationen entnimmt Extbase den versteckten Feldern `__referrer`. Es wird in unserem Fall also wieder die Methode `newAction()` aufgerufen. Im Gegensatz zum ersten Aufruf versucht Extbase aber nun, aus den Formulardaten ein (unvalides) `Offer`-Objekt zu erzeugen und in `$newOffer` der Methode zu übergeben. Durch die Annotation `@dontvalidate $newOffer` akzeptiert Extbase aber diesmal auch das unvalide Objekt und stellt das Formular erneut dar. Bereits eingegebene Formulardaten werden wieder in die Felder gefüllt, und die zuvor gespeicherte Fehlermeldung erscheint, falls dies im Template so vorgesehen ist (siehe Abbildung 7-1).

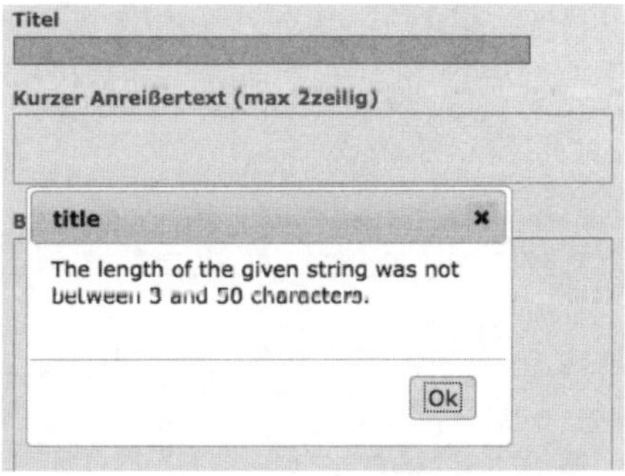

Abbildung 7-1: Eine fehlerhafte Eingabe im Formular eines Angebots erzeugt eine Meldung (in diesem Fall mit einem modalen JavaScript-Fenster).

Die Standard-Fehlermeldungen von Extbase sind in Version 1.2 noch nicht lokalisiert. Im Abschnitt »Fehlermeldungen lokalisieren« in Kapitel 8 beschreiben wir jedoch eine Möglichkeit, auch diese zu übersetzen.

Extbase vergleicht zu einem frühen Zeitpunkt anhand des versteckten Felds __hmac die Struktur eines Formulars zwischen Auslieferung an den Browser und dem Eintreffen der Formulardaten. Falls sich die Struktur verändert hat, vermutet Extbase dahinter einen böswilligen Angriff und bricht die Anfrage mit einer Fehlermeldung ab. Sie können durch eine Annotation der Methode mit @dontverifyrequesthash diese Prüfung jedoch umgehen. Damit stehen Ihnen zwei Annotationen für Action-Methoden zur Verfügung:

- @dontvalidate *$argumentName*
- @dontverifyrequesthash

Durch die Annotation @dontvalidate *$argumentName* teilen Sie Extbase mit, dass das Argument nicht validiert werden soll. Falls das Argument ein Objekt ist, wird auch die Validierung seiner Eigenschaftswerte umgangen.

Die Annotation @dontverifyrequesthash veranlasst Extbase dazu, die Überprüfung des Formulars auf Integrität zu umgehen. Es wird also z.B. nicht mehr geprüft, ob der Frontend-Benutzer z.B. ein password-Feld hinzugefügt hat. Diese Annotation ist z.B. nützlich, falls Sie Daten aus Formularen auswerten müssen, auf deren Gestaltung Sie keinen Einfluss haben.

Ablaufmuster »Ein bestehendes Domänenobjekt bearbeiten«

Das Ablaufmuster, das wir Ihnen nun vorstellen, ist dem vorhergehenden sehr ähnlich. Wieder benötigen wir zwei Action-Methoden, die wir diesmal editAction() und updateAction() nennen. Die Methode editAction() stellt das Formular zum Bearbeiten bereit, während die updateAction() das Objekt im Repository aktualisiert. Im Gegensatz zur Methode newAction() muss der Methode editAction() jedoch keine Organisation übergeben werden. Als Argument muss lediglich das zu bearbeitende Angebot übergeben werden.

```
/**
 * @param Tx_SjrOffers_Domain_Model_Offer $offer The existing, unmodified offer
 * @return string Form for editing the existing organization
 * @dontvalidate $offer
 */
public function editAction(Tx_SjrOffers_Domain_Model_Offer $offer) {
   $this->view->assign('offer', $offer);
   $this->view->assign('regions', $this->regionRepository->findAll());
}
```

Achten Sie auch hier wieder auf die Annotation @dontvalidate $offer. Die Methode updateAction() nimmt nun das geändere Angebot entgegen und aktualisiert es im Repository. Anschließend wird eine neue Anfrage gestartet und die Organisation mit ihren aktualisierten Angeboten angezeigt.

```
/**
 * @param Tx_SjrOffers_Domain_Model_Offer $offer The modified offer
 * @return void
 */
```

```
public function updateAction(Tx_SjrOffers_Domain_Model_Offer $offer) {
   $this->offerRepository->update($offer);
   $this->redirect('show', 'Organization', NULL, array('organization' => $offer->
      getOrganization()));
}
```

> Vergessen Sie nicht, das geänderte Domänenobjekt explizit durch `update()` zu aktualisieren. Extbase erledigt dies nicht automatisch für Sie, da dies zu unerwarteten Ergebnissen führen kann, z.B. dann, wenn Sie in Ihrer Action-Methode das eingehende Domänenobjekt noch manipulieren müssen.

An dieser Stelle müssen wir uns die Frage stellen, wie wir unbefugte Änderungen an unseren Domänendaten verhindern. Die Organisations- und Angebotsdaten sollen schließlich nicht von allen Webseiten-Besuchern verändert werden können. Jeder Organisation wird daher ein *Administrator* zugeordnet, der berechtigt ist, die Daten der Organisation zu ändern. Der Administrator darf die Kontaktdaten der Organisation ändern, Angebote und Ansprechpartner anlegen und löschen sowie bestehende Angebote bearbeiten. Für die Absicherung gegen unbefugten Zugriff kommen mehrere Ebenen in Betracht:

- Auf der Ebene von TYPO3 wird der Zugriff auf die Seite und/oder das Plugin verhindert.
- In der Action selbst wird geprüft, ob ein berechtigter Zugriff erfolgt. In unserem Fall muss geprüft werden, ob der Administrator der Organisation angemeldet ist.
- Im Template werden Verweise zu Actions ausgeblendet, auf die der Frontend-Benutzer keinen Zugriff hat.

Von allen drei Ebenen bieten nur die ersten beiden verlässlichen Schutz. Auf die erste Ebene gehen wir in diesem Buch weiter ein. Ausführliche Informationen zur Einrichtung des Rechtesystems in Ihrem TYPO3-System finden Sie in der *Core Documentation »Inside TYPO3«* unter http://typo3.org/documentation/document-library/core-documentation/doc_core_inside/4.2.0/view/2/4/. Die zweite Ebene implementieren wir in allen »kritischen« Actions. Am Beispiel der Methode `updateAction()` sieht dies etwa wie folgt aus:

```
public function initializeAction() {
   $this->accessControlService = t3lib_div::makeInstance('Tx_SjrOffers_Service_
         AccessControlService');
}

public function updateAction(Tx_SjrOffers_Domain_Model_Offer $offer) {
   $administrator = $offer->getOrganization()->getAdministrator();
   if ($this->accessControlService->isLoggedIn($administrator)) {
      $this->offerRepository->update($offer);
   } else {
      $this->flashMessages->add('Bitte loggen Sie sich ein.');
   }
   $this->redirect('show', 'Organization', NULL, array('organization' => $offer->
         getOrganization()));
}
```

Wir fragen einen zuvor instanziierten AccessControlService, ob der Administrator der Organisation, die für das Angebot verantwortlich ist, im Frontend angemeldet ist. Falls ja, führen wir die Aktualisierung des Angebots durch. Falls nein, wird eine Fehlermeldung erzeugt, die in der anschließend aufgerufenen Organisationsübersicht angezeigt wird.

Extbase stellt momentan noch keine API für die Zugriffskontrolle zur Verfügung. Wir haben daher einen AccessControlService selbst implementiert. Die Beschreibung der Klasse befindet sich in der Datei *EXT:sjr_offers/Classes/Service/AccessControlService.php*.

```
class Tx_SjrOffers_Service_AccessControlService implements t3lib_Singleton {

    public function isLoggedIn($person = NULL) {
        if (is_object($person)) {
            if ($person->getUid() === $this->getFrontendUserUid()) {
                return TRUE;
            }
        }
        return FALSE;
    }

    public function getFrontendUserUid() {
        if($this->hasLoggedInFrontendUser() && !empty($GLOBALS['TSFE']->fe_user->
                user['uid'])) {
            return intval($GLOBALS['TSFE']->fe_user->user['uid']);
        }
        return NULL;
    }

    public function hasLoggedInFrontendUser() {
        return $GLOBALS['TSFE']->loginUser === 1 ? TRUE : FALSE;
    }

}
```

Die dritte Ebene kann dadurch leicht umgangen werden, dass man den Verweis oder die Formulardaten von Hand schreibt. Sie mindert also lediglich die Verwirrung bei ehrlichen und den Anreiz bei böswilligen Besuchern. Werfen wir einen kurzen Blick auf den Ausschnitt aus einem Template:

```
{namespace sjr=Tx_SjrOffers_ViewHelpers}
...
<sjr:security.ifAuthenticated person="{organization.administrator}">
    <f:link.action controller="Offer" action="edit" arguments="{...}">
        <f:image src="EXT:sjr_offers/Resources/Public/Icons/edit.gif" alt="edit" />
    </f:link.action>
    ...
</sjr:security.ifAuthenticated>
```

In einem *Service* werden häufig Funktionalitäten implementiert, die an unterschiedlichen Stellen in Ihrer Extension benötigt werden und nicht einem einzelnen Domänenobjekt zuzuordnen sind.

Services sind häufig zustandslos. Dies bedeutet in diesem Zusammenhang, dass ihre Funktion nicht von den vorhergehenden Zugriffen abhängt. Das schließt eine Abhängigkeit zur »Umgebung« nicht aus. In unserem Beispiel können Sie sich also darauf verlassen, dass eine Prüfung durch `isLoggedIn()` immer zum gleichen Ergebnis kommt, unabhängig davon, ob zuvor eine andere Prüfung durchgeführt wurde; vorausgesetzt, die »Umgebung« hat sich nicht (wesentlich) geändert, z.B. indem sich der Administrator abgemeldet oder die Rechte entzogen bekommen hat.

Services können meist als *Singleton* angelegt werden (`implements t3lib_Singleton`). Mehr zum Thema *Singleton* finden Sie in Kapitel 2 im Abschnitt »Singleton«.

Der `AccessControlService` ist nicht Bestandteil der Domäne unserer Extension. Er »gehört« zur Domäne des Content-Management-Systems. Es gibt natürlich auch Domain Services, wie zum Beispiel einen Service, der eine fortlaufende Rechnungsnummer erzeugt. Diese liegen dann üblicherweise unter *EXT:my_ext/Classes/Domain/Service/*.

Wir greifen über einen eigenen `IfAuthenticatedViewHelper` auf den `AccessControlService` zu. Die Klassendatei *IfAuthenticatedViewHelper.php* liegt in unserem Falle unter *EXT: sjr_offers/Classes/ViewHelpers/Security/*.

```
class Tx_SjrOffers_ViewHelper_Security_IfAuthenticatedViewHelper
   extends Tx_Fluid_ViewHelpers_IfViewHelper {

   /**
    * @param mixed $person The person to be tested for login
    * @return string The output
    */
   public function render($person = NULL) {
      $accessControlService = t3lib_div::makeInstance('Tx_SjrOffers_Service_
            AccessControlService'); // Singleton
      if ($accessControlService->isLoggedIn($person)) {
         return $this->renderThenChild();
      } else {
         return $this->renderElseChild();
      }
   }

}
```

Der `IfAuthenticatedViewHelper` erweitert den `If`-ViewHelper von Fluid und bietet damit die Möglichkeit, `then`- und `else`-Zweige auszugeben. Er delegiert die Zugriffsprüfung an den `AccessControlService`. Ist die Prüfung positiv verlaufen, wird in unserem Beispiel ein Link mit einem Edit-Icon angezeigt, der auf die Methode `editAction()` des `OfferController` verweist.

Ablaufmuster »Ein Domänenobjekt löschen«

Das letzte Ablaufmuster setzt das Löschen eines bestehenden Domänenobjekts in einer einzelnen Action um. Die zugehörige Methode deleteAction() ist sehr geradlinig:

```
/**
 * @param Tx_SjrOffers_Domain_Model_Offer $offer The offer to be deleted
 * @return void
 */
public function deleteAction(Tx_SjrOffers_Domain_Model_Offer $offer) {
   $administrator = $offer->getOrganization()->getAdministrator();
   if ($this->accessControlService->isLoggedIn($administrator) {
      $this->offerRepository->remove($offer);
   } else {
      $this->flashMessages->add('Bitte loggen Sie sich ein.');
   }
   $this->redirect('show', 'Organization', NULL, array('organization' =>
      $offer->getOrganization()));
}
```

Entscheidend ist hier, dass Sie das übergebene Angebot aus dem Repository durch Aufruf der Methode remove() entfernen. Extbase wird nach dem Durchlauf durch Ihre Extension den zugehörigen Datensatz aus der Datenbank entfernen bzw. ihn als gelöscht kennzeichnen.

> Wie Sie innerhalb der Action das Ergebnis (in der Regel HTML-Quellcode) erzeugen, ist im Prinzip unerheblich. In einer Action könnten Sie sogar entscheiden, auf die traditionelle Art der Extension-Programmierung mit direkten SQL-Abfragen und dem marker-basierten Templating zu setzen. Wir laden Sie jedoch ein, den bisher beschrittenen Weg weiterzugehen.

Die hier vorgestellten Ablaufmuster sollen Ihnen als Blaupausen für Ihre eigenen Abläufe dienen. In realen Projekten können diese sehr viel komplexer werden. Die Methode indexAction() des OfferController sieht in der »Endausbaustufe« dann so aus:

```
/**
 * @param Tx_SjrOffers_Domain_Model_Demand $demand A demand (filter)
 * @return string The rendered HTML string
 */
public function indexAction(Tx_SjrOffers_Domain_Model_Demand $demand = NULL) {
   $allowedStates = (strlen($this->settings['allowedStates']) > 0) ?
         t3lib_div::intExplode(',', $this->settings['allowedStates']) : array();
   $listCategories = (strlen($this->settings['listCategories']) > 0) ?
         t3lib_div::intExplode(',', $this->settings['listCategories']) : array();
   $selectableCategories = (strlen($this->settings['selectableCategories']) > 0) ?
         t3lib_div::intExplode(',', $this->settings['selectableCategories']) : array();
   $propertiesToSearch = (strlen($this->settings['propertiesToSearch']) > 0) ?
         t3lib_div::trimExplode(',', $this->settings['propertiesToSearch']) : array();

   $this->view->assign('offers',
```

```
      $this->offerRepository->findDemanded(
         $demand,
         $propertiesToSearch,
         $listCategories,
         $allowedStates
      )
   );
   $this->view->assign('demand', $demand);
   $this->view->assign('organizations',
      array_merge(
         array(0 => 'Alle Organisationen'),
         $this->organizationRepository->findByStates($allowedStates)
      )
   );
   $this->view->assign('categories',
      array_merge(
         array(0 => 'Alle Kategorien'),
         $this->categoryRepository->findSelectableCategories($selectableCategories)
      )
   );
   $this->view->assign('regions',
      array_merge(
         array(0 => 'Alle Stadtteile'),
         $this->regionRepository->findAll()
      )
   );
}
```

In den ersten paar Zeilen der Methode werden Konfigurationsoptionen, die im TypoScript-Template als kommaseparierte Liste angelegt sind, in Arrays umgewandelt. Nacheinander werden dann die Informationen an den *View* übergeben.

Eine Anforderung an unsere Beispiel-Extension ist, dass der Besucher der Webseite des Stadtjugendrings einen Bedarf formulieren kann, anhand dessen das Angebot dann gefiltert wird. Eine entsprechende Methode `findDemanded()` haben wir bereits implementiert (siehe Kapitel 6, Abschnitt »Individuelle Abfragen implementieren«). Der Besucher wählt dazu in einem Formular die entsprechenden Optionen (siehe Abbildung 7-2).

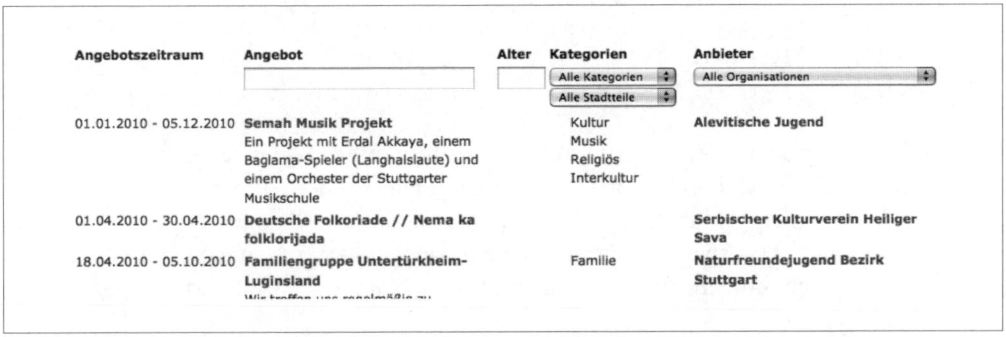

Abbildung 7-2: Die Formulierung des »Bedarfs« in einem Formular über der Angebotsliste

Achten Sie darauf, dass Sie keine Logik, die eigentlich in die Domäne gehört, in den Controllern implementieren. Konzentrieren Sie sich auf den reinen Ablauf.

Sie werden in der Praxis häufig in einigen oder sogar allen Controllern Ihrer Extension ähnliche Funktionalitäten benötigen. Ein Beispiel hierfür ist die bereits erwähnte Zugriffskontrolle. Diese haben wir in unserer Beispiel-Extension in ein *Service*-Objekt ausgelagert. Eine weitere Möglichkeit ist die Einrichtung eines eigenen Basis-Controllers, der den `ActionController` von Extbase erweitert. In diesem implementieren Sie dann die gemeinsamen Funktionalitäten. Anschließend erweitern Sie diesen durch die konkreten Controller mit ihren Actions.

Der Ablauf innerhalb eines Controllers wird von außen, d.h. von TYPO3 angestoßen. Dies geschieht bei Extensions, die Inhalte für das Frontend erzeugen, in der Regel über ein Plugin, das auf der entsprechenden Seite platziert wird. Wie dieses Plugin konfiguriert wird, lernen Sie im folgenden Abschnitt.

Frontend-Plugins konfigurieren und einbinden

Die Action soll über ein Frontend-Plugin aufgerufen werden. Auf die Konfiguration eines einfachen Frontend-Plugins sind wir schon in Kapitel 4 im Abschnitt »Das Plugin konfigurieren« eingegangen. Für unsere Testzwecke ist ein rudimentäres Plugin zunächst völlig ausreichend. Damit ein Plugin im Backend auf einer Seite platziert werden kann, sind zwei Schritte nötig: Das Plugin muss als Inhaltselement (Plugin-Typ) registriert sein, und sein Verhalten muss konfiguriert werden. Diese beiden Schritte werden über zwei API-Methoden von Extbase erledigt. Die Aufrufe befinden sich zudem in zwei verschiedenen Dateien.

In der Datei *EXT:sjr_offers/ext_tables.php* müssen Sie jedes Plugin mithilfe der statischen Methode `registerPlugin()` als Inhaltselement bei TYPO3 anmelden:

```
Tx_Extbase_Utility_Extension::registerPlugin(
   $_EXTKEY, // Extension-Key
   'List',   // Plugin-Name
   'Offers'  // Plugin-Label
);
```

Die Methode `registerPlugin()` erwartet drei Argumente. Das erste Argument ist der Extension-Key (in unserem Beispiel `sjr_offers`). Dieser steht innerhalb von TYPO3 bereits in der globalen Variablen `$_EXTKEY` zur Verfügung und entspricht dem Ordnernamen der Extension. Das zweite Argument ist ein frei wählbarer Name des Plugins. Wählen Sie dafür einen kurzen, aber aussagekräftigen Namen in `UpperCamelCase`-Schreibweise. Der Plugin-Name spielt eine wesentliche Rolle bei der Zuordnung von GET- und POST-Parametern zum entsprechenden Plugin: `http://localhost/index.php?id=123&tx_sjroffers_list[offer]=3`. Das dritte Argument ist das Label, unter dem das Plugin in der Auswahlliste im Backend erscheint. Damit ist das Plugin im Backend auswählbar, und wir können in unserem Beispiel ein Plugin mit dem Namen *Offers* einfügen.

In der Datei *EXT:sjr_offers/ext_localconf.php* müssen Sie im zweiten Schritt mithilfe der statischen Methode `configurePlugin()` das Verhalten des Plugins definieren. Dazu gehört neben den Actions, die über das Plugin aufgerufen werden dürfen, auch die Angabe, welche Inhalte in den Cache abgelegt werden.

```
Tx_Extbase_Utility_Extension::configurePlugin(
   $_EXTKEY,
   'List',
   array(
      'Offer' => 'index, show, new, create, edit, update, delete, createContact,
            setContact, updateContact, removeContact',
      'Organization' => 'index, show, edit, update, removeOffer, createContact,
            updateContact, removeContact',
      'Person' => 'new, create, edit, update, delete'
   ),
   array(
      'Offer' => 'new, edit, createContact',
      'Organization' => 'edit, createContact',
      'Person' => 'new, edit'
   )
);
```

Die Methode erwartet vier Argumente. Wie bei der Registrierung des Plugins ist das erste Argument der Extension-Key. Über das zweite Argument, den Plugin-Namen, kann Extbase die Konfiguration dem richtigen Plugin zuordnen.

Das dritte Argument ist ein Array mit allen Controller-Action-Kombinationen, die das Plugin ausführen darf. Die Angabe `array('Offer' => 'index')` erlaubt also, über das Plugin die Methode `indexAction()` im `Tx_SjrOffers_Controller_OfferController` auszuführen. Beachten Sie, dass Sie den Namen des Controllers ohne das Suffix `Controller` und den Namen der Action-Methode ohne das Suffix `Action` angeben müssen.

Das vierte, optionale Argument ist wieder ein Array, das genauso aufgebaut ist wie das vorhergehende. Diesmal werden jedoch nur solche Controller-Action-Kombinationen aufgeführt, deren Ergebnis *nicht* im Cache abgelegt werden soll. Dazu zählen insbesondere die Actions, die ein Formular ausgeben. Die Methoden `createAction()` oder `updateAction()` müssen hier nicht explizit angegeben werden, da sie keinen Ergebniscode produzieren, der im Cache abgelegt werden kann.

Das Verhalten der Extension konfigurieren

In unserer Beispiel-Extension sollen nicht alle Organisationen ausgegeben werden, sondern nur solche, die zu einem bestimmten Status gehören (z.B. Intern, Extern, Nichtmitglied). Im TypoScript-Template unserer Seite richten wir daher unter dem Pfad `plugin.tx_sjroffers.settings` eine Option `allowedStates` ein :

```
plugin.tx_sjroffers {
   settings {
      allowedStates = 1,2
   }
}
```

Extbase stellt die Einstellungen unterhalb des Pfades `plugin.tx_sjroffers.settings` als Array in der Klassenvariablen `$this->settings` zu Verfügung. Unsere Action sieht damit wie folgt aus:

```
public function indexAction() {
   $this->view->assign('organizations', $this->organizationRepository->
   findByStates(t3lib_div::intExplode(',', $this->settings['allowedStates'])));
   ...
}
```

Im `OrganizationRepository` haben wir eine Methode `findByStates()` implementiert, auf die wir an dieser Stelle nicht weiter eingehen (siehe dazu Kapitel 6, Abschnitt »Individuelle Abfragen implementieren«). Die Methode erwartet ein Array mit den erlaubten Status. Dieses erzeugen wir aus der kommaseparierten Liste mithilfe der TYPO3-API-Funktion `t3lib_div::intExplode()`. Die zurückgegebene Auswahl an Organisationen geben wir wie gewohnt an den View weiter.

> Natürlich hätten wir auch direkt die kommaseparierte Liste an die Methode `findByStates()` weitergeben können. Wir empfehlen jedoch, alle von außen kommenden Parameter (Einstellungen, Formulareingaben) im Controller vorzubereiten, bevor sie an die beiden anderen Komponenten Model und View weitergegeben werden.

In diesem Kapitel haben Sie gelernt, wie Sie die Objekte Ihrer Domäne in Bewegung bringen können und wie Sie den Ablauf eines Seitenaufrufs steuern können. Sie können damit die beiden Komponenten *Model* und *Controller* des MVC-Paradigmas in Ihrer Extension umsetzen. Im folgenden Kapitel gehen wir nun auf die dritte Komponente ein, den *View*. Wir stellen Ihnen die umfangreichen Möglichkeiten dar, die Ihnen die Template-Engine Fluid bietet.

KAPITEL 8

Die Ausgabe mit Fluid gestalten

Bisher haben Sie gelernt, wie Sie die Geschäftslogik einer Anwendung im Modell abbilden und dieses Modell durch Controller manipulieren können. Bisher haben wir jedoch die Ausgabe von Daten für den Nutzer nur sehr am Rande behandelt. Dies wollen wir jetzt nachholen. Wir zeigen Ihnen, wie Sie Ausgaben für den Nutzer einfach und schnell erzeugen können. Um diese Arbeit möglichst effizient zu gestalten, wurde speziell für TYPO3 und FLOW3 eine neue Template-Engine namens *Fluid* entwickelt, die flexibel und erweiterbar, aber doch einfach zu erlernen ist.

In diesem Kapitel lernen Sie zuerst die Basiskonzepte von Fluid kennen. Danach zeigen wir anhand verschiedener kleiner Beispiele hilfreiche Funktionen, die für die Anwendung im Templating hilfreich sind. Außerdem zeigen wir die Programmierung eines ViewHelpers am Beispiel. Abschließend zeigen wir Ihnen am Praxisbeispiel, wie Sie die gelernten Technologien effizient einsetzen können.

Basiskonzepte

Fluid ist eine Template-Engine, mit deren Hilfe die Ausgabe von Inhalten auf einer Webseite komfortabel umgesetzt werden kann. Dabei wird eine bestimmte Datei (das *Template*) verarbeitet und die darin befindlichen Platzhalter mit aktuellen Inhalten befüllt. Nach diesem Grundprinzip funktionieren alle Template-Engines – so auch Fluid.

Fluid basiert auf drei konzeptionellen Säulen, die gewissermaßen das Rückgrat der Template-Engine bilden und für ihre Erweiterbarkeit und Flexibilität sorgen:

- *Object Accessors* geben den Inhalt von Variablen aus, die an den View zur Darstellung übergeben wurden.

- *View Helper* sind spezielle Tags im Template, die komplexere Funktionalitäten wie Schleifen oder die Generierung von Links bereitstellen. Sie sind als PHP-Klassen implementiert und enthalten die komplette Funktionalität von Fluid.
- *Arrays* ermöglichen die Übergabe von hierarchischen Werten an View Helper.

Daten mit Object Accessors ausgeben

Eine Template-Engine füllt ein Template mithilfe von Platzhaltern an genau definierten Stellen mit Inhalten, und das Ergebnis wird dann an den Nutzer zurückgegeben. In Fluid heißen diese Platzhalter *Object Accessors*.

> Im klassischen markerbasierten Templating von TYPO3 v4 sind die dort verwendeten Marker auch Platzhalter, die später durch die gewünschten Daten ersetzt werden. Sie werden jedoch sehen, dass die in Fluid verwendeten Platzhalter deutlich flexibler und vielseitiger einsetzbar sind.

Object Accessors werden in geschweiften Klammern geschrieben: `{blogTitle}` gibt beispielsweise den Inhalt der Variable `blogTitle` aus. Die Variablen müssen im Controller durch `$this->view->assign(variableName, object)` gesetzt werden. Schauen wir uns dies nun an einem Beispiel an, in dem eine Liste von Blog-Posts gerendert werden soll. Im Controller übergeben wir durch folgenden Code einige Daten an das Template:

```
class Tx_BlogExample_Controller_PostController
      extends TX_Extbase_MVC_Controller_ActionController {
  ...
  public function indexAction(Tx_BlogExample_Domain_Model_Blog $blog) {
    $this->view->assign('blogTitle', 'Webdesign-Blog');
    $this->view->assign('blogPosts', $blog->getPosts());
  }
}
```

Nun können wir mit dem Object Accessor `{blogTitle}` den String »Webdesign-Blog« in das Template einfügen. Schauen wir uns nun das dazugehörige Template an:

```
<h1>{blogTitle}</h1>

<f:for each="{blogPosts}" as="post">
  <b>{post.title}</b><br />
</f:for>
```

Der Object Accessor `{blogTitle}` wird beim Generieren der Ausgabe durch den Titel des Blogs, also »Webdesign-Blog« ersetzt. Außerdem sehen Sie im obigen Template das Tag <f:for>, das zum Ausgeben der einzelnen Blog-Posts verwendet wird. Die fertige Ausgabe sieht dann also folgendermaßen aus, je nach Titel der Blog-Posts:

```
<h1>Webdesign-Blog</h1>

<b>Fluid als Template-Engine</b><br />
<b>TypoScript zur Konfiguration von TYPO3</b><br />
```

Wenn Sie anstatt eines Textes ein Objekt im Template ausgeben wollen, benötigt dieses Objekt eine `__toString()`-Methode, die die textuelle Repräsentation des Objekts zurückgibt.

Im obigen Beispiel finden Sie außerdem den Object Accessor `{post.title}`, durch den der Titel eines Blog-Posts ausgegeben wird. Diese hierarchische Schreibweise ist eine Syntax, mit der Assoziationen im Objektgraph durchlaufen werden können – Sie können sich also von Objekt zu Objekt »hangeln«. Oft wird ein komplexes Objekt an den View übergeben, und dann werden Teile dieses Objekts dargestellt. Im obigen Beispiel haben wir durch die Verwendung von `{post.title}` die Objekteigenschaft `title` des Blog-Posts ausgegeben. Allgemein versucht Fluid solche hierarchischen Eigenschaften in folgender Reihenfolge aufzulösen:

- Wenn `post` ein Array ist oder ein Objekt, das das Interface `ArrayAccess` implementiert, wird die gewünschte Eigenschaft zurückgegeben, sofern sie existiert.
- Wenn es ein Objekt ist und eine Methode `getTitle()` existiert, wird diese aufgerufen. Da per Konvention für alle sichtbaren Eigenschaften entsprechende get-Methoden existieren, ist dies der häufigste Anwendungsfall eines Object Accessors.
- Falls die Eigenschaft auf dem Objekt existiert und diese `public` ist, wird sie zurückgegeben. Von der Nutzung dieser Möglichkeit raten wir jedoch ab, da sie das sogenannte Uniform Access Principle verletzt (siehe Kasten).

Das Uniform Access Principle

Das Uniform Access Principle sagt aus, dass jede Fähigkeit, die eine Klasse nach außen hin bereitstellt, über eine einheitliche Notation verfügbar gemacht werden soll – unabhängig davon, ob die Fähigkeit direkt in der Klasse gespeichert ist oder berechnet wird.

Durch die Nutzung von öffentlichen Klassenvariablen in PHP greift man direkt auf ein gespeichertes Objekt zurück – und es ist nach außen hin sichtbar, dass das Objekt nicht berechnet wird. Aus diesem Grund nutzen wir oft `get` und `set`-Methoden in unseren Models. Hier sind alle Möglichkeiten der Klasse durch Methodenaufrufe erreichbar und einheitlich ansprechbar – von außen ist nicht mehr zu erkennen, ob die Klasse den Wert berechnet oder direkt gespeichert hat.

Da Object Accessors mehrfach *geschachtelt* werden können, können Sie durch ein komplexeres Objektnetz hindurch navigieren. Sie können z.B. `{post.author.emailAddress}` verwenden, wenn Sie die E-Mail-Adresse des Autors eines Blog-Posts ausgeben wollen. Dies ist ungefähr gleichwertig mit dem Ausdruck `$post->getAuthor()->getEmailAddress()` in PHP, ist aber auf das Wesentliche fokussiert.

Mit Object Accessors könnnen *nur* die get-Methoden eines Objekts und nicht beliebige Methoden aufgerufen werden. Dadurch ist sichergestellt, dass sich im Template-Code kein PHP-Code befindet. Benötigter PHP-Code sollte besser in einen eigenen ViewHelper ausgelagert werden. Dies beschreiben wir im folgenden Abschnitt.

Komplexere Funktionalitäten mit ViewHelpern realisieren

Funktionalitäten, die über das einfache Ausgeben von Werten hinaus gehen, werden in sogenannten *ViewHelpern* implementiert. Jeder ViewHelper ist eine eigene PHP-Klasse. An dieser Stelle werden wir uns anschauen, wie wir ViewHelper verwenden können. Später werden Sie auch lernen, eigene ViewHelper zu schreiben.

Um einen bestehenden ViewHelper zu verwenden, müssen Sie erst den *Namensraum (Namespace)* importieren und ihm ein Kürzel zuweisen. Dies ist mit der Deklaration `{namespace ...=...}` möglich.

Die Namensräume aller in Ihrem Template eingesetzten ViewHelper müssen immer registriert werden. Dies mag zwar erst einmal redundant erscheinen, erhöht aber die Verständlichkeit für andere Template-Autoren enorm, wenn diese Ihre Templates anpassen, da alle zum Verständnis des Templates wichtigen Informationen darin enthalten sind.

Mit folgender Deklaration werden alle Standard-ViewHelper von Fluid in das Template importiert und diesen das Kürzel `f` zugewiesen:

```
{namespace f=Tx_Fluid_ViewHelpers}
```

Dieser Namespace-Import wird von Fluid automatisch gemacht. Unter dem Präfix `f` sind also immer die von Fluid mitgelieferten ViewHelper zu finden. Die Namensräume eigener ViewHelper müssen Sie, wie gerade beschrieben, im Template importieren.

Alle Tags, die mit einem registrierten Präfix beginnen, werden als Fluid-ViewHelper ausgewertet. Hierzu ein kleines Beispiel:

```
<ul>
<f:for each="{blogPosts}" as="post">
  <li>{post.title}</li>
</f:for>
</ul>
```

Die Tags ohne registriertes Präfix (in diesem Beispiel also `<ul>` und `<li>`) werden von Fluid als Text behandelt. Da das Tag `<f:for>` mit dem Präfix `f:` beginnt, wird es als ViewHelper interpretiert. Implementiert ist es in der Klasse `Tx_Fluid_ViewHelpers_ForViewHelper`. Der erste Teil des Klassennamens ist der volle Namespace, wie er oben durch `{namespace f=Tx_Fluid_ViewHelpers}` definiert wurde. Danach kommt der Name des ViewHelpers, gefolgt von der Endung `ViewHelper`.

Jedes Argument eines ViewHelpers wird wieder durch Fluid interpretiert. Der ViewHelper `<f:for>` aus dem obigen Beispiel bekommt also als Argument each das Array aller Blog-Posts übergeben.

Wenn der Name des ViewHelpers einen oder mehrere Punkte enthält, wird dies als Unterpaket aufgelöst. Der ViewHelper f:form.textbox ist also beispielsweise in der Klasse Tx_Fluid_ViewHelpers_Form_TextboxViewHelper implementiert. Damit können die ViewHelper weiter unterteilt und besser strukturiert werden.

ViewHelper sind das Hauptarbeitsmittel von Template-Autoren. Sie ermöglichen eine klare Abgrenzung zwischen Template und eingebetteter Funktionalität.

Auch alle Kontrollstrukturen wie if/else oder for sind bei Fluid eigene ViewHelper und nicht Kernbestandteil der Sprache. Dies ist einer der Hauptgründe für die Flexibilität von Fluid. Eine detaillierte Referenz der ViewHelper finden Sie im Anhang C.

Inline-Notation für ViewHelper

Für die meisten ViewHelper ist der Aufruf durch die Tag-basierte Syntax intuitiv und natürlich. Besonders bei Schleifen oder Formularelementen ist diese Syntax klar verständlich. Es gibt jedoch auch ViewHelper, deren Anwendung als Tag zu schwer verständlichem und invalidem Template-Code führt. Ein Beispiel ist der f:uri.resource-ViewHelper, der den Pfad zu einer Ressource im *Public/*-Ordner einer Extension liefert. Er wird z.B. innerhalb von <link rel="stylesheet" href="..." /> genutzt. Mit der normalen, Tag-basierten Syntax sieht dies folgendermaßen aus:

```
<link rel="stylesheet" href="<f:uri.resource path='myCss.css' />" />
```

Das ist sehr schwer zu lesen und kommuniziert den Sinn des ViewHelpers nicht adäquat. Darüber hinaus ist obiger Code kein gültiges XHTML, und somit können die meisten Texteditoren den Quellcode nicht mehr mit korrektem Syntax-Highlighting darstellen.

Daher ist es möglich, ViewHelper noch auf eine andere Weise aufzurufen: Mithilfe der *Inline-Notation.* Die Inline-Notation ist funktionsorientiert, was für diesen Viewhelper passender ist: Anstatt <f:uri.resource /> können Sie also auch {f:uri.resource()} schreiben.

Das obige Beispiel kann in der Inline-Notation wie folgt umgeschrieben werden:

```
<link rel="stylesheet" href="{f:uri.resource(path: 'myCss.css')}" />
```

Hier wird der Zweck des ViewHelpers leicht verständlich und sichtbar – es ist eine Hilfsfunktion, die eine Ressource zurückgibt. Außerdem ist dieser Code wohlgeformtes XHTML – das Syntax-Highlighting Ihres Editors wird somit auch korrekt funktionieren.

Anhand der Formatierung eines Datums werden wir nun einige Details der Syntax von Fluid verdeutlichen.

Nehmen wir einmal an, uns steht im Template ein Blog-Post-Objekt unter dem Namen post zur Verfügung. Es unterstützt unter anderem die Eigenschaft date, die den Zeitpunkt der Erstellung des Posts als DateTime-Objekt enthält.

DateTime-Objekte, die in PHP zur Repräsentation eines Datums verwendet werden, besitzen keine __toString()-Methode und können daher nicht einfach im Template über einen Object Accessor ausgegeben werden. Falls Sie einfach {post.date} in Ihrem Template schreiben, wird eine PHP-Fehlermeldung ausgegeben.

In Fluid gibt es zur Ausgabe eines DateTime-Objekts den ViewHelper *f:format.date*, der (wie Sie schon am Namespace-Präfix f: sehen können) mit Fluid mitgeliefert wird:

```
<f:format.date format="Y-m-d">{post.date}</f:format.date>
```

Dieser ViewHelper formatiert das eingegebene Datum so, wie in der format-Eigenschaft angegeben ist. In diesem Fall ist es wichtig, dass direkt vor und nach {post.date} keine Leerzeichen oder Zeilenumbrüche stehen. Falls dort ein Leerzeichen steht, versucht Fluid, das Leerzeichen und die String-Repräsentation von {post.date} als String zu verketten. Da das DateTime-Objekt keine __toString()-Methode besitzt, wird wieder eine PHP-Fehlermeldung geworfen.

> Um dieses Problem zu umgehen, besitzen alle f:format.*-ViewHelper eine Eigenschaft, um das zu formatierende Objekt anzugeben.
>
> Anstatt von <f:format.date>{post.date}</f:format.date> können Sie auch Folgendes schreiben: <f:format.date date="{post.date}" />. Dies umgeht das Problem, aber auch hier dürfen vor und nach {post.date} keine weiteren Zeichen stehen.

Sie sehen also, dass die Tag-basierte Schreibweise in diesem Fall sehr fehleranfällig ist: Wir müssen wissen, dass {post.date} ein Objekt ist, damit wir keine Leerzeichen innerhalb von <f:format.date>...</f:format.date> angeben.

Alternativ ist es möglich, folgende Syntax zu verwenden:

```
{post.date -> f:format.date(format: 'Y-m-d')}
```

Wir können *innerhalb* des Object Accessors einen ViewHelper zum Prozessieren des Wertes angeben. Das obige Beispiel ist deutlich lesbarer, intuitiver und weniger fehleranfällig als die tagbasierte Variante.

> Falls Sie die UNIX-Shell kennen, kommt Ihnen dies vielleicht bekannt vor: Dort gibt es den Pipe-Operator (|), der dieselbe Funktionalität wie unser Verkettungsoperator hat. Der Pfeil zeigt jedoch besser die Richtung des Datenflusses.

Sie können auch mehrere ViewHelper hintereinander verketten. Nehmen wir an, wir wollen den erzeugten String mit Leerzeichen bis auf eine Breite von 40 Zeichen auffüllen (z.B. da wir Quellcode erzeugen). Dies kann einfach als

```
{post.date -> f:format.date(format: 'Y-m-d') -> f:format.padding(padLength: 40)}
```

geschrieben werden. Dies ist funktional gleichbedeutend mit:

```
<f:format.padding padLength="40"><f:format.date format="Y-m-d">{post.date}</f:format.
date></f:format.padding>
```

Auch hier ist der Datenfluss bei der Inline-Syntax deutlich besser zu lesen, und es ist deutlich einfacher zu sehen, auf welchen Werten der ViewHelper arbeitet. Festzuhalten ist, dass Sie den Wert eines jeden Object Accessors verarbeiten können, indem Sie den Wert mithilfe des Verkettungsoperators (->) in einen ViewHelper »hineinstecken«. Dies ist auch mehrmals möglich.

Inline-Notation vs. Tag-basierte Notation

Hier noch einmal ein Vergleich zwischen Inline-Notation und Tag-basierter Syntax:

Tags sind vorteilhaft, wenn:

- Kontrollstrukturen dargestellt werden sollen:
  ```
  <f:for each="{posts}" as="post">...</f:for>
  ```
- Der ViewHelper ein Tag ausgibt:
  ```
  <f:form.textbox />
  ```
- Die hierarchische Struktur von ViewHelpern wichtig ist:
  ```
  <f:form>
      <f:form.textbox />
  </f:form>
  ```
- Der ViewHelper viel Inhalt enthält:
  ```
  <f:section name="main">
      ....
  </f:section>
  ```

Die Inline-Notation sollte verwendet werden, wenn:

- der Fokus auf den Datenfluss gelegt werden soll:
  ```
  {post.date -> f:format.date(format: 'Y-m-d') -> f:format.padding(padLength: 40)}
  ```
- der ViewHelper in Attributen von XML-Tags verwendet wird:
  ```
  <link rel="stylesheet" ref="{f:uri.resource(path:'style.css')}" />
  ```
- Der ViewHelper eher eine Hilfsfunktion darstellt:
  ```
  {f:translate(key: '...')}
  ```

Arrays als flexible Datenstrukturen

Arrays runden das Fluid-Konzept ab und bilden ein weiteres Kernkonzept der Template-Engine. Arrays in Fluid sind in etwa vergleichbar mit assoziativen Arrays in PHP. Jeder Arraywert in einem Fluid-Array benötigt einen Key.

Arrays werden verwendet, um ViewHelpern eine variable Anzahl an Argumenten zu übergeben. Das beste Beispiel ist der `link.action`-ViewHelper. Mit diesem können Sie Links auf andere Controller und Actions ihrer Extension setzen. Der folgende Link verweist auf die Action `index` des Controllers `Post`:

```
<f:link.action controller="Post" action="index">Show list of all posts</f:link.action>
```

Viele Links in ihrer Webanwendung benötigen jedoch Parameter, die über das Attribut `arguments` übergeben werden können. Hier sehen wir auch schon, dass wir Arrays benötigen: Es lässt sich nicht vorhersagen, wie viele Parameter Sie übergeben wollen. Indem wir ein Array verwenden, können wir eine beliebige Anzahl von Parametern übergeben. Das folgende Beispiel fügt den Parameter `post` zum Link hinzu:

```
<f:link.action controller="Post" action="show" arguments="{post: currentPost}">Show
current post</f:link.action>
```

Das Array `{post: currentPost}` besteht nur aus einem einzigen Element mit dem Namen `post`. Der Wert dieses Elements ist das Objekt `currentPost`. Wenn das Array mehrere Elemente hat, werden diese durch Kommata getrennt: `{post: currentPost, blogTitle: 'Webdesign-Blog'}`.

Fluid unterstützt nur *benannte* Arrays, d.h., Sie müssen immer den Key des Arrayelements mit angeben. Schauen wir uns nun die Möglichkeiten an, ein Array zu schreiben:

```
{ key1: 'Hello',
  key2: "World",
  key3: 20,
  key4: blog,
  key5: blog.title,
  key6: '{firstname} {lastname}'
}
```

Das Array kann Strings als Wert aufnehmen, wie bei `key1` und `key2`. Er kann auch Zahlen als Wert besitzen, wie in `key3`. Interessanter sind `key4` und `key5`: Hier werden Object Accessors als Arraywerte angegeben. Sie können auch auf Unterobjekte zugreifen, wie Sie es von Object Accessors gewöhnt sind. Außerdem werden alle Strings in Arrays als Fluid-Markup interpretiert. Damit können Sie z.B. Strings aus zwei Teilstrings zusammensetzen. Über diesen Weg ist es auch möglich, ViewHelper in Inline-Notation aufzurufen.

Hiermit haben Sie die grundlegenden Konzepte von Fluid kennengelernt. Nun zeigen wir Ihnen einige fortgeschrittene Konzepte, die die Effektivität der Template-Erstellung erhöhen. Im folgenden Abschnitt wird erläutert, wie verschiedene Ausgabeformate verwendet werden können, um unterschiedliche Ansichten von Daten zu erreichen.

Verschiedene Ausgabeformate verwenden

Das in Kapitel 2 beschriebene Model-View-Controller-Paradigma (MVC) hat mehrere entscheidende Vorteile: Es trennt das Model von der Nutzerinteraktion, und es ermöglicht verschiedene *Ausgabeformate* für dieselben Daten. Wir wollen hier auf Letzteres eingehen.

Die Verwendung von verschiedenen Ausgabeformaten ist oft sinnvoll zur Generierung von CSV-Dateien, RSS-Feeds oder Druckansichten. Wir zeigen Ihnen nun am Beispiel, wie Sie das Blog-Beispiel um eine Druckansicht erweitern können.

Angenommen, Sie haben für eine Liste von Blog-Posts eine HTML-Darstellung programmiert. Das verwendete Fluid-Template liegt in *Resources/Private/Templates/Post/list.html*. Nun wollen Sie noch zusätzlich eine Druckansicht erstellen, die anders als die HTML-Darstellung formatiert ist. Dafür erstellen Sie ein neues Template in *Resources/Private/Templates/Post/list.print* und füllen es mit dem entsprechenden Fluid-Markup, um die Druckansicht zu generieren.Um einen Link auf die Druckansicht zu erstellen, können Sie das `format`-Attribut des `Link`-ViewHelpers nutzen:

```
<f:link.action action="list" format="print">Print view</f:link.action>
```

Hier wird die `list`-Action aufgerufen, die schon für die HTML-Ansicht verwendet wurde. Fluid wählt nun jedoch nicht die Datei *list.html* aus, sondern *list.print*, da das `format`-Attribut des `link.action`-ViewHelpers das Format auf `print`, also unsere Druckansicht, umgestellt hat. Sie sehen also: Das Format spiegelt sich in der Dateiendung des Templates wider.

> Im obigen Beispiel haben wir der Druckansicht den Namen `print` gegeben. Alle Formatnamen werden von Fluid gleich behandelt, es gibt also keine technischen Einschränkungen für die Wahl des Formatnamens. Sie sollten daher einen semantisch sinnvollen Namen wählen.

Wiederkehrende Snippets in Partials auslagern

Wenn Sie Ihre Templates entwickeln, kommen Sie oft an einen Punkt, wo Sie Template-Schnipsel, die Sie an anderer Stelle schon einmal verwendet haben, erneut benötigen. Um bei solchen wiederkehrenden Elementen duplizierten Code zu vermeiden und ein konsistentes Aussehen zu gewährleisten, gibt es sogenannte *Partials*. Sie können sich Partials als kleine Code-Schnipsel vorstellen, die Sie innerhalb eines Templates überall einbinden können. Bei unserem Blog-Example etwa gibt es eine Liste von Tags, die in verschiedenen Ansichten verwendet wird: In der Listenansicht von allen Posts und in der Detailansicht für ein einzelnes Blog-Post. Hier bietet es sich an, die Darstellung der Tag-Liste in ein Partial auszulagern.

> **Andere Formate mit Fluid ausgeben**
>
> Falls Sie JSON, RSS oder ähnliche Daten mit Fluid ausgeben wollen, müssen Sie noch entsprechendes TypoScript schreiben, das das komplette Seitenrendering an Extbase bzw. Fluid übergibt. Sonst erzeugt TYPO3 immer den <head>- und <body>-Bereich.
>
> Hierfür kann folgender TypoScript-Code verwendet werden:
>
> ```
> rss = PAGE
> rss {
>   typeNum = 100
>   10 =< tt_content.list.20.[ExtensionKey]_[PluginName]
>
>   config {
>     disableAllHeaderCode = 1
>     additionalHeaders = Content-type:application/xml
>     xhtml_cleaning = 0
>     admPanel = 0
>   }
> }
> ```
>
> Sie müssen noch `[ExtensionKey]` und *`[PluginName]`* durch den Namen der Extension und des Plugins ersetzen. Wir empfehlen Ihnen, den Pfad zu Ihrem Plugin im TypoScript Object Browser zu suchen, um Tippfehler zu vermeiden. Darüber hinaus müssen Sie unbedingt die Einstellung *`plugin.[ExtensionKey]`*`.persistence.storagePid` auf die ID der zu verwendenden TYPO3-Seite setzen, um Extbase mitzuteilen, von welchen Seiten die verwendeten Datensätze gelesen werden sollen.

Alle Partials liegen im Ordner *Resources/Private/Partials/* und sind Fluid-Templates. Unser Tag-Anzeige-Partial könnten wir z.B. unter *Resources/Private/Partials/tags.html* ablegen und folgenden Inhalt hineinschreiben, um die Liste der Tags auszugeben:

```
<b>Tags</b>: <f:for each="{tags}" as="tag">{tag} </f:for>
```

Um in einem Template ein Partial aufzurufen, wird der ViewHelper `f:render partial="..."` verwendet:

```
<ul>
<f:for each="{blogPosts}" as="post">
  <li><b>{post.title}</b><br />
    <f:render partial="tags" arguments="{tags: post.tags}" />
  </li>
</f:for>
</ul>
```

Dieser ViewHelper wird über die Angabe von `partial="tags"` angewiesen, das Partial mit dem Namen tags zu rendern. Außerdem wird ihm noch die Liste der zu rendernden Tags als Parameter übergeben. Sie müssen alle Variablen, die Sie im Partial benötigen, explizit über `arguments="..."` an das Partial übergeben.

Wir haben das Partial ohne seine Endung *.html* referenziert. In diesem Fall wird das aktuelle Format als Endung verwendet. Somit wird automatisch bei einem Formatwechsel eine andere Darstellungsform des Partials gewählt. Wenn Sie die Endung des Partials explizit angeben, dann wird immer dieses Partial verwendet – egal, in welchem Format die Ausgabedaten gerade dargestellt werden. Weitere Informationen zu Formaten erhalten Sie in Abschnitt »Verschiedene Ausgabeformate verwenden« weiter oben in diesem Kapitel.

Die Darstellung mit Layouts vereinheitlichen

Während Partials für wiederkehrende Elemente im Kleinen geeignet sind, bilden Layouts den Rahmen für das Template (siehe Abbildung 8-1). Sie sollen das Erscheinungsbild einer Webanwendung vereinheitlichen und dekorieren ein bestehendes Template. In einem Layout werden Bereiche als variabel markiert, die dann mit dem aktuellen Template gefüllt werden. Beachten Sie, dass das Template im Zentrum steht und die Ausgabe steuert. Es wird also auch im Template festgelegt, welches Layout verwendet werden soll.

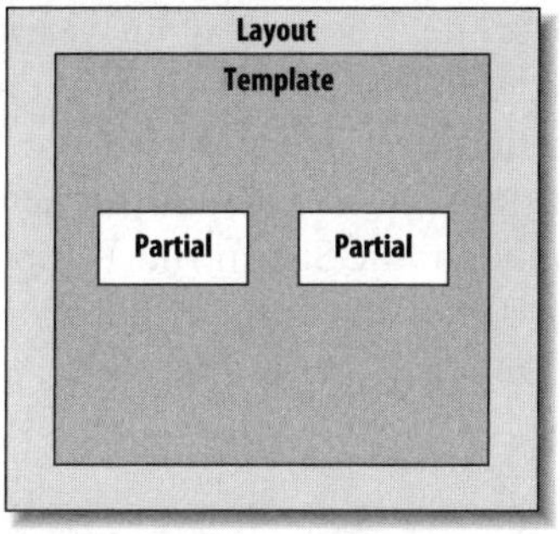

Abbildung 8-1: Layouts bilden den äußeren Rahmen für ein Template, wogegen mit Partials wiederkehrende Elemente im Template implementiert werden konnen.

Nun wollen wir uns anschauen, wie wir ein Layout erstellen und verwenden. Ein Layout ist eine Fluid-Datei, die im Ordner *Resources/Private/Layouts/* liegt. Sie enthält Platzhalter, an denen Inhalte aus dem entsprechenden Template in das Layout eingefügt werden sollen. Im folgenden Beispiel sehen Sie die Verwendung des ViewHelpers `<f:render section="..." />` als Platzhalter:

```
<html>
...
<body>
  <h1>Blogging with Extbase</h1>
  <f:render section="main" />
  <h6>This is the footer area</h6>
</body>
</html>
```

Layouts in Extbase enthalten in der Regel nicht das komplette Grundgerüst eines HTML-Dokuments (<html>, <head> etc.), da dies in der Regel durch TYPO3 generiert wird. Zur besseren Illustration des Features zeigen wir es aber hier als komplette HTML-Seite.

Ein Template sieht dann folgendermaßen aus:

```
<f:layout name="default" />

<f:section name="main">
  <h2>Blog List</h2>
  ...
</f:section>
```

In der ersten Zeile dieses Templates wird definiert, welches Layout um das Template herum »dekoriert« werden soll. Bei der Angabe von name="default" wird Fluid die Datei *Resources/Private/Layouts/default.html* als Layout verwenden.

Außerdem muss das Template für jeden Platzhalter aus dem Layout ein <f:section name="...">...</f:section>-Tag enthalten, dessen Inhalt dann in das Layout eingebaut wird. Wenn im Layout also wie oben der Platzhalter <f:render section="main" /> definiert wurde, muss ein Template, das dieses Layout verwendet, die Sektion <f:section name="main">...</f:section> definieren, deren Inhalt dann in das Layout eingesetzt wird. Layouts können beliebig viele Sections referenzieren. Oft werden z.B. für mehrspaltige Layouts verschiedene Sections verwendet. Außerdem können Sie in Layouts alle Möglichkeiten von Fluid verwenden, die Sie für die Template-Erstellung im Laufe dieses Kapitels kennenlernen. Damit bieten Layouts vielfältige Möglichkeiten zum effizienten Templating einer Webanwendung.

Ein Praxisbeispiel zur Erstellung von Layouts finden Sie im Abschnitt »Template-Erstellung am Beispiel« am Ende dieses Kapitels.

Nachdem Sie erfahren haben, wie Sie Templates durch Layouts und Partials strukturieren können, wollen wir uns nun einigen Möglichkeiten zuwenden, die uns View Helper bieten. Im nächsten Abschnitt wird ein ViewHelper vorgestellt, der die Möglichkeiten von Fluid mit denen des klassischen TYPO3-Templatings verbindet und somit ein mächtiges Werkzeug zur Erstellung von Templates ist.

TypoScript zur Ausgabe nutzen: der cObject-ViewHelper

Ein sehr mächtiger ViewHelper ist der cObject-ViewHelper. Der cObject-ViewHelper verbindet Fluid mit den Möglichkeiten, die Ihnen TypoScript bietet. Die folgende Zeile im HTML-Template wird durch das referenzierte TypScript-Objekt ersetzt:

```
<f:cObject typoscriptObjectPath="lib.title" />
```

Nun muss `lib.title` noch im TypoScript Setup definiert werden:

```
lib.title = TEXT
lib.title.value = Extbase und Fluid
```

Hier wird also »Extbase und Fluid« im Template ausgegeben. Nun können wir, indem wir das TypoScript ändern, die Ausgabe in Form eines Bildes stattfinden lassen (z.B. für Überschriften mit ungewöhnlichen Schriftarten):

```
lib.title = IMAGE
lib.title {
  file = GIFBUILDER
  file {
    10 = TEXT
    10.value = Extbase und Fluid
  }
}
```

> **TypoScript**
>
> TypoScript ist eine flexible Konfigurationssprache, mit der sich das Rendering der Seite sehr detailliert steuern lässt. Sie besteht aus TypoScript-Objekten (auch `Content-Object` bzw. `cObject` genannt) und deren Konfigurationsoptionen.
>
> Das einfachste `Content-Object` ist `TEXT`, das unmodifizierten Text ausgibt. Das TypoScript-Objekt `IMAGE` kann verwendet werden, um Bilder zu generieren, und mit `CONTENT` können Datenbankeinträge ausgegeben werden.

Bisher ist das Beispiel noch nicht sehr praxisnah, da keine Daten von Fluid zu TypoScript übergeben werden. Am Beispiel eines Besucherzählers zeigen wir nun, wie wir einen Parameter an TypoScript übergeben. Der Wert unseres Besucherzählers soll aus dem Blog-Post kommen. (Für dieses Beispiel soll jeder Blog-Post zählen, wie oft er angeschaut wurde.)

Im Fluid-Template schreiben wir jetzt:

```
<f:cObject typoscriptObjectPath="lib.myCounter">{post.viewCount}</f:cObject>
```

Alternativ können wir auch ein selbstschließendes Tag verwenden. Die Daten übergeben wir mithilfe des `data`-Attributs:

```
<f:cObject typoscriptObjectPath="lib.myCounter" data="{post.viewCount}" />
```

Für dieses Beispiel ist auch die Inline-Notation empfehlenswert, da sie leicht von links nach rechts gelesen werden kann:

```
{post.viewCount -> f:cObject(typoscriptObjectPath: 'lib.myCounter')}
```

Nun müssen wir den übergebenen Wert im TypoScript-Template noch auswerten. Dafür können wir die `stdWrap`-Eigenschaft `current` nehmen. Diese ist ein Schalter: Wenn wir sie auf `1` setzen, wird der Wert verwendet, den wir im Fluid-Template an das TypoScript-Objekt übergeben haben. Konkret am Beispiel sieht dies folgendermaßen aus:

```
lib.myCounter = TEXT
lib.myCounter {
  current = 1
  wrap = <strong> | </strong>
}
```

Dieses TypoScript-Snippet gibt die aktuelle Zahl der Besuche in fetter Schrift aus.

Nun können wir, ohne das Fluid-Template zu verändern, beispielsweise den Besucherzähler als Bild anstatt als Text darstellen. Dafür müssen wir dann einfach folgendes TypoScript verwenden:

```
lib.myCounter = IMAGE
lib.myCounter {
  file = GIFBUILDER
  file {
    10 = TEXT
    10.current = 1
  }
}
```

Momentan übergeben Sie nur einen einzelnen Wert an das TypoScript-Objekt. Es ist jedoch flexibler, dem TypoScript Objekt mehrere Werte zu übergeben, da dann im TypoScript ausgewählt werden kann, welcher Wert verwendet werden soll und die Werte aneinandergehängt werden können. Im Template können Sie auch komplette Objekte an den ViewHelper übergeben:

```
{post -> f:cObject(typoscriptObjectPath: 'lib.myCounter')}
```

Wie greifen Sie nun im TypoScript-Setup auf einzelne Eigenschaften des Objekts zu? Hierfür können Sie die Eigenschaft `field` von `stdWrap` nutzen:

```
lib.myCounter = COA
lib.myCounter {
  10 = TEXT
  10.field = title
  20 = TEXT
  20.field = viewCount
  wrap = (<strong> | </strong>)
}
```

Nun geben wir im obigen Beispiel immer den Titel des Blog-Posts aus, gefolgt von der Anzahl der Seitenbesuche in Klammern.

Sie können auch den `field`-basierten Ansatz mit `current` kombinieren: Wenn Sie im `cObject`-ViewHelper die Eigenschaft `currentValueKey` setzen, steht dieser Wert dann im TypoScript-Template über `current` zur Verfügung. Dies ist besonders dann sinnvoll, wenn

Sie darüber ausdrücken wollen, dass dieser Wert für das TypoScript-Objekt besonders *wichtig* ist. Beispielsweise sind bei unserem Besucherzähler die *Anzahl der Besuche* besonders wichtig:

```
{post -> f:cObject(typoscriptObjectPath: 'lib.myCounter', currentValueKey: 'viewCount')}
```

Im TypoScript-Template können Sie nun sowohl `current` als auch `field` verwenden und haben daher die maximale Flexibilität bei größter Lesbarkeit. Dieses TypoScript-Snippet gibt dieselben Informationen wie das vorherige Beispiel aus:

```
lib.myCounter = COA
lib.myCounter {
  10 = TEXT
  10.field = title
  20 = TEXT
  20.current = 1
  20.wrap = (<strong>|</strong>)
}
```

Der `cObject`-ViewHelper ist eine mächtige Möglichkeit, die besten Vorteile beider »Welten« zu nutzen, indem er die Einbettung von TypoScript-Ausdrücken in Fluid-Templates ermöglicht.

Im nächsten Abschnitt wenden wir uns einer Funktion zu, die die meisten ViewHelper besitzen. Diese ermöglicht das Anpassen der HTML-Ausgabe eines ViewHelpers durch das Hinzufügen von eigenen Tag-Attributen.

Zusätzliche Tag-Attribute mit additionalAttributes einfügen

Momentan können die meisten ViewHelper in zwei Typen unterteilt werden: Eine Gruppe von ViewHelpern ist eher funktionsorientiert. Das trifft z.B. auf die `format`-ViewHelper zu, mit denen beispielsweise Daten oder Währungen formatiert werden können. Die andere Gruppe ist eher ausgabeorientiert, denn diese ViewHelper geben meist ein HTML-Tag aus. Beispiele dafür sind die Formular-ViewHelper, die alle mit `f:form` beginnen. Jeder Formular-ViewHelper erzeugt ein HTML-Tag, wie z.B. `<form>` oder `<input>`.

Ein Fluid-ViewHelper unterstützt die meisten Attribute, die auch in HTML zur Verfügung stehen. Es gibt beispielsweise die Attribute `class` und `id`, die in allen Tag-basierten ViewHelpern existieren. In Anhang C finden Sie eine Auflistung aller universellen Eigenschaften.

Manchmal jedoch benötigt man Attribute, die nicht durch die ViewHelper mitgeliefert werden – seien es spezielle JavaScript-Event-Handler oder proprietäre Attribute (wie sie z.B. von JavaScript-Frameworks wie Dojo eingesetzt werden). Um diese ebenfalls ausgeben zu können, ohne den ViewHelper zu verändern, gibt es das Attribut additionalAttributes. Dies ist ein assoziatives Array, mit dem weitere Tag-Attribute definiert werden können, wie das folgende Beispiel zeigt:

```
<f:form.textbox id="myTextbox" additionalAttributes=
      "{onclick: 'alert(\'Hello World\')'}" />
```

Das von dem ViewHelper generierte HTML-Tag unterstützt nun auch das onclick-Attribut:

```
<input type="text" onclick="alert('Hello World')" id="myTextbox" />
```

Die additionalAttributes sind besonders dann hilfreich, wenn man nur wenige dieser Zusatzattribute benötigt. Andernfalls ist es oft sinnvoller, einen eigenen ViewHelper zu schreiben, der den entsprechenden ViewHelper erweitert.

additionalAttributes wird vom TagBasedViewHelper, der Basisklasse für Tag-basierte ViewHelper (siehe Anhang C) zur Verfügung gestellt und ermöglicht das Hinzufügen von beliebigen Attributen zu den ausgegebenen HTML-Tags.

Boolesche Bedingungen zur Steuerung der Ausgabe verwenden

Boolesche Bedingungen sind Abfragen, die zwei Werte miteinander vergleichen (z.B. durch == oder >=) und dann die Werte true und false zurückgeben. Welche Werte von Fluid als true bzw. false interpretiert werden, hängt vom Datentyp ab. Eine Zahl wird z.B. als true evaluiert, falls sie größer als 0 ist.

> Die vollständige Liste aller Evaluierungsmöglichkeiten ist im Anhang C im Abschnitt »Boolesche Ausdrücke« zu finden.

Sie können mithilfe von Bedingungen bestimmte Bereiche eines Templates ein- oder ausblenden. Ein typischer Anwendungsfall ist die Anzeige von Suchergebnissen: Wenn Suchergebnisse gefunden wurden, werden diese dargestellt; falls keine Resultate gefunden wurden, sollte eine entsprechende Meldung angezeigt werden. In Fluid ermöglicht der IfViewHelper solche Fallunterscheidungen.

Einfache if-Abfragen (ohne else-Zweig) sehen folgendermaßen aus:

```
<f:if condition="{blog.posts}">
  Dies wird nur angezeigt, wenn Blog-Posts vorhanden sind.
</f:if>
```

> Wenn keine Vergleichsoperatoren wie == angegeben sind, werden standardmäßig leere Listen als false interpretiert und Listen mit mindestens einem Element als true.

In der Inline-Notation sieht dies wie folgt aus:

```
<div class="{f:if(condition: blog.posts, then: 'blogPostsAvailable')}">
  Dieses div hat die CSS-Klasse 'blogPostsAvailable', falls Blog-Posts vorhanden sind.
</div>
```

Auch if-then-else-Abfragen sind möglich. Hierfür muss allerdings der then-Zweig unbedingt angegeben werden:

```
<f:if condition="{blog.posts}">
  <f:then>
    Dies wird nur angezeigt, wenn Blog-Posts vorhanden sind.
  </f:then>
  <f:else>
    Keine Blog-Posts vorhanden.
  </f:else>
</f:if>
```

Dies ist auch in der Inline-Notation möglich:

```
<div class="{f:if(condition: blog.posts, then: 'blogPostsAvailable', else: 'noPosts')}">
  Dieses div hat die CSS-Klasse 'blogPostsAvailable', falls Blog-Posts vorhanden sind.
  Falls keine Posts vorhanden sind, bekommt dieser div-Container die CSS-Klasse 'noPosts'
  zugewiesen.
</div>
```

Komplexe Vergleiche realisieren

Bisher haben wir uns nur mit einfachsten booleschen Auswertungen beschäftigt. Mit der Syntax, die Sie bisher kennengelernt haben, sind jedoch noch keine Vergleiche oder Modulo-Operationen möglich. Fluid unterstützt jedoch auch solche Conditions. Hier ein kurzes Beispiel:

```
<f:if condition="{post.viewCount} % 2">
  viewCount ist eine ungerade Zahl.
</f:if>
```

Beachten Sie die erweiterte Syntax innerhalb von condition. Es stehen die Vergleichsoperatoren >, >=, <, <=, ==, != und % zur Verfügung. Die Operanden links und rechts der Operatoren können Zahlen, Object Accessor, Arrays und ViewHelper in der Inline-Notation sein, nicht jedoch Strings.

> Vergleiche mit Strings, wie <f:if condition="{gender} == 'male'">....</f:if>, sind mit Fluid aufgrund der komplizierten Implementierung momentan nicht möglich. Wenn Sie solch eine Abfrage benötigen, müssen Sie einen ViewHelper schreiben, der den gewünschten String zurückgibt. Dann können Sie den Object Accessor mit der Ausgabe des ViewHelpers vergleichen:

```
<f:if condition="{gender} == {my:male()}">...</f:if>
```

Die oben gezeigte ausführliche Notation für Vergleiche und Modulo-Operationen steht nicht nur beim `if`-ViewHelper zur Verfügung, sondern bei allen ViewHelpern, die einen Parameter vom Typ `boolean` haben.

> Sobald Sie – wie im Abschnitt »Einen eigenen ViewHelper entwickeln« weiter unten in diesem Kapitel erklärt – einen eigenen ViewHelper schreiben, können Sie auch in dessen Argumenten boolesche Ausdrücke verwenden. Dazu muss der ViewHelper alle Argumente, die angeben, wo diese Ausdrücke verwendet werden sollen, als `boolean` markieren. Die gerade erläuterte Funktionalität steht also nicht nur beim `if`-ViewHelper zur Verfügung, sondern auch bei selbst geschriebenen ViewHelpern.

Nachdem wir uns in diesem Abschnitt mit vielen Funktionalitäten für den Template-Autor beschäftigt haben, wollen wir Ihnen nun zeigen, wie Sie eigene ViewHelper schreiben können.

Einen eigenen ViewHelper entwickeln

Die Entwicklung eines eigenen ViewHelpers ist in der Praxis häufig gefragt und zählt zum Grundrepertoire der Extension-Entwicklung. Wir führen Sie zunächst Schritt für Schritt durch ein einfaches Beispiel aus dem Blog-Beispiel und beschreiben anschließend fortgeschrittene Techniken.

Der Gravatar-ViewHelper

Avatar-Bilder sind Fotos oder Icons, die z.B. in Blogs oder Foren dem Autor eines Beitrags zugeordnet werden. Bei Blog-Autoren oder Foren-Moderatoren ist meist das Foto auf dem entsprechenden Server hinterlegt. Bei Nutzern, die lediglich eine Frage stellen oder einen Kommentar zu einem Blog-Post abgeben wollen, ist dies nicht der Fall. Damit auch ihre Beiträge mit einem Icon versehen werden können, gibt es einen Service, der diese Aufgabe übernimmt: *Gravatar.com*. Dieser Online-Dienst sorgt dafür, dass einer E-Mail-Adresse ein bestimmtes kleines Avatar-Bild zugeordnet wird.

Eine Webanwendung, die für eine E-Mail-Adresse prüfen will, ob es ein Avatarbild gibt, muss (mittels der Hashfunktion `md5`) eine Prüfsumme der E-Mail-Adresse an den Dienst senden und bekommt dann das anzuzeigende Bild zurück. Daher stellt die Nutzung von *Gravatar.com* kein Sicherheitsrisiko dar, da die Besucher des Blogs nur die Prüfsummen der E-Mail-Adressen sehen, nicht jedoch die Adresse selbst. Dies ist möglich, da keine effiziente Möglichkeit bekannt ist, aus einer Prüfsumme die Originaldaten wieder zu rekonstruieren.

In diesem Abschnitt zeigen wir Ihnen, wie man einen eigenen ViewHelper schreibt, der eine E-Mail-Adresse als Parameter verwendet und das Bild von Gravatar, falls es existiert, anzeigt.

Vorüberlegungen

Im ersten Schritt sollte man sich Gedanken darüber machen, wie der ViewHelper später im Template verwendet werden soll, um sich über die Argumente des ViewHelpers klar zu werden. Wir nehmen hier also die Perspektive eines Template-Autors ein, der unseren ViewHelper später ohne das Wissen über seine internen Abläufe verwenden möchte.

Überlegen wir uns also zunächst, wie der ViewHelper im Template aufgerufen werden soll: Der ViewHelper ist nicht Bestandteil der Standarddistribution, daher benötigen wir einen eigenen Namespace-Import, um den ViewHelper verwenden zu können. Wir importieren den Namensraum `Tx_BlogExample_ViewHelpers` unter dem Kürzel `blog`. Nun werden alle Tags, die mit `blog:` beginnen, als ViewHelper interpretiert:

```
{namespace blog=Tx_BlogExample_ViewHelpers}
```

Unser ViewHelper soll den Namen `gravatar` tragen, und er erhält nur eine E-Mail-Adresse als Parameter. Wir wollen ihn im Template folgendermaßen aufrufen:

```
<blog:gravatar emailAddress="sebastian@typo3.org" />
```

Nach diesen Vorüberlegungen beginnen wir mit der Implementierung.

Und implementieren!

Jeder ViewHelper ist eine PHP-Klasse, deren Name sich aus dem Namespace-Import und dem Namen des XML-Elements ableitet. Der Klassenname besteht aus den folgenden drei Teilen:

- voller Namespace (in unserem Beispiel `Tx_BlogExample_ViewHelpers`)
- der Name des ViewHelpers in UpperCamelCase-Schreibweise (in unserem Beispiel `Gravatar`)
- der Endung `ViewHelper`

Für den Gravatar-ViewHelper ist der Name der Klasse also `Tx_BlogExample_ViewHelpers_GravatarViewHelper`.

Nach den Namenskonventionen für Extbase-Extensions erstellen wir nun das ViewHelper-Gerüst in der PHP-Datei *EXT:blog_example/Classes/ViewHelpers/GravatarViewHelper.php*:

```
class Tx_BlogExample_ViewHelpers_GravatarViewHelper
      extends Tx_Fluid_Core_ViewHelper_AbstractViewHelper {
  public function render() {
  }
}
```

Jeder ViewHelper muss von der Klasse `Tx_Fluid_Core_ViewHelper_AbstractViewHelper` erben.

Ein ViewHelper kann auch von Unterklassen von `AbstractViewHelper` erben, wie z.B. von `Tx_Fluid_Core_ViewHelper_TagBasedViewHelper`. Einzelne Unterklassen stellen dann teilweise noch weitere Funktionalität bereit. Auf den gerade angesprochenen `TagBasedViewHelper` werden wir in »XML-Tags mit TagBasedViewHelper erzeugen« weiter unten in diesem Kapitel noch im Detail eingehen.

Außerdem benötigt jeder ViewHelper eine Methode `render()`, die ausgeführt wird, sobald dieser im Template dargestellt werden soll. Der Rückgabewert von der Methode wird direkt in die fertige Ausgabe hineinkopiert. Wenn wir also unseren ViewHelper von oben folgendermaßen erweitern

```
class Tx_BlogExample_ViewHelpers_GravatarViewHelper
      extends Tx_Fluid_Core_ViewHelper_AbstractViewHelper {
  public function render() {
    return 'World';
  }
}
```

und ihn wie folgt im Template einsetzen

```
{namespace blog=Tx_BlogExample_ViewHelpers}
Hello <blog:gravatar />
```

wird `Hello World` ausgegeben.

Argumente eines ViewHelpers registrieren

Unser `Gravatar`-ViewHelper muss nun noch die E-Mail-Adresse übergeben bekommen, auf der er operieren soll. Dies ist der letzte benötigte Baustein, bevor wir unsere benötigte Funktionalität implementieren können.

Alle Argumente eines ViewHelpers müssen registriert sein. Jeder ViewHelper muss also explizit deklarieren, welche Argumente er akzeptiert.

Die einfachste Möglichkeit, diese Argumente zu registrieren, ist über die Erweiterung der `render()`-Methode. Alle Methodenargumente der `render()`-Methode sind automatisch Argumente des ViewHelpers. In unserem Beispiel sieht das so aus:

```
/**
 * @param string $emailAddress
 */
public function render($emailAddress) {
}
```

Dadurch bekommt der ViewHelper das Argument `emailAddress`, das vom Typ `string` ist. Sie sehen, dass die Annotation der Methode im PHPDoc-Block sehr wichtig ist, da Fluid dadurch den Typ des Parameters erfährt.

> Falls Sie vergessen, den Typ eines Parameters anzugeben, wird eine Fehlermeldung ausgegeben. Prüfen Sie daher immer, dass der PHPDoc-Block komplett und syntaktisch korrekt ist. Wenn man z.B. das `@` vor `param` vergisst, wird der Typ des Parameters nicht erkannt.

> Manchmal sollen Argumente *verschiedene* Typen erhalten. In diesem Fall sollten Sie den Typ `mixed` im PHPDoc verwenden. Durch die Zeile `@param mixed $emailAddress` könnten also beliebige Objekte als Parameter `emailAddress` übergeben werden, wie z.B. Arrays, Strings oder Integer-Zahlen.

Abschließend implementieren wir die Ausgabe als `img`-Tag:

```
class Tx_BlogExample_ViewHelpers_GravatarViewHelper
      extends Tx_Fluid_Core_ViewHelper_AbstractViewHelper {
   /**
    * @param string $emailAddress The email address to resolve the gravatar for
    * @return string the HTML <img>-Tag of the gravatar
    */
   public function render($emailAddress) {
     return '<img src="http://www.gravatar.com/avatar/' . md5($emailAddress) . '" />';
   }
}
```

Herzlichen Glückwunsch zu Ihrem ersten ViewHelper! In den folgenden Abschnitten zeigen wir Ihnen einige Erweiterungen und Tricks für das Schreiben von ViewHelpern.

Argumente mit initializeArguments() registrieren

Die Moglichkeit, Argumente des ViewHelpers direkt an der `render()`-Methode zu initialisieren, ist vor allem bei nicht zu vielen Argumenten extrem praktisch und intuitiv. Manchmal jedoch baut man mit ViewHelpern komplexere Vererbungshierarchien auf, wo verschiedene Ebenen der Vererbungsstruktur zusätzliche Argumente registrieren sollen. Fluid selbst macht dies z.B. bei den form-ViewHelpern.

Da Methodenparameter und Annotations nicht vererbbar sind, muss es noch einen zusätzlichen Weg zur Registrierung der Argumente eines ViewHelpers geben. Fluid stellt hierfür die Methode `initializeArguments()` zur Verfügung. In dieser Methode können weitere Argumente durch den Aufruf von `$this->registerArgument($name, $type, $description, $required, $defaultValue)` registriert werden. Auf diese Argumente können Sie dann über das Array `$this->arguments` zugreifen.

Das obige Beispiel könnte also auch folgendermaßen umgeschrieben werden und wäre dann funktionell identisch:

```
class Tx_BlogExample_ViewHelpers_GravatarViewHelper
      extends Tx_Fluid_Core_ViewHelper_AbstractViewHelper {
```

```
  /**
   * Arguments Initialization
   */
  protected initializeArguments() {
    $this->registerArgument('emailAddress', 'string',
         'The email address to resolve the gravatar for', TRUE);
  }

  /**
   * @return string the HTML <img>-Tag of the gravatar
   */
  public function render() {
    return '<img src="http://www.gravatar.com/avatar/' .
         md5($this->arguments['emailAddress']) . '" />';
  }
}
```

In diesem Beispiel ist die Verwendung von `initializeArguments()` nicht sonderlich sinnvoll, da die Methode nur einen Parameter benötigt. Bei komplexeren ViewHelpern mit mehrstufiger Vererbungshierarchie dagegen ist es manchmal deutlich lesbarer, die Argumente mit `initializeArguments()` zu registrieren.

XML-Tags mit TagBasedViewHelper erzeugen

Fluid bietet für ViewHelper, die XML-Tags erzeugen, eine erweiterte Basisklasse: den `Tx_Fluid_Core_ViewHelper_TagBasedViewHelper`. Dieser bietet einen *Tag-Builder*, der zum einfachen Erstellen von Tags verwendet werden sollte. Er kümmert sich um die syntaktisch korrekte Erstellung des Tags und maskiert z.B. einfache und doppelte Anführungszeichen in Attributen.

> Durch das korrekte Escaping der Attribute wird die Sicherheit des Systems erhöht, da damit Cross Site Scripting-Attacken, die aus den Attributen eines XML-Tags »ausbrechen« wollen, verhindert werden.

Im nächsten Schritt bauen wir den gerade erstellten `GravatarViewHelper` etwas um und verwenden den `TagBasedViewHelper`, da der `Gravatar-ViewHelper` ein `img`-Tag erzeugt und sich daher die Verwendung des Tag-Builders empfiehlt.

Schauen wir uns nun also an, wie wir den ViewHelper verändern:

```
class Tx_BlogExample_ViewHelpers_GravatarViewHelper
      extends Tx_Fluid_Core_ViewHelper_TagBasedViewHelper {

  protected $tagName = 'img';

  /**
   * @param string $emailAddress The email address to resolve the gravatar for
   * @return string the HTML <img>-Tag of the gravatar
   */
```

```
    public function render($emailAddress) {
      $gravatarUri = 'http://www.gravatar.com/avatar/' . md5($emailAddress);
      $this->tag->addAttribute('src', $gravatarUri);
      return $this->tag->render();
    }
}
```

Was hat sich geändert? Zuerst einmal erbt der ViewHelper nicht mehr direkt von AbstractViewHelper, sondern von TagBasedViewHelper, der den Tag-Builder zur Verfügung stellt und initialisiert. Darüber hinaus gibt es nun eine Klassenvariable $tagName, die den Namen des zu erstellenden Tags erhält. Außerdem ist der Tag-Builder unter $this->tag erreichbar. Er bietet die Methode addAttribute(*Attribut*, *Wert*) zum Hinzufügen neuer Tag-Attribute. In unserem Beispiel fügen wir nur das Attribut src zum Tag hinzu, nachdem wir diese vorher gebaut haben. Und schließlich bietet der Tag-Builder eine Methode render(), die das Tag generiert und zurückgibt. Das fertig generierte Tag geben wir zurück, da wir dieses im Template einfügen wollen.

> Sie fragen sich nun vielleicht, ob dieser Code besser ist, wo er doch länger geworden ist. Er kommuniziert jedoch den Sinn viel besser und ist daher dem ersten Codebeispiel vorzuziehen, in dem die Gravatar-URL und das Bauen des img-Tags vermischt waren.

Die Basisklasse TagBasedViewHelper ermöglicht es Ihnen also, ViewHelper, die ein *XML-Tag* zurückgeben, einfacher und klarer zu implementieren und sich auf das Wesentliche zu konzentrieren.

Des Weiteren bietet der TagBasedViewHelper Unterstützung für ViewHelper-Attribute, die *direkt* und unverändert wieder als Tag-Attribute wiederkehren sollen. Diese können in initializeArguments() mit der Methode $this->registerTagAttribute($name, $type, $description, $required = FALSE) registriert werden. Wenn wir also das <img>-Attribut alt auch in unserem ViewHelper unterstützen wollen, können wir dieses in initializeArguments() folgendermaßen initialisieren:

```
public function initializeArguments() {
  $this->registerTagAttribute('alt', 'string', 'Alternative Text for the image');
}
```

Für die Registrierung der Universalattribute id, class, dir, style, lang, title, accesskey und tabindex steht die Hilfsmethode registerUniversalTagAttributes() zur Verfügung.

Wenn wir in unserem Gravatar-ViewHelper also die Universalattribute und alt unterstützen wollen, benötigen wir folgende initializeArguments()-Methode:

```
public function initializeArguments() {
  parent::initializeArguments();
  $this->registerUniversalTagAttributes();
  $this->registerTagAttribute('alt', 'string', 'Alternative Text for the image');
}
```

Optionale Argumente einsetzen

Alle ViewHelper-Argumente, die wir bisher registriert haben, waren obligatorisch (engl. *required*). Indem man in der Methodensignatur für ein Argument einen Standardwert angibt, macht man dieses Argument automatisch *optional*. Wenn man die Argumente per `initializeArguments()` registriert, muss man den entsprechenden Parameter auf `false` setzen.

Zurück zu unserem Beispiel: Dem Gravatar-ViewHelper können wir noch eine Größenangabe für das zu generierende Bild angeben. Hier gibt es drei Größen: `l` für groß, `m` für mittel und s für klein. Standardmäßig soll das mittelgroße Bild ausgewählt werden.

Wir können die `render()`-Methode also folgendermaßen erweitern:

```
/**
 * @param string $emailAddress The email address to resolve the gravatar for
 * @param string $size Either 'l', 'm' or 's' for the large, middle or small gravatar
 * @return string the HTML <img>-Tag of the gravatar
 */
public function render($emailAddress, $size = 'm') {
  $gravatarUri = 'http://www.gravatar.com/avatar/' . md5($emailAddress) . '?s=' .
        urlencode($size);
  $this->tag->addAttribute('src', $gravatarUri);
  return $this->tag->render();
}
```

Durch die Angabe eines Standardwerts haben wir das Argument `size` nun optional gemacht.

ViewHelper auf die Inline-Syntax vorbereiten

Bisher haben wir bei unserem Gravatar-ViewHelper immer eher die Tag-Struktur des ViewHelpers in den Mittelpunkt gestellt. Wir haben den ViewHelper immer in der Tag-Syntax verwendet (da er ja auch ein Tag ausgibt):

```
<blog:gravatar emailAddress="{post.author.emailAddress}" />
```

Alternativ könnten wir das obrige Beispiel aber auch in der Inline-Notation umschreiben:

```
{blog:gravatar(emailAddress: post.author.emailAddress)}
```

Dabei geht jedoch das Tag-Konzept des ViewHelpers weitgehend verloren. Man könnte den Gravatar-ViewHelper jedoch auch als eine Art Post-Processor für eine E-Mail-Adresse sehen und daher folgende Syntax erlauben wollen:

```
{post.author.emailAddress -> blog:gravatar()}
```

Hier wird die E-Mail-Adresse in den Vordergrund gestellt, und wir sehen den Gravatar-ViewHelper als Umwandlungsschritt basierend auf der E-Mail-Adresse.

Wir wollen Ihnen nun zeigen, was ein ViewHelper tun muss, um diese Syntax zu unterstützen. Zur Erinnerung: Die Syntax {post.author.emailAddress -> blog:gravatar()} ist eine alternative Schreibweise für <blog:gravatar>{post.author.emailAddress}</blog:gravatar>. Um dies zu unterstützen, müssen wir also die E-Mail-Adresse entweder aus dem Argument emailAddress verwenden, oder, wenn diese leer ist, wollen wir den Inhalt des Tags als E-Mail-Adresse interpretieren.

Wie kommen wir also an den Inhalt eines ViewHelper-Tags? Dafür gibt es die Hilfsmethode renderChildren() im AbstractViewHelper. Dieser gibt das evaluierte Objekt zwischen öffnendem und schließendem Tag zurück.

Sehen wir uns den neuen Code der render()-Methode an:

```
/**
 * @param string $emailAddress The email address to resolve the gravatar for
 * @param string $size Either 'l', 'm' or 's' for the large, middle or small gravatar
 * @return string the HTML <img>-Tag of the gravatar
 */
public function render($emailAddress = NULL, $size = 'm') {
  if ($emailAddress === NULL) {
    $emailAddress = $this->renderChildren();
  }

  $gravatarUri = 'http://www.gravatar.com/avatar/' . md5($emailAddress) . '?s=' .
        urlencode($size);
   $this->tag->addAttribute('src', $gravatarUri);
   return $this->tag->render();
}
```

Dieser Code-Abschnitt bewirkt Folgendes: Zunächst haben wir das ViewHelper-Attribut emailAddress optional gemacht. Wenn kein emailAddress-Attribut gesetzt ist, interpretieren wir den Inhalt des Tags als E-Mail-Adresse. Der weitere Code ist unverändert.

> Dieser Trick wurde besonders bei den format-ViewHelpern angewendet. Dort unterstützt jeder ViewHelper beide Schreibweisen.

PHP-basierte Views einsetzen

Bisher haben wir immer Fluid als Template-Engine verwendet. Die meisten textbasierten Ausgabeformate sind mit Fluid auch gut abbildbar. Für manche Anwendungsfälle ist es jedoch sinnvoll, reines PHP zur Ausgabe zu verwenden. Ein Beispiel für einen solchen Anwendungsfall ist die Erzeugung von JSON-Dateien.

Extbase unterstützt daher auch PHP-basierte Views. Nehmen wir einmal an, wir möchten für die list-Action im Post-Controller des BlogExamples eine JSON-basierte Ausgabe erstellen. Dafür benötigen wir einen PHP-basierten View.

Wenn für eine Controller/Action/Format-Kombination kein Fluid-Template gefunden wird, wird ein PHP-basierter View verwendet. Diese PHP-Klasse wird nach einer Namenskonvention aufgelöst, die im `ActionController` in der Klassenvariable `$viewObjectNamePattern` definiert wurde. Die Standard-Namenskonvention ist die folgende:

```
Tx_@extension_View_@controller_@action_@format
```

Dabei werden alle mit `@` beginnenden Teile entsprechend ersetzt. Falls keine Klasse mit diesem Namen gefunden wurde, wird `@format` aus der Namenskonvention entfernt, und es wird erneut nach der Klasse gesucht.

Unser PHP-basierter View für die Listenansicht des `Post`-Controllers müsste also den Klassennamen `Tx_BlogExample_View_Post_ListJSON` besitzen, da er nur für das Format `JSON` gelten soll. Damit muss die Klasse laut Namenskonventionen in der Datei *EXT: blog_example/Classes/View/Post/ListJSON.php* implementiert sein.

Jeder View muss das Interface `Tx_Extbase_MVC_View_ViewInterface` implementieren. Dieses besteht aus einigen Initialisierungsmethoden und der `render()`-Methode, die vom Controller zur Darstellung des Views aufgerufen wird.

Oft ist es auch hilfreich, direkt von `Tx_Extbase_MVC_View_AbstractView` zu erben. Dieser stellt Standard-Initialisierungsmethoden bereit, und man muss nur noch die `render()`-Methode implementieren. Ein minimaler View sieht daher folgendermaßen aus:

```
class Tx_BlogExample_View_Post_ListJSON extends Tx_Extbase_MVC_View_AbstractView {
  public function render() {
    return 'Hello World';
  }
}
```

Nun haben wir hier die volle Ausdrucksstärke von PHP zur Verfügung und können die Ausgabelogik selbst implementieren. Unser JSON-View könnte beispielsweise folgendermaßen aussehen:

```
class Tx_BlogExample_View_Post_ListJSON extends Tx_Extbase_MVC_View_AbstractView {
  public function render() {
    $postList = $this->viewData['posts'];
    return json_encode($postList);
  }
}
```

Hier sehen wir, dass die Daten, die dem View übergeben wurden, im Array `$this->viewData` liegen. Diese werden durch die Funktion `json_encode` in JSON-Daten umgewandelt und zurückgegeben.

> PHP-basierte Views sind auch hilfreich bei besonders komplexen Ausgabearten wie dem Rendering von PDF-Dateien.

View-Konfigurationsoptionen im Controller

Sie haben im Controller einige Methoden, die Sie überschreiben können, um die Auflösung des Views zu steuern. In den meisten Fällen dürfte die Anpassung von `$viewObjectNamePattern` flexibel genug sein, aber manchmal müssen Sie vielleicht noch mehr Logik dort hineinpacken.

Es kann z.B. sein, dass Sie Ihren View noch einmal speziell initialisieren müssen, bevor er verwendet werden kann. Dafür gibt es im `ActionController` die Template-Methode `initializeView($view)`, die den View übergeben bekommt. In dieser Methode sollten Sie eigene Initialisierungsroutinen für Ihren View schreiben.

Falls Sie das Auflösen und Initialisieren des Views *komplett selbst steuern wollen*, müssen Sie die Methode `resolveView()` überschreiben. Diese muss einen View zurückgeben, der `Tx_Extbase_MVC_View_ViewInterface` implementiert. Manchmal ist es jedoch schon ausreichend, die Auflösung des View-Objektnamens zu überschreiben. Dafür müssen Sie die Methode `resolveViewObjectName()` überschreiben. Diese gibt den Namen der PHP-Klasse zurück, die als View verwendet werden soll.

> Wenn Sie sich den Quellcode von Extbase an diesen Stellen anschauen sollten, werden Sie in den Kommentarblöcken der eben beschriebenen Methoden eine `@api`-Annotation sehen. Diese Methoden gehören damit *zur öffentlichen API* von Extbase, und Sie können diese für eigene Zwecke überschreiben.
>
> Methoden, die *keine* API-Annotation besitzen, sollten Sie *nie* überschreiben (obwohl Sie es technisch vielleicht könnten), da diese sich in zukünftigen Extbase-Versionen direkt ändern können.

Nun haben Sie die hilfreichsten Funktionen von Fluid kennengelernt. Im folgenden Abschnitt wollen wir das Zusammenspiel dieser Funktionen bei der Erstellung eines realen Templates zeigen, um Ihnen ein besseres Gefühl für die Arbeit mit Fluid zu geben.

Template-Erstellung am Beispiel

In diesem Abschnitt stellen wir Ihnen einige Techniken, die Sie im bisherigen Verlauf dieses Kapitels kennengelernt haben, im Zusammenhang unserer Beispiel-Extension *sjr_offers* dar. Dabei fokussieren wir auf praxisnahe Lösungen für wiederkehrende Aufgabenstellungen. Die Ordnerstruktur der Extension ist in Abbildung 8-2 dargestellt. Wir verwenden sowohl Layouts als auch Partials, um Dopplung von Code zu vermeiden. Unter *Scripts* legen wir JavaScript-Code ab, den wir für Animationen und einen Date-Picker im Frontend benötigen.

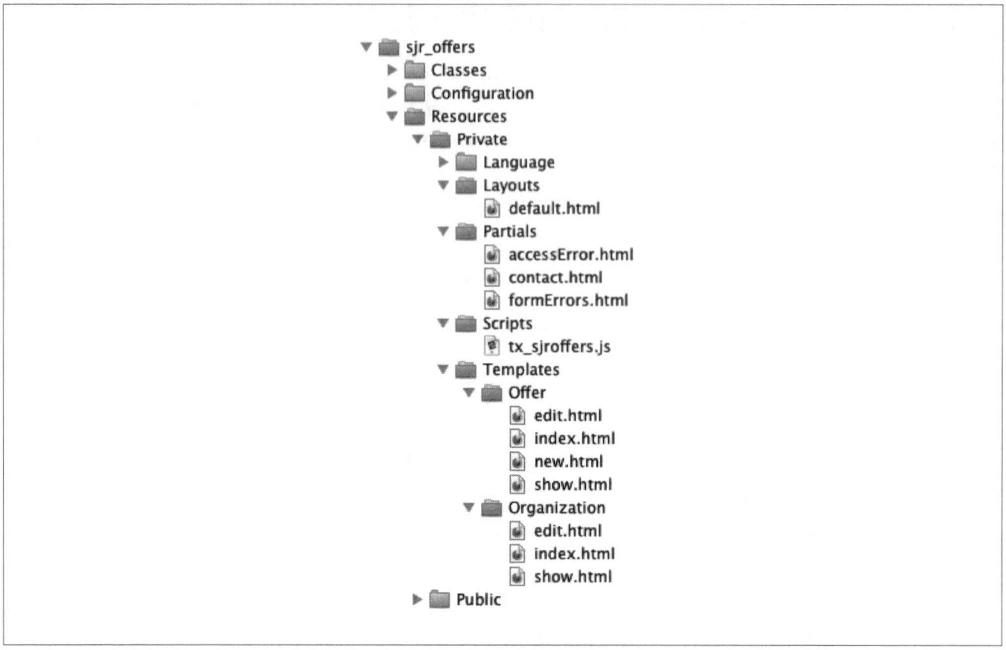

Abbildung 8-2: Ordnerstruktur der Layouts, Templates und Partials innerhalb der Extension sjr_offers

Die Extension *sjr_offers* besitzt einen `OfferController` und einen `OrganizationController`. Über den `OfferController` können Angebote über die Methode `indexAction()` als Liste oder die Methode `showAction()` in einer Einzelansicht ausgegeben werden. Außerdem können Angebote über die Methode `newAction()` neu angelegt und bestehende Angebote über die Methode `editAction()` bearbeitet werden. Der `OrganizationController` ermöglicht dies für Organisationen, mit Ausnahme des Anlegens einer Organisation. Innerhalb des Ordners *EXT:sjr_offers/Resources/Private/Templates* habe wir daher für jeden Controller einen eigenen Ordner, ohne das Suffix *Controller* im Namen, angelegt. Jede Action-Methode besitzt ihr eigenes HTML-Template. Auch hier darf kein Suffix *Action* im Namen stehen.

Das HTML-Grundgerüst einrichten

Die verschiedenen Templates weisen viele gemeinsame Elemente auf. Wir definieren zunächst das Grundgerüst über ein gemeinsames Layout (siehe den Abschnitt »Die Darstellung mit Layouts vereinheitlichen« weiter oben in diesem Kapitel) und lagern wiederkehrenden Code in Partials aus (siehe den Abschnitt »Wiederkehrende Snippets in Partials auslagern« weiter oben in diesem Kapitel). Das Grundgerüst unserer Templates sieht wie folgt aus:

```
{namespace sjr=Tx_SjrOffers_ViewHelpers}
<f:layout name="default" />
```

```
<f:section name="content">
  ...
</f:section>
```

Wir referenzieren in den meisten Templates auf das Layout `default`, das den »Rahmen« unserer Plugin-Ausgabe bilden soll. Das eigentliche Template befindet sich in einer Sektion mit dem Namen `content`. Die Layout-Definition ist in der HTML-Datei *EXT:sjr_offers/Resources/Private/Layouts/default.html* abgelegt:

```
<div class="tx-sjroffers">
  <f:render section="content" />
  <f:flashMessages id="dialog" title="Hinweis!"/>
</div>
```

Es wird die Sektion `content` des jeweiligen Templates gerendert und danach gegebenenfalls eine Mitteilung an den Frontend-Besucher ausgegeben. Der gesamte Inhalt des Plugins wird dann noch in einem `div`-Container »verpackt«. Die Mitteilung – eine sogenannte *Flash-Message* – erzeugen wir innerhalb unserer Beispiel-Extension im Controller, z.B. bei unberechtigten Zugriffen (siehe auch den Abschnitt »Ablaufmuster ›Ein bestehendes Domänenobjekt bearbeiten‹« in Kapitel 7):

```
public function updateAction(Tx_SjrOffers_Domain_Model_Offer $offer) {
  $administrator = $offer->getOrganization()->getAdministrator();
  if ($this->accessControlService->isLoggedIn($administrator)) {
    ...
  } else {
    $this->flashMessages->add('Bitte loggen Sie sich ein.');
  }
  ...
}
```

Aufgaben in ViewHelper auslagern

Damit steht nun das Grundgerüst unserer Plugin-Ausgabe. Es existieren in den Templates unserer Beispiel-Extension noch weitere, wiederkehrende Aufgaben, die in ViewHelper-Klassen ausgelagert werden.

Eine Anforderung an die Extension ist, dass die Organisationen ihre (und nur ihre) Angebote im Frontend bearbeiten können. Damit nicht jeder Webseiten-Besucher die Daten ändern kann, müssen wir auf verschiedenen Ebenen den Zugriff kontrollieren. Die verschiedenen Ebenen der Zugriffskontrolle haben wir in Kapitel 7 bereits vorgestellt. Eine Ebene sind dabei die Templates. Elemente zur Bearbeitung der Daten, wie z.B. Formulare, Links und Icons, sollen nur angezeigt werden, falls ein berechtigter Administrator der zu bearbeitenden Organisation als Frontend-Benutzer angemeldet ist (siehe Abbildung 8-3). In Kapitel 7 sind wir auch auf den `IfAuthenticatedViewHelper` sowie den `AccessControlService` eingegangen, den wir zu diesem Zweck implementiert haben.

Abbildung 8-3: Einzelansicht einer Organisation mit ihren Angeboten (links) und dieselbe Ansicht mit eingeblendeten Symbolen zur Bearbeitung (rechts)

Eine weitere wiederkehrende Aufgabe ist die Formatierung von Zahlen und Datumsbereichen, wie sie z.B. unter unter *Angebotszeitraum* in Abbildung 8-3 zu sehen sind. Zum Beispiel kann ein Angebot eine Mindest- und/oder eine Maximalteilnehmerzahl besitzen. Falls keiner der beiden Werte angegeben wird, soll nichts ausgegeben werden. Falls nur einer der beiden Werte angegeben wird, soll dem Wert ab bzw. bis vorangestellt werden. Diese Aufgabe lagern wir in einen `NumericRangeViewHelper` aus und sprechen ihn in unserem Template wie folgt an:

```
<sjr:format.numericRange>{offer.ageRange}</sjr:format.numericRange>
```

Alternativ bietet sich hier auch die Inline-Notation von Fluid an (siehe dazu den Kasten »Inline-Notation vs. Tag-basierte Notation« weiter oben in diesem Kapitel):

```
{offer.ageRange->sjr:format.numericRange()}
```

Der `NumericRangeViewHelper` ist wie folgt implementiert:

```
class Tx_SjrOffers_ViewHelpers_Format_NumericRangeViewHelper
  extends Tx_Fluid_Core_ViewHelper_AbstractViewHelper {

  /**
   * @param Tx_SjrOffers_Domain_Model_NumericRangeInterface $range The range
   * @return string Formatted range
   */
  public function render(Tx_SjrOffers_Domain_Model_NumericRangeInterface $range = NULL) {
    $output = '';
    if ($range === NULL) {
      $range = $this->renderChildren();
    }
```

```
    if ($range instanceof Tx_SjrOffers_Domain_Model_NumericRangeInterface) {
      $minimumValue = $range->getMinimumValue();
      $maximumValue = $range->getMaximumValue();
      if (empty($minimumValue) && !empty($maximumValue)) {
        $output = 'bis ' . $maximumValue;
      } elseif (!empty($minimumValue) && empty($maximumValue)) {
        $output = 'ab ' . $minimumValue;
      } else {
        if ($minimumValue === $maximumValue) {
          $output = $minimumValue;
        } else {
          $output = $minimumValue . ' - ' . $maximumValue;
        }
      }
    }
    return $output;
  }
}
```

Der Methode render() besitzt das optionale Argument $range. Das ist wichtig für die Inline-Notation. Ist dieses Argument nicht gesetzt (also NULL), wird durch Aufruf der Methode renderChildren() der Code zwischen Start- und End-Tag verarbeitet (»normale« Notation). Ist das Ergebnis ein Objekt, welches das NumericRangeInterface implementiert, werden Schritt für Schritt die oben beschriebenen Fälle abgeprüft und die sich ergebende Zeichenkette zurückgegeben. In ähnlicher Weise wurde der DateRangeViewHelper implementiert.

Ein Formular gestalten

Abschließend noch ein Beispiel für die Gestaltung eines Formulars, über das die Grund daten der Organisation bearbeitet werden können. Das zugehörige Template *edit.html* finden Sie im Ordner *EXT:sjr_offers/Resources/Private/Templates/Organization/*.

```
{namespace sjr=Tx_SjrOffers_ViewHelpers}
<f:layout name="default" />
<f:section name="content">
  <sjr:security.ifAuthenticated person="{organization.administrator}">
    <f:then>
      <f:render partial="formErrors" arguments="{formName: 'organization'}" />
     <f:form class="tx-sjroffers-form" method="post" action="update" name="organization"
           object="{organization}">
        <label for="name">Name</label>
        <f:form.textbox property="name" size="46" /><br />
        <label for="address">Adresse</label>
        <f:form.textarea property="address" rows="6" cols="46" /><br />
        <label for="telephoneNumber">Telefon</label>
        <f:form.textbox property="telephoneNumber" size="46" /><br />
        <label for="telefaxNumber">Telefax</label>
        <f:form.textbox property="telefaxNumber" size="46" /><br />
        <label for="emailAddress">E-Mail</label>
```

```
        <f:form.textbox property="emailAddress" size="46" /><br />
        <label for="url">Homepage</label>
        <f:form.textbox property="url" size="46" /><br />
        <label for="description">Beschreibung</label>
        <f:form.textarea property="description" rows="8" cols="46" /><br />
        <f:form.submit value="Speichern"/>
      </f:form>
    </f:then>
    <f:else>
      <f:render partial="accessError" />
    </f:else>
  </sjr:security.ifAuthenticated>
</f:section>
```

Das Formular ist eingeschlossen in die Tags des `IfAuthenticatedViewHelper`. Bei einem erlaubten Zugriff wird das Formular ausgegeben, ansonsten der Inhalt des Partials `accessError`.

```
<div id="dialog" title="Hinweis!">
  Sie haben keine Berechtigung die Aktion auszuführen. Bitte melden Sie sich zuerst
  mit Ihrem Benutzernamen und Passwort an.
</div>
```

Das eigentliche Formular wird durch die Angabe `object="{organization}"` an das in der `editAction()` übergebene `Organization`-Objekt gebunden. Das Formular besteht aus Eingabefeldern, die über den `form.textbox`-ViewHelper bzw. `form.textarea`-ViewHelper von Fluid erzeugt werden. Jedes Formularfeld wird jeweils durch `property="`*`telefaxNumber`*`"` an eine Eigenschaft des `Organization`-Objekts gebunden. Der Eigenschaftswert des konkreten Objekts wird beim Rendern der Seite in die Formularfelder eingetragen. Beim Abschicken des Formulars werden die Daten als POST-Parameter an die Methode `updateAction()` gesendet.

Falls Daten eingegeben wurden, die nicht valide sind, wird die Methode `editAction()` erneut aufgerufen und eine Fehlermeldung ausgegeben. Den HTML-Code der Fehlermeldung haben wir in ein Partial `formErrors` ausgelagert (siehe *EXT:sjr_offers/Resources/Private/Partials/formErrors.html*). Diesem wird unter `formName` der Name des Formulars übergeben, auf den sich die Fehlermeldung bezieht:

```
<f:form.errors for="formName">
  <div id="dialog" title="{error.propertyName}">
    <p>
      <f:for each="{error.errors}" as="errorDetail">
        {errorDetail.message}
      </f:for>
    </p>
  </div>
</f:form.errors>
```

Fehlermeldungen lokalisieren

Die Fehlermeldungen der mit Extbase ausgelieferten Standard-Validatoren sind in Version 1.2 noch nicht lokalisiert. Sie können die Meldungen jedoch selbst übersetzen, indem Sie das oben beschriebene Partial `formErrors` durch folgenden Code ersetzen:

```
<f:form.errors for="{formName}">
  <div id="dialog" title="{f:translate(key: '{formName}.{error.propertyName}',
        default: error.propertyName)}">
    <f:for each="{error.errors}" as="errorDetail">
      <p>
        <f:translate key="{formName}.{error.propertyName}.{errorDetail.code}"
              default="{errorDetail.message} (#{errorDetail.code})" />
      </p>
    </f:for>
  </div>
</f:form.errors>
```

In der Datei *EXT:sjr_offers/Resources/Private/Language/locallang.xml* steht dann z.B.:

```
<label index="newOffer.title">Titel des Angebots</label>
<label index="newOffer.title.1238108067">Die Länge des Titels muss zwischen 3 und
50 Zeichen liegen.</label>
```

Diese Lösung ist nur ein Kompromiss. Die standardmäßige Lokalisierung der Fehlermeldungen ist für eine der kommenden Versionen von Extbase geplant.

Zusammenfassung

In diesem Kapitel haben Sie zunächst die Grundkonzepte von Fluid kennengelernt, um sich im Anschluss daran mit Partials und Layouts zu beschäftigen, die bei der Gliederung von Templates wertvolle Dienste leisten. Sie haben den `cObject`-ViewHelper kennengelernt, der die Nutzung von TypoScript in Fluid-Templates ermöglicht. Außerdem haben Sie gesehen, wie Sie zusätzliche Tag-Attribute in die Ausgabe eines ViewHelpers einbauen können. Abgerundet wurde dieses Kapitel durch die Vorstellung des `if`-ViewHelpers und der Möglichkeit, komplexe boolesche Bedingungen zu formulieren. Schließlich haben wir Ihnen gezeigt, wie Sie einen eigenen ViewHelper programmieren. Und zu guter Letzt haben wir alle vorgestellten Konzepte noch einmal anhand eines umfangreicheren Praxisbeispiels – der `sjr_offers`-Extension – gezeigt.

Inzwischen sollten Sie einen guten Überblick über die einzelnen Schichten des MVC-Entwurfsmusters haben. Im folgenden Kapitel soll nun der Fokus auf Aufgaben liegen, die alle drei Schichten berühren. Dabei gehen wir auf die Lokalisierung einer Erweiterung, die Validierung von Daten sowie auf die Sicherheit einer Extension ein.

KAPITEL 9

Mehrsprachigkeit, Validierung und Sicherheit

In den vorangehenden Kapiteln sind wir ausführlich auf alle Schichten des MVC-Patterns eingegangen. Dabei haben wir jede Schicht weitgehend separat betrachtet. Dies ändert sich in diesem Kapitel: Hier geht es um Aufgaben bei der Extension-Programmierung, bei denen das Zusammenspiel der verschiedenen Schichten wichtig ist. Wir zeigen zuerst, wie sich auf Extbase basierende Extensions so programmieren lassen, dass sie Ausgaben in mehreren Sprachen erzeugen können. Dabei wird neben der Lokalisierung von statischen Texten auch die Übersetzung von Domänenobjekten berücksichtigt. Im zweiten Teil des Kapitels wird erklärt, wie sich Konsistenzbedingungen des Domänenmodells umsetzen und überprüfen lassen. Abgeschlossen wird das Kapitel mit einigen Aspekten, die die Sicherheit der Extension erhöhen.

Eine Extension lokalisieren und mehrsprachig auslegen

Insbesondere im Unternehmenszusammenhang gibt es häufig den Bedarf, eine Website in einer oder mehreren weiteren Sprachen anzubieten. Dabei fällt nicht nur eine Übersetzung der Website-Inhalte an, sondern auch die Erweiterungen, die genutzt werden, müssen in mehreren Sprachen vorliegen. Daher sollten Sie schon bei der Programmierung einer Extension an eine mögliche spätere Lokalisierung denken und dementsprechend einige Weichen stellen.

Die Konfigurationsmöglichkeiten für die Lokalisierung innerhalb von TYPO3 sind sehr vielfältig. Eine umfassende Beschreibung aller Konzepte und Optionen finden Sie im *Frontend Localization Guide* (*http://typo3.org/documentation/document-library/core-documentation/doc_l10nguide/current/*). Wir setzen für die folgenden Abschnitte eine korrekte Konfiguration der Lokalisierung voraus. Diese wird üblicherweise im TypoScript-Root-Template vorgenommen und sieht etwa wie folgt aus:

```
config {
  linkVars = L
  uniqueLinkVars = 1
  sys_language_uid = 0
  language = default
  locale_all = en_GB
  htmlTag_langKey = en
}

[globalVar = GP:L = 1]
config {
  sys_language_uid = 1
  language = de
  locale_all = de_DE.utf8
  htmlTag_langKey = de
}
[global]
```

Die Auswahl der Frontend-Sprache erfolgt über einen Parameter in der URL (`linkVars = L`). Wichtig ist die Festlegung der UID der Sprache (`sys_language_uid = 0`) und der Language-Key der Sprache (`language = default`). Wenn nun die URL der Webseite einen Parameter `L=1` enthält, erfolgt die Ausgabe auf Deutsch, falls der Parameter nicht gesetzt ist, so erfolgt die Ausgabe der Webseite in der Standardsprache (in unserem Beispiel auf Englisch).

Im Folgenden beschäftigen wir uns zunächst mit der Übersetzung statischer Texte wie etwa Linkbeschriftungen, die in den Templates vorkommen. Im Anschluss daran geht es um die Übersetzung der Inhalte der Extension, also der Domänenobjekte. Abschließend wird erklärt, wie Datumsformate an die im jeweiligen Land etablierten Datumskonventionen angepasst werden können.

Mehrsprachige Templates

Wenn Sie die Ausgabe Ihrer Extension mittels Fluid gestalten, müssen Sie oftmals einzelne Begriffe oder sogar kurze Texte in den Templates lokalisieren. Beispielsweise gibt es im folgenden Template aus dem Blog-Beispiel, das ein einzelnes Blog-Post und dessen Kommentare darstellt, einige fest eingetragene Begriffe:

```
<h3>{post.title}</h3>
<p>By: {post.author.fullName}</p>
<p>{post.content -> f:format.nl2br()}</p>

<h3>Comments</h3>
<f:for each="{post.comments}" as="comment">
  {comment.content -> f:format.nl2br()}
  <hr>
</f:for>
```

Das Template wurde leicht vereinfacht und auf das Wesentliche reduziert.

Erst einmal ist der Text »By:« vor dem Autor des Posts direkt im Template eingetragen, die Überschrift »Comments« ebenso. Für das Verwenden der Extension auf einer englischsprachigen Seite stellt dies kein Problem dar, aber wenn Sie diese auf einer deutschen Website verwenden wollen, würden auch dort die Texte »By« und »Comments« erscheinen, anstatt »Von« und »Kommentare«. Um solche Texte je nach Sprache austauschbar zu machen, müssen sie aus dem Template entfernt und in eine Sprachdatei extrahiert werden. Dabei weist man jedem Text, der zu übersetzen ist, einen Identifier zu, anhand dessen der Text später in das Template eingefügt werden kann. Tabelle 9-1 zeigt die von uns im Beispiel verwendeten Identifier und deren Übersetzungen in Deutsch und Englisch.

Tabelle 9-1: Die Texte, wie wir sie übersetzen wollen

Identifier	Englisch	Deutsch
author_prefix	By:	Von:
comment_header	Comments	Kommentare

In TYPO3 (und somit auch in Extbase) heißt die Sprachdatei, in der die zu übersetzenden Begriffe hinterlegt sind, *locallang.xml*. Sie soll alle Begriffe enthalten, die übersetzt werden sollen, in unserem Beispiel also »By:« und »Comments«, und deren Übersetzungen. Bei Extbase-Extensions muss die Datei *locallang.xml* im Ordner *Resources/Private/Language/* liegen. Um obige Begriffe zu lokalisieren, legen wir die *locallang*-Datei nun folgendermaßen an:

```
<?xml version="1.0" encoding="utf-8" standalone="yes" ?>
<T3locallang>
   <meta type="array">
      <type>module</type>
      <description>Strings for the blog_example extension</description>
   </meta>
   <data type="array">
      <!-- Hier stehen die verschiedenen Übersetzungen der Texte aus dem Template-->
      <languageKey index="default" type="array">
         <label index="author_prefix">By: </label>
         <label index="comment_header">Comments</label>
      </languageKey>
      <languageKey index="de" type="array">
         <label index="author_prefix">Von: </label>
         <label index="comment_header">Comments</label>
      </languageKey>
   </data>
</T3locallang>
```

Das Gerüst der Datei umfasst den XML-Header, das Wurzelelement der XML-Datei (`<T3locallang>`) und eine Beschreibung (`<description>`). Die Übersetzungen der Strings stehen im `<data type="array">`-Abschnitt. Dort gibt es für jede gewünschte Sprache einen Abschnitt `<languageKey index="`*`[sprache]`*`" type="array">`. In diesem ist für jeden Identifier bestimmt, wie dieser in der jeweiligen Sprache ausgegeben werden soll. In obiger Datei werden die Texte in zwei Sprachen hinterlegt: `default`, das entspricht Englisch, und de, also Deutsch.

> Die TYPO3 Core API beschreibt detailliert den Aufbau der *locallang*-Datei (*http://typo3.org/documentation/document-library/core-documentation/doc_core_api/4.2.0/view/7/2/*).

Nun müssen die Platzhalter für die zu übersetzenden Begriffe noch im Template eingefügt werden. Dafür bietet Fluid den ViewHelper `f:translate`. Diesem ViewHelper geben Sie mit dem Argument key den Identifier des einzufügenden Begriffs, und der ViewHelper fügt je nach aktueller Sprachwahl entweder die deutsche oder englische Übersetzung ein:

```
<f:translate key="comment_header" />
<!-- oder -->
{f:translate(key: 'comment_header')}
```

> Die aktuell verwendete Sprache wird im TypoScript-Template der Webseite definiert. Standardmäßig werden die englischen Texte verwendet; aber durch Setzen der TypoScript-Einstellung `config.language = de` können Sie beispielsweise die verwendete Sprache auf Deutsch stellen.
>
> Um eine Sprachauswahl zu realisieren, werden in der Regel TypoScript-Conditions verwendet. Diese sind vergleichbar mit einem `if/else`-Block:
>
> ```
> [globalVar = GP:L = 1]
>   config.language = de
> [else]
>   config.language = default
> [end]
> ```
>
> Wenn nun die URL der Webseite einen Parameter `L=1` enthält, so erfolgt die Ausgabe in Deutsch; falls der Parameter nicht gesetzt ist, so erfolgt die Ausgabe der Webseite in der Standardsprache Englisch.
>
> Durch die Verwendung komplexerer TypoScript-Conditions kann beispielsweise die Sprachauswahl auch aufgrund der vom Browser übermittelten Sprache geschehen.

Indem wir alle Begriffe aus dem Template durch den `translate`-ViewHelper ersetzen, können wir die Ausgabe der Erweiterung an die aktuell eingestellte Sprache anpassen. Hier sehen Sie noch einmal das Fluid-Template zur Ausgabe der Blog-Posts, jetzt ohne fest eingetragene englische Begriffe:

```
<h3>{post.title}</h3>
<p><f:translate key="author_prefix"> {post.author.fullName}</p>
<p>{post.content -> f:format.nl2br()}</p>
```

```
<h3><f:translate key="comment_header"></h3>
<f:for each="{post.comments}" as="comment">
   {comment.content -> f:format.nl2br()}
   <hr>
</f:for>
```

Manchmal müssen Sie auch im PHP-Code, beispielsweise im Controller oder in einem ViewHelper, einen String lokalisieren. Hierfür können Sie die statische Methode `Tx_Extbase_Utility_Localization::translate($key, $extensionName)` verwenden. Hier muss zusätzlich zum Identifier in der *locallang*-Datei auch der Name der Extension angegeben werden, damit die korrekte *locallang*-Datei geladen werden kann.

Platzhalter in lokalisierten Strings mit sprintf ausgeben

Wir haben nun oben den Namen des Blog-Post-Autors einfach mittels `{blog.author.fullName}` ausgegeben. Viele Sprachen haben besondere Regeln, wie Namen verwendet werden – beispielsweise ist es in Thailand üblich, nur den Vornamen anzugeben, und vor diesen das Wort »Khan« zu stellen (dies ist eine Höflichkeitsform). Wir wollen nun unser Template sonweit verändern, dass es den Namen des Blog-Autors je nach aktueller Sprache ausgeben kann. Im Deutschen und Englischen ist dies die Form »Vorname Nachname« und in Thai »Khan Vorname«.

Auch für solche Anwendungsfälle ist der `translate`-ViewHelper geeignet. Mithilfe des Arrays `arguments` können Werte in den übersetzten String eingebettet werden. Hierfür wird die Syntax von der PHP-Funktion `sprintf` verwendet.

Wenn wir das obige Beispiel umsetzen wollen, so müssen wir den Vornamen und den Nachnamen des Blog-Post-Autors einzeln an den `translate`-ViewHelper übergeben:

```
<f:translate key="name" arguments="{1: post.author.firstName, 2: post.author.lastName}" />
```

Wie sieht nun der dazugehörige String in der *locallang*-Datei aus? Dieser beschreibt, an welcher Stelle die Platzhalter eingesetzt werden sollen. Für Deutsch und Englisch sieht er folgendermaßen aus:

```
<label index="name">%1$s %2$d</label>
```

Wichtig sind hier die Platzhalter-Strings `%1$s` und `%2$s`. Diese werden durch die übergebenen Daten ersetzt. Jeder Platzhalter beginnt mit dem %-Zeichen, danach folgt die Position im `arguments`-Array (beginnend mit 1), gefolgt vom $-Zeichen. Danach können die regulären Formatierungsangaben folgen – im Beispiel ist dies der Datentyp `string` (s). Nun können wir für Thai definieren, dass »Khan« gefolgt vom Vornamen ausgegeben werden soll:

```
<label index="name">Khan %1$s</label>
```

Die Keys im Argument-Array des ViewHelpers haben keine Bedeutung. Wir empfehlen jedoch, diese genau wie die Positionen (beginnend mit 1) zu nummerieren, da dies am einfachsten verständlich ist.

Für die vollständige Referenz an Formatangaben für `sprintf` sollten Sie einen Blick in die PHP-Dokumentation werfen: *http://php.net/manual/de/function.sprintf.php*.

Lokalisierte Begriffe mit TypoScript ändern

Wenn Sie eine vorhandene Extension in einem Kundenprojekt einsetzen, so stellen Sie manchmal fest, dass die Extension nur unzureichend lokalisiert ist oder die Übersetzungen angepasst werden müssen. Hier bietet Ihnen TYPO3 eine Möglichkeit, mittels TypoScript die Lokalisierung eines Begriffs zu überschreiben. Auch Fluid unterstützt dies.

Wenn Sie beispielsweise anstatt des Textes »Kommentare« lieber den Text »Meinungen« verwenden wollen, so müssen Sie den Bezeichner `comment_header` für die deutsche Sprache überschreiben.Dazu können Sie im TypoScript-Template folgende Zeile eintragen:

```
plugin.tx_blogexample._LOCAL_LANG.de.comment_header = Meinungen
```

Damit überschreiben Sie die Lokalisierung des Identifiers `comment_header` für die Sprache `de` im Blog-Beispiel. So können Sie die Übersetzung von Texten nach Ihren Wünschen anpassen, ohne die *locallang*-Datei direkt verändern zu müssen.

Bisher haben wir nur dargestellt, wie statische Texte aus den Templates übersetzt werden können. Wichtig ist natürlich auch, dass die Daten einer Extension je nach Landessprache übersetzt werden können. Dies zeigen wir im nächsten Abschnitt.

Mehrsprachige Domänenobjekte

In TYPO3 können Datensätze im Backend lokalisiert werden. Dies gilt auch für Domänendaten, da diese von TYPO3 im Backend wie »normale« Datensätze behandelt werden. Um Ihre Domänenobjekte lokalisierbar zu machen, müssen Sie zusätzliche Felder in der Datenbank anlegen und TYPO3 mitteilen, welche es sind. An den Klassendefinitionen selbst müssen Sie nichts verändern. Sehen wir uns die notwendigen Schritte anhand der `Blog`-Klasse aus dem Blog-Beispiel an. TYPO3 benötigt zur Speicherung der Lokalisierungsdaten drei zusätzliche Datenbankfelder, die Sie in die Datei *ext_tables.sql* eintragen:

```
CREATE TABLE tx_blogexample_domain_model_blog (
  ...
  sys_language_uid int(11) DEFAULT '0' NOT NULL,
  l18n_parent int(11) DEFAULT '0' NOT NULL,
  l18n_diffsource mediumblob NOT NULL,
  ...
);
```

Bei der Wahl der Namen für die Datenbankfelder sind Sie frei, die hier verwendeten Namen sind jedoch in der TYPO3-Welt gebräuchlich. In jedem Fall müssen Sie TYPO3 mitteilen, welche Namen Sie gewählt haben. Dies geschieht in der Datei *ext_tables.php* im Abschnit `ctrl` der entsprechenden Datenbanktabelle.

```
$TCA['tx_blogexample_domain_model_blog'] = array (
  'ctrl' => array (
    ...
    'languageField'      => 'sys_language_uid',
    'transOrigPointerField'     => 'l18n_parent',
    'transOrigDiffSourceField'     => 'l18n_diffsource',
    ...
  )
);
```

Das Feld `sys_language_uid` dient zur Speicherung der UID der Sprache, in der der Blog verfasst ist. Anhand dieser UID wählt Extbase dann die richtige Übersetzung, abhängig von der aktuellen Einstellung im TypoScript unter `config.sys_language_uid`. In das Feld `l18n_parent` wird die UID desjenigen Blogs hinterlegt, der in der Standardsprache angelegt wurde bzw. von dem der aktuelle Blog eine Übersetzung darstellt. Das dritte Feld, `l18n_diffsource`, enthält einen »Schnappschuss« des Ursprungs der Übersetzung. Dieser Schnappschuss dient im Backend zur Bildung einer »Differenzansicht« und wird von Extbase nicht ausgewertet.

Im Abschnitt `columns` des TCA müssen Sie dann noch die Felder entsprechend konfigurieren. Die folgende Konfiguration fügt zwei Felder zum Backend-Formular des Blogs hinzu: ein Feld, mit dem der Redakteur die Sprache eines Datensatzes bestimmt, und ein Feld, mit dem er den Datensatz auswählt, auf den sich die Übersetzung bezieht.

```
$TCA['tx_blogexample_domain_model_blog'] = array(
  ...
  'types' => array(
    '1' => array('showitem' => 'l18n_parent , sys_language_uid, hidden, title,
                 description, logo, posts, administrator')
  ),
  'columns' => array(
    'sys_language_uid' => array(
      'exclude' => 1,
      'label' => 'LLL:EXT:lang/locallang_general.php:LGL.language',
      'config' => array(
        'type' => 'select',
        'foreign_table' => 'sys_language',
        'foreign_table_where' => 'ORDER BY sys_language.title',
        'items' => array(
          array('LLL:EXT:lang/locallang_general.php:LGL.allLanguages',-1),
          array('LLL:EXT:lang/locallang_general.php:LGL.default_value',0)
        )
      )
    ),
```

```
      'l18n_parent' => array(
        'displayCond' => 'FIELD:sys_language_uid:>:0',
        'exclude' => 1,
        'label' => 'LLL:EXT:lang/locallang_general.php:LGL.l18n_parent',
        'config' => array(
          'type' => 'select',
          'items' => array(
            array('', 0),
          ),
          'foreign_table' => 'tx_blogexample_domain_model_blog',
          'foreign_table_where' => 'AND tx_blogexample_domain_model_blog.uid=###REC_FIELD_
                l18n_parent### AND tx_blogexample_domain_model_blog.
                sys_language_uid IN (-1,0)',
        )
      ),
      'l18n_diffsource' => array(
        'config'=>array(
          'type'=>'passthrough'
        )
      ),
      ...
    )
  );
```

Damit ist die Lokalisierung des Domänenobjekts bereits konfiguriert. Indem `&L=1` an die URL angehängt wird, kann nun die Frontend-Sprache auf Deutsch umgeschaltet werden. Liegt eine Übersetzung eines Blogs vor, wird diese angezeigt. Ansonsten wird der Blog in der Standardsprache ausgegeben.

> Dieses Verhalten können Sie beeinflussen. Falls Sie in Ihrer TypoScript-Konfiguration die Option `config.sys_language_mode` auf `strict` setzen, werden nur diejenigen Objekte angezeigt, die auch tatsächlich in der Frontend-Sprache existieren. Weitere Informationen hierzu finden Sie im *Frontend Localization Guide* der *Core Documentation*.

Die Art, wie in TYPO3 v4 die Lokalisierung von Inhalten gehandhabt wird, weist zwei wesentliche Besonderheiten auf: Die erste ist, dass alle Übersetzungen eines Datensatzes bzw. ein für alle Sprachen gültiger Datensatz (UID der Sprache ist 0 bzw. -1) an den Datensatz in der Standardsprache »angehängt« werden. Die zweite Besonderheit ist, dass zur Identifikation eines Datensatzes immer die UID des Datensatzes der Standardsprache geführt wird, obwohl der übersetzte Datensatz in der Datenbanktabelle eine andere UID trägt. Das Konzept hat einen gravierenden Nachteil: Möchte man einen neuen Datensatz in einer Sprache anlegen, für die es noch keinen Datensatz in der Standardsprache gibt, muss Letzterer zuvor erstellt werden. Nur mit welchem Inhalt?

> In FLOW3 wird dies besser gelöst. Es existiert nur ein »Strukturknoten« an den dann das Inhaltselement in seinen verschiedenen Sprachvarianten angehängt wird. Eine Standardsprache in diesem Sinne gibt es nicht.

Zur Veranschaulichung ein Beispiel: Sie legen einen Blog zunächst in der Standardsprache Englisch (=default) an. In der Datenbank wird er wie folgt gespeichert:

```
uid:              7  (von der Datenbank vergeben)
title:            "My first Blog"
sys_language_uid: 0  (im Backend ausgewählt)
l18n_parent:      0  (kein Übersetzungsorginal vorhanden)
```

Nach einiger Zeit legen Sie im Backend eine deutsche Übersetzung an. In der Datenbank landet folgender Tupel:

```
uid:              42 (von der Datenbank vergeben)
title:            "Mein erster Blog"
sys_language_uid: 1  (im Backend ausgewählt)
l18n_parent:      7  (im Backend ausgewählt bzw. automatisch vergeben)
```

Ein Link, der auf die Einzelansicht eines Blogs verweist, sieht etwa wie folgt aus:

```
http://www.example.com/index.php?id=99&tx_blogexample_pi1[controller]=Blog&tx_
blogexample_pi1[action]=show&tx_blogexample_pi1[blog]=7
```

Durch Hinzufügen von &L=1 verweisen wir nun auf die deutsche Version:

```
http://www.example.com/index.php?id=99&tx_blogexample_pi1[controller]=Blog&tx_
blogexample_pi1[action]=show&tx_blogexample_pi1[blog]=7&L=1
```

Beachten Sie, dass sich die unter tx_blogexample_pi1[blog]=7 angegebene UID nicht verändert. Hier steht also nicht die UID des Datensatzes der deutschen Übersetzung (42). Das hat den Vorteil, dass einzig der Parameter zur Sprachumschaltung ausreicht. Es birgt aber gleichzeitig den Nachteil eines höheren Verwaltungsaufwands bei der Persistierung. Extbase übernimmt dies für Sie, indem es die UID der Sprache des Domänenobjekts und die UID des Datensatzes, in der die Domänendaten tatsächlich gespeichert werden, als »versteckte« Eigenschaften im AbstractDomainObject intern mitführt. In Tabelle 9-2 finden Sie für verschiedene Aktionen im Frontend das Verhalten von Extbase für lokalisierte Domänenobjekte.

Tabelle 9-2: Verhalten von Extbase bei lokalisierten Domänenobjekten im Frontend

	kein Parameter L angegeben. oder L=0	**L=x (x>0)**
Anzeigen (index, list, show)	Objekte in der Standardsprache (sys_language_uid=0) bzw. Objekte für alle Sprachen (sys_language_uid=-1) werden angezeigt.	Die Objekte werden in der gewählten Sprache x angezeigt ( ). Falls ein Objekt in der gewählten Sprache nicht existiert, wird das Objekt in der Standardsprache ausgegeben (außer bei sys_language_mode=strict).
Bearbeiten (edit, update)	Wie beim Anzeigen eines Objekts. Die Domänendaten werden in den »übersetzten« Datensatz gespeichert, im Beispiel oben also in den Datensatz mit der UID 42.	
Anlegen (new, create)	Unabhängig von der gewählten Frontend-Sprache wird das Domänenobjekt zunächst als für alle Sprachen gültig gekennzeichnet. Die Daten werden also in einem neuen Datensatz abgelegt, in dessen Feld sys_language_uid die Zahl -1 eingetragen wird.	

Extbase unterstützt also alle Standardaufgaben der Lokalisierung von Domänenobjekten. Es stößt aber momentan noch an Grenzen, falls ein Domänenobjekt exklusiv in einer Zielsprache neu angelegt werden soll. Dies gilt insbesondere dann, wenn noch kein Datensatz in der Standardsprache existiert.

Lokalisierung der Datumsausgabe

Oft kommt es vor, dass ein Datum oder eine Uhrzeit in einem Template ausgegeben werden soll. Je nach Sprachraum gibt es unterschiedliche Konventionen, wie das Datum dargestellt werden soll: Während in Deutschland ein Datum in der Form `Tag.Monat.Jahr` dargestellt wird, wird in den USA das Datum in der Form `Monat/Tag/Jahr` verwendet. Je nach Sprache muss das Datum also anders formatiert werden.

Allgemein wird Datum bzw. Zeit durch den `format.date`-ViewHelper formatiert:

```
<f:format.date date="{dateObject}" format="d.m.Y" />
<!-- oder -->
{dateObject -> f:format.date(format: 'd.m.Y')}
```

Das Datums-Objekt `{dateObject}` wird mit dem im Parameter `format` angegebenen Datumsformat dargestellt. Dieser Formatstring muss in einem für die PHP-Funktion `date()` lesbaren Format vorliegen und gibt an, in welcher Form die Ausgabe geschehen soll. In Tabelle 9-3 sehen Sie einige wichtige Platzhalter.

Tabelle 9-3: Einige Platzhalter von date.

Formatzeichen	Beschreibung	Beispiel
d	Tag des Monats als Zahl, zweistellig, mit führender Null	01, ... 31
m	Monat als Zahl, mit führender Null	01 ... 12
Y	Jahreszahl, vierstellig	2010
y	Jahreszahl, zweistellig	10
H	Stunde im 24-Stunden-Format	00 ... 23
i	Minute mit führenden Nullen	00 ... 59

Der ViewHelper muss nun allerdings je nach Sprachraum unterschiedlich konfiguriert werden, d.h., abhängig von der Sprache des Benutzers soll ein anderer Formatstring verwendet werden. Hier kombinieren wir den `format.date`-ViewHelper mit dem `translate`-ViewHelper, den Sie schon im Abschnitt »Mehrsprachige Templates« weiter oben in diesem Kapitel kennengelernt haben:

```
<f:format.date date="{dateObject}" format="{f:translate(key: 'date_format')}" />
```

Dann können Sie in der *locallang*-Datei für jede Sprache einen anderen Format-String angeben, außerdem kann der Format-String wenn gewünscht per TypoScript überschrieben werden. Auch diesen Weg, Inhalte zu lokalisieren, haben Sie im Abschnitt »Mehrsprachige Templates« bereits kennengelernt.

> Es gibt noch andere Formatierungs-ViewHelper, mit denen die Ausgabe von Währungen und großen Zahlen angepasst werden kann. Diese ViewHelper beginnen alle mit `format`, eine Übersicht finden Sie in Anhang C. Diese View-Helper lassen sich genau wie der `f:format.date`-ViewHelper einsetzen, den Sie gerade kennengelernt haben.

In diesem Abschnitt haben Sie gelernt, wie Sie eine Extension übersetzen und lokalisieren können. Zu Beginn haben wir uns der Lokalisierung von einzelnen Begriffen im Template gewidmet, um danach die Lokalisierung von den Inhalten der Extension zu betrachten. Schlussendlich wurde die Anpassung von Datumsangaben an landesspezifische Formate betrachtet. Im folgenden Abschnitt sehen Sie nun, wie Konsistenzbedingungen an die Domänenobjekte gewahrt werden können.

Domänenobjekte validieren

Wir haben bisher Extbase und Fluid detailliert kennengelernt, dabei aber Konsistenzbedingungen unserer Domäne nur am Rande betrachtet. Oft erwarten wir, dass sich Domänenobjekte zu jeder Zeit konsistent nach bestimmten Regeln verhalten. Das tun sie nicht automatisch, sondern es ist wichtig, diese Regeln explizit zu definieren. So könnte man zum Beispiel in einer Blog-Extension die folgenden Regeln aufstellen:

- Das Feld `username` und `password` des `User`-Objekts muss mindestens 5 Zeichen lang sein. Außerdem darf der `username` keine Sonderzeichen enthalten.
- Das Feld `email` des `User`-Objekts muss eine gültige E-Mail-Adresse enthalten.

Diese Regeln müssen zu jedem Zeitpunkt für jedes `User` Objekt gelten; umgekehrt ist ein `User`-Objekt nur dann gültig, wenn es diese Regeln erfüllt. Man nennt solche Regeln auch *Invarianten*, da sie während der gesamten Lebensdauer des Objekts gelten müssen.

In einem ersten Schritt müssen Sie sich also überlegen, welche Invarianten Ihre Domänenobjekte aufweisen sollen. Danach geht es darum, Extbase diese Invarianten in geeigneter Form zu vermitteln. Extbase bietet hierzu *Validatoren* zum Prüfen von Invarianten – dies sind PHP-Klassen, in denen die Invarianten in Code programmiert sind.

Wir zeigen Ihnen nun im Folgenden, wie Sie Validatoren zur Prüfung von Invarianten nutzen können, und wie Sie auch im Falle eines Fehlers dem Nutzer die Möglichkeit geben können, den Fehler zu korrigieren.

Validatoren zum Prüfen von Invarianten

Ein Validator ist eine PHP-Klasse, die eine bestimmte Invariante prüfen soll. Wenn diese Invariante erfüllt ist, gibt der Validator `true` zurück, andernfalls `false`. Alle Validatoren in Extbase müssen das Interface `Tx_Extbase_Validation_Validator_ValidatorInterface` implementieren. Darin sind einige Methoden definiert. Die wichtigste heißt `isValid($object)`. Sie bekommt ein Objekt bzw. einen Wert übergeben und muss `true` zurückgeben, wenn das Objekt bzw. der Wert gültig ist, und ansonsten `false` Es gibt noch einige andere Methoden im `ValidatorInterface`, die das Übergeben von Einstellungen und das Abfragen von Fehlermeldungen ermöglichen. Daher empfehlen wir, alle Validatoren von `Tx_Extbase_Validation_Validator_AbstractValidator` erben zu lassen, da man so Standardimplementierungen der Hilfsmethoden erhält und nur noch die `isValid()`-Methode implementieren muss.

Die vollständige Referenz des `ValidatorInterface` finden Sie in Anhang B.

Ein Validator, der beispielsweise überprüft, dass der übergebene String eine E-Mail-Adresse ist, sieht folgendermaßen aus:

```
class Tx_Extbase_Validation_Validator_EmailAddressValidator
      extends Tx_Extbase_Validation_Validator_AbstractValidator {
   public function isValid($value) {
      $this->errors = array();
      if(is_string($value) && preg_match('
         /
         ^[a-z0-9!#$%&\'*+\/=?^_`{|}~-]+(?:\.[a-z0-9!#$%&\'*+\/=?^_`{|}~-]+)*
         @
         (?:
            (?:[a-z0-9](?:[a-z0-9-]*[a-z0-9])?\.)+(?:[a-z]{2}|aero|asia|biz|cat|com|
                  edu|coop|gov|info|int|invalid|jobs|localdomain|mil|mobi|museum|
                  name|net|org|pro|tel|travel)|localhost|
            (?:(?:\d{1,2}|1\d{1,2}|2[0-5][0-5])\.){3}(?:(?:\d{1,2}|1\d{1,2}|2[0-5][0-5]))
         )
         \b
         /ix', $value)) return TRUE;
      $this->addError('The given subject was not a valid email address.', 1221559976);
      return FALSE;
   }
}
```

Falls `$value` ein String ist, der auf einen (zugegebenermaßen komplexen) regulären Ausdruck passt, so gibt der Validator `true` zurück. Andernfalls wird mittels `addError()` eine Fehlermeldung erzeugt und dann `false` zurückgegeben.

Die Methode `addError()` erwartet eine Fehlermeldung und einen Fehlercode. Letzterer sollte eindeutig sein, daher empfehlen wir die Verwendung des Unix-Timestamps vom Erstellungszeitpunkt des Quellcodes. Anhand der Fehlernummer kann somit eindeutig der Fehler identifiziert werden, z.B. in Bugreports.

Extbase bietet im Paket `Tx_Extbase_Validation_Validator_*` schon viele Validatoren für Standardaufgaben wie das Validieren von E-Mails, Zahlen oder Strings.

Wann wird validiert?

Domänenobjekte in Extbase werden nur zu einem Zeitpunkt validiert: Wenn sie als Argumente in einer Controller-Action ankommen. Wir wollen uns nun anhand von Abbildung 9-1 anschauen, was genau vor dem Aufruf der Action passiert.

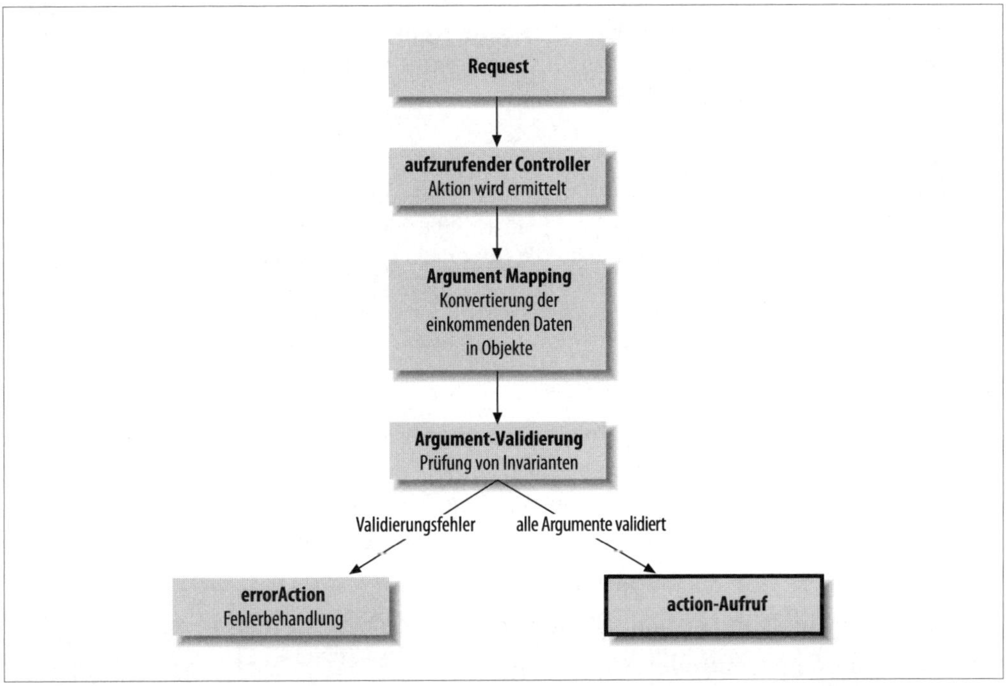

Abbildung 9-1: Ablauf eines Requests vor dem Aufruf der Action

Wenn ein Nutzer einen Request absetzt, ermittelt Extbase zunächst, welche Action bzw. welcher Controller für diesen Request verantwortlich ist. Da Extbase die Namen und Typen der Argumente für die Action kennt, kann es aus den ankommenden Daten Objekte bauen. Dieser Vorgang wird weiter unten im Abschnitt »Argument Mapping« genauer erläutert. Jetzt folgt für uns der wichtigste Schritt: Die erstellten Objekte werden validiert, d.h., die Invarianten werden überprüft. Wenn alle Argumente erfolgreich validiert werden konnten, so wird die gewünschte Action aus der Extension des Nutzers aufgerufen, und diese kann die erhaltenen Objekte weiterverarbeiten, z.B. an den View zur Darstellung übergeben.

> Es wäre sicherlich hilfreich, wenn die Validierung auch noch bei der Persistierung der Objekte in die Datenbank durchgeführt werden würde. Momentan wird dies jedoch nicht erledigt, weil die Daten nach Rücksendung der Antwort an den Browser in die Datenbank geschrieben werden. Daher könnte der Nutzer bei Validierungsfehlern nicht benachrichtigt werden. In FLOW3 erfolgt mittlerweile eine zweite Validierung beim Persistieren der Objekte, daher wird dies mittelfristig auch bei Extbase zu erwarten sein.

Falls bei der Validierung jedoch ein Fehler auftritt, so wird die Methode `errorAction()` des aktuellen Controllers aufgerufen. Die standardmäßig mitgelieferte `errorAction()` leitet den Nutzer nach Möglichkeit zum zuletzt dargestellten Formular um, so dass der Nutzer seine Fehleingaben korrigieren kann.

> Sie mögen sich vielleicht fragen, woher die `errorAction` weiß, welches das zuletzt dargestellte Formular ist. Diese Information wird durch den `form-ViewHelper` erzeugt. Er fügt automatisch eine Eigenschaft `__referrer` zu jedem generierten Formular hinzu, die Informationen über die aktuelle Extension-, Controller- und Action-Kombination enthält. Die Daten können von der `errorAction` benutzt werden, um das fehlerhafte Formular erneut anzuzeigen.

Validatoren registrieren

Wir wissen nun, wie Validatoren funktionieren und wann sie aufgerufen werden. Wir müssen allerdings noch unser Domänenmodell mit den Validatoren verknüpfen, um zu definieren, welcher Teil des Modells mit welchem Validator geprüft werden soll. Hierfür gibt es die folgenden drei Möglichkeiten, auf die im Folgenden eingegangen wird:

- Validierung im Domänenmodell mit Annotations
- Validierung im Domänenmodell durch eine eigene Validatorklasse
- Validierung von Controller-Argumenten

Validierung im Domänenmodell mit Annotations

Oft ist es ausreichend, die Eigenschaften eines Domänenobjekts einzeln zu validieren. Wenn alle Eigenschaften erfolgreich validiert wurden, so ist auch das ganze Domänenobjekt erfolgreich validiert; wenn eine Eigenschaft nicht validiert werden konnte, so schlägt die Validierung des gesamten Domänenobjekts fehl.

Um zu definieren, wie eine Eigenschaft unseres Domänenobjekts validiert werden soll, verwenden wir eine sogenannte *Annotation* des Quellcodes. Annotations sind maschinenlesbare »Anmerkungen« im Quellcode, die in Kommentarblöcken stehen und mittels @-Zeichen eingeleitet werden.

Für die Validierung steht uns die @validate-Annotation zur Verfügung. Mit dieser können wir angeben, welcher Validator für die Überprüfung der annotierten Eigenschaft verwendet werden soll. Schauen wir uns dies anhand eines Ausschnitts aus dem Domänenmodell Post des Blog-Beispiels an:

```
class Tx_BlogExample_Domain_Model_Post extends Tx_Extbase_DomainObject_AbstractEntity {
  /**
   * @var string
   * @validate StringLength(minimum=3, maximum=50)
   */
  protected $title;

  /**
   * @var string
   */
  protected $content;
  ...
}
```

Mit der Zeile @validate StringLength(minimum=3, maximum=50) wird der Validator für die Eigenschaft $title angegeben. In Klammern werden die Parameter für den Validator angegeben. In unserem Fall wird also sichergestellt, dass der Titel des Blog-Posts nie kürzer als drei Zeichen und nie länger als 50 Zeichen ist.

Welche Validatorklasse wird nun verwendet? Extbase schaut, ob es eine Validator-Klasse unter Tx_Extbase_Validation_Validator_*ValidatorName*Validator gibt. Bei der oben verwendeten Annotation @validate StringLength wird also der Validator Tx_Extbase_Validation_Validator_StringLengthValidator verwendet.

Falls Sie zum Prüfen der Invarianten einen eigenen Validator geschrieben haben, so können Sie diesen unter Verwendung des vollen Klassennamens in der @validate-Annotation verwenden, wie im folgenden Codeabschnitt zu sehen ist:

```
class Tx_BlogExample_Domain_Model_Post extends Tx_Extbase_DomainObject_AbstractEntity {
  /**
   * @var string
   * @validate Tx_BlogExample_Domain_Validator_TitleValidator
   */
  protected $title;

  /**
   * @var string
   */
  protected $content;
  ...
}
```

Hier wird die Eigenschaft $title mit dem Tx_BlogExample_Domain_Validator_TitleValidator validiert. Diese Validatorklasse kann nun beliebige Invarianten testen. Der im folgenden Listing gezeigte Validator überprüft beispielsweise, dass die Titel der Blog-Posts immer nach dem Schema *Hauptthema: Titel* aufgebaut sind:

```
class Tx_BlogExample_Domain_Validator_TitleValidator
      extends Tx_Extbase_Validation_Validator_AbstractValidator {

   public function isValid($value) {
      // $value ist also der Titel-String.
      if (count(explode(':', $value)) >= 2) {
         return TRUE;
      }
      $this->addError('The title was not of the type [Topic]:[Title].', 1221563773);
      return FALSE;
   }
}
```

Nun haben Sie gesehen, wie Sie einzelne Eigenschaften des Domänenmodells validieren können. Im folgenden Abschnitt zeigen wir Ihnen, wie komplette Domänenobjekte validiert werden können.

Validierung im Domänenmodell durch eigene Validatorklasse

Die gerade vorgestellte Möglichkeit, Validatoren durch Annotations im Modell zu registrieren, ist besonders praktisch, wenn einzelne Eigenschaften des Modells validiert werden sollen. Manchmal ist es jedoch auch nötig, das Verhältnis zwischen zwei oder mehreren Eigenschaften einer Modell-Klasse zu validieren. So wäre es zum Beispiel für eine Nutzerregistrierung sinnvoll, dass es im `User`-Objekt eine Eigenschaft `$password` und eine Eigenschaft `$passwordConfirmation` gibt, die identisch sein sollen. Hier würden Ihnen einzelne Validatoren für `$password` bzw. `$passwordConfirmation` nicht weiterhelfen, da diese keinen Zugriff auf die jeweils andere Eigenschaft haben. Sie benötigen also eine Möglichkeit, ein Domänenobjekt *als Ganzes* zu validieren.

Hierfür können Sie für jedes Objekt im Domänenmodell eine eigene Validator-Klasse implementieren, die das Objekt als Ganzes validiert und damit auf alle Objekteigenschaften zugreifen kann.

Wichtig ist hierbei die korrekte Namenskonvention: Wenn Sie einen Validator für die Klasse `Tx_ExtbaseExample_Domain_Model_User` benötigen, so muss dieser in der Klasse `Tx_ExtbaseExample_Domain_Validator_UserValidator` implementiert sein. Der Name des Validators für ein Modell-Objekt ergibt sich also, indem man im Namensraum `Model` durch `Validator` ersetzt und außerdem `Validator` anhängt. Durch das Einhalten der Namenskonvention wird der Validator automatisch aufgerufen, wenn er existiert.

Mit diesem Wissen gerüstet, können wir nun den `UserValidator` implementieren, der `$password` mit der `$passwordConfirmation` vergleicht. Als Erstes müssen wir schauen, ob das übergebene Objekt *wirklich* vom Typ `User` ist – der Validator kann schließlich mit beliebigen Objekten aufgerufen werden und muss in solchen Fällen `false` zurückgeben:

```
class Tx_ExtbaseExample_Domain_Validator_UserValidator
      extends Tx_Extbase_Validation_Validator_AbstractValidator {
  public function isValid($user) {
    if (! $user instanceof Tx_ExtbaseExample_Domain_Model_User) {
```

```
      $this->addError('The given Object is not a User.', 1262341470);
      return FALSE;
    }
    return TRUE;
  }
}
```

Falls also `$user` keine Instanz des User-Objekts ist, wird sofort eine Fehlermeldung mittels `addError()` erzeugt. DerValidator validiert das Objekt nicht, sondern ergibt `false` zurück.

> Die Methode `addError()` bekommt zwei Parameter – der erste ist ein Fehlermeldungsstring, während der zweite eine Fehlernummer ist. Die Extbase-Entwickler verwenden beim Aufruf von `addError()` immer den aktuellen Unix-Timestamp als Fehlernummer. Damit wird sichergestellt, dass die Validierungsfehler eindeutig identifizierbar sind.

Nun haben wir das Basisgerüst unseres Validators erzeugt und können mit der eigentlichen Implementierung beginnen – dem Überprüfen der Passwörter auf Gleichheit. Dies ist nun schnell gemacht:

```
class Tx_ExtbaseExample_Domain_Validator_UserValidator
      extends Tx_Extbase_Validation_Validator_AbstractValidator {
  public function isValid($user) {
    if (! $user instanceof Tx_ExtbaseExample_Domain_Model_User) {
      $this->addError('The given Object is not a User.', 1262341470);
      return FALSE;
    }

    if ($user->getPassword() !== $user->getPasswordConfirmation()) {
      $this->addError('The passwords do not match.', 1262341707);
      return FALSE;
    }
    return TRUE;
  }
}
```

Da wir auf das komplette Objekt Zugriff haben, ist die Überprüfung der Gleichheit von `$password` und `$passwordConfirmation` nun sehr einfach.

Nun haben wir zwei Möglichkeiten kennengelernt, wie Validatoren für unsere Domänenobjekte registriert werden können: direkt im Modell per `@validate`-Annotation für einzelne Eigenschaften sowie für komplette Domänenobjekte durch eine eigene Validatorklasse.

Die bisher erläuterten Validatoren werden immer ausgeführt, wenn ein Domänenmodell als Parameter an eine Controller-Action übergeben wird – d.h. bei allen Actions. Manchmal ist es auch gewünscht, die Validierung nur beim Aufruf bestimmter Actions auszulösen. Wie das geht, schauen wir uns im nächsten Abschnitt an.

Validierung von Controller-Argumenten

Wenn Sie ein Domänenobjekt lediglich beim Aufruf einer einzelnen Action validieren möchten, müssen Sie die Validatoren für einzelne Argumente einer Action definieren. Hierfür wird eine leicht abgewandelte Form der `@validate`-Annotation verwendet, die im Kommentarblock der Controller-Action steht. Sie hat das Format `@validate` *`[variable-name] [validators]`*, im Beispiel unten also `@validate $pageName Tx_MyExtension_Domain_Validator_PageNameValidator`:

```
/**
 * Creates a new page with a given name.
 *
 * @param string $pageName The name of the page which should be created.
 * @validate $pageName Tx_MyExtension_Domain_Validator_PageNameValidator
 */
public function createPageAction($pageName) {
  ...
}
```

Hier wird nun der Parameter `$pageName` mit einem eigenen Validator überprüft.

Zusammenspiel der Validatoren

Sie haben nun drei Möglichkeiten kennengelernt, wie Validatoren registriert werden können. Für ein Argument einer Action werden die folgenden Validatoren aufgerufen:

- Die Datentypen der (primitiven) Argumente werden überprüft. Wenn ein Parameter mit `@param float` als Float-Zahl definiert wird, so überprüft ein Validator dies. Wenn die Typvalidierung für ein Argument ausgeschaltet werden soll, so ist der Typ als `mixed` zu deklarieren.
- Alle `@validate`-Annotations im Domänenmodell werden ausgewertet.
- Die Validatorklasse für das Domänenobjekt wird aufgerufen, wenn sie existiert.
- Weitere Validatoren, die in der Action mit `@validate` definiert wurden, werden ausgeführt.

Schauen wir uns das Zusammenspiel nun nochmals am Beispiel an:

```
/**
 * Creates a website user for the given page name.
 *
 * @param string $pageName The name of the page where the user should be created.
 * @param Tx_ExtbaseExample_Domain_Model_User $user The user which should be created.
 * @validate $user Tx_BlogExample_Domain_Validator_CustomUserValidator
 */
public function createUserAction($pageName, Tx_ExtbaseExample_Domain_Model_User $user) {
  ...
}
```

Hier werden die folgenden Dinge validiert: `$pageName` muss ein *String* sein. Der Datentyp aus der `@param`-Annotation wird validiert. Für `$user` werden alle `@validate`-Annotations im Model validiert. Außerdem wird der `Tx_BlogExample_Domain_Validator_UserValidator` aufgerufen, falls er existiert. Darüber hinaus wird bei dieser Action der Validator `Tx_BlogExample_Domain_Validator_CustomUserValidator` verwendet, um `$user` zu validieren.

In einigen Anwendungsfällen ist es sinnvoll, dass *inkonsistente Domänenobjekte* als Argumente übergeben werden. Dies kann z.B. bei einem mehrseitigen Formular der Fall sein, denn nach dem Ausfüllen der ersten Formularseite ist das Domänenobjekt noch nicht vollständig. In diesem Fall können Sie die Annotation `@dontvalidate` *`$parameter`* verwenden. Diese verhindert die Auswertung der `@validate`-Annotations im Domänenmodell und den Aufruf der Validatorklasse für das Domänenobjekt.

Fallbeispiel: Ein bestehendes Objekt bearbeiten

Nun kennen Sie alle Bausteine, die Sie benötigen, um ein Blog-Objekt mit einem Formular zu bearbeiten. Hierbei soll im Falle eines Validierungsfehlers das Bearbeitungsformular mit einer Fehlermeldung erneut angezeigt werden. Zwei Actions sind am Bearbeiten des Blogs beteiligt: Die `editAction` zeigt das Formular mit dem zu ändernden Blog an, und die `updateAction` speichert die Änderungen.

> Wenn Sie Bearbeitungsformulare für die Domänenobjekte Ihrer Extension implementieren wollen, sollten Sie diese nach dem hier dargestellten Schema umsetzen.

Die `editAction` für das Blog sieht folgendermaßen aus:

```
public function editAction(Tx_BlogExample_Domain_Model_Blog $blog) {
  $this->view->assign('blog', $blog);
}
```

Das Blog-Objekt, das wir bearbeiten wollen, wird übergeben und an den View weitergereicht. Das Fluid-Template sieht dann so aus (leicht gekürzt und auf das Wesentliche reduziert):

```
<f:form name="blog" object="{blog}" action="update">
  <f:form.textbox property="title" />
  <f:form.textbox property="description" />
  <f:form.submit />
</f:form>
```

Beachten Sie, dass das zu editierende `blog`-Objekt mittels `object="{blog}"` an das Formular gebunden wurde. Damit können wir bei den Formularelementen mithilfe der `property`-Eigenschaft eine Eigenschaft des gebundenen Objekts direkt referenzieren.

Außerdem ist der Name des Formulars (`name="blog"`) wichtig, da dieser als Variablenname für das gesendete Objekt verwendet wird. Beim Absenden des Formulars wird die `updateAction` aufgerufen, mit dem `blog`-Objekt als Parameter:

```
public function updateAction(Tx_BlogExample_Domain_Model_Blog $blog) {
  $this->blogRepository->update($blog);
}
```

Der Name des Arguments lautet hier also `$blog`, da das Formular den Namen `blog` besitzt. Wenn keine Validierungsfehler auftreten, so wird das `blog`-Objekt mit seinen Änderungen wieder persistiert.

Schauen wir uns nun aber an, was passiert, wenn der Nutzer fehlerhafte Daten in das Formular einträgt und es absendet. In diesem Fall wird bei der Validierung des `$blog`-Arguments ein Fehler auftreten. Daher wird nicht die `updateAction`, sondern die `errorAction` aufgerufen. Diese leitet die Anfrage mit `forward()` an die zuletzt dargestellte Action weiter, da das Formular im Fehlerfall erneut angezeigt werden soll. Außerdem wird eine Fehlermeldung erzeugt und dem Controller übergeben. Ergo: Bei einem Validierungsfehler wird erneut die `editAction` aufgerufen.

Da wir das fehlerhafte Objekt erneut darstellen wollen, ist es wichtig, dass die `updateAction` und die `editAction` dieselben Argumentnamen verwenden. In unserem Beispiel heißt das Argument in beiden Fällen `$blog`, hier sind wir also auf der sicheren Seite.

Nun haben wir aber ein anderes Problem: Auch die `editAction` validiert alle Parameter, unser aktuelles Blog-Objekt ist jedoch nicht valide – wir sind also in einer Endlosschleife gefangen. Daher müssen wir die Validierung der Argumente bei der `editAction` unterdrücken. Hierfür benötigen wir die Annotation `@dontvalidate` – der Kommentarblock der `editAction` muss also folgendermaßen abgeändert werden:

```
/**
 * @param Tx_BlogExample_Domain_Model_Blog $blog The blog object
 * @dontvalidate $blog
 */
public function editAction(Tx_BlogExample_Domain_Model_Blog $blog) {
  $this->view->assign('blog', $blog);
}
```

Nun wird in der `editAction` das `blog`-Objekt nicht mehr validiert. Daher wird auch ein nicht-valides `blog`-Objekt korrekt angezeigt.

> Wenn Extbase die Exception `Tx_Extbase_MVC_Exception_InfiniteLoop` wirft, so deutet dies auf eine fehlende `@dontvalidate`-Annotation hin.

Fluid fügt nun automatisch die CSS-Klasse `f3-form-error` zu allen fehlerhaften Feldern hinzu – diese können Sie also mittels CSS z.B. rot umrahmen. Außerdem gibt es einen `flashMessages`-ViewHelper, der die Fehlermeldungen bei der Validierung ausgibt.

Fallbeispiel: Ein Objekt erstellen

Im letzten Abschnitt haben Sie gesehen, wie Sie ein Blog-Objekt mit einem Formular bearbeiten können. Hier zeigen wir Ihnen, wie Sie ein neues Blog-Objekt mit einem Formular erstellen können. Auch beim Erstellen des Blog-Objekts sind zwei Actions beteiligt. Die `newAction` zeigt ein Formular zum Anlegen des Objekts an, und die `createAction` speichert das Objekt letztendlich.

Der einzige Unterschied zum Bearbeiten eines Objekts ist, dass die `newAction` nicht immer ein Argument übergeben bekommt: Beim ersten Anzeigen des Formulars ist logischerweise noch kein Objekt zur Anzeige vorhanden. Daher muss das Argument als optional markiert werden.

Hier sehen Sie also noch einmal alles, was wir benötigen. Zuerst der Controller-Code:

```
/**
 * This action shows the 'new' form for the blog.
 *
 * @param Tx_BlogExample_Domain_Model_Blog $newBlog The optional default values
 * @dontvalidate $newBlog
 */
public function newAction(Tx_BlogExample_Domain_Model_Blog $newBlog = NULL) {
  $this->view->assign('newBlog', $newBlog);
}

/**
 * This action creates the blog and stores it.
 *
 * @param Tx_BlogExample_Domain_Model_Blog $newBlog
 */
public function createAction(Tx_BlogExample_Domain_Model_Blog $newBlog) {
  $this->blogRepository->add($newBlog);
}
```

Das Fluid-Template für die `newAction` sieht (in Kurzform) so aus:

```
<f:flashMessages />
<f:form name="newBlog" object="{newBlog}" action="create">
  <f:form.textbox property="title" />
  <f:form.textbox property="description" />
  <f:form.submit />
</f:form>
```

Was haben wir also zusammenfassend gemacht? Es ist wieder wichtig, dass die `newAction` und die `createAction` die gleichen Argumentnamen haben. Dieser muss auch mit dem Namen des Formulars im Fluid-Template übereinstimmen (im Beispiel `newBlog`). Außerdem muss der Parameter für die `newAction` als optional markiert sein und mit `@dontvalidate` die Validierung desselben unterdrückt werden. Schlussendlich können Sie Validierungsfehler beim Speichern im Template mit dem `flashMessages`-ViewHelper ausgegeben.

In Abbildung 9-2 finden Sie eine Übersicht über das Verhalten von Extbase beim Anzeigen, Bearbeiten bzw. Neuanlegen von Domänenobjekten im Frontend.

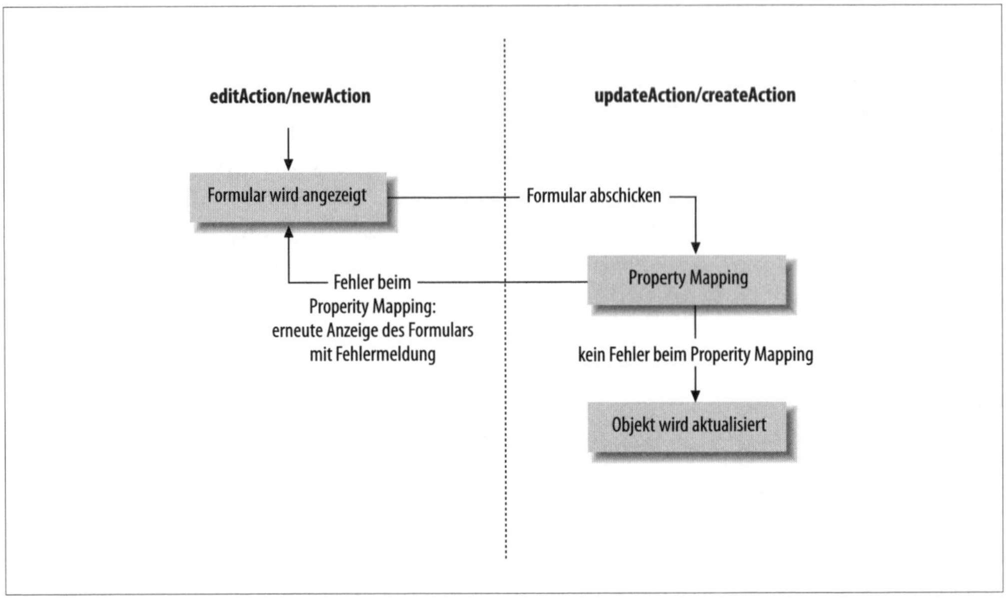

Abbildung 9-2: Ablauf der Formularanzeige und Speicherung. Wenn ein Validierungsfehler vorliegt, so wird das Formular erneut dargestellt.

Argument Mapping

In diesem Abschnitt wollen wir detailliert erklären, was bei einem Request passiert, bevor die entsprechende Action aufgerufen wird. Besonders interessant ist dieser Prozess beim Absenden von Formularen. Da das HTTP-Protokoll (und PHP) nur Arrays und Strings übertragen kann, wird beim Absenden eines Formulars ein großes Array mit Daten übertragen. In der Action erwarten wir oft Domänenobjekte als Eingabeparameter – d.h., irgendwie muss aus dem Array wieder ein Objekt werden. Dies macht Extbase während des sogenannten *Argument Mappings*. Es sorgt dafür, dass man als Nutzer von Extbase nicht mehr nur mit Arrays arbeitet, sondern dass man Objekte in Formularen verändern oder auch ganze Objekte als *Parameter* in Links übergeben kann.

Schauen wir uns all dies noch einmal am konkreten Beispiel an: Wir greifen dazu auf die Blog-Beispiel-Extension zurück und editieren ein Blog-Objekt, wie Sie es schon im letzten Abschnitt (»Fallbeispiel: Ein bestehendes Objekt bearbeiten«) kennengelernt haben. Wenn Sie ein Blog bearbeiten, so sehen Sie ein Formular, mit dem Sie die Eigenschaften des Blogs, in unserem Fall `title` und `description`, verändern können.

Das Formular in Fluid sieht so aus (gekürzt und aufs Wesentliche reduziert):

```
<f:form method="post" action="update" name="blog" object="{blog}">
  <f:form.textbox property="title" />
  <f:form.textbox property="description" />
</f:form>
```

Wenn das Formular abgeschickt wird, so werden die Daten in folgender Art und Weise an den Server gesendet:

```
tx_blogexample_pi1[blog][__identity] = 5
tx_blogexample_pi1[blog][title] = Mein Titel
tx_blogexample_pi1[blog][description] = Beschreibung
```

Erst einmal sind alle Daten mit einem Präfix versehen, das den Namen der Extension und des Plugins enthält (`tx_blogexample_pi1`). Dieser sorgt dafür, dass zwei Extensions sich nicht gegenseitig beeinflussen. Des Weiteren werden alle veränderten Eigenschaften des `blog`-Objekts in einem Array übermittelt, in unserem Fall `title` und `description`. Da wir ein Blog-Objekt ändern wollen, benötigen wir auch noch die Identität des Blog-Objekts. Daher fügt Fluid automatisch die `__identity`-Eigenschaft für das `blog`-Objekt hinzu und füllt diese mit der UID des Blogs.

Nun muss auf der Serverseite aus diesen Informationen wieder ein `Blog`-Objekt erstellt werden. Dies ist die Aufgabe des Property Mappers. Dessen Arbeitsweise ist in Abbildung 9-3 dargestellt.

Für jedes Argument muss zuerst entschieden werden, ob ein neues Objekt erstellt werden soll oder ob auf der Basis eines vorhandenen Objekts weitergearbeitet werden soll. Dies wird basierend auf der Identitätseigenschaft `__identity` entschieden. Wenn diese in den Eingabedaten nicht vorhanden ist, so wird ein neues Objekt erstellt. Andernfalls kennt das Framework nun die Objektidentität und kann mit dieser weiterarbeiten.

> Wenn Sie sich anschauen, was bei der `new`-Action des Blog-Beispiels an den Server übertragen wird, so werden Sie feststellen, dass keine Identitätseigenschaft übertragen wird – in diesem Fall wird also wie gewünscht ein neues Objekt erstellt.

Im Blog-Beispiel von oben ist die `__identity`-Eigenschaft vorhanden, daher wird das Objekt mit der entsprechenden UID aus dem Repository geholt und damit weitergearbeitet.

Falls nun keine Eigenschaften geändert werden sollen, wird das Objekt nun der Action als Argument übergeben. Es ist damit immer persistent, d.h., Änderungen an diesem Objekt werden automatisch gespeichert.

In unserem Falle wurde jedoch nicht nur die `__identity`-Eigenschaft gesendet, sondern auch ein neuer `title` und `description` für unser Blog. Aus Sicherheitsgründen wird nun eine *Kopie* des persistenten Objekts angelegt. Die Eigenschaften der Kopie werden dann

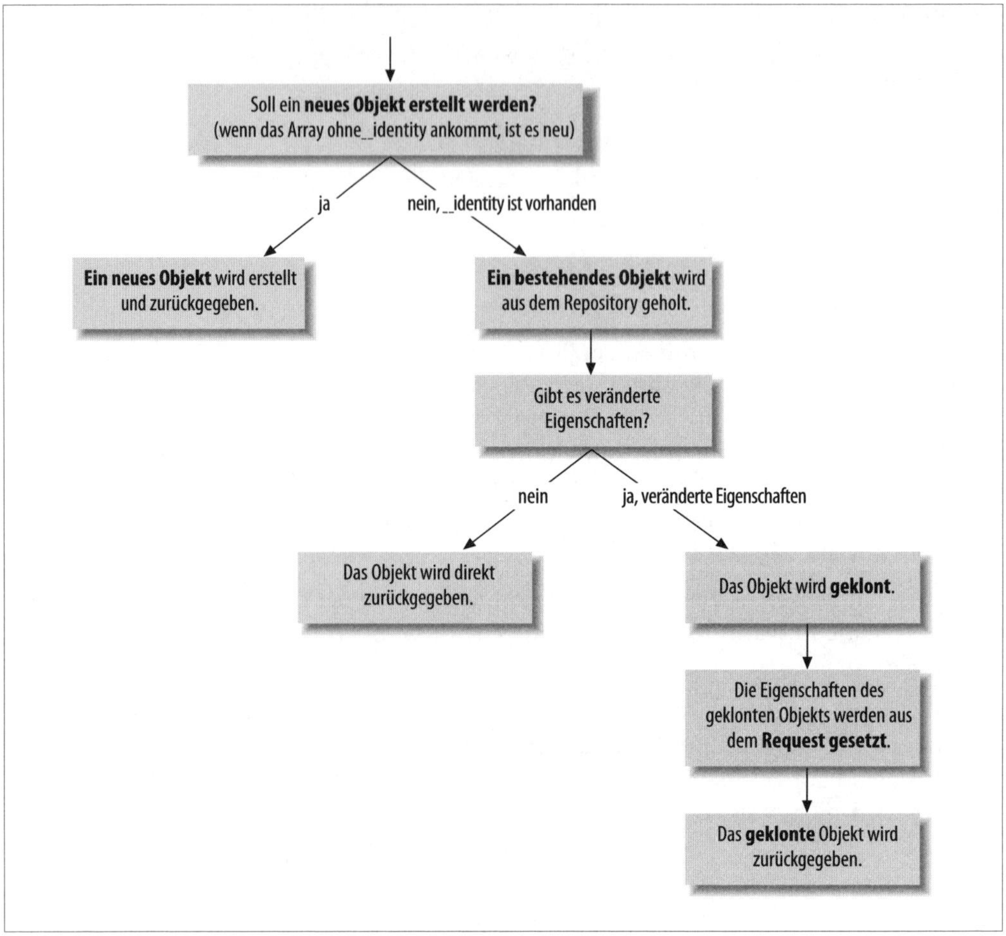

Abbildung 9-3: Der interne Kontrollfluss des Property Mappers

wie im Request angegeben verändert, in unserem Fall werden also `title` und `description` neu gesetzt. Die erzeugte Kopie ist jedoch ein transientes Objekt (siehe Abschnitt »Lebenszyklus von Objekten« in Kapitel 2), d.h., Änderungen an dem Objekt werden *nicht* automatisch persistiert. Die veränderte Kopie wird dann der Action als Argument übergeben.

Nun müssen wir noch explizit in unserem Controller-Code sagen, dass wir das bestehende persistente `Blog`-Objekt durch unser verändertes `Blog`-Objekt austauschen wollen. Dafür gibt es die Methode `update()` im Repository:

```
$this->blogRepository->update($blog);
```

Hiermit wird das veränderte Objekt wieder zum persistenten Objekt: Die Änderungen werden nun permanent gespeichert.

Kopien von Objekten

Weshalb wird eine Kopie des Objekts erzeugt, wenn es verändert wird? Nehmen wir einmal an, dass das persistente Objekt direkt verändert werden würde. In diesem Fall würde ein leerer Controller zur Aktualisierung von persistenten Objekten führen:

```
public function updateAction(Tx_BlogExample_Domain_Model_Blog $blog) {
  // Objekt würde automatisch persistiert
}
```

Dies ist zunächst einmal sehr intransparent und schwer zu verstehen. Darüber hinaus birgt dieses Vorgehen aber auch noch ein großes Sicherheitsrisiko: Würde das Original-Objekt verändert, wäre es nicht mehr möglich, die Persistierung der Änderungen zu unterbinden. Aus diesem Grund wird bei veränderten Objekten eine Kopie des Objekts zurückgegeben, damit der Entwickler der Extension explizit entscheiden kann, ob die Änderungen persistent gemacht werden sollen oder nicht.

Wir wollen nun noch auf eine Feinheit des Argument Mappings eingehen: Wenn ein Link auf eine Action generiert wird und dieser Link ein Objekt als Parameter enthält, so wird automatisch die Identität des Objekts übertragen. Bei folgendem Beispiel wird anstelle des `blog`-Objekts nur die UID desselben übermittelt:

```
<f:link.action action='show' arguments='{blog: blog}'>Show Blog</f:link.action>
```

Die hier generierte URL enthält die Identität des Blog-Objekts:`tx_blogexample_pi1[blog]=47`. Dies ist eine Kurzschreibweise für `tx_blogexample_pi1[blog][__identity]=47`. Daher holt der Property Mapper das Blog-Objekt mit der Identität 47 aus dem Repository und gibt es direkt zurück, ohne es vorher zu kopieren.

Nun kennen Sie das Argument Mapping im Detail und können es in eigenen Projekten zielgerichtet einsetzen.

Nachdem Sie gelernt haben, wie Sie beliebige Invarianten von Domänenobjekten sicherstellen können, soll nun der Fokus auf das sichere Programmieren der gesamten Extension gerichtet werden.

Sichere Extensions programmieren

Während auf die Funktionalität einer Extension oft hoher Wert gelegt wird, wird auf Sicherheitsaspekte des programmierten Codes deutlich seltener geachtet. In diesem Abschnitt wollen wir Ihnen sicherheitsrelevante Aspekte bewusst machen, auf die Sie bei der Extension-Programmierung achten sollten. Außerdem zeigen wir Ihnen einige von Extbase implementierte Konzepte, die die Sicherheit einer Extension erhöhen.

Ein Grundprinzip, das Sie beim Programmieren von Extensions nie außer Acht lassen sollten, ist, dass den Nutzereingaben nie vertraut werden sollte. Alle Eingabedaten, die Ihre Extension vom Nutzer erhält, können potenziell böswillig sein. Das gilt für alle Daten, die per GET und POST über ein Formular übermittelt werden. Aber auch Cookies sollten als potenziell gefährlich eingestuft werden, da sie vom Nutzer manipuliert werden können.

In der täglichen Programmierung sollten alle Daten, die vom Nutzer kommen, mit hoher Sorgfalt behandelt werden – prüfen Sie immer, ob das Format der Daten dem Format entspricht, das Sie erwarten. Beispielsweise sollten Sie für ein Feld, das eine E-Mail-Adresse enthalten soll, auch wirklich überprüfen, dass eine gültige E-Mail-Adresse eingegeben wird und kein anderweitiger Text. Hier ist das Validierungs-Framework von Extbase, das Sie im letzten Abschnitt kennengelernt haben, sehr hilfreich.

Besonders kritisch sind die Stellen, an denen direkt, d.h. mit der Abfragesprache SQL, mit der Datenbank kommuniziert wird. Daher zeigen wir im nächsten Abschnitt, was es dabei zu beachten gibt. Danach werden noch einige Konzepte vorgestellt, die Extbase und Fluid intern benutzen, um die Sicherheit einer Extension zu erhöhen. Wir erläutern, wie Anfragen, bei denen Daten verändert werden, durch Extbase abgesichert werden. Danach widmen wir uns dem Cross Site Scripting und erklären, wie Sie eigene Erweiterungen absichern können.

Eigene Datenbankabfragen erstellen

Obwohl Sie in der Mehrheit der Fälle die Query-Sprache von Extbase (siehe Abschnitt »Individuelle Abfragen implementieren« in Kapitel 6) zum Formulieren von Datenbankabfragen verwenden werden, gibt es auch eine Möglichkeit, direkt SQL-Queries zu formulieren. Dies ist beispielsweise besonders dann hilfreich, wenn Sie Performance-Optimierungen benötigen. Erstellen Sie eigene SQL-Abfragen immer in Repository-Klassen, um den potenziell unsicheren Code an einem definierten Ort zu haben.

Wenn Sie eigene SQL-Abfragen bauen, so müssen Sie die Eingabedaten immer in das von Ihnen gewünschte Format konvertieren, beispielsweise in eine Zahl durch die Verwendung von `intval()`.

> Weitere Hinweise zum sicheren Programmieren mit PHP finden Sie auch im PHP-Handbuch unter *http://php.net/security*.

Nun wollen wir einige Konzepte vorstellen, die Extbase und Fluid benutzen, um die Sicherheit einer Extension zu erhöhen. Wir erläutern zuerst, wie Anfragen, die Daten verändern, durch Extbase abgesichert werden. Danach erläutern wir Cross Site Scripting, damit Sie eigene Erweiterungen dahingehend absichern können.

Request Hashes (HMAC)

Wir haben im Abschnitt »Argument Mapping« weiter oben in diesem Kapitel das transparente Argument Mapping erläutert. Dabei werden alle Eigenschaften, die gesendet werden, transparent auf dem Objekt geändert. Dies birgt allerdings ein Sicherheitsrisiko, das wir an einem Beispiel erläutern werden: Nehmen wir einmal an, wir haben ein Formular, über das wir ein `User`-Objekt bearbeiten können. Dieses Objekt besitzt die Eigenschaften `username`, `email`, `password` und `description`. Wir wollen dem Nutzer ein Formular bereitstellen, in dem er alle Eigenschaften bis auf den Usernamen verändern kann (da der Username in unserem System nicht verändert werden soll).

Das Formular sieht (gekürzt) folgendermaßen aus:

```
<f:form name="user" object="{user}" action="update">
  <f:form.textbox property="email" />
  <f:form.textbox property="password" />
  <f:form.textbox property="description" />
</f:form>
```

Wenn das Formular abgesendet wird, so bekommt das Argument Mapping für das User-Objekt also folgendes Array:

```
array(
  __identity => ...
  email => ...
  password => ...
  description => ...
)
```

Da die `__identity`-Eigenschaft und weitere Eigenschaften gesetzt sind, wird der Argument Mapper das Objekt aus der Persistenzschicht holen, eine Kopie anfertigen und dann die zu verändernden Eigenschaften auf dem Objekt anpassen. Danach werden wir in der Regel die Methode `update($user)` auf dem entsprechenden Repository aufrufen, um die Änderungen persistent zu machen.

Was passiert nun aber, wenn ein Angreifer die Formulardaten manipuliert und ein weiteres Feld `username` an den Server überträgt? In diesem Fall würde das Argument Mapping auch die `$username`-Eigenschaft des geklonten Objekts verändern – obwohl wir eigentlich gesagt haben, dass diese Eigenschaft durch den Nutzer selbst nicht verändert werden darf.

Um dieses Problem zu umgehen, baut Fluid einen sogenannten *Request Hash*. Dies ist ein Prüf-Feld, das die Übertragung der Daten an den Server sichert. Der Request Hash besteht aus den Namen aller Formularfelder, die maximal an den Server übertragen werden dürfen. Außerdem werden diese Informationen mit dem TYPO3 Encryption Key signiert, so dass der Client den Request Hash nicht unerkannt manipulieren kann. Der Request Hash ist im Formular in einem versteckten Feld mit dem Namen `__hmac` gespeichert.

Somit können also nur die Formularfelder, die durch Fluid mit entsprechenden ViewHelpern generiert wurden, an den Server übertragen werden. Wenn ein Angreifer wie oben beschrieben auf der Clientseite versucht, ein weiteres Feld hinzuzufügen, wird dies durch den Request Hash erkannt und der Request mit einer Exception abgebrochen.

> Wenn Sie mit Extbase eine API schreiben wollen, über die man z.B. mit anderen Webservices Daten verändern kann, müssen Sie den Request Hash ausschalten, da Sie auf einem anderen Server ohne Kenntnis des privaten Schlüssels keinen gültigen Request Hash generieren können.
>
> Die Überprüfung des Request Hash kann mit der folgenden Annotation deaktiviert werden: `@dontverifyrequesthash`.

Generell sollte der Request Hash für Sie komplett transparent funktionieren, d.h., Sie müssen nicht im Detail wissen, wie dies genau funktioniert. Sie benötigen dieses Hintergrundwissen nur, wenn Sie z.B. über JavaScript oder Webservices Daten verändern wollen.

Cross Site Scripting vorbeugen

Fluid besitzt einige integrierte Techniken, um Webanwendungen standardmäßig sicherer zu machen. Einer der wichtigsten Bestandteile dafür ist eine automatische Vorbeugung gegen das Cross Site Scripting, das zu den am häufigsten auftretenden Angriffen auf Webanwendungen zählt. In diesem Abschnitt geben wir Ihnen eine Problembeschreibung und zeigen, wie Sie Cross Site Scripting (XSS) verhindern können.

Nehmen wir einmal an, Sie haben ein Forum programmiert. Ein »böser« User möchte sich Zugriff auf einen Admin-Account verschaffen. Dazu postet er im Forum folgende harmlos aussehende Nachicht, in der er versucht, JavaScript-Code einzubetten:

```
<script type="text/javascript">alert("XSS");</script>
```

Wenn er sich nun den Forums-Post anzeigen lässt, so erhält er, falls der Programmierer des Forums keine weiteren Vorkehrungen getroffen hat, ein JavaScript-Popup »XSS«. Der Angreifer weiß nun, dass jedes JavaScript, das er in einen Forums-Post schreibt, beim Betrachten dieses Posts ausgeführt wird – das Forum ist durch Cross Site Scripting verwundbar. Nun kann der Angreifer den Code durch ein komplexeres JavaScript-Programm austauschen, das z.B. die Cookies von Besuchern des Forums ausliest und diese an eine bestimmte URL sendet.

Falls ein Administrator diesen präparierte Forums-Post aufruft, wird somit seine Session-ID (die im Cookie gespeichert wird) an den Angreifer übermittelt. Indem der Angreifer diesen Cookie nun bei sich setzt, kann er im schlimmsten Fall Administratorprivilegien erhalten.

Wie ist dies nun zu verhindern? Der Forums-Post darf nicht unverändert ausgegeben werden – vorher müssen alle Sonderzeichendurch einen Aufruf von `htmlspecialchars()` maskiert werden. Damit wird anstatt `<script>...</script>` das sichere Ergebnis an den Browser ausgeliefert: `<script>...</script>`. Somit wird der Inhalt des Script-Tags nicht mehr als JavaScript ausgeführt, sondern nur noch angezeigt.

Leider gibt es dabei ein Problem: Vergisst man an *einer einzigen* Stelle das saubere Maskieren der Daten, so existiert oft schon eine XSS-Lücke im System.

In Fluid wird die daher Ausgabe eines *jeden* ObjectAccessors, der im Template vorkommt, automatisch durch `htmlspecialchars()` verarbeitet. Fluid wendet `htmlspecialchars()` jedoch nur auf Templates mit der Endung *.html* an, d.h., wenn das Ausgabeformat auf HTML eingestellt ist. Wenn Sie andere Ausgabeformate verwenden, ist er deaktiviert, und Sie müssen ggf. selbst für das korrekte Maskieren von Sonderzeichen sorgen. Ebenfalls deaktiviert ist er bei ObjectAccessors, die in Argumenten von ViewHelpern verwendet werden. Hierzu ein kurzes Beispiel:

```
{variable1}
<f:format.crop append="{variable2}">a very long text</f:format.crop>
```

Der Inhalt von `{variable1}` wird durch `htmlspecialchars()` geschickt, wogegen der Inhalt von `{variable2}` nicht verändert wird. Der ViewHelper muss die unveränderten Daten erhalten, da wir nicht vorhersehen können, was er mit diesen Daten macht. Aus diesem Grund müssen ViewHelper, die Parameter direkt ausgeben, diese auch korrekt maskieren.

Zusammenfassung

In diesem Kapitel haben wir Aufgaben betrachtet, die mehrere Schichten der MVC-Architektur berühren. Zuerst haben Sie gesehen, wie Sie Extensions mehrsprachig auslegen können, indem statische Texte aus den Templates, aber auch landesspezifische Formate wie Datum oder Urzeit angepasst werden. Außerdem wurde gezeigt, dass auch das Domänenmodell selbst übersetzt werden kann. Danach wurde das Prüfen von Invarianten im Modell gezeigt, inklusive der Darstellung der Fehlermeldungen im Template und der Möglichkeit, dass Fehleingaben durch den Nutzer korrigiert werden können. Abschließend wurden noch Konzepte vorgestellt, die die Sicherheit der Extension betreffen. Besonders wichtig ist dabei, dass Sie verstanden haben, was Request Hashes sind und wie Sie dem Cross Site Scripting vorbeugen.

Nun haben Sie im Verlauf des Buches Extbase und Fluid intensiv kennengelernt. Wir sollten jedoch nicht aus den Augen lassen, dass diese Technologien auch Brücken zu FLOW3 und TYPO3 Version 5 sind. Im folgenden Kapitel erhalten Sie noch einmal einen Ausblick auf FLOW3 und die weitere Entwicklung.

KAPITEL 10

Ausblick

Auch wenn Extbase und Fluid sehr mächtige Werkzeuge sind, schreitet die Entwicklung natürlich trotzdem voran. In diesem Kapitel wollen wir Ihnen einen Ausblick auf die aktuellen Entwicklungen geben. Im ersten Abschnitt stellen wir den neuen Kickstarter für Extbase-Extensions vor, mit dem das initiale Einrichten der Extension stark beschleunigt werden kann. Im zweiten Abschnitt wird gezeigt, wie Sie mit Extbase nicht nur Frontend-Plugins, sondern auch Backend-Module schreiben können. Dabei können Sie das bisher gesammelte Wissen über Extbase und Fluid direkt anwenden. Abgeschlossen wird das Kapitel mit einem Ausblick auf FLOW3, da Extbase schließlich eine Brückentechnologie hin zu FLOW3 ist.

Eine Extension mit dem Kickstarter anlegen

Wie Sie in Kapitel 5 und Kapitel 6 gesehen haben, muss beim Anlegen einer Extension relativ viel wiederkehrender Code geschrieben werden. Für jede Eigenschaft des Domänenmodells sind in der Regel Getter- und Setter-Methoden, aber auch der entsprechende Eintrag in der TCA-Definition von TYPO3 und in der SQL-Tabellendefinition nötig. Solche Dinge per Hand einzurichten kann sehr mühselig werden. Daher wird mit dem Extbase Kickstarter eine TYPO3-Extension entwickelt, die diesen Aufwand deutlich reduziert. Mit dem Kickstarter können Sie das Modell Ihrer Extension über eine grafische Nutzeroberfläche erstellen, und dann werden automatisch die korrekten Domänenmodelle, TCA-Definitionen und SQL-Dateien angelegt.

Der Kickstarter befindet sich momentan in der Weiterentwicklung, daher sollen die im Folgenden gezeigten Screenshots nur eine grobe Vorstellung vom Kickstarter vermitteln.

Den Extbase Kickstarter finden Sie im TYPO3 Extension Repository unter dem Extension Key *extbase_kickstarter*. Wenn Sie an der aktuellen Entwicklungsversion interessiert sind, empfiehlt es sich, die Version aus dem Subversion-Repository unter *https://svn.typo3.org/TYPO3v4/Extensions/extbase_kickstarter* zu installieren. Wenn Sie in dieser Version Fehler oder Verbesserungsvorschläge finden, können Sie diese auf *forge.typo3.org* an das Entwicklerteam melden.

Konzept

Die Modellierung des Domänenmodells einer Extension ist die Kernfunktionalität des Extbase Kickstarters. In einer grafischen Oberfläche werden neue Domänenobjekte erstellt, mit Eigenschaften und Methoden versehen, und es werden Relationen zwischen den Domänenobjekten angelegt.

Während dieser Phase der Entwicklung liegt der Fokus auf der Funktionalität des Domänenmodells, und die Controller- und View-Schicht der Extension wird tendenziell ignoriert. Oft wäre es jedoch trotzdem wünschenswert, die Modelle schon in diesem Stadium in Aktion zu sehen, und beispielsweise eine Listen- und Editieransicht zu nutzen. Der Kickstarter setzt an dieser Stelle an und nimmt Ihnen viel Arbeit ab: Er bietet das sogenannte *dynamische Scaffolding*, bei dem Controller-Actions und Fluid-Templates zum Anzeigen, Anlegen und Bearbeiten automatisch aus dem Domänenmodell generiert werden. Diese Funktionalität ist standardmäßig für alle als Aggregate Root markierten Objekte aktiviert und ermöglicht das einfache Ausprobieren des Modells, da sich jede Änderung am Domänenmodell sofort in der Darstellung widerspiegelt.

Später, wenn das Modell der Extension fertig gereift ist, treten die Formatierung der Ausgabe und die Veränderung des Kontrollflusses in den Vordergrund – der Programmierer konzentriert sich nun auf die Controller- und View-Schichten der Extension. Da nun die Templates angepasst werden sollten, sollte das dynamische *Scaffolding* in ein *statisches Scaffolding* umgewandelt werden. Dies sorgt dafür, dass die Templates nun auf die Festplatte geschrieben werden und als Basis für eine manuelle Anpassung dienen können.

Beispiel-Modellierung

Wir wollen am Beispiel einer kleinen News-Extension die Nutzung des Kickstarters demonstrieren. Zunächst erstellen wir ein Domänenobjekt `News`, das die Eigenschaften `title`, `author` und `text` hat. Da wir zusätzlich noch eine Kommentierungsfunktion für News erstellen wollen, benötigt das Domänenobjekt noch eine Liste von `Comment`-Objekten, in der die Kommentare gespeichert werden.

Wählen Sie nun im TYPO3-Backend das Modul *Extbase Kickstarter* aus. Um eine neue Extension anzulegen, wählen Sie das Submodul *Domain Modeller* aus. Dann erscheint eine grafische Oberfläche (wie in Abbildung 10-1), mit der die Domänenobjekte modelliert werden können.

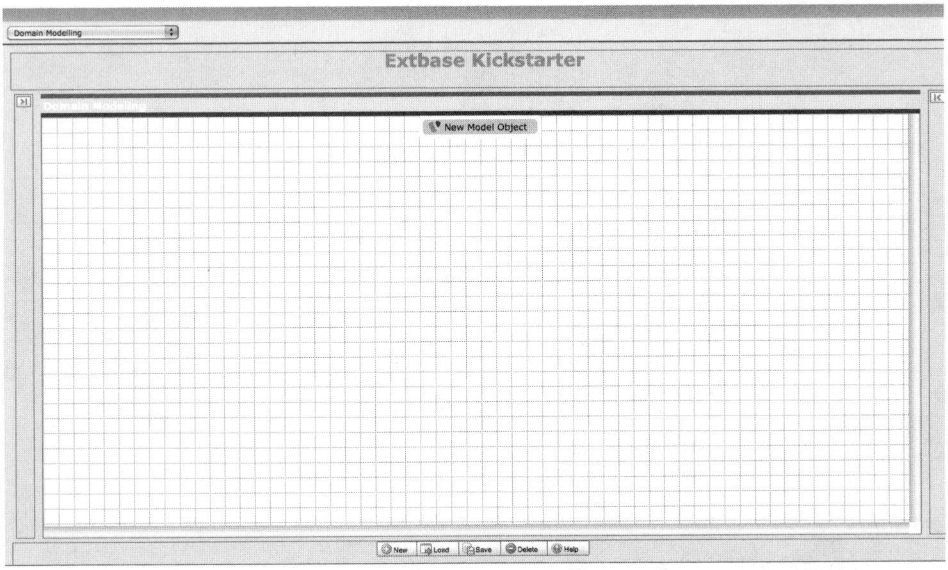

Abbildung 10-1: Der Domain Modeller besteht aus einer großen Arbeitsfläche und einklappbaren Tabs auf der linken und rechten Seite, in die Metadaten eingetragen werden können.

Um ein neues Domänenobjekt zu erstellen, klicken Sie auf die Box mit dem Titel *New Model Object*, und ziehen diese auf die gewünschte Position auf der Arbeitsfläche. Nun können Sie den Namen des Modell-Objekts eingeben, in unserem Fall `News`. Außerdem benötigen wir ein Repository für dieses Domänenobjekt und müssen es daher als *Aggregate Root* definieren. Dies ist unter den Einstellungen für *Domain Object Settings* möglich. Nun können unterhalb des Eintrags *Properties* alle gewünschten Eigenschaften für das Domänenobjekt angegeben werden (siehe Abbildung 10-2).

Nun müssen wir noch das Domänenobjekt `Comment` modellieren und mit dem gerade erstellten `News`-Objekt verbinden. Dazu erstellen wir wie gerade beschrieben ein zweites Objekt mit dem Namen `Comment` und einer Eigenschaft für den Kommentar-Text. Um die Verbindung zwischen dem `News`- und dem `Comment`-Objekt herzustellen, muss eine neue Relation zum `News`-Objekt hinzugefügt werden. Wir nehmen `comments` als Name der Relation und stellen bei *type* ein, dass es sich über eine `0..*`-Relation mit Foreign Key handelt. Nun können wir die beiden Objekte verbinden, indem wir eine Verbindungslinie von *Related Object* bis zum `Comment`-Objekt ziehen. Nun sieht der Bildschirm wie in Abbildung 10-3 aus.

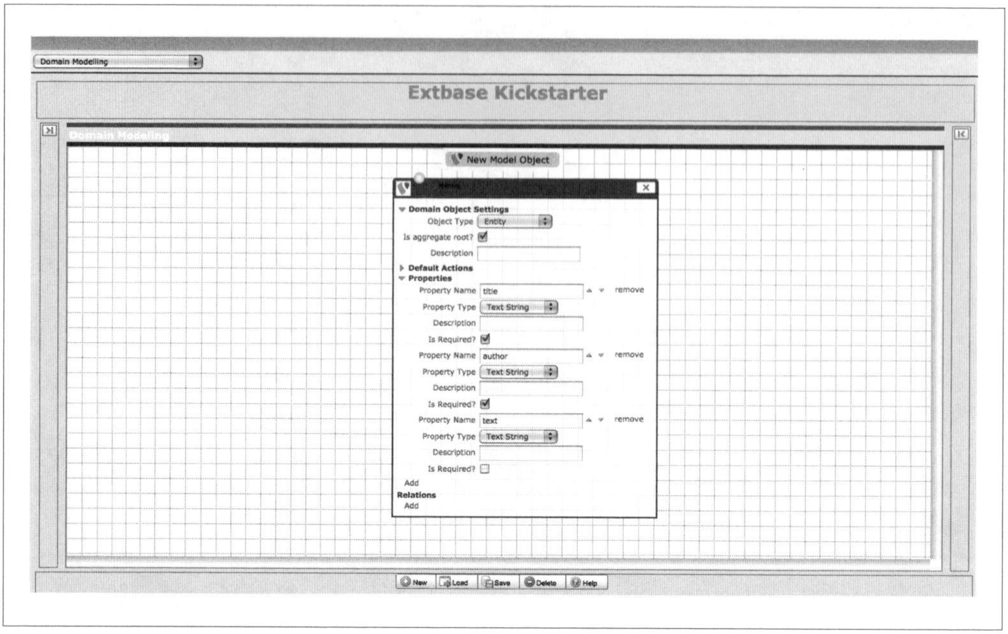

Abbildung 10-2: Das Domänenobjekt `News` *hat die Eigenschaften* `title`, `author` *und* `text` *und ist als Aggregate Root markiert.*

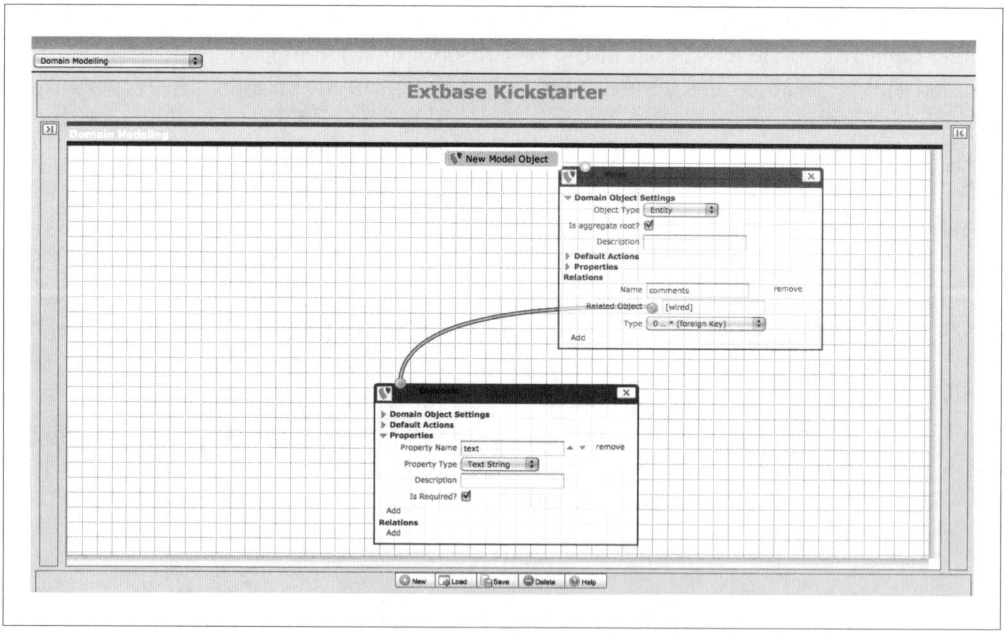

Abbildung 10-3: Nun wurde die Relation zwischen dem `News`- *und dem* `Comment`-*Objekt modelliert.*

Jetzt müssen noch einige Metadaten für die Extension, wie Titel und Extension Key, gesetzt werden. Dazu öffnen wir den Tab auf der linken Seite der Arbeitsfläche und geben die benötigten Informationen ein. Mit einem Klick auf *Save* wird nun die Extension gespeichert und alle Dateien generiert.

Die Extension kann jetzt im Extension Manager installiert werden, und auf einer Seite im TYPO3-Frontend eingebunden werden. Wenn Sie diese Seite aufrufen, sehen Sie, dass automatisch eine Listen-, Einzel- und Editieransicht zum Bearbeiten der News-Einträge generiert wurde – dies ist das dynamische Scaffolding. Um dieses in explizite Templates umzuwandeln, können Sie das Untermodul *Convert Dynamic to Static Scaffolding* verwenden.

Nun haben Sie eine einfache Extension mit dem Kickstarter realisiert und können diese weiter anpassen.

Der Extbase Kickstarter befindet sich – wie anfangs gesagt – noch sehr stark in der Entwicklungsphase. Momentan gibt es Pläne des Entwicklungsteams, eine standardisierte Beschreibungssprache für die entstehenden Modelle zu verwenden. Außerdem will das Team um den Kickstarter versuchen, Funktionalitäten zum Bearbeiten bestehender Extensions zu implementieren.

Backend-Module

Bisher haben wir nur erläutert, wie Frontend-Plugins als Extbase-Extensions implementiert werden können. Es ist jedoch grundsätzlich auch möglich, Backend-Module mit Extbase umzusetzen. Da die Implementierung allerdings noch nicht so gut getestet ist wie die für Frontend-Plugins, wollen wir dies hier nur kurz anreißen.

Grundsätzlich funktioniert alles genau wie im Frontend (siehe Kapitel 4, Abschnitt »Das Plugin konfigurieren«): Die Funktionalität wird ganz normal im Controller und in Actions implementiert, und jetzt muss noch definiert werden, welche Gruppe von Actions zusammen die Darstellung im Backend realisiert – das heißt, das Backend-Modul muss noch *registriert* werden. Dies erfolgt in der Datei *ext_tables.php* im Wurzelverzeichnis unserer Extension. Schauen wir uns am Blog-Beispiel an, wie dieses ein Backend-Modul definiert:

```
❶ if (TYPO3_MODE === 'BE') {
❷    Tx_Extbase_Utility_Extension::registerModule(
❸       $_EXTKEY,
❹       'web',          // Hauptbereich
❺       'mod1',         // Name des Moduls
❻       '',             // Position des Moduls
❼       array(          // zulässige Controller-Action-Kombinationen
❽          'Blog' => 'index,show,new,create,delete,deleteAll,edit,update,populate',
           'Post' => 'index,show,new,create,delete,edit,update',
❾          'Comment' => 'create,delete,deleteAll',
❿       ),
⓫       array(          // zusätzliche Konfiguration
```

```
12         'access' => 'user,group',
13         'icon'   => 'EXT:blog_example/ext_icon.gif',
14         'labels' => 'LLL:EXT:' . $_EXTKEY.'/Resources/Private/Language/
                 locallang_mod.xml',
15         )
16     );
17 }
```

In Zeile 2 wird mit der API-Funktion `Tx_Extbase_Utility_Extension::registerModule()` das Backend-Modul registriert. Diese Funktion benötigt den Namen des Hauptbereichs, in dem das Modul später zu finden sein soll, in unserem Fall das `web`-Modul (Zeile 4). Außerdem muss auch dieses Modul einen Namen bekommen, sodass verschiedene Module der gleichen Extension unterschieden werden können (Zeile 5). In Zeile 6 könnten Sie die gewünschte Position des Moduls näher beschreiben, aber dies wurde hier nicht gemacht. Die Zeilen 7 bis 11 definieren nun die Liste aller Controller/Action-Kombinationen, die für dieses Modul verfügbar sein sollen, wie Sie dies auch schon aus der Definition für Frontend-Plugins kennen. In Zeile 12 bis 16 werden noch allgemeine Einstellungen zu den Zugriffsrechten, dem Icon und dem Titel des Moduls vorgenommen.

> Bei der Registrierung von Frontend-Plugins muss auch noch angegeben werden, welche Actions nicht im Cache gespeichert werden dürfen. Dies ist bei Backend-Modulen nicht nötig, da hier kein Caching der Ausgabe erfolgt.

Nun ist das Backend-Modul fertig eingerichtet, und nach dem Installieren der Extension können Sie es ausprobieren. Sie werden vielleicht feststellen, dass die Darstellung noch nicht im Look-and-Feel des TYPO3-Backends erfolgt. Um die Erstellung von angepassten Backend-Modulen zu vereinfachen, gibt es zur Anpassung der Darstellung einige Backend-ViewHelper, die Sie unter `f:be.*` finden. Da diese ViewHelper noch recht stark erweitert werden, werden sie nicht im Rahmen des Buches dokumentiert und erklärt. Stattdessen empfehlen wir, einen Blick in die Templates des jeweils aktuellen Blog-Beispiels zu werfen. Dort finden Sie die empfohlenen ViewHelper im Einsatz.

Manchmal ist es sinnvoll, die Extension im Frontend und im Backend unterschiedlich zu konfigurieren. So ist dies beim Blog-Beispiel notwendig, um verschiedene Templates im Frontend und Backend verwenden zu können.

Backend-Module lassen sich, genau wie die Frontend-Plugins, über TypoScript konfigurieren. Während Sie jedoch die Frontend-Plugins unter `plugin.tx_`*`[pluginkey]`* konfigurieren, verwenden Sie für die Konfiguration im Backend `module.tx_`*`[pluginkey]`*. Im Blog-Beispiel wird auf diese Weise die Konfiguration der Templates verändert:

```
module.tx_blogexample {
   settings < plugin.tx_blogexample.settings
   persistence < plugin.tx_blogexample.persistence
   view < plugin.tx_blogexample.view
```

```
    view {
        templateRootPath = EXT:blog_example/Resources/Private/Backend/Templates/
        partialRootPath = EXT:blog_example/Resources/Private/Partials/
        layoutRootPath = EXT:blog_example/Resources/Private/Backend/Layouts/
    }
}
```

Hier werden alle Einstellungen in `settings` und `persistence` aus der Konfiguration des Frontend-Plugins kopiert, und es werden nur für den `view` neue Pfade gesetzt.

Nun haben Sie einen guten Überblick, wie Sie Extbase auch zur Programmierung von Backend-Modulen einsetzen können.

Migration auf FLOW3 und TYPO3 v5

Extbase und FLOW3 haben viele Gemeinsamkeiten, da Extbase letztendlich eine Portierung einiger FLOW3-Konzepte auf TYPO3 v4 ist. Schon die Strukturierung einer Extension ist weitgehend der Paketstruktur von FLOW3-Paketen nachempfunden (siehe Anhang A). Aber auch der grundlegende Ansatz des Domain-Driven Design und dessen Unterstützung durch Extbase ist genauso wie in FLOW3 gelöst. Auch das Entwurfsmuster *Model-View-Controller* ist in beiden Plattformen sehr ähnlich implementiert. Da so viele Konzepte von FLOW3 in Extbase zu finden sind, sehen darauf aufbauende Extensions auch fast wie FLOW3-Pakete aus, und nutzen weitestgehend dieselben Interfaces. Dies ist ein großer Vorteil auch für die Migration von Daten und Extension-Code.

Auch wenn aus der Entwicklerperspektive viele Konzepte sehr ähnlich sind, gibt es bei der internen Implementierung besonders in der Persistenzschicht große Unterschiede. Da TYPO3 v4 auf Basis eines relationalen Datenbankschemas implementiert ist, muss Extbase dazu kompatibel sein. In FLOW3 hingegen wird die interne Datenspeicherung komplett vom Programmierer getrennt.

Extbase implementiert nicht alle Kernkonzepte von FLOW3. Vor allem Dependency Injection und aspektorientierte Programmierung sind in FLOW3, nicht aber in Extbase zu finden. Daher stellt sich die Frage, wie einfach eine Migration einer auf Extbase basierenden Extension auf FLOW3 durchführbar ist.

Da Extensions, die auf Extbase aufbauen, weitgehend die gleiche API wie FLOW3-Pakete verwenden, ist eine Migration des Quellcodes recht einfach. Hierfür soll ein Wizard bereitgestellt werden, der beispielsweise aus den in Extbase verwendeten Klassennamen deren FLOW3-Äquivalent mit Namespaces macht. Voraussichtlich wird die Konvertierung zweigeteilt sein: Zuerst wird der Wizard viele Teile des Codes automatisch umwandeln, und danach den Extension-Quellcode auf Stellen prüfen, die für die Nutzung in FLOW3 umgeschrieben werden müssen. Hierzu könnten beispielsweise eigene Repositories zählen, wenn dort per Hand SQL-Anfragen erstellt wurden.

Nicht nur der Quellcode der Extension ist wichtig – auch die Daten, die im Laufe der Nutzung entstanden sind. Auch diese werden größtenteils automatisch konvertiert werden können, da sie durch das Domänenmodell repräsentiert sind, das bei Extbase und FLOW3 dann (bis auf kleinere syntaktische Unterschiede) gleichaussieht.

Extbase ist eine Brückentechnologie – wir hoffen, dass Sie durch dieses Buch keine Scheu mehr haben, sie zum Lösen Ihrer Probleme einzusetzen. Da Sie Extbase jetzt näher kennengelernt haben, wird Ihnen der Umstieg auf FLOW3 nun keine Probleme mehr bereiten: Sie sind bereits 70 % des Weges gegangen.

Wir freuen uns natürlich immer über Kommentare, Anregungen und Unterstützung. Sie finden uns in der Newsgroup *typo3.projects.typo3v4mvc auf lists.typo3.org* – wir freuen uns auf Ihr Feedback!

ANHANG A

Coding Guidelines

Extbase und Fluid folgen (wie auch FLOW3) dem Prinzip *Convention over Configuration*. Dies heißt, dass viele Vorgänge automatisch ablaufen, wenn man sich an gewisse Namenskonventionen für Klassen, Dateien und Methodennamen hält. Außerdem sorgt dieses Prinzip automatisch für einen einheitlichen und sauberen Code-Stil. Es ermöglicht Extension-Autoren, sich auch in unbekannten Extensions (die auf Extbase basieren) gut zurechtzufinden und diese zu verstehen.

Wir legen bei Extbase, Fluid und FLOW3 sehr großen Wert auf die intuitive und logische Benennung von Klassen, Methoden und Variablen. Unser Ziel ist es, den Quellcode dadurch so gut lesbar wie möglich zu machen, denn die Bezeichner spiegeln bereits wider, was der Code tut. Es kommt sogar vor, dass wir einen Bezeichner während der Entwicklung mehrfach ändern, damit er für möglichst viele Programmierer intuitiv ist.

Sie werden merken, dass dies einen großen Unterschied zum bisherigen TYPO3 v4 ausmacht (wo die Namen oft abgekürzt und uneindeutig sind), dass es das Arbeiten deutlich vereinfacht und die Verständlichkeit des Codes erhöht.

Generell werden Klassen in `UpperCamelCase` und Methoden und Variablen in `lowerCamelCase` geschrieben. Underscores (_) werden nur bei Klassennamen zur Trennung des Namensraums verwendet, bei Methoden und Variablen werden sie generell nicht verwendet. Außerdem soll der Name ausführlich und sinngebend sein; Abkürzungen sind zu vermeiden.

Ordnerstruktur

Jede auf Extbase aufbauende Extension besitzt eine Reihe von Ordnern im Hauptverzeichnis der Extension:

Classes

In diesem Verzeichnis befindet sich der gesamte Quellcode für die Extension. Hier dürfen nur PHP-Dateien liegen, die jeweils genau eine Klasse bzw. ein Interface enthalten. Alle Klassen bzw. Interfaces in diesem Verzeichnis werden automatisch durch den Autoload-Mechanismus geladen.

Configuration

Hier befindet sich die Konfiguration für die Extension, d.h. standardmäßig die FlexForm-Konfiguration, die TCA-Definitionen und die TypoScript-Dateien. Sie können weitere Unterverzeichnisse anlegen, falls dies nötig ist.

Documentation

Enthalt die Extension-Dokumentation. Die Unterordner sind nach folgendem Schema aufgebaut: `[Name des Dokuments]/[Format]/[Sprache]/`. Dementsprechend liegt das Handbuch der Extension in der Regel entweder im Ordner *Manual/DocBook/en* oder unter *Manual/OpenOffice/en/manual.sxw.*

Resources

Enthält statische Resourcen für die Extension. Dies sind alle Dateien, die keine PHP-Klassen sind, aber zur Ausführung der Extension benötigt werden. Dies kann Code von Libraries sein, Template-Dateien, Grafiken, CSS-Files usw.

Es wird zwischen öffentlichen (*Public/*) und privaten (*Private/*) Ressourcen unterschieden. Im Ordner *Private/* befindet sich eine *.htaccess*-Datei, die den direkten Zugriff auf die nicht-öffentlichen Dateien sperrt.

Resources/Private

Beinhaltet nicht-öffentliche Ressourcen für diese Extension.

Resources/Public

Beinhaltet öffentliche Ressourcen für diese Extension. Extension-Autoren können innerhalb von *Public/* und *Private/* ihre eigenen Verzeichnisse nach Belieben anlegen, wir empfehlen jedoch die folgende Struktur:

Resources/Public/Media

Beinhaltet Mediendateien wir Bilder, CSS, Flash-Filme oder Videos, die direkt an den Client geliefert werden.

Resources/Private/Templates

Beinhaltet die Standard Template-Dateien für diese Extension (siehe dazu Kapitel 8).

Resources/Private/PHP

Enthält PHP-Code, der sich nicht an die Namenskonventionen halt, wie externe PHP-Libraries, prozeduraler Code etc. Muss über `require_once` per Hand geladen werden. Weitere Verzeichnisse können, je nachdem wie es nötig ist, hinzugefügt werden.

Tests

Beinhaltet Unit-Tests für die Extension. Sollte denselben Namenskonventionen wie der *Classes/*-Ordner folgen. Alle Testklassen sollten auf `Test` enden.

ext_emconf.php
: Beinhaltet die Extension Manager-Konfiguration von TYPO3. Enthält Metadaten wie den Namen, die Beschreibung und den Autor der Extension.

ext_icon.gif
: Das Icon der Extension im Extension Manager. Es sollte 18 x 16 Pixel groß sein.

ext_localconf.php
: Hier erfolgt die Konfiguration der verschiedenen Frontend-Plugins, die die Extension anbietet (siehe dazu auch »Konfiguration von Frontend-Plugins« in Anhang B).

ext_tables.php
: In dieser Datei erfolgen die TCA-Konfiguration sowie die Konfiguration des Backends. Mehr dazu erfahren Sie im Abschnitt »Konfiguration von Frontend-Plugins« in Anhang B.

ex_tables.sql
: Eine SQL-Datei, die alle Datenbank-Tabellen-Definitionen enthalt.

Datei- und Klassennamen

Klassennamen in Extbase bestehen immer aus den folgenden Bestandteilen:

1. dem Präfix `Tx_`
2. dem Namen der Extension in `UpperCamelCase`-Schreibweise: Wenn die Extension den Key `blog_example` besitzt, so ist dieser Teil des Klassennamens `BlogExample`.
3. dem Pfad innerhalb des *Classes/*-Ordners zu der PHP-Datei, in der die Klasse definiert ist, wobei / durch _ ersetzt werden.

Tabelle A-1 zeigt einige Beispiele für die Benennung von Datei- und Klassennamen.

Tabelle A-1: Beispiele für Klassennamen

Klassenname	Extension Key	Verzeichnis
Tx_Extbase_Dispatcher	extbase	extbase/Classes/Dispatcher.php
Tx_Extbase_MVC_Controller_ActionController	extbase	extbase/Classes/MVC/Controller/ActionController.php
Tx_BlogExample_Domain_Model_Post	blog_example	blog_example/Classes/Domain/Model/Post.php

Interfaces enden im Klassennamen immer auf `Interface`, zum Beispiel `Tx_Extbase_MVC_RequestInterface`. Bei abstrakten Klassen beginnt der letzte Teil des Klassennamens immer mit `Abstract`, zum Beispiel `Tx_Extbase_MVC_Controller_AbstractController`.

ANHANG B

Referenz für Extbase

In diesem Anhang können Sie nachschlagen, wie Extbase mit der TYPO3-Installation interagiert. Dies umfasst das Registrieren von Plugins und die Konfiguration von Extbase-Extensions.

> Unter *http://typo3.org/go/extbasereferencesheet/* finden Sie ein nützliches Cheat Sheet zu Extbase und Fluid.

Konfiguration von Frontend-Plugins

Bei klassischen TYPO3-Extensions ist die Frontend-Funktionalität in mehrere Frontend-Plugins aufgeteilt. Diese haben jeweils eine separate Codebasis.

Im Gegensatz dazu gibt es in Extbase nur eine Codebasis (eine Reihe von Controllern und Actions). Trotzdem sollte es möglich sein, bestimmte Gruppen von Controllern und Actions aufrufbar zu machen, um in einer Extbase-basierten Extension mehrere Frontend-Plugins zu ermöglichen.

Zur Definition eines Plugins müssen die Dateien *ext_localconf.php* und *ext_tables.php* angepasst werden.

In der Datei *ext_localconf.php* erfolgt die Definition der erlaubten Controller-Action-Kombinationen. Außerdem wird hier festgelegt, welche Actions nicht im Cache zwischengespeichert werden dürfen. In der Datei *ext_tables.php* wird nur der Plugin-Selektor im Backend konfiguriert. Schauen wir uns im Folgenden die beiden Dateien einmal an. Zuerst folgt *ext_localconf.php*:

```
❶ Tx_Extbase_Utility_Extension::configurePlugin(
❷     $_EXTKEY,
```

```
❸      $pluginName
❹      $controllerActionCombinations,
❺      $uncachedActions
  );
```

Neben dem Extension Key und einem eindeutigen Namen des Plugins (Zeile ❷ und ❸) müssen die erlaubten Controller/Action-Kombinationen festgelegt werden. `$controllerActionCombinations` ist ein assoziatives Array. Die Keys dieses Arrays sind die erlaubten Controller, und die Werte sind eine kommaseparierte Liste der erlaubten Actions pro Controller. Die erste Action des ersten Controllers ist die Standard-Action.

Außerdem muss angegeben werden, welche Actions nicht im TYPO3-Cache zwischengespeichert werden dürfen. Dazu muss als vierter Parameter eine Liste von Controller/Action-Kombinationen im selben Format wie oben angegeben werden, die nicht gecacht werden dürfen.

Kommen wir nun zur Datei *ext_tables.php*:

```
Tx_Extbase_Utility_Extension::registerPlugin(
   $_EXTKEY,
   $pluginName,
   $backendTitle
);
```

Der Extension Key sowie `$pluginName` müssen vollständig identisch mit der Definition in *ext_localconf.php* sein. Unter `$backendTitle` wird der Titel angegeben, der im Plugin-Selektor im Backend angezeigt wird.

Im Folgenden finden Sie ein vollständiges Konfigurationsbeispiel für die Registrierung eines Frontend-Plugins in den Dateien *ext_localconf.php* und *ext_tables.php*.

Beispiel B-1: Konfiguration einer Extension in der Datei ext_localconf.php

```
Tx_Extbase_Utility_Extension::configurePlugin(
    $_EXTKEY,
    'Pi1',
    array(
        'Blog' => 'index,show,new,create,delete,deleteAll,edit,update,populate',
        'Post' => 'index,show,new,create,delete,edit,update',
        'Comment' => 'create',
    ),
    array(
        'Blog' => 'delete,deleteAll,edit,update,populate',
        'Post' => 'show,delete,edit,update',
        'Comment' => 'create',
    )
);
```

Beispiel B-2: Konfiguration einer Extension in der Datei ext_tables.php

```
Tx_Extbase_Utility_Extension::registerPlugin(
    $_EXTKEY,
    'Pi1',
    'A Blog Example'
);
```

Der Plugin-Name ist `Pi1`. Wichtig ist, dass dieser in *ext_localconf.php* und in *ext_tables.php* genau gleich ist. Die Standard-Action ist die Action `index` des Controllers `Blog`, da dieser als Erstes im Array definiert ist und als erste Action die Action `index` besitzt. Alle Actions, die Daten ändern, dürfen nicht als cachebar registriert sein. Oben ist dies beispielsweise die `delete`-Action im `Blog`-Controller. Im Backend wird nun in der Frontend-Plugin-Liste *A Blog Example* angezeigt (siehe Abbildung B-1).

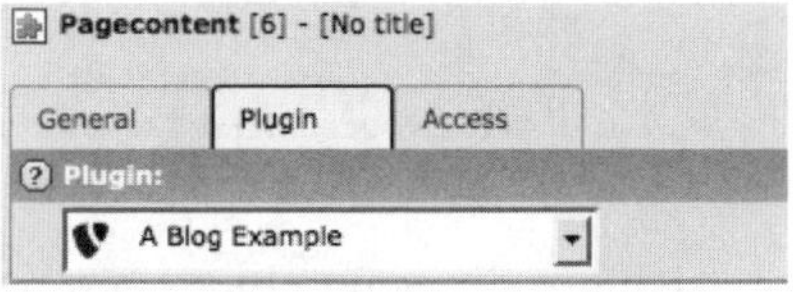

Abbildung B-1: Im Auswahlfeld für Frontend-Plugins wird der Name angezeigt, der in der Datei ext_tables.php definiert wurde.

Wieso zwei Dateien?

Sie mögen sich fragen, warum man zur Definition eines Plugins sowohl *ext_localconf.php* als auch *ext_tables.php* anpassen muss. Dies ist der Architektur von TYPO3 v4 geschuldet: *ext_localconf.php* wird im Frontend ausgewertet und *ext_tables.php* im Backend. Daher muss in *ext_tables.php* (für das Backend) der Eintrag zur Plugin-Liste hinzugefügt werden. Außerdem wird die Liste der Controller/Action-Kombinationen zur Laufzeit des Plugins (im Frontend) benötigt – und daher muss dies in der Datei *ext_localconf.php* definiert sein.

Außerdem löscht Extbase den TYPO3-Cache bei Update-Vorgangen automatisch. Diesen Vorgang nenn man *Automatisches Cache-Clearing*. Diese Funktionalität ist standardmäßig aktiviert. Wenn ein Domänenobjekt eingefügt, verändert oder gelöscht wird, so wird der Cache der entsprechenden Seite, in der das Objekt liegt, automatisch mitgelöscht. Außerdem wird die Page-TSConfig-Einstellung `TCEMAIN.clearCacheCmd` dieser Seite ausgewertet. In Abbildung B-2 finden Sie ein Beispiel, das im Folgenden erläutert wird:

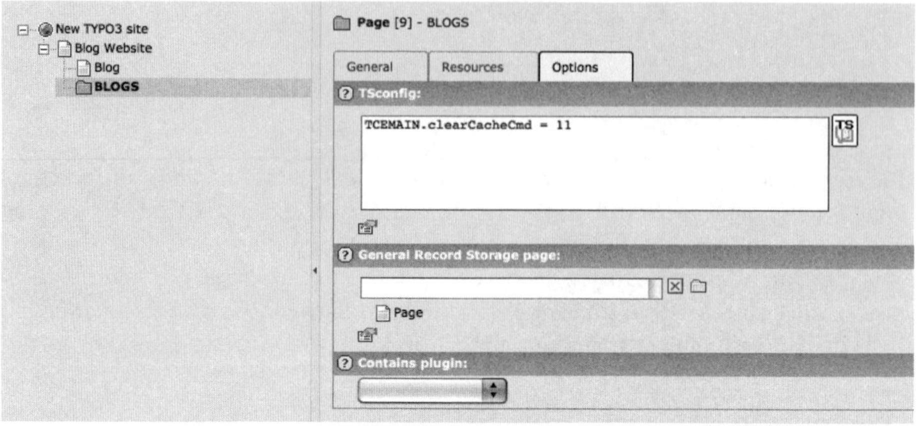

Abbildung B-2: Für den Sysfolder, in dem die Daten gespeichert wurden, wurde durch »TCEMAIN. clearCacheCmd« definiert, dass der Cache der Seite »Blog« auch geleert werden soll.

Das Frontend-Plugin befindet sich auf der Seite »Blog« mit der ID 11. Als Storage Folder für alle Blogs und Posts ist der SysFolder *BLOGS* konfiguriert.

Wenn nun ein Eintrag geändert wird, so wird der Cache des SysFolders »BLOGS« geleert und zusätzlich dessen Page-TSConfig-Einstellung `TCEMAIN.clearCacheCmd` ausgewertet. Diese enthält eine kommaseparierte Liste von Page-IDs, von denen der Cache geleert werden soll. In diesem Fall wird also bei der Aktualisierung eines Datensatzes im Sysfolder *BLOGS* (also z.B. Blogs, Posts, Comments) automatisch der Cache der Seite *Blog* (mit ID 11) gelöscht, sodass die Änderungen sofort sichtbar sind.

Auch wenn der Benutzer falsche Daten in ein Formular eingibt (und dieses damit erneut angezeigt wird), wird der Cache der aktuellen Seite gelöscht, um eine erneute Darstellung des Formulars zu erzwingen.

Das automatische Cache Clearing ist standardmäßig aktiviert und kann mithilfe der TypoScript-Konfiguration deaktiviert werden (siehe dazu den folgenden Abschnitt).

TypoScript-Konfiguration

Jede Extbase-basierte Extension hat einige Einstellungen, die mithilfe von TypoScript vorgenommen werden. Viele dieser Einstellungen beeinflussen Aspekte der internen Konfiguration von Extbase und Fluid. Außerdem gibt es einen Bereich `settings`, in dem Extension-spezifische Einstellungen gesetzt werden können, die Ihnen in den Controllern und Templates Ihrer Extension zur Verfügung stehen.

plugin.tx_[*lowercasedextensionname*]

Die TypoScript-Konfiguration der Extension liegt immer unterhalb von diesem TypoScript-Pfad. Der »lower cased extension name« ist der Extension Key ohne Underscore (_), wie zum Beispiel in `blogexample`. Die Konfiguration ist in folgende Abschnitte unterteilt:

`persistence`
: Hier befinden sich Einstellungen, um die Persistenzschicht von Extbase zu konfigurieren.

`persistence.classes`
: Nehmen Sie hier Einstellungen vor, die einzelne Klassen betreffen. Dazu gehört insbesondere die Abbildung von Klassen- und Eigenschaftsnamen auf Tabellen- bzw. Feldnamen (das sogenannte *Mapping*).

`persistence.classes.`*`Tx_MyExt_Domain_Model_Foo`*`.mapping.columns`
: Hier können Sie von der Namenskonvention abweichende Feldnamen in der Form *`field_name`*`.mapOnProperty = `*`propertyName`* angeben. Dies ist insbesondere zur Einrichtung der *Single Table Inheritance* nötig (siehe dazu den Abschnitt »Fremde Datenquellen nutzen« und »Klassenhierarchien abbilden« in Kapitel 6).

`persistence.classes.`*`Tx_MyExt_Domain_Model_Foo`*`.mapping.recordType`
: Hier können Sie eine Zeichenkette angeben, die – falls vorhanden – im Typ-Feld der Tabelle gespeichert werden soll. Dies ist insbesondere zur Einrichtung der *Single Table Inheritance* nötig (siehe »Fremde Datenquellen nutzen« und »Klassenhierarchien abbilden« in Kapitel 6).

`persistence.classes.`*`Tx_MyExt_Domain_Model_Foo`*`.mapping.tableName`
: Hier können Sie einen von der Namenskonvention abweichenden Tabellennamen angeben. Dies ist insbesondere zur Einrichtung der *Single Table Inheritance* nötig (siehe »Fremde Datenquellen nutzen« und »Klassenhierarchien abbilden« in Kapitel 6).

`persistence.classes.`*`Tx_MyExt_Domain_Model_Foo`*`.newRecordStoragePid`
: Page-ID, auf der neue Records der angegebenen Klasse gespeichert werden sollen.

`persistence.classes.`*`Tx_MyExt_Domain_Model_Foo`*`.subclasses`
: Geben Sie hier alle Subklassen der gegebenen Klasse in der Form `ClassName = ClassName` an (siehe »Klassenhierarchien abbilden« in Kapitel 6).

`persistence.enableAutomaticCacheClearing`
: Aktiviert das automatische Cache Clearing beim Verändern von Datensätzen (siehe dazu auch den Abschnitt »Konfiguration von Frontend-Plugins« weiter oben in diesem Kapitel). Ist standardmäßig aktiviert.

`persistence.storagePid`
: Page-ID-Liste, von der alle Datensätze gelesen werden (siehe dazu den Abschnitt »Die Repositories anlegen« in Kapitel 6).

`settings`

Hier befinden sich alle domänenspezifischen Extension-Einstellungen. Diese Einstellungen sind als Array im Controller unter `$this->settings` verfugbar und in jedem Fluid-Template unter `{settings}`.

`view`

View- und Template-Einstellungen

`view.layoutRootPath`

Hier kann für diese Extension der Root-Pfad für die Fluid-Layouts angegeben werden. Falls nichts angegeben wurde, wird *ExtensionPfad/Resources/Private/Layouts* verwendet. Es wird erwartet, dass hier alle Layouts liegen, die für diese Extension nötig sind.

`view.partialRootPath`

Hier kann für diese Extension der Root-Pfad für die Fluid-Partials angegeben werden. Falls nichts angegeben wurde, wird *ExtensionPfad/Resources/Private/Partials* verwendet. Es wird erwartet, dass hier alle Partials liegen, die für diese Extension nötig sind.

`view.templateRootPath`

Hier kann für diese Extension der Root-Pfad für die Fluid-Templates angegeben werden. Falls nichts angegeben wurde, wird *ExtensionPfad/Resources/Private/Templates* verwendet. Es wird erwartet, dass hier alle Templates liegen, die für diese Extension nötig sind.

Es gibt keinen Fallback auf die Dateien, die in der Extension mitgeliefert wurden! Daher müssen Sie, bevor Sie diese TypoScript-Einstellung setzen, alle Templates aus der Extension zu dem gewünschten Pfad kopieren.

`_LOCAL_LANG`

Unter diesem Key können lokalisierte Strings verändert werden.

Wenn z.B. `plugin.tx_blogexample._LOCAL_LANG.default.read_more = Mehr >>` angegeben ist, so wird die Standardübersetzung für den Key `read_more` durch den String `Mehr >>` überschrieben.

Model View Controller einsetzen

Das MVC-Framework ist das Herz von Extbase. Im Folgenden werden wir Ihnen die Klassenhierarchie für die Controller sowie die API des ActionControllers vorstellen.

Klassenhierarchie

Im Regelfall werden Sie Ihre Controller vom ActionController erben lassen. Falls Sie speziellere Anforderungen haben, die sich nicht mit dem ActionController realisieren lassen, sollten Sie sich die unten stehenden Controller anschauen.

`Tx_Extbase_MVC_Controller_ControllerInterface`
: Basis-Interface, das alle Controller implementieren müssen.

`Tx_Extbase_MVC_Controller_AbstractController`
: Abstrakter Controller mit Basisfunktionalität.

`Tx_Extbase_MVC_Controller_ActionController`
: Der am häufigsten eingesetzte Controller in Extbase. Eine Übersicht über seine API finden Sie im folgenden Abschnitt.

ActionController-API

Der ActionController ist in der Regel die Basisklasse für eigene Controller. Im Folgenden sehen Sie die wichtigsten Eigenschaften des ActionControllers:

`$actionMethodName`
: Name der ausgeführten Action.

`$argumentsMappingResults`
: Resultate des Argument-Mappings. Wird oft speziell in der `errorAction` benötigt.

`$defaultViewObjectName`
: Name des Standard-Views, falls kein Fluid-View oder ein Action-spezifischer View gefunden wurde.

`$errorMethodName`
: Name der Action, die ausgeführt wird, wenn die Generierung der Argumente von Actions fehlschlägt. Standard: `errorAction`. In der Regel ist es nicht sinnvoll, dies zu ändern.

`$request`
: Request-Objekt vom Typ `Tx_Extbase_MVC_RequestInterface`.

`$response`
: Response-Objekt vom Typ `Tx_Extbase_MVC_ResponseInterface`.

`$settings`
: Domänenspezifische Extension-Einstellungen aus TypoScript (als Array).

`$view`
: Verwendeter View (vom Typ `Tx_Extbase_MVC_View_ViewInterface`).

`$viewObjectNamePattern`
: Wenn für die aktuelle Action kein Fluid-Template gefunden wurde, so wird versucht, eine PHP-View-Klasse für die Action zu finden. Das Namensschema der PHP-View-Klasse kann hier verändert werden. Standardmäßig sind Namen nach dem Schema *`Tx_@extension_View_@controller_@action_@format`* aufgebaut. Dabei werden alle mit

einem @-Zeichen versehenen Strings durch die entsprechenden Werte ersetzt. Falls keine View-Klasse mit diesem Namen gefunden wird, wird *@format* aus dem Pattern entfernt und erneut versucht, eine View-Klasse dieses Namens zu finden.

Nun folgen die wichtigsten API-Methoden des ActionControllers:

`[actionName]Action()`
: Definiert eine Action.

`errorAction()`
: Standard-Error-Action. Muss nur in sehr seltenen Fällen angepasst werden. Der Name dieser Methode wird durch durch die Eigenschaft `$errorMethodName` konfiguriert.

`forward($actionName, $controllerName = NULL, $extensionName = NULL, array $arguments = NULL)`
: Bewirkt eine sofortige interne Weiterleitung des Requests zu einem anderen Controller.

`initializeAction()`
: Initialisierungsmethode für alle Actions. Kann verwendet werden, um z.B. Argumente zu registrieren.

`initialize[ActionName]Action()`
: Action-spezifische Initialisierungsmethode. Kann verwendet werden, um z.B. Argumente zu registrieren.

`initializeView(Tx_Extbase_MVC_ViewInterface $view)`
: Initialisierungsmethode, um den übergebenen View zu konfigurieren und zu initialisieren.

`redirect($actionName, $controllerName = NULL, $extensionName = NULL, array $arguments = NULL, $pageUid = NULL, $delay = 0, $statusCode = 303)`
: Externer HTTP-Redirect zu einem anderen Controller (sofort)

`redirectToURI($uri, $delay = 0, $statusCode = 303)`
: Umleitung zu voller URI (sofort)

`resolveView()`
: Durch Überschreiben dieser Methode können Sie ein komplett eigenes View-Objekt bauen und konfigurieren. Diese Methode soll am Ende das fertige View-Objekt zurückgeben. In der Regel ist es jedoch ausreichend, `resolveViewObjectName()` zu überschreiben.

`resolveViewObjectName()`
: Löst den Namen des View-Objekts auf, falls kein passendes Fluid-Template gefunden wurde.

`throwStatus($statusCode, $statusMessage = NULL, $content = NULL)`
: Den angegebenen HTTP-Status-Code sofort senden.

Actions

Alle öffentlichen Methoden, die auf `Action` enden (beispielsweise `indexAction` oder `showAction`), sind automatisch als Actions des Controllers registriert.

Viele dieser Actions besitzen Parameter. Diese werden direkt als Annotations im Doc-Comment-Block der Methode angegeben, wie in Beispiel B-3 ersichtlich:

Beispiel B-3: Actions mit Parametern

```
/**
 * Displays a form for creating a new blog
 *
 * @param Tx_BlogExample_Domain_Model_Blog $newBlog A fresh blog object which should be taken
        as a basis for the form if it is set.
 * @return string An HTML form for creating a new blog
 * @dontvalidate $newBlog
 */
public function newAction(Tx_BlogExample_Domain_Model_Blog $newBlog = NULL) {
  $this->view->assign('newBlog', $newBlog);
);
```

Wichtig ist die Angabe des vollen Typs in der `@param`-Annotation, da dieser zum Validieren des Objekts verwendet wird. Beachten Sie, dass nicht nur einfache Datentypen wie String, Integer oder Float validiert werden, sondern auch komplexe Objekttypen (siehe dazu auch Abschnitt »Domänenobjekte validieren« in Kapitel 9).

Außerdem muss bei Actions, die Formulare zum Bearbeiten oder Anlegen von Domänenobjekten anzeigen, die Validierung der Domänenobjekte explizit ausgeschaltet werden – dafür ist die `@dontvalidate`-Annotation nötig.

Default-Werte können, wie bei PHP gewohnt, einfach in der Methodensignatur angegeben werden. Im obigen Fall wird der Default-Wert des Parameters `$newblog` auf NULL gesetzt. Falls eine Action wie oben nichts oder NULL zurückgibt, so wird automatisch `$this->view->render()` aufgerufen und damit der View gerendert.

Initialisierungscode definieren

Manchmal ist es notwendig, Programmcode vor dem Aufruf einer Action auszuführen. Das ist zum Beispiel dann der Fall, wenn komplexe Argumente registriert oder benötigte Klassen instanziiert werden müssen.

Es gibt eine generische Initialisierungsmethode namens `initializeAction()`, die nach dem Registrieren der Argumente, aber vor dem Aufruf der entsprechenden Action-Methode ausgeführt wird. Danach wird, falls sie existiert, eine Methode namens `initialize`*`ActionName`*`()` aufgerufen, in der Action-spezifische Initialisierungen vorgenommen werden können (z.B. `initializeShowAction()`). Erst dann wird die Action selbst aufgerufen.

Validierungsfehler abfangen mit errorAction

Falls ein Argumentvalidierungsfehler eingetreten ist, wird die Methode `errorAction()` aufgerufen. In dieser steht unter `$this->argumentsMappingResults` eine Liste der aufgetretenen Warnungen und Fehler des Argument-Mappings zur Verfügung. Die Standard-`errorAction` verweist zurück auf das letzte Formular, falls der Referrer mitgeschickt wurde.

Anwendungsdomäne der Extension

Die Domäne der Extension liegt immer unterhalb von *Classes/Domain*. Dieser Ordner ist folgendermaßen strukturiert:

Model/
: Enthält das Domänenmodell selbst.

Repository/
: Enthält Repositories zum Zugriff auf das Domänenmodell.

Validator/
: Enthält spezifische Validatoren für das Domänenmodell.

Domänenmodell

Alle Klassen des Domänenmodells müssen von einer der folgenden beiden Klassen abgeleitet sein:

`Tx_Extbase_DomainModel_AbstractEntity`
: Wird genutzt, falls das Objekt eine Entität ist, d.h. eine Identität besitzt.

`Tx_Extbase_DomainModel_AbstractValueObject`
: Wird genutzt, falls das Objekt ein ValueObject ist, d.h., falls dessen Identität durch alle seine Eigenschaften bestimmt ist. ValueObjects sind unveränderlich.

Repositories

Alle Repositories erben von `Tx_Extbase_Persistence_Repository`. Ein Repository ist immer für genau einen Typ von Domänenobjekten zuständig. Wichtig ist die Benennung des Repositories: Wenn das Domänenobjekt zum Beispiel `Blog` heißt (also ausgeschrieben `Tx_BlogExample_Domain_Model_Blog`), so muss das dazugehörige Repository `BlogRepository` (also `Tx_BlogExample_Domain_Repository_BlogRepository`) heißen.

Jedes Repository stellt folgende öffentliche Methoden bereit:

`add($object)`
: Fügt ein neues Objekt hinzu.

`findAll()` und `countAll()`
: Gibt alle Domänenobjekte dieses Typs bzw. deren Anzahl zurück.

`findByUid($uid)`
: Gibt das Domänenobjekt mit dieser UID zurück.

`findBy`*`Property`*`($propertyValue)` und countBy*`Property`*`($propertyValue)`
: Magische Finder-Methode. Findet bzw. zählt alle Objekte, die für die Eigenschaft `property` den Wert `$propertyValue` besitzen und gibt diese in einem Array bzw. die Anzahl als Integer-Wert zurück.

findOneBy*`Property`*`($propertyValue)`
: Magische Finder-Methode. Findet das erste Objekt, das für die Eigenschaft `property` den Wert `$propertyValue` besitzt.

`remove($object)` und `removeAll()`
: Löscht ein Objekt bzw. alle Objekte des Repositories.

`replace($existingObject, $newObject)`
: Ersetzt ein Objekt des Repositories durch ein anderes.

`update($object)`
: Aktualisiert das gespeicherte Objekt.

Ein Repository kann durch eigene Finder-Methoden erweitert werden. Innerhalb dieser Methoden kann auf das `Query`-Objet zurückgegriffen werden, um eine Anfrage zu formulieren, wie in folgendem kurzen Beispiel:

```
public function findWithCategory(Tx_MyExt_Domain_Model_Category $region) {
   $query = $this->createQuery();
   $query->matching($query->contains('categories', $category));
   return $query->execute();
}
```

Erzeugen Sie ein `Query`-Objekt innerhalb des Repository durch `$this->createQuery()`. Übergeben Sie dem `Query`-Objekt durch `$query->matching($constraint)` die einschränkende Bedingung (*Constraint*). Folgende Vergleichsoperationen zur Erzeugung einer einzelnen Bedingung stehen Ihnen zur Verfügung:

`$query->equals($propertyName, $operand, $caseSensitive);`
: Einfacher Vergleich zwischen dem Wert der durch `$propertyName` angegebenen Eigenschaft und dem Operanden. Bei Zeichenketten kann zusätzlich angegeben werden, ob der Vergleich zwischen Groß- und Kleinschreibung unterscheiden soll (`boolean $caseSensitve`).

`$query->in($propertyName, $operand);`
: Prüft, ob der Wert der durch `$propertyName` angegebenen Eigenschaft in einer Menge von Werten (`$operand`) vorhanden ist.

`$query->contains($propertyName, $operand);`
: Prüft, ob in der durch `$propertyName` angegebenen mehrwertigen Eigenschaft ein Element (`$operand`) vorhanden ist.

`$query->like($propertyName, $operand);`
: Vergleich zwischen dem Wert der durch `$propertyName` angegebenen Eigenschaft und einer Zeichenkette `$operand`. In dieser Zeichenkette wird das %-Zeichen als Platzhalter interpretiert (ähnlich dem *-Zeichen bei Suchmaschinen; angelehnt an die SQL-Syntax).

`$query->lessThan($propertyName, $operand);`
: Prüft, ob der Wert der durch `$propertyName` angegebenen Eigenschaft *kleiner* als der Operand ist.

`$query->lessThanOrEqual($propertyName, $operand);`
: Prüft, ob der Wert der durch `$propertyName` angegebenen Eigenschaft *kleiner oder gleich* dem Operand ist.

`$query->greaterThan($propertyName, $operand);`
: Prüft, ob der Wert der durch `$propertyName` angegebenen Eigenschaft *größer* als der Operand ist.

`$query->greaterThanOrEqual($propertyName, $operand);`
: Prüft, ob der Wert der durch `$propertyName` angegebenen Eigenschaft *größer oder gleich* dem Operand ist.

Seit Extbase 1.1 können Sie als `$propertyName` nicht nur einen einfachen Eigenschaftsnamen, sondern auch einen »Eigenschaftspfad« übergeben. Beispiel: `$query->equals('categories.title', 'Werkzeug')` sucht nach Objekten, die einer Kategorie mit dem Titel »Werkzeug« zugeordnet sind. Verknüpfen Sie gegebenenfalls mehrere Bedingungen durch boolesche Operationen.

`$query->logicalAnd($constraint1, $constraint2);`
: Verknüpft zwei Bedingungen durch ein logisches *Und* und gibt die daraus resultierende Bedingung zurück. Seit Extbase 1.1 ist auch ein Array von Bedingungen als Parameter erlaubt.

`$query->logicalOr($constraint1, $constraint2);`
: Verknüpft zwei Bedingungen durch ein logisches *Oder* und gibt die daraus resultierende Bedingung zurück. Seit Extbase 1.1 ist auch ein Array von Bedingungen als Parameter erlaubt.

`$query->logicalNot($constraint);`
: Gibt eine Bedingung zurück, die das Ergebnis der übergebenen Bedingung ins Gegenteil verkehrt (logisches *Nicht*).

Im Abschnitt »Individuelle Abfragen implementieren« in Kapitel 6 finden Sie hierzu ein umfangreiches Beispiel.

Validatoren

Sie können für Domänenmodelle eigene Validatoren schreiben. Diese müssen im Unterordner *Domain/Validator/* liegen, müssen genauso benannt sein wie das entsprechende Domänenmodell, das Suffix `Validator` haben und das Interface `Tx_Extbase_Validation_Validator_ValidatorInterface` implementieren. Weitere Details finden Sie im folgenden Abschnitt.

Validierung

Extbase stellt ein generisches Validierungssystem zur Verfügung, das an vielen Stellen in Extbase und Fluid zum Einsatz kommt. Extbase liefert Validatoren für die gebräuchlichsten Datentypen mit, aber es können auch eigene Validatoren geschrieben werden. Jeder Validator implementiert das `Tx_Extbase_Validation_Validator_ValidatorInterface`, das folgende Methoden definiert:

`getErrors()`
: Gibt alle Fehlermeldungen der letzten Validierung zurück.

`isValid(`*`$value`*`)`
: Prüft, ob das Objekt, das dem Validator übergeben wurde, gültig ist. Falls ja, wird `true` zurückgegeben, ansonsten `false`.

`setOptions(array $validationOptions)`
: Setzt spezifische Validationsoptionen für den Validator. Diese Optionen gelten für alle weiteren Aufrufe der Methode `isValid()`.

Validatoren können in eigenem Code über die Methode `createValidator($validatorName, $validatorOptions)` des `Tx_Extbase_Validation_ValidatorResolver` abgerufen werden. In der Regel ist dies jedoch nicht nötig. Validatoren werden oft im Zusammenspiel mit Domänenobjekten und Controller-Actions genutzt.

Eigenschaften des Domänenmodells validieren

Einfache Validierungsregeln können Sie im Domänenmodell per Annotation definieren. Hierzu gibt es die `@validate`-Annotation, die an Eigenschaften des Domänenobjekts annotiert werden kann. Hierzu ein kurzes Beispiel:

Beispiel B-4: Validierung im Domänenobjekt

```
class Tx_BlogExample_Domain_Model_Blog extends Tx_Extbase_DomainObject_AbstractEntity {

  /**
   * The blog's title.
   *
   * @var string
```

Beispiel B-4: Validierung im Domänenobjekt (Fortsetzung)

```
    * @validate Text, StringLength(minimum = 1, maximum = 80)
    */
   protected $title;
   // the class continues here
};
```

In diesem Code-Abschnitt werden die Validatoren für das `$title`-Attribut des Blog-Objekts definiert. `$title` muss ein Text sein (d.h., er darf z.B. keinen HTML-Code enthalten), und außerdem wird die Länge des Strings mit dem `StringLength`-Validator überprüft (diese muss zwischen 1 und 80 Zeichen liegen).

Mehrere Validatoren für eine Eigenschaft können mit Komma getrennt werden. Parameter der Validatoren geben Sie in Klammern an. Anführungszeichen für Validatoroptionen können Sie, wenn sie wie im obigen Beispiel überflüssig sind, einfach weglassen.

Falls komplexe Validierungsregeln nötig sind (die z.B. mehrere Felder auf Gleichheit überprüfen sollen), müssen Sie einen eigenen Validator implementieren.

Controllerargumente validieren

Jedes Controllerargument wird nach folgenden Regeln validiert: Falls das Argument einen simplen Typ hat (String, Integer etc.), wird dieser Typ überprüft. Falls das Argument ein Domänenobjekt ist, werden die `@validate`-Annotations des Domänenobjekts sowie gegebenenfalls der im Ordner *Domain/Validator/* vorhandene Validator für das Domänenobjekt ausgeführt. Falls es eine `@dontvalidate`-Annotation für das Argument gibt, so findet keine Validierung statt. Zusätzliche Validierungsregeln können über weitere `@validate`-Annotations im PHPDoc-Block der Methode angegeben werden. Dafür gibt es die Syntax `@validate` *`$variableName Validator1`*, *`Validator2`*, `...` Die Syntax ist also fast wie bei Validatoren im Domänenmodell, es muss nur der Variablenname explizit angegeben werden.

Falls die Argumente einer Action nicht validiert werden können, so wird die `errorAction` ausgeführt, die dann in der Regel zum letzten Screen zurückkehrt.

Wichtig ist, dass in bestimmten Fällen keine Validierung durchgeführt wird. Nähere Hinweise zur Verwendung der `@dontvalidate`-Annotation finden Sie im Abschnitt »Fallbeispiel: Ein bestehendes Objekt bearbeiten« in Kapitel 9.

Lokalisierung

Mehrsprachige Websites sind inzwischen weit verbreitet, was bedeutet, dass die Web-Texte in lokalisierter Form vorliegen müssen. Hierfür bietet Extbase eine Hilfsklasse unter `Tx_Extbase_Utility_Localization`, mit der Begriffe übersetzt werden können. Außerdem gibt es in Fluid den ViewHelper `translate`, mit dessen Hilfe diese Funktionalität auch in Templates verwendet werden kann.

Die Lokalisierungsklasse besitzt nur eine öffentliche, statische Methode namens `translate`, die die gesamte Übersetzung erledigt. Die Methode kann folgendermaßen aufgerufen werden:

```
Tx_Extbase_Utility_Localization::translate($key, $extensionName, $arguments=NULL)
```

$key
: Der zu übersetzende Identifier. Falls dieser im Format `LLL:`*`path`*`:`*`key`* ist, so wird dieser Identifier verwendet und der Parameter `extensionName` ignoriert. Andernfalls wird die Locallang-Datei *Resources/Private/Language/locallang.xml* der Extension geladen und daraus der entsprechende Text zurückgegeben, der für `key` in der momentan aktiven Sprache hinterlegt ist.

$extensionName
: Der Name der Extension. Er kann aus dem Request geholt werden.

$arguments
: Ermöglicht die Angabe eines Arrays von Argumenten, das an `vsprintf` übergeben wird. Hiermit können Platzhalter in lokalisierten Strings mit Werten gefüllt werden.

In Fluid gibt es den `translate`-ViewHelper, der nach denselben Regeln funktioniert. Ein Fallbeispiel zur Lokalisierung finden Sie in Kapitel 9.

ANHANG C

Referenz für Fluid

Im Folgenden finden Sie die Referenz von Fluid. Den größten Teil des Kapitels nimmt die Referenz der ViewHelper in Anspruch, die mit Fluid mitgeliefert werden. Danach werden wichtige APIs zum Schreiben von eigenen ViewHelpern erläutert. Zu guter Letzt finden Sie in diesem Kapitel einen Abschnitt, in dem die Syntax für boolesche Ausdrücke zusammengefasst wird.

> Unter *http://typo3.org/go/extbasereferencesheet/* finden Sie ein nützliches Cheat Sheet zu Extbase und Fluid.

ViewHelper-Referenz

Fluid wäre ohne seine mitgelieferten ViewHelper nicht sehr nützlich. In diesem Abschnitt finden Sie die vollständige Referenz zur Nutzung aller mit Fluid mitgelieferten ViewHelper.

Konventionen

Falls bei den Argumenten der Hinweis *TagBasedViewHelper* steht, so besitzt dieser View-Helper folgende Argumente:

`accesskey = "`*`String`*`"`
: Optional. Legt das Tastaturkürzel fest, mit dem dieses Element angesprungen werden kann.

`additionalAttributes = "`*`Array`*`"`
: Optional. Assoziatives Array von zusätzlichen Tag-Attributen. Diese werden direkt zum resultierenden HTML-Tag hinzugefügt. Hiermit ist es möglich, weitere Eigenschaften, Event-Handler etc. zu dem Tag hinzuzufügen.

`class = "String"`
: Optional. Beinhaltet die CSS-Klassen für dieses Element.

`dir = "String"`
: Optional. Legt die Textrichtung für dieses HTML-Element fest. Mögliche Werte: `ltr` (left to right) und `rtl` (right to left)

`id = "String"`
: Optional. Beinhaltet eine eindeutige ID des HTML-Elements.

`lang = "String"`
: Optional. Legt die Sprache dieses Elements fest. Hier sollten Kurznamen nach RFC 1766 verwendet werden.

`style = "String"`
: Optional. Beinhaltet individuelle CSS-Styles für dieses Element.

`tabindex = "Integer"`
: Optional. Legt die Tab-Ordnung für dieses Element fest.

`title = "String"`
: Optional. Beinhaltet den Tooltip-Text für dieses Element.

Referenz der mitgelieferten ViewHelper

f:alias

Deklariert neue Variablen, die ein Alias von anderen Variablen sein können.

Argumente

`map = "Array"`
: Array von Name/Wert-Paaren.

Beispiel

```
<f:alias map="{x: 42, y: foo.bar, z:'Hallo'}">
{x}
{y}
{z}
</f:alias>
```

Ausgabe:

```
42
Inhalt von $foo->getBar()
Hallo
```

f:base

Gibt einen base-Tag aus. Wird für Extbase-Extensions in der Regel nicht benötigt.

Argumente

keine

Beispiel

```
<f:base />
```

f:cObject

Rendert ein TypoScript-Content-Objekt. Kann für sehr komplexe Renderings im TypoScript verwendet werden.

Argumente

`currentValueKey = "String"`
: Optional. Key, der die TypoScript-StdWrap-Eigenschaft `current` setzt.

`data = "Array/String/Objekt"`
: Optional. Daten, die für das Rendering des Content-Objects verwendet werden können. Kann ein Objekt, Array oder String sein. Standardmäßig wird der Inhalt des Tags für die Daten verwendet.

`typoScriptObjectPath = "String"`
: Der TypoScript-Pfad zu dem TypoScript-Objekt, das gerendert werden soll.

Beispiel

```
<!-- im Template-->
<f:cObject typoscriptObjectPath="lib.myCounter">{posts.count}</f:cObject>
<!-- oder -->
<f:cObject typoscriptObjectPath="lib.myCounter" data="{posts.count}" />
<!-- oder -->
{posts.count->f:cObject(typoScriptObjectPath: 'lib.myCounter')}

<!-- im TypoScript Setup -->
lib.myCounter = TEXT
lib.myCounter {
  current = 1
  wrap = <strong> | </strong>
}
```

Hier wird die Anzahl der Posts durch das TypoScript-Objekt `lib.myCounter` geschleust, das den Text mit dem `<strong>`-Element umschließt.

Wenn stattdessen folgender TypoScript-Code verwendet wird, so wird das Ergebnis als Bild ausgegeben:

```
lib.myCounter = IMAGE
lib.myCounter {
  file = GIFBUILDER
  file {
    10 = TEXT
    10.current = 1
  }
}
```

Beispiel

Im folgenden Beispiel wird das Attribut `data` verwendet, um ein Array von Daten an das TypoScript zu übergeben:

```
<!-- im Template -->
<f:cObject typoscriptObjectPath="lib.myCounter">{post}</f:cObject>
<!-- oder -->
<f:cObject typoscriptObjectPath="lib.myCounter" data="{post}" />
<!-- oder -->
{post -> f:cObject(typoscriptObjectPath: 'lib.myCounter')}

<!-- im TypoScript-Setup -->
lib.myCounter = COA
lib.myCounter {
 10 = TEXT
 10.field = title
 20 = TEXT
 20.field = author
 wrap = <strong> | </strong>
}
```

Hier wird das gesamte `Post`-Objekt an das TypoScript-Objekt übergeben. Über die `stdWrap`-Eigenschaft `field` hat man damit Zugriff auf alle Eigenschaften des Objekts. Dies ist also flexibler als das erste Beispiel.

Falls man nun noch im Template steuern will, welche Eigenschaft in TypoScript verwendet wird, wenn `current = 1` gesetzt ist, so kann man den Namen der Eigenschaft mit `currentValueKey="..."` angeben.

f:count

Zählt die Anzahl der Elemente der angegebenen Eigenschaft.

Argumente

Keine

Beispiel

```
<f:count>{a: 'A', b: 'B'}</f:count>
```

Ausgabe:

```
2
```

f:cycle

Dieser ViewHelper iteriert durch die angegebenen Werte. Dies kann z.B. nützlich sein, wenn alternierende CSS-Klassen angegeben werden sollen.

Argumente

`as ="`*`String`*`"`
: Name der Iterationsvariable

`values = "`*`Array`*`"`
: Array von Werten, über die iteriert werden soll.

Beispiel

```
<ul>
  <f:for each="{0:1, 1:2, 2:3, 3:4}" as="foo">
    <f:cycle values="{0: 'odd', 1: 'even'}" as="zebraClass">
      <li class="{zebraClass}">{foo}</li>
     </f:cycle>
   </f:for>
 </ul>
```

Ausgabe:

```
<ul>
  <li class="odd">1</li>
  <li class="even">2</li>
  <li class="odd">3</li>
  <li class="even">4</li>
</ul>
```

f:debug

Wrapper für die Funktion `debug()` aus TYPO3.

Argumente

`title = "`*`String`*`"`
: Optional. Titel für die Debug-Ausgabe

Beispiel

```
<f:debug>{myVariable}</f:debug>
```

```
{myVariable -> f:debug()}
```

f:else

Else-Zweig einer if-Abfrage (siehe f:if für ein Beispiel).

f:flashMessages

Gibt Hinweismeldungen für den Nutzer aus.

Argumente

Keine

Beispiel

```
<f:flashMessages />
```

f:for

Schleifen-ViewHelper, mit dem man über Arrays iterieren kann. Analog zur PHP-Methode foreach().

Argumente

as = "*String*"
: Name der Iterationsvariablen.

each ="*Array/Traversable*"
: Array (oder Objekte, die das Traversable-Interface implementieren, wie beispielsweise Tx_Extbase_Persistence_ObjectStorage), über das iteriert werden soll.

key = "*String*"
: Optional. Name der Variable, in der der aktuelle Array-Key gespeichert werden soll.

reverse = "*Boolean*"
: Optional. Falls true, wird das Array von hinten nach vorn iteriert.

Beispiel

```
<f:for each="{0:1, 1:2, 2:3, 3:4}" as="foo">{foo}</f:for>
```

Ausgabe:

```
1234
```

Beispiel

```
<ul>
  <f:for each="{frucht1: 'Apfel', frucht2: 'Pfirsich', frucht3: 'Banane',
        frucht4: 'Kirsche'}" as="frucht" key="label">
```

```
    <li>{label}: {fruit}</li>
  </f:for>
</ul>
```

Ausgabe:

```
<ul>
  <li>frucht1: Apfel</li>
  <li>frucht2: Pfirsich</li>
  <li>frucht3: Banane</li>
  <li>frucht4: Kirsche</li>
</ul>
```

f:form

Formular-ViewHelper, der ein HTML-`form`-Element ausgibt. Dieser ViewHelper steuert viele Formular-Optionen, wie z.B. die Request-Hash-Generierung. Dies passiert jedoch transparent für den Nutzer – nutzen Sie den `f:form`-ViewHelper also einfach so, wie Sie das HTML-`form`-Tag verwenden würden.

Argumente

Wie für `TagBasedViewHelper`.

`action = "`*`String`*`"`
: Optional. Name der Ziel-Action.

`actionUri = "`*`String`*`"`
: Optional. Wenn dieses Attribut gesetzt ist, wird String als `action` des Formular-Tags verwendet.

`arguments = "`*`Array`*`"`
: Optional. Argumente für die Link-Generierung.

`controller = "`*`String`*`"`
: Optional. Ziel-Controller. Ist der momentan aktive Controller, falls keiner angegeben ist.

`enctype = "`*`String`*`"`
: Optional. MIME-Typ, in dem die Formulardaten abgeschickt werden.

`extensionName = "`*`String`*`"`
: Optional. Name der Ziel-Extension. Das ist die aktuell aktive Extension, falls keine Ziel-Extension angegeben ist.

`fieldNamePrefix = "`*`String`*`"`
: Optional. Präfix, das vor alle Feldnamen der Extension gesetzt werden soll. Falls NULL, so wird automatisch das korrekte Präfix verwendet.

`method = "String"`
: Optional. Transfer-Methode (get oder `post`).

`name = "String"`
: Optional. Name des Formulars.

`object = "Objekt"`
: Optional. Objekt, das an das Formular gebunden werden soll. Zusammen mit der `property`-Eigenschaft aller Formular-ViewHelper ermöglicht diese Eigenschaft einfachste CRUD-Formulare.

`onreset = "String"`
: Optional. JavaScript-`onReset`-Handler.

`onsubmit = "String"`
: Optional. JavaScript-onSubmit-Handler.

`pageType = "Integer"`
: Optional. Zielseiten-Typ (TypoScript `typeNum`).

`pageUid = "Integer"`
: Optional. Zielseiten-ID. Das ist die aktuelle Seite, falls nichts gesetzt ist.

`pluginName = "String"`
: Optional. Name des Ziel-Plugins. Das ist das momentan aktive Plugin, falls keiner angegeben ist.

Beispiel

```
<f:form action="..." controller="..." enctype="multipart/form-data">...</f:form>
```

Hier wird ein einfaches Formular generiert, und das Encoding wird gesetzt.

Beispiel

```
<f:form action="..." name="customer" object="{customer}">
  <f:form.textbox property="name" />
</f:form>
```

Hier wird ein Objekt an das Formular gebunden und in der Textbox automatisch der Name des Kunden eingetragen. Dies wird im Abschnitt »Fallbeispiel: Ein bestehendes Objekt bearbeiten« in Kapitel 9 näher erklärt.

f:form.checkbox

Rendert eine Checkbox in einem Formular.

Argumente

Wie für `TagBasedViewHelper`.

`checked = "Boolean"`
: Optional. Falls `true`, so wird die Checkbox angehakt.

`disabled = "Boolean"`
: Optional. Falls gesetzt, so wird das Input-Element deaktiviert, wenn die Seite geladen wird.

`errorClass = "String"`
: Optional. CSS-Klasse, die zum Formularelement hinzugefügt wird, falls es Eingabefehler bei diesem Formular-Element gab.

`name = "String"`
: Optional. Name des Formular-Elements.

`property = "String"`
: Optional. Eigenschaft des an das Formular gebundenen Objekts, die durch die Checkbox dargestellt werden soll. Falls `property` und `f:form object="..."` verwendet werden, so wird `name` und `value` ignoriert.

`value = "Mixed"`
: Optional. Wert des Formular-Elements. Benötigt für Checkboxen.

Beispiel

```
<:form.checkbox name="myCheckBox" value="someValue" />
```

Ausgabe:

```
<input type="checkbox" name="myCheckBox" value="someValue" />
```

Beispiel

```
<:form.checkbox name="myCheckBox" value="someValue" checked="{object.value} == 5" />
```

Ausgabe (abhängig von `$object`):

```
<input type="checkbox" name="myCheckBox" value="someValue" checked="checked" />
```

Beispiel

```
<:form.checkbox property="interests" value="TYYPO3" />
```

Ausgabe (abhängig von der Eigenschaft `interests`):

```
<input type="checkbox" name="user[interests][]" value="TYPO3" checked="checked" />
```

f:form.errors

Rendert Fehlermeldungen für ein Formular.

Argumente

`as = "String"`
Optional. Name der Variablen, in der der Fehler gespeichert wird.

`for = "String"`
Optional. Falls gesetzt, so werden nur Fehler für eine Eigenschaft ausgegeben. Sonst werden alle Fehler des Formulars ausgegeben.

Beispiel

```
<ul class="errors">
  <f:errors>
    <li>{error.code}: {error.message}</li>
  </f:errors>
</ul>
```

Ausgabe (abhängig von den Validierungsfehlern):

```
<ul>
  <li>1234567890: Validation errors for argument "newBlog"</li>
</ul>
```

f:form.hidden

Rendert ein `input type="hidden"`-Tag in einem Formular.

Argumente

Wie für `TagBasedViewHelper`.

`name = "String"`
Optional. Name des Formular-Elements.

`property = "String"`
Optional. Eigenschaft des an das Formular gebundenen Objekts, das hier dargestellt werden soll. Falls `property` und `f:form object="..."` verwendet werden, werden `name` und `value` ignoriert.

`value = "String"`
Optional. Wert des Formular-Elements.

Beispiel

```
<:form.hidden name="myHiddenValue" value="42" />
```

Ausgabe:

```
<input type="hidden" name="myHiddenValue" value="42" />
```

Außerdem kann die Eigenschaft `property` verwendet werden, falls ein Objekt an das Formular gebunden wurde.

f:form.password

Rendert ein Passworteingabefeld in einem Formular.

Argumente

Wie für `TagBasedViewHelper`.

`disabled = "`*`Boolean`*`"`
: Optional. Falls gesetzt, wird das Input-Element deaktiviert, wenn die Seite geladen wird.

`errorClass ="`*`String`*`"`
: Optional. CSS-Klasse, die gesetzt wird, falls es Eingabefehler bei diesem Formular-Element gab.

`maxlength = "`*`Integer`*`"`
: Optional. `maxlength`-Attribut des Input-Feldes, wird nicht validiert.

`name = "`*`String`*`"`
: Optional. Name des Formular-Elements.

`property = "`*`String`*`"`
: Optional. Eigenschaft des an das Formular gebundenen Objekts, das hier dargestellt werden soll. Falls `property` und `f:form object="..."` verwendet werden, werden `name` und `value` ignoriert.

`readonly = "`*`String`*`"`
: Optional. `readonly`-Attribut des Input-Felds.

`size = "`*`Integer`*`"`
: Optional. Länge des Input-Felds.

`value = "`*`String`*`"`
: Optional. Wert des Formular-Elements.

Beispiel

```
<:form.password name="myPassword" value="default value" />
```

Ausgabe:

```
<input type="password" name="myPassword" value="default value" />
```

f:form.radio

Rendert einen Radio-Button in einem Formular.

Argumente

Wie für `TagBasedViewHelper`.

checked = "*Boolean*"
: Optional. Falls true, so wird der Radio-Button angehakt.

disabled = "*Boolean*"
: Optional. Falls gesetzt, wird das Input-Element deaktiviert, wenn die Seite geladen wird.

errorClass ="*String*"
: Optional. CSS-Klasse, die gesetzt wird, falls es Eingabefehler bei diesem Formular-Element gab.

name = "*String*"
: Optional. Name des Formular-Elements.

property = "*String*"
: Optional. Eigenschaft des an das Formular gebundenen Objekts, das hier dargestellt werden soll. Falls property und f:form object="..." verwendet werden, werden name und value ignoriert.

value = "*String*"
: Optional. Wert des Formular-Elements. Benötigt für Radio-Buttons.

Beispiel

Hier wird ein einfacher Radio-Button dargestellt.

```
<:form.radio name="myRadioButton" value="someValue" />
```

Ausgabe:

```
<input type="radio" name="myRadioButton" value="someValue" />
```

Beispiel

Oft ist es hilfreich, eine boolesche Bedingung im checked-Attribut zu verwenden:

```
<:form.radio name="myRadioButton" value="someValue" checked="{object.value} == 5" />
```

Ausgabe (abhängig von $object):

```
<input type="radio" name="myRadioButton" value="someValue" checked="checked" />
```

Beispiel

Es ist auch möglich, basierend auf dem Wert einer Objekteigenschaft einen Radio-Button auszuwählen:

```
<:form.radio property="newsletter" value="1" /> Yes
<:form.radio property="newsletter" value="0" /> No
```

Ausgabe (abhängig von der Eigenschaft newsletter):

```
<input type="radio" name="user[newsletter]" value="1" checked="checked" /> Yes
<input type="radio" name="user[newsletter]" value="0" /> No
```

f:form.select

Rendert eine `<select>`-Dropdown-Box in einem Formular.

Argumente

Wie für `TagBasedViewHelper`.

`disabled = "`*`Boolean`*`"`
: Optional. Falls gesetzt, wird das Input-Element deaktiviert, wenn die Seite geladen wird.

`errorClass ="`*`String`*`"`
: Optional. CSS-Klasse, die gesetzt wird, falls es Eingabefehler bei diesem Formular-Element gab.

`multiple = "`*`Boolean`*`"`
: Optional. Falls gesetzt, handelt es sich um ein Mehrfachauswahl-Feld.

`name = "`*`String`*`"`
: Optional. Name des Formular-Elements.

`options = "`*`Array`*`"`
: Assoziatives Array. Die Keys werden intern verwendet, und die Werte des Arrays sind die Texte, die für den Nutzer in der Dropdown-Box dargestellt werden.

`optionValueField = "`*`String`*`"`
: Optional. Falls gesetzt, so wird die in dieser Einstellung angegebene Eigenschaft des Zielobjekts als interner Key verwendet.

`optionValueField = "`*`String`*`"`
: Optional. Falls gesetzt, so wird die in dieser Einstellung angegebene Eigenschaft des Zielobjekts als lesbares Label verwendet.

`property = "`*`String`*`"`
: Optional. Eigenschaft des an das Formular gebundenen Objekts, das hier dargestellt werden soll. Falls `property` und `f:form object="..."` verwendet werden, werden `name` und `value` ignoriert.

`size = NULL`
: Integer. Länge der Select-Box.

`value = "`*`String`*`"`
: Optional. Wert des Formular-Elements.

Beispiel

Der folgende Code zeigt eine einfache Nutzung des ViewHelpers. Es wird ein assoziatives Array als `options`-Parameter übergeben. Die Keys des Arrays werden als Option Keys verwendet, die Werte als für Menschen lesbarer Name.

```
<f:form.select name="paymentOptions" options="{payPal: 'PayPal International Services',
visa: 'VISA Card'}" />
```

Ausgabe:

```
<select name="paymentOptions">
  <option value="payPal">PayPal International Services</option>
  <option value="visa">VISA Card</option>
</select>
```

Beispiel

In diesem Beispiel gleicht die Dropdown-Box der im ersten Beispiel, nur dass ein Wert vorausgewählt wurde. Falls Mehrfachauswahl aktiviert ist (`multiple="true"`), so kann `value` auch ein Array sein.

```
<f:form.select name="paymentOptions" options="{payPal: 'PayPal International Services',
visa: 'VISA Card'}" value="visa" />
```

Ausgabe:

```
<select name="paymentOptions">
  <option value="payPal">PayPal International Services</option>
  <option value="visa" selected="selected">VISA Card</option>
</select>
```

Beispiel

In diesem Beispiel wird eine Liste von User-Domänenobjekten übergeben. Mittels der Einstellung `optionLabelField` wird eingestellt, dass der `firstName` des Nutzers angezeigt werden soll. Da kein `optionValueField` angegeben wird und es sich bei diesen Objekten um *Domänenobjekte* handelt, so wird automatisch die technische UID als `value` verwendet.

```
<f:form.select name="users" options="{userArray}" optionLabelField="firstName" />
```

Ausgabe:

```
<select name="users">
  <option value="42">Jochen</option>
  <option value="21">Bastian</option>
</select>
```

f:form.submit

Rendert einen Submit-Button in einem Formular.

Argumente

Wie für `TagBasedViewHelper`.

`disabled = "`*`Boolean`*`"`
: Optional. Falls gesetzt, wird das Input-Element deaktiviert, wenn die Seite geladen wird.

`name = "String"`
: Optional. Name des Formular-Elements.

`property = "String"`
: Optional. Eigenschaft des an das Formular gebundenen Objekts, das hier dargestellt werden soll. Falls `property` und `f:form object="..."` verwendet werden, werden `name` und `value` ignoriert.

`value = "String"`
: Optional. Wert des Formular-Elements.

Beispiel

```
<f:form.submit value="Send Mail" />
```

Ausgabe:

```
<input type="submit" value="Send Mail" />
```

f:form.textarea

Rendert ein Textfeld in einem Formular. Der Inhalt der `textarea` wird über das `value`-Attribut gesetzt, wie auch bei allen anderen Formular-ViewHelpers.

Argumente

Wie für `TagBasedViewHelper`.

`cols = "Integer"`
: Anzahl der Spalten der Textarea.

`disabled = "Boolean"`
: Optional. Falls gesetzt, wird das Input-Element deaktiviert, wenn die Seite geladen wird.

`errorClass ="String"`
: Optional. CSS-Klasse, die gesetzt wird, falls es Eingabefehler bei diesem Formular-Element gab.

`name = "String"`
: Optional. Name des Formular-Elements.

`property = "String"`
: Optional. Eigenschaft des an das Formular gebundenen Objekts, das hier dargestellt werden soll. Falls `property` und `f:form object="..."` verwendet werden, werden `name` und `value` ignoriert.

`value = "String"`
: Optional. Wert des Formular-Elements.

`rows = "Integer"`
: Anzahl der Zeilen der Textarea.

Beispiel

```
<f:textarea name="myTextArea" value="Dies ist in der Textarea zu sehen." />
```

Ausgabe:

```
<textarea name="myTextArea">Dies ist in der Textarea zu sehen.</textarea>
```

f:form.textbox

Rendert ein Textfeld in einem Formular.

Argumente

Wie für `TagBasedViewHelper`.

`disabled = "`*`Boolean`*`"`
: Optional. Falls gesetzt, wird das Input-Element deaktiviert, wenn die Seite geladen wird.

`errorClass ="`*`String`*`"`
: Optional. CSS-Klasse, die gesetzt wird, falls es Eingabefehler bei diesem Formular-Element gab.

`maxlength = "`*`Integer`*`"`
: Optional. `maxlength`-Attribut des Input-Feldes, wird nicht validiert.

`name = "`*`String`*`"`
: Optional. Name des Formular-Elements.

`property = "`*`String`*`"`
: Optional. Eigenschaft des an das Formular gebundenen Objekts, das hier dargestellt werden soll. Falls `property` und `f:form object="..."` verwendet werden, werden `name` und `value` ignoriert.

`readonly = "`*`Boolean`*`"`
: Optional. `readonly`-Attribut des Input-Felds.

`size = "`*`Integer`*`"`
: Optional. Länge des Input-Felds.

`value = "`*`String`*`"`
: Optional. Wert des Formular-Elements.

Beispiel

```
<f:form.textbox name="myTextBox" value="default value" />
```

Ausgabe:

```
<input type="text" name="myTextBox" value="default value" />
```

f:form.upload

Rendert ein Upload-Feld in einem Formular. Es ist unbedingt nötig, dass `enctype="multipart/form-data"` im Formular gesetzt ist.

Argumente

Wie für `TagBasedViewHelper`.

`disabled = "`*`Boolean`*`"`
: Optional. Falls gesetzt, wird das Input-Element deaktiviert, wenn die Seite geladen wird.

`errorClass ="`*`String`*`"`
: Optional. CSS-Klasse, die gesetzt wird, falls es Eingabefehler bei diesem Formular-Element gab.

`name = "`*`String`*`"`
: Optional. Name des Formular-Elements.

`property = "`*`String`*`"`
: Optional. Eigenschaft des an das Formular gebundenen Objekts, das hier dargestellt werden soll. Falls `property` und `f:form object="..."` verwendet werden, werden `name` und `value` ignoriert.

`value = "`*`String`*`"`
: Optional. Wert des Formular-Elements.

Beispiel

```
<f:form.upload name="file" />
```

Ausgabe:

```
<input type="file" name="file" />
```

f:format.crop

Schneidet den Text zwischen dem öffnenden und dem schließenden Tag nach einer bestimmten Anzahl von Zeichen ab.

Argumente

`append = "`*`String`*`"`
: Optional. Dieser String wird ergänzt, falls Teile eines Textes abgeschnitten werden. Standardmäßig wird eine Ellipse (...) verwendet, um zu markieren, dass es weiteren Text gibt.

`maxCharacters ="`*`Integer`*`"`
: Anzahl der Zeichen, nach denen der String abgeschnitten wird.

`respectWordBoundaries = "Boolean"`

Optional. Standardmäßig, wenn der Wert `true` ist, wird der Text zwischen zwei Wörtern unterbrochen. Ist der Wert `false` gesetzt, wird der Text auch innerhalb eines Wortes abgetrennt.

Beispiel

Hier sehen Sie die einfachste Möglichkeit, den ViewHelper zu nutzen:

```
<f:format.crop maxCharacters="10">Dies ist sehr langer Text</f:format.crop>
```

Ausgabe:

```
Dies ist ...
```

Beispiel

In diesem Beispiel wird ein eigener append-Text verwendet:

```
<f:format.crop maxCharacters="17" append=" [more]">This is some very long
text</f:format.crop>
```

Ausgabe:

```
This is some [more]
```

Beispiel

Hier wird der Text auch innerhalb von Wörtern abgeschnitten, da `respectWordBoundaries` deaktiviert wurde.

```
<f:format.crop maxCharacters="10" respectWordBoundaries="false">This is some very long
text</f:format.crop>
```

Ausgabe:

```
This is so...
```

Beispiel

In diesem Beispiel sehen Sie die Verwendung dieses ViewHelpers in der Inline-Notation:

```
{post.content -> f:format.crop(maxCharacters:100)}
```

Hier werden die ersten 100 Zeichen von `$post->getContent()` ausgegeben.

f:format.currency

Formatiert eine Float-Zahl in ein Währungsformat.

Argumente

`currencySign = "String"`

Optional. Das Währungssymbol, also z.B. $ oder €.

`decimalSeperator = "String"`
: Optional. Das Zeichen für das Dezimalkomma bzw. den Dezimalpunkt.

`thousandsSeparator = "String"`
: Optional. Das Trennzeichen für Tausenderstellen.

Beispiel

Standardmäßig wird das Komma als Dezimaltrennzeichen verwendet:

```
<f:format.currency>123.456</f:format.currency>
```

Ausgabe:

```
123,46
```

Beispiel

Durch die Angabe von `currencySign`, `decimalSeparator` und `thousandsSeparator` können Sie die Währungsausgabe anpassen.

```
<f:format.currency currencySign="$" decimalSeparator="." thousandsSeparator=",">54321</f:
format.currency>
```

Ausgabe:

```
54,321.00 $
```

f:format.date

Formatiert ein Datum bzw. eine Zeitangabe. Das Datum kann auf zwei Arten angegeben werden:

- mit dem `DateTime`-Objekt, das zwischen dem öffnendem und dem schließendem Tag steht:

  ```
  <f:format.date>{dateTime}</f:format.date>
  ```

- mit einem Formatstring, der von der PHP-Funktion `strtotime()` akzeptiert wird:

  ```
  <f:format.date>10 September 2009</f:format.date>
  ```

Argumente

`date = "DateTime-Objekt / Datumsangabe"`
: Optional. `DateTime`-Objekt oder Datumsangabe. Falls nicht gesetzt, so wird der Inhalt zwischen öffnendem und schließendem Tag verwendet.

`format = "String"`
: Optional. Formatstring, wie ihn die PHP-Funktion `date()` erwartet. Standardmäßig wird `Y-m-d` verwendet.

Beispiel

Ohne die Angabe des Formatstrings wird die Standardformatierung verwendet:

```
<f:format.date>{dateObject}</f:format.date>
<!-- oder -->
<f:format.date date="{dateObject}" />
<!-- oder -->
{f:format.date(date: dateObject)}
```

Ausgabe (abhängig vom zu formatierenden Datum):

```
1980-12-13
```

Beispiel

Durch die Angabe eines Formatstrings kann die Ausgabe nach eigenen Wünschen formatiert werden:

```
<f:format.date format="H:i">{dateObject}</f:format.date>
```

Ausgabe (abhängig von der zu formatierenden Zeit):

```
01:23
```

Beispiel

Anstatt eines `DateTime`-Objekts kann auch eine Datumsangabe verwendet werden, wie sie von der PHP-Funktion `strtotime()` akzeptiert wird.

```
<f:format.date format="d.m.Y - H:i:s">+1 week 2 days 4 hours 2 seconds</f:format.date>
```

Ausgabe (abhängig von der aktuellen Zeit):

```
13.12.1980 - 21:03:42
```

f:format.html

Rendert einen String, indem er ihn an die TYPO3-Funktion `parseFunc` weitergibt. Es kann dabei der Pfad zu einer TypoScript-Einstellung angegeben werden, die die Konfigurationsoptionen für `parseFunc` enthält. Standardmäßig wird `lib.parseFunc_RTE` verwendet, um den String zu parsen.

Argumente

`parseFuncTSPath = "`*`String`*`"`
: Optional. Pfad zur TYPO3-`ParseFunc`.

Beispiel

```
<f:format.html>foo <b>bar</b>. Some <LINK 1>link</LINK>.</f:format.html>
```

Ausgabe:

```
<p class="bodytext">foo <b>bar</b>. Some <a href="index.php?id=1">link</a>.</p>
(abhängig von den TYPO3-Einstellungen)
```

Beispiel

```
<f:format.html parseFuncTSPath="lib.parseFunc">foo <b>bar</b>. Some <LINK 1>link</LINK>.
</f:format.html>
```

Ausgabe:

```
foo <b>bar</b>. Some <a href="index.php?id=1">link</a>.
```

f:format.nl2br

Wrapper für die PHP-Funktion `nl2br()`, mit dem Newlines in `<br />`-Elemente konvertiert werden.

Argumente

Keine.

Beispiel

```
<f:format.nl2br>Zeile 1
Zeile 2
Zeile 3</f:format.nl2br>
```

Ausgabe:

```
Zeile 1<br />
Zeile 2<br />
Zeile 3<br />
```

f:format.number

Formatiert eine Zahl mit einstellbaren Nachkommastellen, Dezimalkomma und gruppierten Tausenderstellen.

Argumente

`decimals = "`*`Integer`*`"`
: Optional. Anzahl der Nachkommastellen, standardmäßig werden zwei Nachkommastellen ausgegeben.

`decimalSeparator = "`*`String`*`"`
: Optional. Dezimaltrennzeichen.

`thousandsSeparator = "`*`String`*`"`
: Optional. Trennzeichen für die Tausenderstellen.

Beispiel

```
<f:format.number>423423.234</f:format.number>
```

Ausgabe (standardmäßig im US-amerikanischen Zahlenformat formatiert):

```
423,423.23
```

Beispiel

Hier sehen Sie die Formatierung einer Zahl nach deutschem Zahlenformat:

```
<f:format.number decimals="1" decimalSeparator="," thousandsSeparator=".">423423.234
</f:format.number>
```

Ausgabe:

```
423.423,2
```

f:format.padding

Formatiert einen String mit der PHP-Funktion `str_pad()`. Diese erweitert einen String unter Verwendung eines anderen Strings auf eine bestimmte Länge.

Argumente

`padLength ="`*`Integer`*`"`
: Länge des resultierenden Strings. Falls dieser Wert negativ oder kürzer als die Länge des Input-Strings ist, so erfolgt keine Erweiterung.

`padString = "`*`String`*`"`
: Optional. String, der zum Auffüllen verwendet wird.

Beispiel

Hier sehen Sie, dass der Text »TYPO3« mit Leerzeichen aufgefüllt wird, sodass der nachfolgende Text nach rechts rutscht.

```
<f:format.padding padLength="10">TYPO3</f:format.padding>XX
```

Ausgabe:

```
TYPO3     XX
```

Beispiel

Durch die Angabe des Attributs `padString` können eigene Zeichenketten zum Auffüllen verwendet werden.

```
<f:format.padding padLength="10" padString="-=">TYPO3</f:format.padding>
```

Ausgabe:

```
TYPO3-=-=-
```

f:format.printf

Formatiert den String, der zwischen öffnendem und schließendem Tag steht, mit der PHP-Funktion `printf`. Diese Funktion ermöglicht das formatierte Einfügen von Daten in Strings.

Argumente

`arguments` = "*Array*"
: Optional. Die Argumente für `printf()`.

Beispiel

```
<f:format.printf arguments="{number : 362525200}">%.3e</f:format.printf>
```

Ausgabe:

```
3.625e+8
```

Beispiel

Im Formatstring können Sie auch gezielt die einzelnen Argumente referenzieren:

```
<f:format.printf arguments="{1: 3,2: 'Kasper'}">%2$s ist der Begründer von TYPO%1$d.
</f:format.printf>
```

Ausgabe:

```
Kasper ist der Begründer von TYPO3.
```

f:groupedFor

Erzeugt gruppierte Schleifen.

Argumente

`as` - "*String*"
: Name der Iterationsvariablen.

`each` ="*Array*"
: Array, über das iteriert werden soll.

`groupBy` = "*String*"
: Name der Eigenschaft, über die gruppiert werden soll.

`groupKey` = "*String*"
: Optional. Name der Variable, in der der aktuelle Gruppierungswert gespeichert wird.

Beispiel

```
<f:groupedFor each="{0: {name: 'Apfel', color: 'Grün'}, 1: {name: 'Kirsche', color:
'Rot'}, 2: {name: 'Banane', color: 'Gelb'}, 3: {name: 'Erdbeere', color: 'Rot'}}"
as="fruitOfThisColor" groupBy="color" groupKey="color">
  <h2>{color}</h2>
  <f:for each="{fruitOfThisColor}" as="fruit" key="label">
    {label}: {fruit.name}
  </f:for>
</f:groupedFor>
```

Ausgabe:

```
<h2>Grün</h2>
0: Apfel
<h2>Rot</h2>
1: Kirsche
3: Erdbeere
<h2>Gelb</h2>
2: Banane
```

Was passiert hier genau? Der ViewHelper bekommt eine Liste von Werten und gruppiert diese Liste nach einem bestimmten Kriterium (das in `groupBy` angegeben ist). Über die Ergebnisse kann man normal mit einem `for`-ViewHelper iterieren.

f:if

Mit diesem ViewHelper können `if`/`else`-Abfragen implementiert werden. Falls eine einfache `if`-Abfrage ohne `else`-Teil benötigt wird, so reicht es, `<f:if> ...</f:if>` zu verwenden. Falls der `else`-Zweig benötigt wird, so nutzt man `<f:if><f:then>...</f:then><f:else>...</f:else></f:if>`.

Boolesche Ausdrücke können wie im Abschnitt »Boolesche Ausdrücke« geschrieben werden.

Argumente

`condition = "`*`Boolean`*`"`
: Boolescher Ausdruck, wie im Abschnitt »Boolesche Ausdrücke« beschrieben.

`then / else = "`*`String`*`"`
: Optional. Falls diese Argumente angegeben sind, so werden sie anstatt von `f:then` und `f:else` dargestellt. Dies ist besonders hilfreich bei der Inline-Notation.

Beispiel

Hier sehen Sie die Verwendung von einer `if`-Abfrage ohne `else`-Teil.

```
<f:if condition="{rank} > 100">
  Dies wird angezeigt, wenn rank > 100.
</f:if>
```

Beispiel

Wenn Sie eine `if`-Abfrage mit `else`-Teil benötigen, so müssen Sie auch immer den `then`-Teil explizit markieren:

```
<f:if condition="{rank} > 100">
  <f:then>
    Dies wird angezeigt, wenn rank > 100.
  </f:then>
  <f:else>
    Dies wird angezeigt, wenn rank <= 100.
  </f:else>
</f:if>
```

Beispiel

Auch in der Inline-Notation können `if`-Abfragen verwendet werden, was sich besonders anbietet, wenn kurze Texte ausgegeben werden sollen. Diese Schreibweise eignet sich beispielsweise, um aufgrund bestimmter Bedingungen CSS-Klassen auszugeben.

```
{f:if(condition: '{rank} > 100', then: 'rank ist > 100', else: 'rank ist <= 100')}
```

---

f:image

Rendert ein Bild mit den TYPO3-Bildbearbeitungsfunktionen.

Argumente

Wie für `TagBasedViewHelper`; außerdem die Standard-Argumente des `<img />`-Tags.

`height - "`*`String`*`"`
: Optional. Höhe des Bildes. Dies kann entweder ein numerischer Wert sein, dann wird er als Breite in Pixeln interpretiert. Außerdem kann an die Zahl ein `c` oder `m` angefügt werden. Falls ein `m` angefügt wurde, so werden die Proportionen des Bildes erhalten. Falls ein `c` angefügt wurde, so werden die Proportionen erhalten, die Bilder allerdings beschnitten.

Falls Sie mehr Informationen benötigen, schauen Sie in der TSRef zum Thema `imgResource nach.`

`maxHeight = "`*`String`*`"`
: Optional. Maximale Höhe des Bildes.

`maxWidth = "`*`String`*`"`
: Optional. Maximale Breite des Bildes.

`minHeight = "`*`String`*`"`
: Optional. Minimale Höhe des Bildes.

`minWidth = "`*`String`*`"`
: Optional. Minimale Breite des Bildes.

`src = "String"`
: Quelle des Bildes.

`width = "String"`
: Optional. Breite des Bildes. Angabe Analog zu `height`.

Beispiel

```
<f:image src="EXT:viewhelpertest/Resources/Public/typo3_logo.png" alt="alt text"
width="100m" />
```

f:layout

Wählt das Layout für das Template aus. Siehe »Die Darstellung mit Layouts vereinheitlichen« in Kapitel 8 für detaillierte Informationen.

Argumente

`name = "String"`
: Name des Layouts, das verwendet werden soll.

Beispiel

```
<f:layout name="default" />
```

f:link.action

Generiert Links zu Extbase-Actions.

Argumente

Wie für `TagBasedViewHelper` und `f:uri.action`.

`rel = "String"`
: Optional. Gibt die Beziehung zwischen dem aktuellen und dem verlinkten Dokument an.

`target = "String"`
: Optional. Target des Links.

Beispiel

```
<f:link.action action="show">action link</f:link.action>
```

Ausgabe (abhängig von der aktuellen Seite und der TypoScript-Konfiguration):

```
<a href="index.php?id=123&tx_myextension_plugin[action]=show&tx_myextension_
plugin[controller]=Standard&cHash=xyz">action link</f:link.action>
```

f:link.email

Gibt einen Link zu einer E-Mail-Adresse aus, unter Berücksichtigung der Einstellung `config.spamProtectEmailAddresses` von TYPO3.

Argumente

Wie für `TagBasedViewHelper`.

`email = "String"`
: String. Eine E-Mail-Adresse.

Beispiel

```
<f:link.email email="sebastian@typo3.org">write me</a>
```

Ausgabe (abhängig von der TypoScript-Konfiguration):

```
<a href="mailto:sebastian@typo3.org">write me</a>
```

f:link.external

Gibt einen Link zu einem externen Ziel aus.

Argumente

Wie für `TagBasedViewHelper`.

`name / rel / rev / target = "String"`
: Optional. Standard-HTML-Attribute.

`uri = "String"`
: URI, der in das `href`-Attribut eingesetzt wird.

f:link.page

Generiert Links zu TYPO3-Seiten.

Argumente

Wie für `TagBasedViewHelper` und `f:uri.page`.

`rel = "String"`
: Optional. Gibt die Beziehung zwischen dem aktuellen und verlinkten Dokument an.

`target = "String"`
: Optional. Target des Links.

Beispiel

```
<f:link.page>page link</f:link.page>
```

Ausgabe (abhängig von der aktuellen Seite und der TypoScript-Konfiguration):

```
<a href="index.php?id=123">page link</f:link.action>
```

Beispiel

```
<f:link.page pageUid="1" additionalParams="{foo: 'bar'}">page link</f:link.page>
```

Ausgabe:

```
<a href="index.php?id=1&foo=bar">page link</f:link.action>
(abhängig von der TypoScript-Konfiguration)
```

f:uri.action

Generiert eine URI zur gewünschten Action.

Argumente

`absolute = "`*`Boolean`*`"`
: Optional. Falls `true`, so wird ein absoluter Link generiert.

`action = "`*`String`*`"`
: Optional. Ziel-Action, die aufgerufen werden soll. Standardmäßig wird die aktuelle Action verwendet.

`additionalParams = "`*`Array`*`"`
: Optional. Zusätzliche Parameter, die nicht mit dem Extension-Präfix versehen werden (im Gesensatz zu `arguments`).

`addQueryString = "`*`Boolean`*`"`
: Optional. Falls true, so werden die Query-Parameter in der URL behalten.

`arguments = "`*`Array`*`"`
: Optional. Argumente für diesen Link.

`argumentsToBeExcludedFromQueryString = "`*`Array`*`"`
: Optional. Argumente, die aus dem Query-String entfernt werden sollen. Ist nur aktiv, wenn `addQueryString` den Wert `true` besitzt.

`controller = "`*`String`*`"`
: Optional. Ziel-Controller. Standardmäßig wird der aktuelle Controller verwendet.

`extensionName = "`*`String`*`"`
: Optional. Extension-Name (ohne `tx_`-Präfix und ohne Unterstriche). Standardmäßig wird der Extension-Name der momentan aktiven Extension verwendet.

`format = "`*`String`*`"`
: Optional. Das gewünschte Format, also z.B. `html`.

`linkAccessRestrictedPages = "Boolean"`
: Optional. Falls `true`, so wird auch auf Seiten verlinkt, wo der Nutzer keine Zugriffsrechte besitzt.

`noCache = "Boolean"`
: Optional. Falls `true`, so wird das Caching auf der Zielseite deaktiviert. Sollte nicht benötigt werden, da Extbase die Cache-Kontrolle übernimmt.

`noCacheHash = "Boolean"`
: Optional. Falls `true`, so wird der `cHash`-Query-Parameter aus der URL entfernt. Sollte nicht benötigt werden, da Extbase die Cache-Kontrolle übernimmt.

`pageType ="Integer"`
: Optional. Ziel-Seitentyp für den Link. Siehe `typolink.parameter`.

`pageUid = "Integer"`
: Optional. Zielseite für den Link. Wird an die TYPO3-Funktion `typoLink` übergeben.

`pluginName = "String"`
: Optional. Name des Ziel-Plugins. Standardmäßig wird der Plugin-Name des momentan aktiven Plugins verwendet.

`section = "String"`
: Optional. Der Anker, der auf der Zielseite angesprungen werden soll.

Beispiel

```
<f:uri.action action="show" />
```

Ausgabe (abhängig von der aktuellen Seite und der TypoScript-Konfiguration):

```
index.php?id=123&tx_myextension_plugin[action]=show&tx_myextension_
plugin[controller]=Standard&cHash=xyz
```

f:uri.email

Gibt eine URL zu einer E-Mail-Adresse aus, unter Berücksichtigung der Einstellung `config.spamProtectEmailAddresses` von TYPO3.

Argumente

`email = "String"`
: Eine E-Mail-Adresse.

Beispiel

```
<f:uri.email email="sebastian@typo3.org" />
{f:uri.email(email: 'sebastian@typo3.org')}
```

Ausgabe (abhängig von der TypoScript-Konfiguration):

```
sebastian@typo3.org
```

f:uri.external

Gibt eine URL zu einem externen Ziel aus.

Argumente

Keine.

f:uri.page

Generiert URLs zu TYPO3-Seiten.

Argumente

`absolute = "`*`Boolean`*`"`
: Optional. Falls `true`, so wird ein absoluter Link generiert.

`additionalParams = "`*`Array`*`"`
: Optional. Zusätzliche Parameter, die nicht mit dem Extension-Präfix versehen werden (im Gesensatz zu `arguments`).

`addQueryString = "`*`Boolean`*`"`
: Optional. Falls `true`, so werden die Query-Parameter in der URL behalten.

`argumentsToBeExcludedFromQueryString = "`*`Array`*`"`
: Optional. Argumente, die aus dem Query-String entfernt werden sollen. Ist nur aktiv, wenn `addQueryString` den Wert `true` besitzt.

`linkAccessRestrictedPages = "`*`Boolean`*`"`
: Optional. Falls `true`, so wird auch auf Seiten verlinkt, wo der Nutzer keine Zugriffsrechte besitzt.

`noCache = "`*`Boolean`*`"`
: Optional. Falls `true`, so wird das Caching auf der Zielseite deaktiviert. Sollte nicht benötigt werden, da Extbase die Cache-Kontrolle übernimmt.

`noCacheHash = "`*`Boolean`*`"`
: Optional. Falls `true`, so wird der `cHash`-Query-Parameter aus der URL entfernt. Sollte nicht benötigt werden, da Extbase die Cache-Kontrolle übernimmt.

`pageType = "`*`Integer`*`"`
: Optional. Ziel-Seitentyp für den Link. Siehe `typolink.parameter.`

`pageUid = "`*`Integer`*`"`
: Optional. Zielseite für den Link. Wird an `typoLink` übergeben.

`section = "`*`String`*`"`
: Optional. Anker, der auf der Zielseite angesprungen werden soll.

Beispiel

```
<f:uri.page>page link</f:uri.page>
```

Ausgabe (abhängig von der aktuellen Seite und der TypoScript-Konfiguration):

```
index.php?id=123
```

Beispiel

Hier werden noch weitere URL-Parameter gesetzt.

```
<f:uri.page pageUid="1" additionalParams="{foo: 'bar'}" />
```

Ausgabe (abhängig von der TypoScript-Konfiguration):

```
index.php?id=1&foo=bar
```

f:uri.resource

Gibt eine URL zu einer Ressource im *Resources/Public/*-Verzeichnis der Extension aus.

Argumente

`path = "String"`
: Pfad zur Ressource.

`extensionName = "String"`
: Optional. Name der Extension. Wenn keiner angegeben wurde, wird die momentan aktive Extension verwendet.

`absolute = "Boolean"`
: Optional. Wenn `true`, so wird eine absolute URL generiert; sonst nur eine relative.

Beispiel

Hier wird die URL zu einer CSS-Datei ausgegeben:

```
<link href="{f:uri.resource(path:'css/stylesheet.css')}" rel="stylesheet" />
```

Ausgabe:

```
<link href="typo3conf/ext/extension_key/Resources/Public/css/stylesheet.css"
rel="stylesheet" />
```

f:render

Rendert Sections oder Partials. Siehe »Die Darstellung mit Layouts vereinheitlichen« und »Wiederkehrende Snippets in Partials auslagern« in Kapitel 8 für Praxisbeispiele.

Argumente

`arguments = "`*`Array`*`"`
: Optional. Gibt die Argumente an, die für das Rendering des Partials verwendet werden sollen. Wird nur verwendet, falls das Argument `partial` angegeben ist.

`partial = "`*`String`*`"`
: Optional. Partial, das gerendert werden soll.

`section = "`*`String`*`"`
: Optional. Section, die gerendert werden soll. Referenziert eine `f:section`.

Beispiel

```
<f:render section="sidebar">
```

Rendert eine `Section` mit dem Namen `sidebar` aus dem Template.

Beispiel

```
<f:render partial="linkbar" arguments="{name : 'Link'}">
```

Rendert das Partial `linkbar` mit dem Argument `name`.

f:then

`Then`-Zweig einer `If`-Abfrage. Siehe `f:if`.

f:translate

Übersetzt einen *Locallang*-Key. Falls die Übersetzung nicht gefunden wurde, so wird der Tag-Inhalt als Default verwendet.

Argumente

`arguments = "`*`Array`*`"`
: Optional. Array von Argumenten, das der PHP-Funktion `vsprintf` übergeben wird. Damit können Platzhalter im zu lokalisierenden String gefüllt werden.

`default = "`*`String`*`"`
: Optional. Standardwert, falls keine Übersetzung gefunden wurde. Falls `default` nicht gesetzt ist, so wird der Tag-Inhalt verwendet.

`htmlEscape = "Boolean"`
: Optional. Muss auf `false` gesetzt werden, falls der übersetzte String nicht durch `htmlescape()` geschützt werden soll.

`key = "String"`
: *Locallang*-Key (siehe dazu den Abschnitt »Mehrsprachige Templates« in Kapitel 9)

Beispiel

```
<f:translate key="name">My Name</f:translate>
<f:translate key="name" default="My Name" />
{f:translate(key: 'name', default: 'My Name')}
```

Eigene ViewHelper schreiben

Im Folgenden wollen wir die wichtigsten APIs zeigen, die Sie zum Schreiben eigener ViewHelper benötigen.

API des AbstractViewHelpers

Jeder ViewHelper muss von `Tx_Fluid_Core_ViewHelper_AbstractViewHelper` erben und hat daher folgende Eigenschaften und Methoden zur Verfügung, die das Verhalten des ViewHelpers verändern.

Eigenschaften

`$arguments`
: Assoziatives Array der Argumente des ViewHelpers. Steht innerhalb der `render()`-Methode zur Verfügung.

`$controllerContext`
: Kontext des Controllers. Dient als Container für alle API-Eigenschaften, die der Controller besitzt. Über die entsprechenden Getter können die Eigenschaften abgerufen werden.

  Folgende Eigenschaften werden unterstützt: `request`, `response`, `arguments`, `argumentsMappingResults`, `uriBuilder` und `flashMessageContainer`.

`$templateVariableContainer`
: Dieser Container enthält alle Variablen, die zum aktuellen Zeitpunkt im Template vorhanden sind, d.h., mittels Object Accessor im Template ausgegeben werden können.

  Mit `add($name, $value)` können neue Variablen im Template registriert werden.

  Über `remove($name)` können Variablen wieder entfernt werden.

  Es wird überprüft, dass nach dem Ausführen des ViewHelpers wieder dieselben Variablen wie am Anfang registriert sind. *Jede Variable, die Sie hinzufügen, müssen Sie auch wieder entfernen!* Dies ist nötig, um unerwünschte Nebeneffekte zu verhindern.

`$viewHelperVariableContainer`
: Manchmal ist es nötig, dass mehrere ViewHelper miteinander Daten austauschen. Dazu gibt es neben dem `templateVariableContainer` noch einen `ViewHelperVariableContainer`. Hier registrierte Daten sind nicht direkt im Template verfügbar, sondern nur in anderen ViewHelpern abrufbar.

  Zum Hinzufügen von Daten ist die Methode `add($namespace, $name, $value)` vorhanden. Zum Lesen von Daten gibt es `get($namespace, $name)`. `$namespace` ist der volle Klassenname des ViewHelpers, der die Daten eingetragen hat.

  Ein ViewHelper sollte *nur* in seinem eigenen Namespace schreiben, kann allerdings, falls nötig, auf die Daten anderer ViewHelper zugreifen.

  Im Gegensatz zum `templateVariableContainer` wird *nicht* überprüft, dass Werte wieder entfernt werden. Es sollte jedoch trotzdem gemacht werden.

Methoden

`initializeArguments()`
: Template-Methode, in der Argumente durch den Aufruf von `$this->registerArgument($name, $type, $description, $required, $defaultValue)` registriert werden können. Wird selten benötigt, da Argumente auch direkt über Methodenparameter in `render()` registriert werden können.

`initialize()`
: Template-Methode, die Sie überschreiben können, falls Initialisierungscode vor dem Rendering des ViewHelpers ausgeführt werden soll.

`render()`
: Template-Methode, die für jeden ViewHelper gefüllt sein muss. Hier wird die Ausgabe des ViewHelpers registriert.

`renderChildren()`
: Wenn Sie diese Methode innerhalb von `render()` aufrufen, so gibt sie den gerenderten Inhalt aller Kindelemente zurück (also alles zwischen dem öffnenden und dem schließenden Tag des ViewHelpers).

API des TagBasedViewHelpers

Viele ViewHelper erzeugen direkt ein HTML-Element, wie z.B. die `form`-ViewHelper. Um das Schreiben dieser ViewHelper zu vereinfachen, gibt es eine Basisklasse `Tx_Fluid_Core_ViewHelper_TagBasedViewHelper`, die vom `AbstractViewHelper` erbt und weitere Funktionen wie einen `TagBuilder` bereitstellt.

Eigenschaften

`$tag`
: Instanz des `TagBuilders`. Die API des `TagBuilders` wird unten dargestellt.

`$tagName`
: Der Name des Tags, das von dem ViewHelper generiert werden soll, z.B. `a` für einen Link.

Methoden

`__construct()`
: Konstruktor. Falls Sie einen eigenen Konstruktor benötigen, sollten Sie immer `parent::construct()` aufrufen.

`initialize()`
: Template-Methode, die vor `render()` aufgerufen wird. Falls Sie diese Methode überschreiben, so sollten Sie *immer* als Erstes einen Aufruf `parent::initialize()` durchführen, da hier der `TagBuilder` korrekt initialisiert wird.

`registerTagAttribute($name, $type, $description, $required = false)`
: Registriert ein ViewHelper-Argument, das direkt als Tag-Attribut ausgegeben werden soll.

  Sollte innerhalb von `initializeArguments()` verwendet werden.

`registerUniversalTagAttributes()`
: Registriert alle universellen Tag-Attribute: `class`, `dir`, `id`, `lang`, `style`, `title`, `accesskey`, `tabindex`. Sollte in `initializeArguments()` aufgerufen werden, falls nötig.

API des TagBuilders

Der `TagBuilder` wird im `TagBasedViewHelper` verwendet, um gültige XML-Elemente zu bauen. Er ist dort unter `$this->tag` verfügbar und sorgt z.B. dafür, dass XML-Elemente immer korrekt geschlossen sind.

Methoden

`__construct($tagName = '', $tagContent = '')`
: Konstruktor. Hier kann der Name des XML-Elements sowie der Inhalt angegeben werden. Muss bei Verwendung des `TagBasedViewHelper` nicht aufgerufen werden.

`addAttribute($attributeName, $attributeValue, $escapeSpecialCharacters = true)`
: Fügt ein Attribut zum Tag hinzu. Falls `$escapeSpecialCharacters` auf `false` gesetzt wird, so wird kein `htmlspecialchars()` durchgeführt, sonst schon.

`addAttributes(array $attributes, $escapeSpecialCharacters = true)`
: Fügt eine Reihe von Attributen (die im assoziativen Array `$attributes` angegeben werden) hinzu und wird standardmäßig durch `htmlspecialchars()` verarbeitet.

`forceClosingTag($forceClosingTag)`
: Falls `true` übergeben wird, so wird ein explizites schließendes Tag ausgegeben, da manche Elemente wie <textarea> nicht self-closing sein dürfen.

`getContent()`
: Gibt den Inhalt des Elements zurück.

`getTagName()`
: Gibt den Namen des Tags zurück

`removeAttribute($attributeName)`
: Entfernt das gewünschte Attribut.

`render()`
: Rendert das Element und gibt das Ergebnis zurück.

`reset()`
: Setzt den `TagBuilder` zurück.

`setContent($content)`
: Setzt den Inhalt des Elements (alles zwischen öffnendem und schließendem Tag).

`setTagName($tagName)`
: Setzt den Namen des Tags.

Boolesche Ausdrücke

Boolesche Ausdrücke ermöglichen Vergleiche von zwei Werten. Damit sind sie die Basis für Fallunterscheidungen. Mit Fluid wird der `if`-ViewHelper mitgeliefert, mit dem solche Fallunterscheidungen realisiert werden können. Prototypisch sieht er folgendermaßen aus:

Nur `if`-Konstrukte:

```
<f:if condition="...">
  ... (wird angezeigt, wenn die Bedingung als wahr (TRUE) ausgewertet wird)
</f:if>
```

`if/then/else`-Konstrukte:

```
<f:if condition="...">
  <f:then>
    ... (wird angezeigt, wenn die Bedingung als wahr (TRUE) ausgewertet wird)
  </f:then>
  <f:else>
    ... (wird angezeigt, wenn die Bedingung als falsch (FALSE) ausgewertet wird)
  </f:else>
<f/if>
```

In Fluid können verschiedene Datentypen über eine boolesche Bedingung miteinander in Beziehung gesetzt werden, nämlich Zahlen, Object Accessors, Arrays und ViewHelper in der Inline-Syntax. Tabelle C-1 zeigt die Vergleichsoperatoren, die zugelassen sind.

Tabelle C-1: In Fluid zugelassene Vergleichsoperatoren

Operator	Name
`==`	Gleichheitsoperator
`!=`	Ungleichheitsoperator
`%`	Modulo-Operator
`>=`	Größer oder gleich
`>`	Größer als
`<=`	Kleiner oder gleich
`<`	Kleiner als

Das folgende Beispiel demonstriert, dass Sie einen booleschen Ausdruck im `condition`-Parameter des `if`-ViewHelpers einsetzen können. Wenn dieser Ausdruck wahr ist, wird der Inhalt des Tags ausgegeben:

```
<f:if condition="{value} % 2"> ... (wird nur angezeigt, wenn $value % 2 == 1)</f:if>
<f:if condition="{object.value} == 1"> ... (wird nur angezeigt,
      wenn $object->getValue() == 1)</f:if>
```

Neben der oben dargestellten Variante, boolesche Ausdrücke zu formulieren, können Sie auch direkt Strings, Zahlen, Arrays oder Objekte anstatt eines booleschen Ausdrucks verwenden. Diese Datentypen werden dann folgendermaßen ausgewertet:

- Wenn ein boolescher Wert übergeben wird, so wird dieser direkt verwendet.
- Wenn ein String übergeben wird, so wird `true` zurückgegeben, wenn der String nicht leer und nicht `'false'` ist.
- Wenn eine Zahl übergeben wird, so wird `true` zurückgegeben, wenn diese größer 0 ist.
- Wenn ein Array oder ein Objekt, das `Countable` implementiert, übergeben wird, so wird `true` zurückgegeben, wenn das Array bzw. das Objekt mehr als 0 Elemente haben.
- Wenn ein anderes Objekt übergeben wird, so wird immer `true` zurückgegeben.
- Ansonsten wird `false` zurückgegeben.

Boolesche Bedingungen stehen für jedes ViewHelper-Argument zur Verfügung, das als Datentyp `boolean` besitzt.

> Wenn Sie bei eigenen ViewHelpern als Datentyp `boolean` verwenden, so haben Sie automatisch alle oben angegebenen Funktionalitäten zur Verfügung.

Index

T

U

V

X

Z

Über die Autoren

Jochen Rau lebt und arbeitet in Tübingen zu 70% als selbständiger Software-Entwickler und zu 60% als Vater von vier Töchtern. Seit Anfang 2009 ist er verantwortlich für das Extbase-Projekt und Mitglied des TYPO3-Core-Teams.

Bevor er 2007 zur TYPO3-Community stieß, arbeitete er einige Jahre in der Forschung als Projektleiter bei der Fraunhofer-Gesellschaft und dem Deutschen Zentrum für Luft- und Raumfahrt e.V. sowie als Oberstufenlehrer für Mathematik, Physik und Computertechnik an einer Waldorfschule.

Jochen ist aktives Mitglied in der TYPO3-User-Group Stuttgart und veröffentlicht regelmäßig Beiträge zur Software-Entwicklung und zu TYPO3 auf *http://blog.typoplanet.de*.

Sebastian Kurfürst studiert Informatik an der TU Dresden. Er ist seit 2005 TYPO3-Kernentwickler und interessiert sich besonders für das Zusammenspiel von TYPO3 v4 und v5. Wenn er nicht gerade für TYPO3 oder seine eigene Firma *sandstorm media* arbeitet, findet man ihn oft in der Sächsischen Schweiz beim Klettern.

Kolophon

Das Tier auf dem Cover von *Zukunftssichere TYPO3-Extensions mit Extbase und Fluid* ist eine Sägeracke. Sägeracken oder Motmots gehören zur Familie der *Momotidae* aus der Ordnung der Rackenvögel (*Coraciiformes*) und sind nahe mit dem Eisvogel verwandt.

Sägeracken leben in den subtropischen Regenwäldern Mittel- und Südamerikas. Sie fallen durch ihr farbenfrohes Gefieder ins Auge: Grüne, blaue und braune Farben sind vorherrschend, helle und dunkle Flecken zieren Brust und Flügel der Vögel. Auffällig ist die lange Schwanzfeder, die sich bei einigen Arten zunächst verjüngt, um dann in einer Spatel-artigen Verbreiterung zu enden. Fühlen sich die Tiere durch Feinde bedroht, warnen sie ihre Artgenossen, indem sie mit dem Schwanz hin- und her wackeln. Der Schnabel ist bei allen Arten kräftig, leicht nach unten gebogen und wie der Name schon andeutet – am Rand gesägt. Die kleinste Art erreicht eine Länge von 19 Zentimetern, die größte etwas über 50 Zentimeter.

Sägeracken ernähren sich von Früchten, kleinen Insekten und Reptilien wie z.B. Eidechsen. Sie lauern ihren Beutetieren von einer Warte aus auf, stoßen dann auf ihr Opfer herunter, schnappen es und bringen es zurück zur Warte, um es dort mit einem Schlag gegen einen Zweig zu töten.

Haben sich Männchen und Weibchen gefunden, bleiben sie ein Leben lang zusammen. Die Höhle für die Brut wird in einer Uferböschung gegraben und die zwei bis vier Eier von beiden Elternteilen bebrütet. Später sorgen die Elterntiere gemeinsam für ihre Jungen, die nach 30 Tagen das Nest verlassen.

Obwohl Sägeracken von Mexiko bis Nordargentinien noch weit verbreitet sind, ist ihr Fortbestehen durch die Zerstörung der Regenwälder stark gefährdet.

Die Titelillustration stammt aus dem *Dover Picturial Archive*. Die Textschrift ist die Adobe ITC Garamond. Die Fließtextschrift ist die Linotype Birka; die Schriftart für die Überschriften ist die Adobe Myriad Condensed und für den Code nutzen wir die LucasFonts TheSansMono Condensed.